현대 중국어 어법의 이해

현대 중국어 어법의 이해

허성도 지음

사람과책

초판 서문

필자가 중국어 어법을 공부하기 시작한 지 20여 년이 되어 간다. 그동안 보기 쉽고, 이해하기 쉬운 중국어 어법서를 써야겠다는 생각을 줄곧 해 왔으나, 필자에게 이해되지 않는 어법 현상이 너무 많았기 때문에 선뜻 집필이 되지 않았다. 필자의 공부가 부족한 것은 지금도 마찬가지이다. 그러나 이제는 더 이상 이 작업을 미룰 수 없다고 생각되어, 그동안의 작은 성과를 엮어 연구실 밖으로 상재한다.

그동안의 집필 과정에서 필자는, 이 책이 한국인에게 제공되는 중국어 어법서라는 것을 항상 염두에 두었다. 따라서 중국어 어법 현상을 가능한 한 한국어 어법 현상과 연결 지어 설명하려고 노력하였다. 한국어는 중국어 어법을 이해하는 데에 장애가 되기도 하지만, 궁극적으로 우리에게는 한국어를 바탕으로 하는 설명 방법이 더욱 유용하다고 보았기 때문이다.

이 책에서 필자는 중국어 어법의 원리를 가능한 한 쉽게 설명하려고 노력하였다. 이 책에 나오는 예문은 모두 쉽고 간단한 대화체로 구성되어 있다. 경우에 따라서는 동일한 어휘와 예문을 반복 사용하기도 하였다. 이는 이 책을 쉬운 책으로 만들고자 하는 목적 때문이었다.

외국어 어법서를 기술함에 있어서 피할 수 없는 어려움 중의 하나는, 일정한 체제를 유지하기 어렵다는 점이다. 예를 들면, 앞에 나오는 어법 현상을 설명하기 위해서는, 뒤에 나오는 어법 현상을 이해해야 하는 상황이 자주 발생한다. 이러한 어려움을 극복하기 위하여 이 책을 읽는 법을 소개한다. 이 책은, 세 번 정도 이야기 책 읽듯이 가벼운 기분으로 읽고, 그 다음부터 정독해 주기를 부탁드린다. 이러한 과정을 밟아 가면 전체 맥락이 정리되기 때문에, 이해의 폭이 깊어지고 이해의 속도도 빨라질 것이다. 이 책의 내용을 전반적으로 이해한다면 중국어 어법의 기초는 충분히 마련될 것이며, 한국인과 중국인의 사유 방식에 대한 차이를 어느 정도 감지할 수 있을 것이다.

이 책에는 기존의 연구 성과도 반영되어 있지만, 아직 충분하게 논의되지 않은 필자의 개인적 견해도 적지 않게 반영되어 있다. 개론서에 필자의 견해를 많이 기술하는 것은 위험한 시도일 수도 있지만, 중국어 어법의 이해에 필요하다고 생각되는 부분에는 이를 과감하게 반영하였다. 이러한 부분에 대하여 필자는 독자 여러분의 질정(叱正)을 공손한 자세로 기다릴 것이다.

이 책을 내기까지 필자는 많은 분들의 도움을 받았다. 필자는 먼저 연강재단에 감사드린다. 이 재단은, 중국학 연구에 아무도 관심을 기울이지 않았던 1992년 그 어려운 시기에 중국학 연구지원사업을 시작하였다. 이 사업은 매년 중국학 연구자를 선발하여 중국에 가서 연구할 수 있도록 지원하는 사업이다. 그 당시는 중국과 수교하기 이전이었기 때문에 이러한 지원은 중국학 연구자들에게 실로 귀중한 것이었다. 필자는 이 사업의 1차 지원자로 선정되어 1년간 중국에서 연구 생활을 할 수 있었다. 이 시기에 필자는 이 책의 저술에 필요한 기본적 자료를 모을 수 있었으며, 본격적으로 중국어의 세계에 다가설 수 있었다. 필자는 또한 전 고려대학교 총장 홍일식 선생님께도 깊은 감사의 말씀을 드린다. 이분은 중국학 연구의 중요성을 시대에 앞서 인식하고, 연강재단의 중국학 연구지원사업을 기획, 성사시켜 주셨으며, 《中韩大辞典》(고려대학교 민족문화연구소 간행) 편찬 사업을 주도하셨다. 이 사전은 지금까지도 중국학 연구의 초석이 되고 있다. 필자는, 중국학계에 소리 없이 빛나는 연강재단과 홍일식 선생님의 공적을 이곳에 기록해 두고자 한다.

필자는 또한 필자의 지도교수인 한당 차주환 선생님께도 감사의 말씀을 드린다. 중국어 어법 연구가 이루어지지 않았던 시기에 선생님께서는 필자로 하여금 이 방면을 연구하도록 이끌어 주셨다.

필자는 끝으로 아내 이현옥과 세 아이들에게 고맙고 미안하다는 마음을 전하고 싶다. 결실이 있을지 없을지도 모를 공부를 한다고 흘려보낸 30여 년 동안, 필자는 남편과 가장의 도리를 다하지 못했다. 그러나 아내와 아이들은 못난 필자를 항상 믿어주고 격려해 주었다. 이 책 한 권이 이에 대한 작은 보답이라도 될 수 있을는지 필자는 아직 알 수가 없다.

2005년 3월 9일 결혼 30주년 기념일에 허성도 삼가 씀

개정판을 내며

이 책을 출판한 것이 2005년이니까 이제 9년이 흘렀다. 그동안 필자는 이 책의 내용 중의 상당 부분을 수정해야겠다는 생각을 하고 있었다. 필자의 실수에 해당하는 부분은 인쇄를 거듭하면서 조금씩 수정해 왔다. 그러나 어떤 부분은 서술 방식에 문제가 있었고, 어떤 부분은 좀 더 깊은 사려가 필요했으며, 어떤 부분은 좀 더 훌륭한 타인의 연구가 나오기를 기다려야 했다.

2014년 2월 말에 필자는 정년을 맞이하였고, 정년 이후의 첫 작업으로 이 책의 개정판을 내기로 했다. 실수였던 부분은 바로잡고, 서술이 어색한 부분은 바꾸었으며, 이전보다 조금이라도 더 깊은 사고를 하려고 노력하였다. 그리고 새로운 연구가 진행된 부분은 과감하게 그 결과를 반영하였다. 특히 필자의 중국인 지도학생인 陈明舒 선생의 박사학위 논문과 刘伟 선생의 석·박사학위 논문은 이 책의 서술에 큰 도움을 주었다. 필자는 이들 두 사람에게 중국인의 고유 감각이 있어야만 해결할 수 있는 난해한 주제를 주었고, 두 사람은 이를 기꺼이 받아들여 훌륭한 논문을 써 주었다.

이 개정판을 내면서도 부족한 부분이 너무나 많다는 아쉬움이 있지만, 빛나는 이 땅의 후학들에 의하여 더 좋은 중국어 어법서가 나오리라는 기대감으로, 이러한 아쉬움을 과감히 지워 버렸다.

2014년 9월 9일

충북 옥천 於地齋에서

허성도 삼가 씀

【일러두기】

1. 이 책에서는 원칙적으로 한국어 어법에 나오는 용어를 사용하였다. 이는 독자의 이해를 돕기 위해서이다. 그러나 한국어 어법에서 사용되지 않는 용어는 중국어 어법에서 사용하는 용어를 그대로 사용하였다.

2. 이 책에서 사용한 용어 중에 중국에서 사용하는 용어와 다른 경우에는 [ ] 속에 이를 표시하였다.

   부사어[状语] : 이 책에서 사용한 '부사어'라는 용어는 중국에서는 '状语'라고 한다.

3. 예문의 숨은 뜻을 나타내기 위하여 (=), [ ]를 사용하였다.

   看把你急得!
   뭘 그렇게 안달을 하니!
   (=저 안달하는 것 좀 봐!)
   [바빠서 안달하는 상대에게 하는 말]

   위에서 '(=저 안달하는 것 좀 봐!)'는 중국어 예문이 나타내고자 하는 근본적 의도이고, [바빠서 안달하는 상대에게 하는 말]은 이 말을 하는 구체적 상황이다.

4. 문장을 변형시키는 경우에는 '→'를 사용하였다.

   咱们休息一会儿再讨论!
   → 咱们休息一会儿継续讨论!

   위에서 '→咱们休息一会儿継续讨论!'은 위 문장이 이렇게 바뀌어야 한다는 것을 의미한다.

5. 예문의 번역은 주로 대화체로 하였으며 존댓말과 낮춤말을 고루 사용하였다. 이는 독자들이 중국어 예문을 우리말처럼 쉽게 사용하도록 하기 위해서이다.

6. 부사나 전치사 부분에서 어휘의 용법을 설명한 경우가 있다. 이 경우의 선택 기준은 다음과 같다.

   첫째, 어법적으로 특기할 사항이 있는 어휘를 선택하였다.
   둘째, 중요하게 사용되지만 우리가 경시하기 쉬운 어휘를 선택하였다.
   셋째, 사전의 설명으로 충분히 이해할 수 있는 어휘는 선택하지 않았다.

7. 발음에 특별히 주의해야 할 어휘에는 한어병음자모(汉语拼音字母)를 병기하였다.

8. 문장 앞의 '*'는 그 문장이 비문법적임을 나타내고, 문장 앞의 '?'는 그 문장이 비문법적이라고는 할 수 없지만, 자연스럽지 않거나 이상하다는 것을 나타낸다.

차례

제2장 단어와 구(句)

제3장 문장의 기본 요소

제 4 장 표현 기능에 따른 문장의 종류

제5장 구조에 따른 문장의 종류

제6장 술어의 성격에 따른 문장의 종류

제7장 태(态)

제 8 장 특수 문형

제 1 장

품사

중국어의 품사에는 명사(名词), 대사(代词), 수사(数词), 양사(量词), 동사(动词), 형용사(形容词), 부사(副词), 전치사(前置词), 접속사(接续词), 조사(助词), 감탄사(感叹词), 의성사(拟声词)가 있다.

1.1 명사(名词)

이 장에서는 명사의 종류와 기능, 단수와 복수, 명사의 중첩, 그리고 명사의 일종인 방위사(方位词), 처소사(处所词), 시간사(时间词)를 다루기로 한다.

1.1.1 명사의 종류

명사는 가산명사(可算名词), 불가산명사(不可算名词), 추상명사(抽象名词), 고유명사(固有名词), 집합명사(集合名词)의 다섯 가지로 구분된다.

1.1.1.1 가산명사(可算名词)

가산명사(可算名词)는 하나씩 셀 수 있는 명사이다. 예를 들면 우리말 '학생, 사과, 책'은 모두 하나씩 셀 수 있는 명사이다. 이러한 명사는 '두 명의 학생, 두 개의 사과, 두 권의 책'의 '명, 개, 권'과 같이 자신과 어울리는 양사(量词)를 갖는다. 중국어의 가산명사(可算名词)도 이와 같이 자신과 어울리는 양사(量词)를 갖는다.

一个人 (한 사람)
一枝铅笔 (한 자루의 연필)

三本书 (세 권의 책)
三台电视机 (세 대의 텔레비전)

1.1.1.2 불가산명사(不可算名词)

불가산명사(不可算名词)는 하나씩 셀 수 없는 명사이다. 예를 들면 우리말 '물, 술, 옷감, 고기'와 같은 명사는 하나씩 셀 수 없다. 이러한 명사는 자신과 어울리는 고유한 양사(量词)를 갖지 못하고, '두 잔의 물, 두 병의 물'과 같이 상황에 따라 양사가 변한다. 중국어의 불가산명사도 이와 같이 자신의 고유한 양사를 갖지 못하며 상황에 따라 양사가 변할 수 있다. 불가산명사는 다음과 같은 세 종류의 양사를 상황에 따라 선택할 수 있다.

1. 도량형의 단위를 취하는 경우

一尺布 (한 자의 베)
一斤肉 (한 근의 고기)

2. 물질을 세는 단위를 취하는 경우

一瓶酒 (한 병의 술)
一袋面粉 (한 부대의 밀가루)

3. '些'나 '点儿'을 취하는 경우

一些药 (약간의 약)
一点儿水 (약간의 물)

1.1.1.3 추상명사(抽象名词)

추상적 개념을 나타내는 명사를 추상명사라고 한다. 추상명사는 '次, 类, 种, 些' 등과 같은 양사를 취한다.

这次考试 (이번 시험)

这类现象 (이러한 종류의 현상)
那种思想 (그러한 종류의 생각)
那些礼节 (그러한 예절들)

1.1.1.4 고유명사(固有名词)

단 하나의 구체적 사물을 가리키는 명사를 고유명사라고 한다. 고유명사는 수량사(数量词)의 수식을 받지 못한다. 수사(数词)와 양사(量词)의 결합형을 수량사(数量词)라고 한다.

孔子 (공자)
黄河 (황허)
北京 (베이징)

1.1.1.5 집합명사(集合名词)

우리말 '함대, 부부'와 같이 집단을 나타내는 명사를 집합명사라고 한다. 집합명사는 집단을 표시하는 수량사를 취할 수 있다.

一对夫妇 (한 쌍의 부부)
一双筷子 (한 벌의 젓가락)

위의 '一'는 수사(数词)이고, '对, 双'은 양사(量词)이므로 '一对, 一双'은 모두 수량사(数量词)이다.

1.1.2 명사의 복수형과 '们'의 용법

명사의 복수형은 수량사로 표시한다. 수량사는 항상 명사 앞에 나온다.

三个人 (세 사람)
两枝铅笔 (두 자루의 연필)
三本书 (세 권의 책)
四瓶酒 (네 병의 술)

一些药 (약간의 약)
一点儿水 (약간의 물)

사람을 집단으로 나타내는 경우에는 '们'을 부가한다.

朋友们 (친구들)
孩子们 (아이들)
学生们 (학생들)
工人们 (노동자들)

'朋友, 孩子, 学生, 工人'은 모두 사람을 나타내는 명사이다. '们'은 이러한 명사의 뒤에 와서 복수를 나타낸다. 사람을 나타내지 않는 명사 뒤에는 '们'이 올 수 없다. 그러므로 '学校'나 '公司'는 복수인 경우에도 뒤에 '们'이 올 수 없다. 사람을 나타내지 않는 명사의 복수는 수량사로 나타낸다. '*'는 그 뒤에 오는 말이 어법적으로 틀린 것임을 나타낸다.

*学校们 → 三所学校 (세 학교)
*公司们 → 三家公司 (세 회사)

이제 '们'의 용법을 상세히 알아보기로 하자.

1. 복수를 나타내는 말의 수식을 받는 명사 뒤에는 '们'이 오지 않는다. 다음의 '三个, 这些, 几个, 很多, 很少'는 모두 복수를 나타낸다.

*三个学生们 → 三个学生 (세 명의 학생들)
*这些学生们 → 这些学生 (이 몇몇 학생들)
*几个学生们 → 几个学生 (몇 명의 학생들)
*很多学生们 → 很多学生 (많은 학생들)
*很少学生们 → 很少学生 (적은 학생들)

2. '别的, 其他'의 수식을 받는 명사 뒤에는 '们'이 오지 않는다. 이는 '别的, 其他'가 일반적으로 복수를 나타내기 때문이다.

*别的学生们 → 别的学生 (다른 학생들)
*其他学生们 → 其他学生 (나머지 학생들)

3. '我的, 你的, 他的' 등의 수식을 받는 명사 뒤에는 '们'이 오지 않는다.

*你的学生们都来了。
→ 你的学生都来了。
당신의 제자들이 모두 왔다.

*你的孩子们都来了。
→ 你的孩子都来了。
당신의 아이들이 모두 왔다.

4. 다른 관형어의 수식을 받는 명사 뒤에도 '们'이 오지 않는다. 명사를 수식하는 말을 관형어라고 한다.

*你家孩子们都来了。
→ 你家孩子都来了。
너의 집 아이들이 모두 왔다.

*这儿的孩子们都很可爱。
→ 这儿的孩子都很可爱。
이곳의 아이들은 모두 귀엽다.

*现在的孩子们都喜欢玩电脑。
→ 现在的孩子都喜欢玩电脑。
요즘 아이들은 모두 컴퓨터 하기를 좋아한다.

5. '很多, 很少'는 복수를 나타낸다. 이러한 말이 술어이면 주어에 '们'이 오지 않는다.

*这个城市外国人们很多。
→ 这个城市外国人很多。

이 도시에는 외국인이 많다.

*这个学校留学生们很少。
→ 这个学校留学生很少。
이 학교에는 유학생이 적다.

6. 주어와 빈어(宾语)가 동일인인 경우에, 주어가 복수이면 빈어에는 '们'이 오지 않는다.

*他们都是学生们。
→ 他们都是学生。
그들은 모두 학생이다.

*我们是好朋友们。
→ 我们是好朋友。
우리는 친한 친구이다.

7. '这, 那'와 같은 지시대사의 수식을 받는 명사에는 '们'이 올 수 없다.

*这学生们喜欢足球。
이 학생들은 축구를 좋아한다.
*那学生们都是中国人。
그 학생들은 모두 중국인이다.

위와 같은 의미를 나타내기 위해서는 '些'를 사용해야 한다. '些'는 이미 복수를 나타내므로 그 뒤에 다시 복수를 나타내는 '们'이 올 수 없다.

这些学生都喜欢足球。
이 학생들은 축구를 좋아한다.
那些学生都是中国人。
그 학생들은 모두 중국인이다.

1.1.3 명사의 중첩형

단음절 명사가 중첩되면, 그 명사가 속하는 집단 전체를 나타낸다.

人人都喜欢他。
사람마다 모두 그를 좋아한다.
他天天都来北京。
그는 날마다 베이징에 온다.

중첩된 명사는 전체를 나타내며, 대개 부사 '都'와 함께 사용된다. 이러한 명사의 중첩형은 '人人'과 같이 주어로 사용되거나 '天天'과 같이 부사어로 사용된다. 일반적으로 중첩된 명사는 빈어로 사용되지 않는다.

*他喜欢人人。
그는 모든 사람들을 좋아한다.
*晴天是天天。
맑은 날이 날마다 이어진다.

1.1.4 방위사(方位词)

방위를 나타내는 말을 방위사라고 한다. 방위사는 단순방위사와 합성방위사로 구분된다. '上, 下, 前, 后, 里, 外, 内, 中, 旁, 左, 右, 东, 西, 南, 北' 등은 모두 단순방위사이다. 단순방위사에 '边(儿), 面(儿), 头(儿)'이 붙으면 합성방위사가 된다. 이들이 합성되는 상황은 다음과 같다. '儿'은 주로 북부 지역에서 사용된다.

	边(儿)	面(儿)	头(儿)
上	上边(儿)	上面(儿)	上头(儿)
下	下边(儿)	下面(儿)	下头(儿)
前	前边(儿)	前面(儿)	前头(儿)
后	后边(儿)	后面(儿)	后头(儿)
里	里边(儿)	里面(儿)	里头(儿)

外	外边(儿)	外面(儿)	外头(儿)
内	内边(儿)	—	—
中	—	—	—
旁	旁边(儿)	—	—
间	—	—	—
左	左边(儿)	—	—
右	右边(儿)	—	—
东	东边(儿)	东面(儿)	东头(儿)
南	南边(儿)	南面(儿)	南头(儿)
西	西边(儿)	西面(儿)	西头(儿)
北	北边(儿)	北面(儿)	北头(儿)

단순방위사와 '以, 之'가 결합하면 합성방위사가 될 수 있다. 그 결합 상황은 다음과 같다.

	以	之
上	以上	之上
下	以下	之下
前	以前	之前
后	以后	之后
里	—	—
外	以外	之外
内	以内	之内
中	—	之中
旁	—	—
间	—	之间
左	—	—
右	—	—
东	以东	—
南	以南	—
西	以西	—
北	以北	—

1.1.4.1 방위사의 어법 기능

다음과 같은 특수한 경우에는 '上, 下'가 주어로 사용된다.

上有天堂, 下有苏杭。
하늘에는 천당이 있고, 땅에는 쑤저우와 항저우가 있다.
上有老母, 下有儿女。
위로는 노모가 계시고, 아래로는 아이가 있다.

그러나 단순방위사는 일반적으로 주어가 될 수 없다. 그러므로 다음은 모두 비문(非文)이다. 비문이란 어법적으로 틀린 말이라는 뜻이다.

*上有一本书。
위에는 책이 한 권 있다.
*下有一本书。
아래에는 책이 한 권 있다.

*前有一所学校。
앞에는 학교가 하나 있다.
*后有一座山。
뒤에는 산이 하나 있다.

위와 같은 내용을 나타내기 위해서는 합성방위사를 사용해야 한다. 합성방위사는 단독으로 주어가 될 수 있다.

上边儿有一本书。
위에는 책이 한 권 있다.
下边儿有一本书。
아래에는 책이 한 권 있다.

前边儿有一所学校。
앞에는 학교가 하나 있다.
后边儿有一座山。
뒤에는 산이 하나 있다.

반대 방향을 나타내는 방위사로 구성된 '上下, 左右, 内外, 前后'는 하나의 단어로 사용될 수 있다.

他上下关系都很好。
그는 상하 관계가 모두 좋다.
他是大概二十岁左右。
그는 대략 20세 정도이다.

国内外学者都来。
국내외 학자들이 모두 온다.
前后都是山。
앞뒤가 모두 산이다.

단순방위사는 다른 명사의 앞이나 뒤에 와서 장소를 나타내는 명사구가 될 수 있다.

东北地区 (동북 지역)
西南地区 (서남 지역)

报上说……。
신문에서는 ……라고 한다.
那本书里说……。
그 책에서는 ……라고 말한다.

단순방위사 가운데 다른 명사와 가장 잘 결합되는 것은 '里'와 '上'이다. 그 밖의 단순방위사는 다른 명사와 잘 결합되지 않는다.

屋里 (방 안)	树林里 (숲 속)	心里 (마음속)
桌子上 (책상 위)	报上 (신문에서)	战略上 (전략상)

위와 같이 '里'와 '上'은 의미가 통할 수만 있다면 자유롭게 다른 명사 뒤에 올 수 있다. 단순방위사는 합성방위사의 형태로 장소를 나타낼 수 있다. 이 경우에는 대개 '的'가 생략된다.

学校(的)前边 (학교 앞)　　车站(的)后边 (역 뒤)
学校(的)东面 (학교의 동쪽)　　车站(的)西面 (역의 서쪽)
长江以北 (양쯔 강 이북)　　长江以南 (양쯔 강 이남)

‘旁边’ 앞에는 ‘的’가 오지 않는다.

*学校的旁边 → 学校旁边 (학교 옆쪽)
*车站的旁边 → 车站旁边 (역의 옆쪽)

1.1.4.2 단순방위사의 응용

단순방위사 중의 ‘上, 中, 下’는 추상적 처소를 나타낼 수 있다.

经济上 (경제적인 면)　　上课中 (수업 중)　　条件下 (조건에서)

단순방위사는 시간을 나타낼 수 있다.

上次 (지난 번)　　下次 (다음 번)
上个月 (지난 달)　　下个月 (다음 달)
出国前 (출국 전)　　回国后 (귀국 후)

반대 방향을 나타내는 단순방위사가 결합되면 시간, 수량 등에 대한 개략적인 범위를 나타낸다.

解放前后 (해방 전후)　　二十岁左右 (스무 살 전후)

‘上’은 추상명사의 다음에 와서 어떤 분야를 나타낸다.

语法上 (어법적으로)　　政治上 (정치적으로)

‘동사 + 中’은 그 행위가 발생하는 범위 전체를 나타낸다.

训练中 (훈련 중에)　　学习中 (공부하는 가운데)

'下'는 조건을 나타내는 경우가 있다.

在你们的帮助下 (너희들의 도움으로)
在群众的支持下 (대중의 지지 속에)

1.1.4.3 합성방위사의 응용

일부 합성방위사는 수량사 뒤에 와서 수의 범위를 나타낸다.

二十岁以上 (20세 이상)
二十岁以下 (20세 이하)
一百块以内 (100위안 이내)
一百块以上 (100위안 이상)

일부 합성방위사는 수량사 뒤에 와서 시간의 범위를 나타낸다.

十天以内 (10일 이내)
十天以后 (10일 이후)
十年之后 (10년 이후)
十年之内 (10년 이내)

일부 합성방위사는 동사 뒤에 와서 시간의 범위를 나타낸다.

下班以前 (퇴근 전)
下班以后 (퇴근 후)
毕业以前 (졸업하기 전)
毕业以后 (졸업한 이후)

1.1.5 처소사(处所词)

처소를 나타내는 말을 처소사라고 한다. 처소를 나타내는 명사, 방위사, 대사(代词), 명사구는 모두 처소사가 될 수 있다. 처소사는 명사의 일종이므로 명사의 어법적 기능을 모두 갖는다. 다음은 모두 처소사이다.

1. 지명을 나타내는 고유명사 : 韩国, 长安街, 北京大学
2. 처소를 나타내는 명사 : 车站, 市场, 学校, 图书馆
3. 방위사, 또는 방위사가 들어간 말 : 里边, 上边, 报上, 桌子上
4. 처소를 나타내는 대사(代词) : 这儿, 那儿, 哪儿
5. 처소를 나타내는 명사구 : 我家, 我们学校, 这个地方

1.1.6 시간사(时间词)

시각이나 기간을 나타내는 명사나 명사구를 시간사라고 한다. 시간사는 명사의 일종이므로 명사의 어법적 기능을 모두 갖는다. 다음은 모두 시간사이다.

三点(3시)	上午(오전)
晚上(저녁)	今天(오늘)
十分钟(10분)	一个小时(1시간)
一天(하루)	一年(1년)

1.2 대사(代词)

본래의 이름을 대신하여 부르는 말을 대사(代词)라고 한다. 예를 들면 '김철수'라는 사람을 '그 사람', '수박'을 '이것'이라고 부르는 경우에 '그 사람'과 '이것'은 각각 '김철수'와 '수박'을 대신하여 부르는 말이므로 대사이다. 대사에는 인칭대사(人称代词), 지시대사(指示代词), 의문대사(疑问代词), 특수대사(特殊代词) 네 종류가 있다.

1.2.1 인칭대사(人称代词)

인칭대사는 사람을 가리키는 대사이다. 인칭대사에는 자기 자신을 가리키는 일인칭대사, 상대방을 가리키는 이인칭대사, 제삼자를 가리키는 삼인칭대사, 그리고 특수인칭대사가 있다.

일인칭대사 : 我, 我们, 咱们
이인칭대사 : 你, 你们, 您
삼인칭대사 : 他, 他们, 她, 她们, 祂, (它, 它们)
특수인칭대사 : 人家, 别人, 大家, 大伙儿, 自己

1.2.1.1 我, 我们, 咱们

'我'는 일인칭대사이다. 우리말 일인칭대사에는 '나'와 자기를 낮추어 말하는 '저' 두 가지가 있지만 중국어에서는 '我'가 이들을 모두 나타낸다. '我'의 복수형은 '我们'이다.

'我, 我们'의 사용법은 우리말의 '나, 우리'와는 다른 경우도 있으므로 주의해야 한다. 다음 우리말을 보자.

우리 부모, 우리 아버지, 우리 어머니, 우리 형
우리 동생, 우리 누이동생, 우리 누나, 우리 아이

우리말에서는 가족이나 친족의 호칭 앞에 위와 같이 대개 '우리'를 사용한다. 그러나 중국어에서는 이 경우에 '我'를 사용해야 한다.

*我们父母 → 我父母 (나의 부모)
*我们爸爸 → 我爸爸 (나의 아버지)
*我们妈妈 → 我妈妈 (나의 어머니)
*我们哥哥 → 我哥哥 (나의 형)
*我们弟弟 → 我弟弟 (나의 동생)
*我们姐姐 → 我姐姐 (나의 누나)
*我们妹妹 → 我妹妹 (나의 누이)
*我们孩子 → 我孩子 (나의 아이)

여러 명의 형제들이 모여서 '우리 아버지', '우리 어머니', '우리 형'이라고 말하는 경우에는 다음과 같이 말한다.

咱们的父母 (우리 부모)
咱们的爸爸, 咱爸 (우리 아버지)
咱们的妈妈, 咱妈 (우리 어머니)
咱们的哥哥, 咱哥 (우리 형)

부부가 자신들의 아이를 지칭할 때는 '咱儿子 (우리 아이)'라고 말한다.

'我们妈妈'와 같은 말은 전혀 다른 의미로 사용된다. 예를 들어 학교에서 어머니회가 열렸을 때 어떤 어머니가 전체 어머니들에게 다음과 같이 말할 수 있다.

"이제 우리 어머니들이 나서서 학교 주변을 정화합시다."

'我们妈妈'는 이러한 경우의 '우리 어머니들'을 나타낼 수 있다. 이 경우의 '我们'과 '妈妈'는 동격이다.

소속 집단, 기관, 혹은 사회적 단위를 나타내는 경우에는 '我们'을 사용한다.

我们班 (우리 반)
我们学校 (우리 학교)
我们公司 (우리 회사)
我们大学 (우리 대학)
我们国家 (우리나라)

'咱们'도 '우리'라는 뜻이다. 그러나 '我们'은 청자가 포함되지 않는 화자만의 '우리'를 가리키며, '咱们'은 화자와 청자가 모두 포함되는 '우리'를 가리킨다. 다음을 보자.

我们是韩国人, 你们是中国人。
우리는 한국인이고, 너희는 중국인이다.
我们打扫教室, 你们打扫走廊。
우리는 교실을 청소하고, 너희는 복도를 청소한다.

위의 '我们'은 모두 화자만의 '우리'를 가리킨다. 그러나 근래에는 '我们'이 화자와 청자를 모두 포함하여 가리키는 경우가 늘어나고 있다.

我们走吧!
우리, 갑시다!

위의 '我们'은 화자와 청자를 모두 포함한다.

'咱们'은 언제나 '화자와 청자가 포함되는 우리'만을 나타낸다.

咱们吃饭吧!
우리, 식사합시다!
咱们去散散步吧!
우리, 산책하러 갑시다!

'我们'도 '咱们'과 마찬가지로 청자가 포함된 '우리'를 나타낼 수 있다. 그러나 이러한 경우에는 다음과 같은 차이가 있다. '我们'은 공식적이고 객관적인 경우에 사용되며, '咱们'은 개인적인 관계, 친숙한 관계에 사용된다. 다음을 보자.

(1) 我们走吧!
우리, 갑시다!
(2) 咱们走吧!
우리, 갑시다!

위의 (1,2)는 모두 청자가 포함된 '우리'를 나타낸다. 그러나 중국인은 (1)에서 비교적 객관적이고 공식적인 관계를 느끼며, (2)에서는 화자에게 친숙하거나 친절한 감정을 느낀다. 그러므로 공식적인 상황을 나타내는 경우에 다음과 같이 말하는 것은 이상하다.

?咱们学校(우리 학교)
?咱们国家(우리나라)

위의 '学校, 国家'는 모두 공식적이고 객관적인 조직이므로 개인적 친숙함을 나타내는 '咱们'의 수식을 받는 것이 자연스럽지 않다.

1.2.1.2 你, 你们, 您

'你'는 이인칭대사이다. 우리말 이인칭대사에는 '너, 당신, 자네' 등이 있어서 상대방을 호칭할 때 주의해야 하지만 중국어에는 이러한 구분이 없으므로 언제나 '你'를 사용하면 된다. '你'의 복수형은 '你们'이다. '您'은 상대방을 높이고자 하는 경우에 사용된다. '您'에는 복수형이 없다. 대화에서 굳이 '您'을 복수로 말하고자 할 때는 '您几位'라고 말한다.

1.2.1.3 他, 他们, 她, 她们, 祂, 它, 它们

'他'는 '그 남자'를 뜻하며 복수형은 '他们'이다. '她'는 '그 여자'를 뜻하며 복수형은 '她们'이다.

'他们'은 '그 남자들'이며, '她们'은 '그 여자들'이지만, 남성과 여성이 섞여 있는 '그들'을 나타내는 경우에는 '他们'을 사용한다.

'祂'는 기독교의 성경에서 하나님이나 예수를 삼인칭으로 부르는 경우에 사용된다. 발음은 '他'와 같다.

'它'는 사람 이외의 사물을 가리킨다. '它'의 복수형은 '它们'이다. '们'은 원래 사람을 나타내는 어휘에만 부가되지만, 유일한 예외로서 '它们'이 사용될 수 있다.

'他'는 주어로 사용되면 언제나 사람을 지칭하지만, 동사나 전치사 뒤에 와서 빈어가 되면 사물을 가리키는 경우도 있다.

这个东西坏了, 把他扔了吧。
이 물건은 못쓰게 되었으니, 이것을 버리세요.

위의 '他'는 단수인 '这个东西'를 가리킨다. 그러나 복수의 사물을 가리키는 경우에도 '他'를 사용한다.

这些东西都坏了, 把他扔了吧。
이 물건들은 모두 못쓰게 되었으니, 이것들을 버리세요.

위의 '他'는 '这些东西'라는 복수의 사물을 가리킨다. 이와 같이 복수의 사물을 가리킬 때도 '他们'을 사용하지 않고 '他'를 사용하는 것은, '他们'은 언제나 사람을 지칭하며 사물을 지칭하지 못하기 때문이다.

사물을 가리키는 경우에는 일반적으로 '它'를 사용한다. '它'의 복수형은 '它们'이다. 그러나 '它'만으로도 복수를 나타내는 경우가 있다.

这些东西都坏了, 把它扔了吧。
이 물건들은 모두 못쓰게 되었으니, 이것들을 버리세요.

위의 '它'는 복수 '这些东西'를 가리킨다.

'他们'은 '人们'이나 '别人'도 가리킬 수 있다.

(1) 人们是不愿意听空话的, 他们要求解决实际问题。
사람들은 빈말을 듣고 싶어 하지 않는다. 그들은 실제적 문제를 해결하기를 요구한다.

(2) 除了小李以外, 别人都没来, 我真希望他们来参加这次聚会。
샤오리 말고 다른 사람들은 아무도 오지 않았다. 나는 그들이 이번 모임에 참석해 주기를 진심으로 희망했다.

(1)의 '他们'은 '人们', (2)의 '他们'은 '别人'을 가리킨다.

1.2.1.4 人家

우리말에서 '어제 온 그 사람들이 모두 돌아갔다'라고 할 때, 화자와 청자는 '그 사람들'이 누구인지를 알고 있다. 이렇게 지시 대상이 분명한 삼인칭 복수를 중국어에서는 '他们'으로 표시한다. 그러나 다음 우리말을 보자.

우리는 다른 사람의 결점을 보지 말고, 다른 사람의 장점을 보아야 한다.

위의 '다른 사람'이 어떤 사람을 가리키는지는 명확하지 않다. 이렇게 범위가 분명하지 않은 삼인칭 복수를 중국어에서는 '人家'로 표시한다. 다음을 보자.

小声点儿, 别影响人家!
목소리 좀 낮추세요, 다른 사람에게 폐 끼치지 않도록!
他一定又偷了人家的东西了!
그는 분명히 다른 사람의 물건을 또 훔쳤을 거야!

위의 '人家'는 불특정 다수를 나타낸다.

'人家'는 특정한 제삼자를 지칭하기도 한다. 이 경우에 '人家'가 지칭하는 사람은 '人家'의 앞 혹은 뒤에 분명하게 제시된다.

(1) 李先生结婚那天, 你怎么没去呀?

리 선생이 결혼하던 그날 너는 왜 안 갔지?
－人家没邀请我, 我怎么去呀?
그 사람이 나를 초대하지 않았는데 내가 왜 가니?

(2) 主人不在, 咱们不能随便动人家的东西。
주인이 없으니 우리가 마음대로 주인의 물건에 손대면 안 됩니다.

(1)의 '人家'는 '李先生'을 가리키고, (2)의 '人家'는 '主人'을 가리킨다.

'人家' 다음에 이름이나 호칭이 나올 수도 있다. 이 경우에 '人家'는 자신의 바로 다음에 나오는 사람을 가리킨다. 단, 화자와 청자가 그 사람을 잘 알고 있는 경우에만 이러한 용법을 사용할 수 있다.

(3) 人家小华又聪明又能干, 人人都夸她。
샤오화가 총명하고 유능해서 사람들은 모두 그녀를 칭찬한다.

(4) 人家小王才不在乎呢。
샤오왕은 전혀 개의치 않아요.

(3)의 '人家'는 '小华'이며, (4)의 '人家'는 '小王'이다. (3)과 같은 용법은, '누구를 봐라, 그는 이렇게 하지 않니?'라는 말과 같이 다른 사람에게 충고를 하는 경우에 그 충고의 기준이 되는 사람을 가리키거나, '너는 그렇게 생각하지만 이 사람은 그렇게 생각하지 않아'라는 말과 같이 상대의 견해와 전혀 다른 의견을 나타내는 경우에 주로 사용된다. 그러므로 (3)은 '너는 왜 그렇지? 샤오화를 봐라'와 같은 경우에 사용될 수 있으며, (4)는 '샤오왕이 신경 쓰지 않을까?'라는 물음에 대한 대답이 된다.

'人家'는 화자 자신, 즉 일인칭을 가리키는 경우도 있다. 이러한 용법은 젊은 여성들이 친숙한 사람들과 대화할 때 주로 사용된다.

人家不愿意去嘛!
나는 가고 싶지 않다니까요!
人家都快要急死了。
나는 급해 죽을 지경이야.

위의 '人家'는 모두 화자 자신을 나타낸다.

1.2.1.5 别人

'别人'의 기능을 알아보기 위하여 다음 우리말을 보자.

(1) 이 일은 그 사람이 아니면 다른 사람은 못 합니다.
(2) 나 말고 다른 사람에게 물어보세요.

(1,2)가 어떤 회사에서 주고받는 말이라고 생각하여 보자. 이 경우의 '다른 사람'은 세상의 모든 '다른 사람'이 아니라 사실은 '회사 내의 어떤 사람'이다. 그러므로 이는 화자의 공간적, 인식적 범주 안에 존재하는, 즉 한정된 범주 내의 '다른 사람'이다. 또한 (1)에는 '그'와 '다른 사람'이 대비되어 있으며, (2)에는 '나'와 '다른 사람'이 대비되어 있다. 이와 같이 '한정된 범주 내에 존재하는, 그리고 어떤 사람과 대비되는 불특정한 다른 사람'을 중국어에서는 '别人'으로 표시한다. 다음을 보자.

(1) 他的工作别人帮不了。
그의 일은 다른 사람이 도와줄 수 없다.
(2) 咱们应该尊重别人的意见。
우리는 다른 사람의 의견을 존중해야만 한다.
(3) 小王很关心别人, 很少考虑到自己。
샤오왕은 다른 사람은 잘 보살피지만 자기 자신은 거의 돌보지 않는다.
(4) 除了小李以外, 别人都知道了。
샤오리를 제외하고, 다른 사람은 모두 알고 있다.

(1)의 '别人'은 '他'와 대비되는 '다른 사람'을 나타내며, (2)의 '别人'은 '咱们', (3)의 '别人'은 '小王', (4)의 '别人'은 '小李'와 대비되는 '다른 사람'을 나타낸다. 그리고 이 '다른 사람'은 모두 화자와 청자의 인식 범주 내에 있는 사람이다.

1.2.1.6 大家(大伙儿)

'大家'의 용법을 이해하기 위하여 다음 우리말을 보자.

(1) 모두들 책을 펴세요.
(2) 모두들 피곤한 것 같으니 좀 쉬시지요.

(3) 모두가 그의 생일을 축하해 주었다.

(1)은 교실에서 선생님이 학생에게 하는 말이다. 그러므로 이 경우의 '모두'는 '교실이라는 일정한 범위 내에 있는 모든 사람들을 가리킨다. (2)의 '모두'는 '지금 화자의 눈앞에 있는 일정한 범위 내의 모든 사람들'이다. (3)의 '모두'는 세상의 모든 사람이 아니라 그의 생일을 축하해 줄 수 있는 사람, 즉 '친구'와 같은 일정한 범위 내의 사람들이다. 이와 같이 일정한 공간이나 인식상의 일정한 범위 내에 있는 '모두'를 가리키는 경우에 중국어에서는 '大家'라는 인칭대사를 사용한다. 다음을 보자.

大家快进来啊!
모두들 어서 오십시오!
请大家打开课本!
여러분, 책을 펴십시오!

谢谢大家!
여러분, 감사합니다!
大家辛苦了。
모두들 수고하셨습니다.

'大家'는 '我们, 咱们, 你们'의 수식을 받아 범위를 더욱 분명하게 나타낼 수 있다.

这是我们大家的决定。
이는 우리 모두의 결정이다.
咱们大家都去看一下。
우리 모두 한번 가 봅시다.
你们大家都同意吗?
여러분 모두 동의하십니까?

그러나 '大家'가 '他们'의 수식을 받을 수는 없다.

*他们大家都同意了。
→ 他们都同意了。

그들은 모두 동의했다.

'大伙儿'은 '大家'와 동일하게 사용된다. 그러나 '大伙儿'은 주로 대화체에 사용되며, 일반적으로 '我们, 咱们, 你们, 他们'의 수식을 받지 않는 경우가 많다.

这是大伙儿的决定。
이는 모두의 결정이다.
大伙儿都去看一下。
모두 한번 가 봅시다.
大伙儿都同意吗?
모두들 동의하십니까?

1.2.1.7 自己 (自家, 自个儿)

'自己'의 용법은 다양하다. '自己'는 단독으로 사용되어 '자기, 자신'을 나타낸다.

谁都爱自己的国家。
누구나 모두 자기 나라를 사랑한다.
自己的问题自己解决。
자기의 문제는 자기가 해결해야 한다.

이제 '自己'의 용법을 상세히 관찰하기로 하자.
빈어가 주어와 동일한 사람인 경우에 그 빈어는 반드시 '自己'여야 한다.

(1) 他已经能照顾自己了。
그는 이미 자신을 돌볼 수 있게 되었다.
(2) 这个人从来不考虑自己。
이 사람은 여태껏 자신을 돌보지 않았다.
(3) 咱们得靠自己。
우리는 자신을 믿어야 한다.

(1)의 '自己'는 '他'와 동일인이고 (2)의 '自己'는 '这个人', (3)의 '自己'는 '咱们'과 동일인이다. (3)과 같이 주어가 복수를 나타내는 경우에도 빈어에는 '自己'가 사용된다. 이

러한 경우에 주어와 빈어가 동일하면 다음과 같이 비문이 된다.

*他已经能照顾他了。
그는 이미 그를 돌볼 수 있게 되었다.
*这个人从来不考虑这个人。
이 사람은 여태껏 이 사람을 돌보지 않았다.
*咱们得靠咱们。
우리는 우리를 믿어야 한다.

빈어로 사용된 '自己' 앞에는 주어나 주어를 대신하는 인칭대사가 나올 수 있다. '自己'는 이러한 용법으로 더 많이 사용된다.

他已经能照顾他自己了。
그는 이미 그 자신을 돌볼 수 있게 되었다.
这个人从来不考虑他自己。
이 사람은 여태껏 그 자신을 돌보지 않았다.
咱们得靠咱们自己。
우리는 우리 자신을 믿어야 한다.

주어와 동일한 사람이 관형어로 사용되는 경우에도 관형어는 '自己'여야 한다.

(1) 谁都爱自己的国家。
누구나 자기 나라를 사랑한다.
(2) 每个人都有自己的爱好。
사람마다 모두 자기의 기호가 있다.
(3) 请各位收拾好自己的行李!
각자 자기의 짐을 잘 챙기십시오!
(4) 他们都在自己的房间里学习。
그들은 모두 자기 방에서 공부를 한다.

(1)의 '自己'는 '谁'와 동일인이고 (2)의 '自己'는 '每个人', (3)의 '自己'는 '各位', (4)의 '自己'는 '他们'과 동일인이다. (4)와 같이 복수를 나타내는 경우에도 '自己'가 사용된다.

이러한 경우에 주어와 빈어가 동일하면 다음과 같이 비문이 된다.

*谁都爱谁的国家。
*每个人都有每个人的爱好。
*请各位收拾好各位的行李!
*他们都在他们的房间里学习。

관형어가 앞에 나오고 주어가 뒤에 나오더라도 그들이 동일인이면 관형어는 '自己'이다. 다음에서 '小王'과 '自己'는 동일인이다.

为了自己的前途, 小王拼命地学习。
자신의 앞날을 위해 샤오왕은 열심히 공부한다.

빈어절의 주어가 전체 문장의 주어와 동일인이면, 빈어절의 주어는 '自己'여야 한다.

他觉得自己做得不对。
그는 자신이 잘못했다고 생각한다.
他以为自己是个英雄。
그는 자신이 영웅이라고 생각한다.
小王希望自己能尽快恢复健康。
샤오왕은 자신이 빨리 건강을 회복할 수 있기를 바라고 있다.

위와 같은 경우에도 '自己' 앞에는 전체 문장의 주어나 그 주어를 대신하는 인칭대사가 반복하여 나올 수 있다.

他觉得他自己做得不对。
그는 그 자신이 잘못했다고 생각한다.
他以为他自己是个英雄。
그는 그 자신이 영웅이라고 생각한다.
小王希望他自己能尽快恢复健康。
샤오왕은 그 자신이 빨리 건강을 회복할 수 있기를 바라고 있다.

'自己'는 부사어로 사용되는 경우가 있다.

你忙你的, 我自己来。
너는 네 일을 해라. 내 일은 스스로 할게.
我有事儿, 你自己去吧!
나는 일이 있으니, 너 혼자 가거라!
没人教他, 他自己学的。
아무도 그를 가르치지 않았어요, 그는 스스로 배웠습니다.

1.2.2 지시대사(指示代词)

지시대사는 어떤 말을 대신 나타내거나, 사물의 상태나 상황을 대신 나타내는 말이다. 지시대사에는 근칭(近称)을 나타내는 것과 원칭(远称)을 나타내는 것이 있다. 근칭은 화자로부터 가까운 거리에 있는 것을 나타내며, 원칭은 화자로부터 먼 거리에 있는 것을 나타낸다.

근칭(近称)	원칭(远称)
这(이것)	那(그것, 저것)
这儿, 这里(이곳, 여기)	那儿, 那里(그곳, 저기)
这会儿(이때)	那会儿(그때)
这么(이러한, 이렇게)	那么(그러한, 그렇게)
这样(이렇게)	那样(그렇게)
这么样(이렇게)	那么样(그렇게)

지시대사의 일부는 주어나 빈어가 될 수 있으며, 일부는 술어·관형어·부사어가 될 수 있다.

1.2.2.1 这, 那

'这'는 '이것'과 같이 화자에게 가까이 있는 대상을 가리키며, '那'는 '그것, 저것'과 같이 화자로부터 먼 거리에 있는 대상을 가리킨다.

'这'와 '那'는 사물을 가리킬 수 있다.

这是电脑。
이것은 컴퓨터이다.
这是中文报。
이것은 중국어 신문이다.

那是电脑。
저것은 컴퓨터이다.
那是中文报。
저것은 중국어 신문이다.

'这'와 '那'는 사람을 가리킬 수 있다. 우리말에서는 '이 사람, 이 친구, 이분'과 같이 신분의 고하에 따라 다른 말이 사용되지만 '这'와 '那'는 이러한 구분 없이 모든 경우에 사용된다.

这是李先生。
이분이 리 선생님이다.
那是我的女朋友。
저 사람은 나의 여자 친구이다.

'这'와 '那'는 처소나 지역을 가리킬 수 있다.

这是你们的教室。
이것이 여러분의 교실입니다.
那是汉江。
저것이 한강입니다.

'这'와 '那'는 추상적 사실을 가리킬 수 있다.

这是做梦!
이건 꿈을 꾸고 있는 거야!
这是现实!
이것이 현실이야!

那是事实!
그것은 사실이라고!
那是幻想!
그것은 환상이야!

'这'와 '那'는 행위를 가리킬 수 있다.

这是个小手术。
이것은 작은 수술이야.
这是在开玩笑。
이것은 농담이야.

那是个大手术。
그건 큰 수술이야.
那是演戏!
그것은 쇼라고!

'这'와 '那'는 수량을 나타내는 사물을 가리킬 수 있다.

这是几?
이게 몇이지?
那是八。
그건 여덟이야.

'这'와 '那'는 행위나 사건의 횟수를 가리킬 수 있다.

这是第一次吗?
이것이 처음인가요?
那是第二次。
그건 두 번째였지요.

'这'와 '那'는 '的'자문으로 표현되는 사실을 가리킬 수 있다.

这是真的。
이것은 진실이야.
这是当然的。
이건 당연한 거야.

那是假的。
그건 가짜야.
那是正常的。
그것이 정상적인 거야.

'这'와 '那'는 앞에 나오는 단어, 문장, 혹은 앞에 나오는 사실을 가리킬 수 있다.

(1) '禁止', 这是什么意思?
'금지'라는 말, 이것이 무엇을 하지 말라는 말이지요?
(2) 教室里不准抽烟, 那是学校的规定。
교실에서는 금연입니다, 그것은 학교의 규정입니다.
(3) 他第一次参加比赛, 有点紧张, 这也是难免的。
그는 처음으로 경기에 참가했기 때문에 좀 긴장했는데, 이것은 또한 어쩔 수 없는 일이었다.
(4) 我们学过的动词有三种, 那就是自动词, 他动词和助动词。
우리가 배운 동사에는 세 가지가 있는데, 그것은 자동사, 타동사, 그리고 조동사이다.

(1)의 '这'는 앞에 나오는 단어 '禁止'를 가리키며, (2)의 '那'는 앞에 나오는 문장 전체를 가리킨다. (3)의 '这'는 '그녀가 약간 긴장하고 있다는 사실'을 가리킨다. (4)의 '那'는 앞에 나오는 '동사에는 세 가지가 있다는 사실'을 가리킨다.

'这'와 '那'는 수량사와 결합하여 명사를 수식할 수 있다.

这三本书(이 세 권의 책)
这几个星期(이 몇 주일)
那三个人(그 세 사람)
那几件事(그 몇 가지 일)

'这'와 '那'는 단독으로 명사를 수식할 수 있다.

这时，他来了。
이때 그가 왔다.
你说这人怎么样?
이 사람은 어떤지요?

我忘了那事儿。
나는 그 일을 잊었다.
那孩子喜欢吃巧克力。
그 아이는 초콜릿을 좋아한다.

'这'와 '那'가 단독으로 빈어가 되면 처소나 사물을 가리킬 수 있을 뿐, 사람을 가리킬 수는 없다.

你瞧这!
여기 좀 보세요!
你问那干嘛?
그걸 왜 묻지요?

'这'는 '금방, 바로'라는 의미로 사용되는 경우가 있다. 이 경우에는 뒤에 '就'가 와서 어떤 동작이 곧바로 이루어질 것임을 나타낸다.

别着急，他这就来。
걱정하지 마, 그가 금방 올 거야.
别催，这就完了。
재촉하지 마세요, 바로 끝납니다.

'那'는 앞의 말을 이어받아 '그렇다면'의 의미로 사용되는 경우가 있다. 이 경우에도 '那' 다음에는 '就'가 온다.

他还没来，那就别等他了。
그가 아직 안 왔다면, 그렇다면 더 이상 기다리지 맙시다.
你明天有事情，那就别来了!

내일 일이 있다면, 그렇다면 오지 말거라!

위와 같은 경우, '那' 뒤에 주어가 오면 '就'는 주어의 바로 뒤에 위치한다.

你去, 那我就不去了。
네가 간다면, 그렇다면 나는 안 갈 거야.
你不相信, 那你就自己去看看!
믿지 않는다면, 그렇다면 당신이 직접 가서 한번 보시지요!

1.2.2.2 这儿 (这里), 那儿 (那里)

'这儿'과 '这里', '那儿'과 '那里'는 같은 말이다. 북부 지역에서는 '这儿, 那儿'을 주로 사용하며, 남부 지역에서는 '这里, 那里'를 주로 사용한다.

'这儿'은 화자로부터 가까운 곳, '那儿'은 화자로부터 먼 곳을 가리키는 처소사이다. 그러나 이들은 '이곳', '저곳'과 같이 다른 말을 대체하는 기능이 있으므로 대사(代词)이기도 하다. '这儿'과 '那儿'은 주어, 빈어, 관형어 등으로 사용된다.

'这儿'과 '那儿'은 주어가 될 수 있다.

这儿是图书馆。
이곳은 도서관입니다.
这儿太好了。
여기는 너무 좋아요.

那儿是我的故乡。
그곳은 나의 고향입니다.
那儿太热, 别去了。
거기는 너무 더우니까 가지 마십시오.

'这儿'과 '那儿'은 빈어가 될 수 있다.

你坐这儿吧!
여기에 앉으세요!
他住这儿吗?

그는 여기에 머물고 있나요?

他已经去那儿了。
그는 이미 그곳으로 갔습니다.
这个东西放那儿吧。
이 물건은 저기 놓으세요.

위에서 '这儿'은 '坐, 住'의 빈어이고, '那儿'은 '去, 放'의 빈어이다.
'这儿'과 '那儿'은 전치사의 빈어가 될 수 있다.

他在这儿工作。
그는 여기에서 일합니다.
别在这儿抽, 去外边儿抽!
여기에서 담배 피우지 말고 밖으로 가서 피우세요!

他要在那儿住三个月。
그는 거기서 석 달 머물려고 한다.
别往那儿跑, 那是条死胡同。
그쪽으로 가지 마세요, 거기는 막다른 골목입니다.

위의 '这儿'과 '那儿'은 모두 전치사 '在', '往'의 빈어이다.
'这儿'과 '那儿'은 관형어가 될 수 있다.

这儿的空气非常好。
이곳의 공기는 아주 좋습니다.
这儿的环境还不错。
이곳의 환경은 훌륭합니다.

那儿的风景很美。
그곳의 경치는 아름답습니다.
那儿的天气非常热。
그곳의 날씨는 대단히 덥습니다.

1.2.2.3 这会儿, 那会儿

'这会儿'은 과거, 현재, 미래를 나타낼 수 있다.

다음의 '这会儿'은, 말을 하는 그 시점을 나타낸다.

刚才还在大雨, 这会儿就不下了。
조금 전에는 그래도 비가 많이 내렸는데, 이제는 개었다.
他半天没说话, 这会儿才开口。
그는 한참이나 말을 하지 않다가, 이제야 비로소 입을 열었다.

다음의 '这会儿'은 현재에 해당하는 과거의 어떤 시점을 나타낸다.

去年这会儿我正在中国学习。
작년 이맘때 나는 중국에서 공부를 하고 있었다.
昨天这会儿我正在图书馆看书。
어제 이맘때 나는 도서관에서 책을 보고 있었다.

다음의 '这会儿'은 현재에 해당하는 미래의 어떤 시점을 나타낸다.

明年这会儿我可能在中国。
내년 이맘때 나는 중국에 있을 것이다.
后天这会儿我可能在北京。
모레 이맘때 나는 아마도 베이징에 있을 것이다.

'那会儿'은 과거 시점을 나타낼 수도 있고, 미래 시점을 나타낼 수도 있다. 그러나 현재 시점을 나타낼 수는 없다.

(1) 那会儿跟现在可不一样。
그 시절과 지금은 정말 다르다.
(2) 到那会儿你就明白了。
그때가 되면 당신은 분명히 알게 될 것입니다.

(1)의 '那会儿'은 과거 시점을 나타내며, (2)의 '那会儿'은 미래의 어떤 시점을 나타낸다.

1.2.2.4 这么, 那么

다음 우리말을 보자.

그는 이렇게 말했다.
그럼 그렇게 합시다.

위의 '이렇게'와 '그렇게'는 이 문장의 앞에 이미 제시된 어떤 내용을 가리킨다. 그러므로 '이렇게'와 '그렇게'는 대사(代词)의 성격을 갖는다. 중국어 '这么'와 '那么'는 우리말 '이렇게'와 '그렇게'에 해당하는 대사이다. 이들은 다양한 용법으로 사용된다.

这么	那么
이렇게	그렇게, 저렇게
이렇게 하다	그렇게 하다, 저렇게 하다
이렇게 하는 것	그렇게 하는 것, 저렇게 하는 것
이런	그런, 저런

'这么'와 '那么'는 명사를 수식할 수 있다. 이 경우에 '这么', '那么'와 명사 사이에는 일반적으로 수량사가 나온다.

他就说了这么一句话。
그는 이런 말을 한마디 했습니다.
他老有那么一股子劲儿。
그에게는 언제나 그런 의욕이 있습니다.

'这么'와 '那么'가 '半天'이나 '些' 앞에 오는 경우에는 많은 수량을 나타낸다.

找了这么半天, 还没找到。
이렇게 오랫동안 찾았는데, 아직도 찾아내지 못했다.
没想到来了这么些人。
이렇게 여러 사람이 오리라고는 생각하지 못했다.

等了那么半天，结果还是没买到。
그렇게 오랫동안 기다렸는데, 결과적으로 아직도 사지 못했다.
屋子里那么些人，我挤不进去。
방에 사람이 그렇게 많아서, 나는 비집고 들어갈 수가 없었다.

'这么'와 '那么'는 동량사를 수식할 수 있다. 이 경우에는 횟수가 적음을 나타낸다.

我就这么一下，他就掉了。
내가 이렇게 한 번 쳤을 뿐인데, 그 사람이 쓰러졌어요.
我就学过那么两次，怎么能唱呢?
나는 그렇게 딱 두 번 배웠는데, 어떻게 (그 노래를) 부를 수 있겠어요?

'这么'와 '那么'는 동사를 수식할 수 있다. 이 경우에 '这么'와 '那么'는 방식을 나타낸다.

你这么做不行。
네가 이렇게 하면 안 된다.
你不能那么说。
네가 그렇게 말하면 안 된다.

'这么'와 '那么'는 형용사를 수식할 수 있다. 이 경우에 '这么'와 '那么'는 정도를 표시한다.

都是自己人，别这么客气!
모두 아는 사이인데, 그렇게 사양하지 마세요!
这儿的天气不那么冷。
이곳의 날씨는 그렇게 춥지는 않다.

'这么'나 '那么'의 수식을 받은 형용사는 다시 명사를 수식할 수 있다. 이 경우에도 '这么'와 '那么'는 정도를 표시한다.

这么好的机会一定要把握住。
이렇게 좋은 기회는 반드시 잘 잡아야 한다.
我没去过那么远的地方。
나는 그렇게 먼 곳을 가 본 적이 없다.

'这么一来'는 '이렇게 되자 ……하다'라는 의미로서, 두 문장이나 두 단락을 연결하는 접속사의 기능을 한다.

这件事情在网上传开了, 这么一来, 人人都知道了。
이 일이 인터넷에 공개되었는데, 이렇게 되자 사람마다 모두 알게 되었다.
这么一来, 好事就变成了坏事。
이렇게 되자 좋은 일이 나쁜 일로 변해 버렸다.

1.2.2.5 这样, 那样, 这么样, 那么样

'这样'과 '这么样', '那样'과 '那么样'은 의미와 어법적 기능이 거의 동일하므로 이 장에서는 '这样'과 '那样'만을 설명하기로 한다.

'这样, 那样'과 '这么, 那么'는 기본적인 의미가 같다. 그러나 대화에서는 '这么, 那么'가 많이 사용되며 문장에서는 '这样, 那样'이 많이 사용된다. 또한 '这么, 那么'는 단독 술어로 쓰일 수 없지만 '这样, 那样'은 단독 술어로 쓰일 수 있다.

'这样, 那样'은 주어로 쓰일 수 있다.

这样比较好。
이렇게 하는 것이 비교적 좋겠습니다.
那样比较好。
그렇게 하는 것이 비교적 좋겠습니다.

'这样, 那样'은 술어로 쓰일 수 있다.

那就这样吧。
그럼 이렇게 하기로 하지요.
下回别那样了。
다음에는 그렇게 하지 마십시오.

'这样, 那样'은 관형어가 될 수 있다.

他不是这样的人。
그는 이런 사람이 아닙니다.
他不是那样的人。
그는 그런 사람이 아닙니다.

'这样, 那样'은 부사어가 될 수 있다.

这样写行不行?
이렇게 쓰면 되나요?
这样做是不对的。
이렇게 하는 것은 옳지 않습니다.

大家都反对那样做。
그렇게 하는 것에 모두가 반대합니다.
你那样说, 她会生气的。
당신이 그렇게 말하면, 그녀가 화를 낼 것입니다.

'这样'과 '那样'이 연이어 나오면 모든 방법을 사용했다는 의미로 사용된다.

这样做也行, 那样做也行, 你自己看着办吧。
이렇게 해도 되고 저렇게 해도 되니까, 당신이 알아서 처리하십시오.
这样回答也不行, 那样回答也不行, 不知道怎么回答才好。
이렇게도 대답해 보고 저렇게도 대답해 봤지만 어떻게 대답해야 좋을지 모르겠다.

'这样吧'는 문장의 앞에 나와서 화자가 결정한 내용을 나타낸다.

这样吧, 明天我去一趟吧。
이렇게 합시다, 내일 내가 한번 가보지요.
这样吧, 你后天来取。
이렇게 하지요, 당신이 모레 찾으러 오는 것이 좋겠습니다.

'这样一来'는 '이렇게 되어 ……하게 되다'라는 의미로서, 앞의 상황을 종합하고 이에 따라 나타난 이후의 결과를 설명한다.

我搬到了学校附近来了, 这样一来, 就方便多了。
나는 학교 앞으로 이사 왔는데, 이러니까 훨씬 편해졌다.
这个学期他没去打工, 这样一来, 学习的时间就多了。
이번 학기에는 아르바이트를 하지 않았는데, 이러니까 공부 시간이 많아졌다.

1.2.3 의문대사(疑问代词)

의문대사는 문장 가운데에서 화자가 모르는 내용을 지칭하는 대사이다. 다음 우리말을 보자.

그는 누구입니까?
이것은 무엇입니까?
그 사람은 지금 어디에 있습니까?
그는 왜 울고 있습니까?
김치는 어떻게 담그나요?

위에서 묻고자 하는 내용은 '누구, 무엇, 어디, 왜, 어떻게'라는 말로 표현되어 있다. 이와 같이 묻고자 하는 내용을 지칭하는 말을 중국어에서는 의문대사라고 한다. 중국어의 의문대사에는 '谁, 什么, 为什么, 干什么, 干嘛, 哪, 哪儿(哪里), 怎么, 怎么样, 怎样' 등이 있다. 이제 각각의 의문대사를 살펴보기로 하자.

1.2.3.1 谁

'谁'는 사람을 나타내는 의문대사로서 'shéi, shuí'의 두 가지로 발음된다. 대화에서는 대개 'shéi'로 발음하며, 문장을 읽는 경우나 방송에서는 대개 'shuí'로 발음한다.

'谁'는 주어가 될 수 있다.

谁是王小平?
누가 왕샤오핑이지요?

谁找我?
어느 분이 저를 찾으셨습니까?

'谁'는 앞에 제시된 사람 가운데의 어떤 사람을 나타낼 수 있다.

(1) 中国历史, 他们两个人谁懂得更多?
중국 역사를 그들 두 사람 중에 누가 더 많이 알고 있지?
(2) 英语, 小王和小李谁说得更流利?
영어는, 샤오왕과 샤오리 중에 누가 더 유창하게 말합니까?

(1)의 '谁'는 '그들 두 사람' 중 한 사람이며, (2)의 '谁'는 '小王과 小李' 중 한 사람이다.

'谁'는 빈어가 될 수 있다.

(1) 他是谁?
그는 누구입니까?
(2) 你找谁?
누구를 찾으십니까?

(1)의 '谁'는 '是'의 빈어이며, (2)의 '谁'는 '找'의 빈어이다.

'谁'는 전치사 빈어가 될 수 있다.

你向谁报告?
당신은 누구에게 보고합니까?
他跟谁一起去?
그는 누구와 함께 갑니까?

위의 '谁'는 전치사 '向, 跟'의 빈어이다.

'谁'는 관형어가 될 수 있다.

这是谁的书?
이것은 누구의 책입니까?

那是谁的东西?
그것은 어느 분의 물건이지요?

'谁'는 의문대사이지만 다음과 같은 경우에는 의문을 나타내지 않는다.

'谁'는 '모든 사람'을 나타내는 경우가 있다. 이렇게 사용되는 '谁'는 일반적으로 '也, 都'를 동반한다.

谁都懂。
누구나 다 안다.
谁都不懂。
아무도 모른다.
谁也不懂。
아무도 모른다.

위와 같은 경우에 부정문이면 '也'와 '都'가 모두 사용되지만, 긍정문이면 일반적으로 '都'를 사용하며, '也'를 사용하지 않는다.

'谁'가 반복해서 사용되면 동일한 대상을 가리킨다.

谁愿意去谁去。
가고 싶은 사람이 가거라.
谁想喝谁喝。
마시고 싶은 사람이 마셔라.

위에서는 '가기를 원하는 사람'이 곧 '가는 사람'이며, '마시기를 원하는 사람'이 곧 '마시는 사람'이다.

'谁'는 기억나지 않는 어떤 사람이나 잘 알지 못하는 어떤 사람을 나타내기도 한다. 이 경우에도 '谁'는 의문을 나타내지 않는다.

那本书好像谁借走了。
그 책은 누군가가 빌려 간 것 같습니다.

1.2.3.2 什么

'什么'는 우리말의 '무엇, 무슨'을 뜻하는 의문대사이다. 그러나 특수한 경우에는 의문을 나타내지 않는다.

'什么'는 빈어가 될 수 있다.

这是什么?
이것은 무엇입니까?
你想吃什么?
무엇을 먹고 싶으세요?

'什么'는 관형어가 될 수 있다.

这是什么书?
이것은 무슨 책입니까?
你在吃什么药?
무슨 약을 먹습니까?

'什么'가 사람을 나타내는 말을 수식하는 경우에는 그 사람을 비난하는 말이 될 수 있다.

你算什么学生!
네가 무슨 학생이야!
他算什么英雄!
그 사람이 무슨 영웅이야!

'什么'는 부정양사 '(一)点儿, 些'의 수식을 받을 수 있다.

你要买点儿什么?
뭘 좀 사시려고요?
我应该注意些什么?
제가 무엇을 좀 주의해야 하나요?

다음 우리말을 보자.

무슨 물건이든 다 있습니다.
무엇이든 다 좋아요.
뭘요, 괜찮습니다.
바쁘기는 뭐가 바빠요.
뭐 필요한 것이 있으면 말씀하세요.

위에 사용된 우리말 '무슨, 무엇, 뭘, 뭐'는 의문을 나타내지 않는다. '什么'도 이와 같이 비의문적 용법으로 사용될 수 있다.

他好像在考虑什么问题呢。
그는 지금 뭔가를 생각하고 있는 것 같군요.
我不知道他在做什么。
나는 그가 뭘 하고 있는지 모릅니다.

你需要什么就跟我说!
뭐 필요한 것이 있으면 저에게 말씀하십시오!
我说什么他都像没听见似的。
내가 뭐라고 하든 그는 못 들은 척하는군요.

'什么'는 광범위한 사물을 가리키는 경우가 있다. 이러한 문장이 긍정형이면 '什么'는 '都'와 함께 사용되며, 부정형이면 '都' 혹은 '也'와 함께 사용된다.

什么都行。
무엇이든지 다 좋다.
什么书都可以。
무슨 책이든 다 괜찮다.

我什么书都不想看。
나는 어떤 책도 보고 싶지 않다.
他什么比赛也不参加。

그는 아무 경기에도 참가하지 않는다.

'没什么'는 대답하는 말로 사용되어 겸손을 나타낸다.

谢谢你的帮助。
도와주셔서 감사합니다.
－没什么。
별말씀을 다 하십니다.

太麻烦您了。
너무 번거롭게 해 드려 죄송합니다.
－没什么。
천만에요.

对不起, 让您久等了。
오래 기다리시게 해서 죄송합니다.
－没什么。
뭘요.

'什么'는 상대의 의견에 동의하지 않음을 나타내는 경우가 있다.

忙什么呀!
바쁘기는 뭐가 바빠요!
他知道什么!
그 사람이 뭘 알겠어요!
年轻什么, 我都四十岁了。
뭐가 젊어요, 나는 이미 40세가 되었답니다.

太麻烦你了。
번거롭게 해 드려 죄송합니다.
－麻烦什么。
뭐가 번거로워요.

다음 문장에서는 '吗'와 '有没有'가 이미 의문을 나타내고 있다. 그러므로 '什么'가 꼭 필요한 것은 아니다. 이 경우의 '什么'는 생략되어도 의미에 큰 변화가 없다. 이러한 '什么'는 빈어 앞에 와서 우리말의 '무슨, 뭐'와 같이 부드럽고 소탈한 어감을 나타낸다.

你有什么事吗?
무슨 일이 있으세요?
你有没有什么不明白的地方?
뭐, 이해 안 되는 데가 있나요?

'什么的'는 명사 뒤에 와서 '등등'과 같은 의미를 나타낸다. 이러한 용법은 대부분 대화에 사용된다. 이 경우의 '什么'는 경성(轻声)으로 발음한다.

我要买点鱼啊, 肉啊什么的。
나는 생선이나 고기 등등을 사려고 한다.
排球啊, 足球什么的, 我都不会。
배구나 축구 등등을, 나는 하나도 할 줄 모른다.

'什么'가 앞에 나오고 그 뒤에 사물이 열거되는 경우가 있다. 이러한 경우에도 '什么'는 약하게 발음한다.

什么纸啊, 笔啊, 墨水啊, 样样都有。
무슨 종이니 펜이니 잉크 같은 것들이 모두 있다.

'什么'가 연이어 나오면, 앞의 조건에 따라 다음 사항이 결정되는 것을 나타낸다. 앞뒤의 '什么'는 동일한 사물을 가리키며, 그 사이에는 '就'가 들어간다.

有什么, 就吃什么。
있는 걸 먹지요.
你喜欢吃什么就吃什么。
네가 먹고 싶은 것을 먹어라.

1.2.3.3 为什么, 干什么, 干嘛

'为什么'는 문장의 앞에 와서 원인을 묻는다.

为什么天是蓝色的?
왜 하늘은 푸른색인가요?
为什么你不去?
왜 당신은 안 가십니까?

'为什么'는 주어 뒤에 올 수도 있다.

天为什么是蓝色的?
하늘은 왜 푸른색인가요?
你为什么不去?
당신은 왜 안 가십니까?

'干什么'도 원인을 묻는다. 그러나 '干什么'가 들어간 의문형은 사실상 '……할 필요가 없다'는 의미를 가지므로, 일반적으로 대답을 요구하지 않는다.

你干什么买这种东西呢?
네가 뭐하려고 이런 것을 사지?
(=살 필요가 없을 것 같은데.)
你干什么借钱给他?
네가 왜 그에게 돈을 빌려 주지?
(=그럴 필요 없는데.)

'干什么'는 문장 뒤에 올 수도 있다.

这么暖和, 你穿大衣干什么?
이렇게 따뜻한데, 코트 입어서 뭐하려고?
(=입을 필요가 없을 것 같은데.)
你找他干什么?
당신이 그를 찾아서 뭐하려고요?

(=찾을 필요가 없을 것 같은데.)

'干嘛'는 'gànmá'로 발음한다. '干嘛'도 원인을 묻는다는 점에서는 '为什么, 干什么'와 같지만, 주로 대화에 사용되며 화자가 탐탁지 않게 여기는 내용을 나타낸다는 점이 그들과 다르다.

你干嘛不吃?
너는 왜 안 먹는 거야?
你干嘛不睡?
너는 왜 안 자는 거야?

위는 '상대가 먹지 않거나, 자지 않는 것'을 화자가 좋아하지 않고 있음을 나타낸다. '干嘛'는 문장 뒤에 올 수도 있다.

你找他干嘛?
당신이 왜 그를 찾나요?
他叫我干嘛?
그 사람이 왜 나를 찾지요?

사물의 객관적 원리를 묻는 경우에는 '为什么'를 사용해야 한다. '干什么'나 '干嘛'는 객관적 원리를 묻는 데에 사용될 수 없다.

(1) 今年的西瓜为什么不甜?
올해 수박은 왜 달지 않을까?
(2) 春天风沙特别大, 你知道为什么吗?
봄에는 황사가 아주 많은데 왜 그런지 아십니까?
(3)*今年的西瓜干嘛不甜?
(4)*春天风沙特别大, 你知道干什么吗?

(1,2)는 객관적 원리인 자연현상을 묻는다. 그러므로 '为什么'로 물어야 한다. (3,4)는 이러한 객관적 원리를 '干嘛, 干什么'로 물었기 때문에 비문이다.

1.2.3.4 哪, 哪儿 (哪里)

'哪'는 '어느 (것)'을 뜻하는 의문대사로서, 수량사의 수식을 받은 명사와 결합한다. 그러나 수사가 '一'면 그 수사는 대개 생략된다.

哪 (一)个人 (어느 사람)
哪 (一)本书 (어느 책)
哪 (一)家医院 (어느 병원)
哪 (一)个东西 (어느 것)

위와 같은 명사구는 주어, 빈어, 관형어가 될 수 있다.

哪本书最好? (哪本书: 주어)
어느 책이 제일 좋습니까?
你喜欢哪种颜色? (哪种颜色: 빈어)
어떤 색을 좋아하십니까?
这是哪位老师的东西? (哪位老师: 관형어)
이것은 어느 선생님 것입니까?

이러한 명사구에서 명사는 생략될 수도 있다.

你要哪本 (书)?
어떤 책을 원하십니까?
你找哪位 (先生)?
당신은 어느 분을 찾으십니까?
你喜欢哪件 (衣服)?
당신은 어떤 옷을 좋아하세요?

'哪儿 (里)'은 '어디, 어느 (곳)'이라는 처소를 묻는 의문대사로서 주어, 빈어, 관형어가 될 수 있다.

哪儿不舒服? (哪儿: 주어)
어디가 불편하십니까?

你住哪儿? (哪儿: 빈어)
어디 사십니까?

你在哪儿学习汉语? (哪儿: 전치사 빈어)
어디에서 중국어를 배우십니까?
他是哪儿的人? (哪儿: 관형어)
그는 어느 지방 사람입니까?

전화상의 대화에서 '哪儿'은 단독으로 술어가 되는 경우가 있다. 다음을 보자.

A : 喂, 是北京大学吗?
여보세요? 베이징대학이죠?
B : 是的。你哪儿啊?
네. 어디십니까?
A : 我这里是北京饭店。
여기는 베이징호텔인데요.

'哪儿'은 광범위한 처소를 모두 지시할 수 있다. 이 경우에는 부사 '都'나 '也'와 함께 쓰인다.

北京我哪儿都去过。
베이징이라면 나는 어디든지 다 가 보았다.
宿舍楼哪儿都很干净。
기숙사는 어디든지 모두 깨끗하다.

사람을 묻는 경우에는 일반적으로 '谁'를 사용하지만, 예의를 갖추어야 하는 경우에는 '哪位'를 사용한다. 그러므로 다음의 (A)보다는 (B)가 예의에 맞는 말이다.

(A) 谁是金华?
누가 진화입니까?
(B) 哪位是金华?
어느 분이 진화이신가요?

(A) 你是谁? (전화상의 대화)
너는 누구지?
(B) 您是哪位? (전화상의 대화)
당신은 어떤 분이시지요?

(A) 你找谁?
누구를 찾니?
(B) 您找哪位?
어느 분을 찾으십니까?

'哪儿'은 반어문에 사용되어 부정을 강조하기도 한다. 이 경우에 '哪儿'은 '어떻게, 어찌'와 같은 의미를 갖는다.

他哪儿有钱啊?
그 사람이 어떻게 돈이 있겠어요?
(=그는 돈이 없다.)
他哪儿能不知道啊?
그 사람이 어떻게 모를 수가 있겠어요?
(=그는 알고 있다.)

위와 같이 사용되는 '哪儿'에서는 '儿'이 생략될 수도 있다.

他哪有钱啊?
그 사람이 어떻게 돈이 있겠어요?
他哪能不知道啊?
그 사람이 어떻게 모를 수가 있겠어요?

'哪'는 광범위한 사물을 나타내는 경우가 있다. 이러한 문장이 긍정문이면 '都', 부정문이면 '都' 혹은 '也'와 함께 사용된다.

哪本都要读。
어떤 책이든 읽으려고 한다.

哪本都不想看。
어떤 책이든 보고 싶지 않다.
哪个地方也不想去。
어느 곳이든 가고 싶지 않아요.

'哪'가 앞뒤에 반복되어 나오면, 앞의 조건대로 뒤의 사항이 결정됨을 뜻한다. 이는 '什么'의 경우와 같다.

你爱上哪儿就上哪儿吧。
네가 가고 싶은 대로 가거라.
你喜欢哪个就买哪个。
네가 좋아하는 것이 있으면 그것을 사거라.

1.2.3.5 怎么, 怎么样, 怎样

'怎么'는 술어 앞에 와서 '어떻게'와 같이 방식을 묻는다.

这个字怎么写?
이 글자는 어떻게 씁니까?
咱们怎么办?
우리는 어떻게 할까?

我怎么说?
내가 어떻게 말할까?
北京站怎么走?
베이징 역은 어떻게 갑니까?

위의 '怎么'는 술어인 '写, 办, 说, 走' 앞에 와서 그 동작의 방식을 묻고 있다. 방식을 묻는 '怎么'는 주어 앞에 올 수 없다. 다음을 보자.

这个字怎么写?
*怎么这个字写?

咱们怎么办? (방식)
*怎么咱们办? (방식)

'怎么'는 원인을 묻는 경우에도 사용된다.

你怎么不说话? (원인)
당신은 왜 말을 하지 않습니까?

원인을 묻는 '怎么'는 주어의 앞뒤에 모두 올 수 있다.

你怎么不说话? (원인)
너는 왜 말을 하지 않지?
怎么你不说话? (원인)
왜 너는 말을 하지 않지?

위와 같이 '怎么'가 '不' 앞에 오면 원인을 묻는다. '怎么'가 '不' 뒤에 와도 역시 원인을 묻는다.

你怎么不去?
너는 왜 안 가지?
你怎么不喜欢他?
당신은 왜 그 사람을 싫어하지요?

'怎么'가 '不' 뒤에 와서 '不怎么……' 형식이 되면, '怎么'는 부드러운 부정을 나타낸다. 실제적으로 '不怎么'는 의문의 기능 없이 '그렇게 ……하지는 않다, 그다지 ……하지는 않다'라는 의미를 갖는다.

今天不怎么热。
오늘은 그렇게 덥지는 않다.
这个苹果不怎么甜。
이 사과는 그다지 달지는 않다.

‘怎么’가 단독으로 사용되면 의외의 사실을 나타낸다. 이러한 경우 ‘怎么’ 다음에 오는 문장은 일반적으로 의문형이다.

怎么, 你今天就走?
왜요? 오늘 가시려고요?
怎么, 他又病了?
어떻게 된 거야? 그가 또 아프니?

‘怎么了’가 단독으로 술어가 되면 사람이나 사물이 비정상적 상황으로 변했음을 나타낸다.

你怎么了? 不舒服吗?
너 왜 그래? 몸이 안 좋니?
他怎么了? 今天又没来。
그 사람 어떻게 된 거야? 오늘 또 안 왔네.

‘怎么会……’는 ‘……일 리가 있는가?’라는 의미를 나타내는 반어문이다. 이 형식에는 ‘会’ 대신 ‘行, 可以, 能’ 등이 사용될 수도 있다.

你怎么会不知道呢?
네가 어떻게 모를 수 있니?
(=너는 알고 있다.)
你不去怎么行呢?
네가 안 가면 어떡하니?
(=너는 가야 한다.)

你怎么可以这么说呢?
네가 어떻게 이렇게 말할 수 있지?
(=너는 이렇게 말하면 안 된다.)
我怎么能不认识他呢?
제가 어떻게 그분을 모를 수 있겠습니까?
(=저는 그분을 압니다.)

'怎么 + 个 + 동사 + 法' 형식은 동작의 방식을 묻는다.

这种药怎么个吃法?
이런 약은 어떻게 먹지요?
去天安门怎么个走法?
천안문은 어떻게 가지요?

'怎么也……', '怎么都……'는 부정문에 사용되어 '아무리 노력해도 목적을 이룰 수 없다'는 강한 부정을 나타낸다.

他的话我怎么也听不懂。
그의 말은 아무리 노력해도 알아들을 수가 없다.
那本书我怎么都找不着。
그 책은 아무리 노력해도 찾을 수가 없다.

'怎么' 뒤에 나오는 동사와 동일한 동사가 반복하여 나올 수 있다. 그 사이에는 대개 '也'나 '都'가 사용된다.

我不会跳舞, 怎么学也学不会。
나는 춤을 못 추는데, 아무리 배워도 배울 수가 없다.
吃的东西这么多, 怎么吃都吃不完。
먹을 것이 이렇게 많으니, 아무리 먹어도 다 먹을 수가 없다.

'怎么A就怎么A' 형식은, 그 동작을 하고 싶으면 그대로 하라는 의미를 나타낸다. 이러한 어형에는 일반적으로 소망 표시의 조동사가 사용된다.

你想怎么写就怎么写。
네가 쓰고 싶은 대로 써라.
你愿意怎么做就怎么做。
당신이 하고 싶은 대로 하세요.

'怎么样'은 술어가 되어 상황이나 성질 등을 묻는다.

你身体怎么样?
건강은 어떠세요?
他怎么样?
그 사람은 어떻게 지냅니까?

北京的天气怎么样?
베이징의 날씨는 어떻습니까?
最近学习怎么样?
요즘 공부하는 것이 어떻습니까?

'怎么样'은 정도보어(程度补语)가 되어 상황 등을 나타낸다.

考得怎么样?
시험을 어떻게 보았습니까?
昨天晚上玩得怎么样?
어제저녁에는 잘 놀았습니까?

'怎么样'은 문장 끝에 와서 상대의 의견을 묻는 경우가 있다.

星期天去, 怎么样?
일요일에 가는 것이 어떻겠습니까?
你来我这儿, 怎么样?
당신이 나한테 오는 것이 어떨까요?

'不怎么样'은 하나의 단어처럼 사용되어 '별로 좋지 않다'라는 의미를 갖는다.

身体不怎么样。
건강이 별로 좋지 않다.
天气不怎么样。
날씨가 별로 좋지 않다.

'怎么样'은 문장에서는 '怎样'으로 쓰이기도 하는데, 이들의 기능은 동일하다.

1.2.4 특수대사(特殊代词)

지시대사, 인칭대사, 의문대사 이외에도 특수하게 명사를 대신하는 대사가 있다. 이를 특수대사라고 하는데 '等(等等), 每, 本, 其他, 彼此, 任何' 등이 이에 속한다.

1.2.4.1 等(等等)

'等(等等)' 앞에 열거되는 사물은 화자가 말하려는 전체를 나타낼 수도 있고, 일부를 나타낼 수도 있다.

上个月我们去了首尔、釜山、光州等三个城市。
지난달에 우리는 서울, 부산, 광주 등 세 도시에 갔다.

위의 '等' 앞에 있는 명사는 화자가 말하려는 전체를 가리킨다.

我想买衣服、帽子、手绢等等。
나는 옷, 모자, 손수건 등등을 사고 싶다.

위의 '等等'은 '衣服, 帽子, 手绢' 이외의 '더 많은 것'을 나타낸다.

1.2.4.2 每

'每'는 '每本, 每个人, 每天'과 같이 양사나 명사 앞에 와서 관형어가 된다. '每'는 대개 '都'를 동반하여 자신의 다음에 나오는 사물을 하나하나 개별적으로 지시한다.

每个房间都有电视。
방마다 모두 텔레비전이 있다.
你每天都学习汉语吗?
당신은 매일 중국어를 공부합니까?

'每 + 동사 + 一 + 동량사'는 동작의 반복 발생을 나타낸다.

每去一次, 他都要买不少东西。

갈 때마다 그는 물건을 많이 사려고 한다.
每走一步，他都非常小心。
한 걸음 걸을 때마다 그는 아주 조심한다.

1.2.4.3 本

'本'은 일종의 지시대사로서 명사나 시간사 앞에 사용된다.

他本人不会同意去的。
그 사람 본인은 가는 데에 동의하지 않을 것이다.
本月没有公休日。
이달에는 공휴일이 없다.

1.2.4.4 其他

'其他'는 일정한 범위 이외의 사람이나 사물을 나타낸다.

除了小王以外，其他人都去上海了。
샤오왕 이외에 다른 사람들은 모두 상하이에 갔다.
我只喜欢上汉语课，其他课我都不感兴趣。
나는 단지 중국어 과목만 좋아하지, 다른 과목에는 흥미가 없다.

1.2.4.5 彼此

'彼此'는 '서로, 상호'의 뜻으로 사용된다.

他们彼此不认识。
그들은 서로 모른다.
他们在一起学习了两年，彼此很了解。
그들은 2년을 함께 공부해서 서로를 잘 알고 있다.

'彼此彼此'로 중첩되면 '쌍방이 서로 같다'는 뜻으로서, 주로 대답하는 말에 사용된다.

您辛苦了！
수고하셨습니다!

－彼此彼此。
다같이 고생했지요, 뭐.

您真了不起!
당신은 정말 대단하십니다!
－彼此彼此。
당신이나 저나 같지요, 뭐.

1.2.4.6 任何

'任何'는 '무엇이든, 어떠한'의 뜻으로서 모든 것을 나타낸다. 명사를 수식할 때는 대개 '的'를 동반하지 않으며, '人'이나 '事' 이외에는 단음절어를 수식하지 않는다.

他没有任何爱好。
그는 아무런 취미도 없다.
任何事情都不要做!
아무 일도 하지 마라!
他工作的时候任何人都不能打扰。
그가 일을 할 때는 아무도 그를 건드려서는 안 된다.

1.3 수사(数词)

수를 나타내는 말을 수사(数词)라고 한다. 수사에는 '하나, 둘, 셋'과 같이 수량을 나타내는 기수(基数)와, '첫째, 둘째, 셋째'와 같이 순서를 나타내는 서수(序数)가 있다.

1.3.1 기수(基数)

'1'에서 '10'까지의 수량은 다음과 같이 나타낸다. 수량을 나타내는 수를 계수사(系数词)라고 한다. 다음은 모두 계수사이다.

一, 二, 三, 四, 五, 六, 七, 八, 九, 十

단위를 나타내는 수는 다음과 같다. 단위를 나타내는 수를 위수사(位数词)라고 한다. 다음은 모두 위수사이다.

十, 百, 千, 万, 亿(万万)

'十'는 계수사이면서 위수사이다. '十万'의 '十'는 수량을 나타내므로 계수사이고, '五十'의 '十'는 십 단위를 나타내므로 위수사이다. 다음을 보고 계수사와 위수사를 구분하여 보자.

三百四十五
→ 三(계수사) 百(위수사) 四(계수사) 十(위수사) 五(계수사)

'1'에서 '99'까지의 수는 우리말과 같다.

一, 二, 三, 四, 五, 六, 七, 八, 九, 十
十一, 十二, 十三, 十四, 十五, 十六, 十七, 十八, 十九
二十, 二十一, 二十二, ……
三十, 三十一, 三十二, ……
九十, 九十一, 九十二, ……

'100' 이상의 수는 다음과 같이 표시한다.

100 : 一百
500 : 五百

1,000 : 一千
5,000 : 五千

10,000 : 一万
50,000 : 五万

10만 : 十万
50만 : 五十万

100만 : 一百万
500만 : 五百万
1,000만 : 一千万
5,000만 : 五千万

1억 : 一亿
10억 : 十亿
100억 : 一百亿

'百, 千, 万, 亿(万万)'는 위수사(位数词)이다. 이들이 '100', '1,000' '10,000' 등과 같이 구체적인 수량을 표시할 때는 '一'를 동반해야 한다.

이상을 조합하면 다양한 수를 모두 나타낼 수 있다.

434 : 四百三十四
3,434 : 三千四百三十四
43,434 : 四万三千四百三十四
543,434 : 五十四万三千四百三十四

수에 나오는 '0'은 '零'으로 나타낸다.

301 : 三百零一
3,301 : 三千三百零一
3,042 : 三千零四十二

'1001'과 같이 '0'이 중복되어 나와도 '零'은 한 번만 사용한다. '零'은 다음 단위가 나올 때까지 '0'이 계속되는 것으로 보기 때문이다.

3,001 : 三千零一
30,001 : 三万零一

수의 끝자리에 '0'이 오면 '零'을 쓰지 않는다.

560 : 五百六十
6,100 : 六千一百
10,990 : 一万零九百九十
50,600 : 五万零六百

위와 같이 수의 끝자리가 '0'이면 마지막 위수사를 생략할 수 있다.

120 : 一百二(十)
430 : 四百三(十)
3,500 : 三千五(百)
43,000 : 四万三(千)

'0' 다음에 두 개 이상의 위수사가 나오면 마지막 위수사만 생략할 수 있다.

50,340 : 五万零三百四(十)

위에서는 '0' 다음에 '百'와 '十'라는 두 개의 위수사가 있기 때문에 마지막 위수사인 '十'를 생략할 수 있다. '0' 다음에 위수사가 하나만 나오면 그 위수사는 생략할 수 없다. 다음을 보자.

3,040 : 三千零四十

위에는 '0' 다음에 '十'라는 한 개의 위수사가 있다. 이런 경우에 '十'를 생략하면 '三千零四'가 되어 '3,004'를 의미하게 된다. 그러므로 이러한 경우에는 위수사를 생략해서는 안 된다.

1.3.1.1 '十'와 '一十'

'十'가 십 단위 수에 사용되면 '一'를 동반하지 않는다.

十, 十一, 十二, 十三, 十四, 十五, 十六, 十七, 十八, 十九

'十'가 '100' 이상의 수의 일부로 사용되면 '一'를 동반한다.

110 : 一百一十
411 : 四百一十一
5,010 : 五千零一十

다음과 같은 경우에는 '十'가 '一'를 동반하지 않는다.

10만 : 十万
11만 : 十一万
12억 : 十二亿
13억 : 十三亿

위의 '十'가 '一'를 동반하지 않는 이유는, 위의 관형어인 '十, 十一, 十二, 十三'이 십 단위 수이기 때문이다. 위에서 설명한 바와 같이 '十'가 십 단위 수에 사용되면 '一'를 동반하지 않는다.

다음과 같은 경우의 '十'는 '一'를 동반해야 한다.

6,100,000 : 六百一十万
77,190,000 : 七千七百一十九万

위와 같은 경우에 '一'를 동반하는 이유는, '万'의 관형어인 '六百一十'와 '七千七百一十九'가 '100' 이상의 수에 해당하기 때문이다. 위에서 설명한 바와 같이 '十'가 '100' 이상의 수의 일부로 사용되면 '一'를 동반해야 한다.

'十'가 '百, 千'과 결합하는 경우는 없다.

*十百 → 一千
*十千 → 一万

1.3.1.2 '二'과 '两'의 용법

'二'과 '两'은 모두 '2'를 의미한다. 그러나 이들의 용법에는 차이가 있다. '二'은 단독으로 사용될 수 있지만 '两'은 단독으로 사용되지 않는다. 따라서 다음과 같은 수의 배열에 '两'이 사용될 수는 없다.

一, 二, 三, 四, 五, 六, …… 十

일 단위와 십 단위에는 '二'을 사용한다. '两'은 이런 경우에 사용될 수 없다.

일 단위에 '二'이 오는 경우 : 二, 十二, 三十二, …… 九十二
십 단위에 '二'이 오는 경우 : 二十, 二十一, 二十二, …… 二十九

그러므로 다음은 모두 비문이다.

*十两 (12)
*两十 (20)
*二十两 (22)
*两十两 (22)
*三十两 (32)

백 단위, 천 단위, 억 단위에는 '二'과 '两'을 혼용한다. 대화에서는 '两百, 两千, 两万'을 더 많이 사용한다.

二百 (两百), 二千 (两千), 二万 (两万), 二亿 (两亿)

'2'가 단독으로 사용되는 경우라도 다음에 양사가 오면 대개 '两'을 사용한다.

两个, 两张, 两本, 两辆

도량형을 나타내는 명사 앞에는 '二'과 '两'을 모두 사용할 수 있다.

二斤 (两斤) : 두 근
二厘米 (两厘米) : 2밀리미터
二米 (两米) : 2미터
二公里 (两公里) : 2킬로미터
二公斤 (两公斤) : 2킬로그램

화폐를 세는 경우는 다음과 같다.

两毛钱 (2전)
两块钱 (2위안)
两块二 (2위안 2전)
十块二 (10위안 2전)
十二块二 (12위안 2전)
二十块 (20위안)

서수에는 '二'이 사용되며 '两'을 사용하지 않는다.

第二次 (두 번째)
第二层 (2층)
第二个人 (두 번째 사람)
第二个房间 (두 번째 방)

시간을 나타내는 경우는 다음과 같다.

两点 (2시)
两点零二分 (2시 2분)
两点十二分 (2시 12분)
十二点 (12시)

1.3.2 서수(序数)

서수는 '첫째, 둘째, 셋째'와 같이 차례를 나타내는 수이다. 서수를 표시할 때는 '第'와 '头'를 사용한다.

1.3.2.1 第

수사 앞에 '第'를 첨가하면 서수가 된다.

第一 (첫째), 第二 (둘째), 第三 (셋째), 第四 (넷째)

서수는 양사와 결합할 수 있다.

第一课 (제1과)
第二次 (두 번째)
第三个人 (세 번째 사람)
第四个房间 (네 번째 방)
第二个星期 (둘째 주)

경우에 따라 '第'를 붙이지 않아도 서수를 나타내는 경우가 있다.

六班 (6반), 二月 (2월), 二楼 (2층), 二年级 (2학년)

1.3.2.2 头

'头'는 '처음'을 나타낸다. 다음을 보자.

到中国来的头一天
중국에 온 첫날
到首尔来的头几天
서울에 온 처음 며칠간

'头'가 '头一次'와 같이 서수를 나타낼 때는 '맨 처음'의 뜻을 갖는다. 이 경우에는 '第一次'와 의미가 같다. 그러나 '头'는 항상 첫 번째만을 가리키기 때문에 '头一次'와 '头几次'라는 표현만이 가능할 뿐, '*头二次, *头三次'라고 말할 수는 없다. '第'는 '第一次, 第二次, 第三次, …… 第几次' 등이 모두 가능하다. 다음을 보자.

这是头一次来北京。
이번이 베이징에 처음 온 것입니다.
这是第一次来北京。
이번이 베이징에 처음 온 것입니다.
这是第二次来北京。
이번이 베이징에 두 번째 온 것입니다.

1.3.3 개수(概数)

우리말 '십여 개, 두 시간 남짓, 세 근 정도'는 모두 개략적인 수를 나타낸다. 이러한 수를 개수(概数)라고 한다. 개수를 나타내는 방법은 다양하다.

1.3.3.1 多

'多'가 양사나 수사 뒤에 나오면, 제시된 수보다 약간 많은 정도를 표시한다. 수사가 일 단위 수이거나, 일 단위를 포함하는 십 단위 이상의 수이면 '多'는 양사 뒤에 위치한다.

一斤多 (한 근 남짓)
两块多 (2위안 남짓)
一个多星期 (일주일 남짓)
两个多月 (두 달 남짓)

五十五米多 (55미터 남짓)
十五公斤多 (15킬로그램 남짓)
十五块多 (15위안 남짓)

수사가 십 단위 이상이고 끝자리 수가 '0'이면 '多'는 양사 앞에 위치한다.

十多本书 (10여 권의 책)
二十多岁 (20여 세)
一百多年 (100여 년)
两千多个学生 (2,000여 명의 학생)

1.3.3.2 左右

'左右'는 수사의 뒤에 오며, 양사가 있을 때는 양사의 뒤에 온다. '左右'는 제시된 수보다 약간 많거나 적은 수를 나타낸다.

五十左右 (50 정도)
两万左右 (2만 정도)

两百个左右 (200개 정도)
两个月左右 (두 달 정도)

1.3.3.3 几, 好几

'几'는 '十, 百, 千, 万, 亿' 앞에 와서 개수를 표시할 수 있다. '几'는 수사(数词)를 대신하기 때문에 양사를 취할 수 있다.

几百块 (몇백 위안)
几百个学生 (학생 몇백 명)

'几'는 '十'의 뒤에 와서 개수를 표시할 수도 있다. 이 경우의 '几'는 경성(轻声)으로 발음한다.

十几本书 (열몇 권의 책)
十几张照片 (열몇 장의 사진)

'好几'는 '好几个, 好几百'와 같이 양사나 위수사(位数词) 앞에 와서 수량이 많다는 어감을 나타낸다. 예를 들어, 우리말 '여러 곳'의 '여러'를 강조하여 읽으면 '**여러**－ 곳'이 될 것이다. '好'는 이와 같은 기능을 담당한다.

好几天 (**여러** 날)
好几封信 (**여러** 통의 편지)
好几个人 (**여러** 사람)
好几个地方 (**여러** 곳)

1.3.3.4 些, 好些

'些'는 수사 '一'와 결합하여 정해지지 않은 양을 표시하는 양사이다. '些'는 '一' 이외의 수사와는 결합하지 않는다. '一些' 앞에 '这', '那', '哪'가 오면 '一'가 생략되어 '这些', '那些', '哪些'로 쓰일 수 있다.

小王有一些中文书。

샤오왕은 몇 권의 중국어 책을 가지고 있다.
这些学生喜欢足球。
이 학생들은 축구를 좋아한다.

'好些'는 '好些人, 好些个人'과 같이 명사나 양사 앞에 와서 수량이 많다는 어감을 나타낸다. '好些'는 '好几'보다 많은 수량을 나타낸다. '好些'의 '些'는 정확한 제1성으로 발음해야 한다.

好些(件)衣服 (많은 옷)
好些(个)国家 (많은 나라)
好些(个)学生 (많은 학생)
好些(本)中文书 (많은 중국어 서적)

1.3.3.5 연이은 수

인접한 두 개의 수를 이어 써서 개수를 나타내는 경우가 있다.

一、两天 (하루이틀)
三、四百个 (삼사백 개)
四、五个 (네다섯 개)
五、六千 (오륙천)
七、八块 (칠팔 위안)

1.3.3.6 来

'来'가 '十, 百, 千' 등의 뒤에 오면, '十, 百, 千'보다 적으면서 이에 가까운 수량을 나타낸다.

十来天 (열흘 정도)
四十来岁 (마흔 살 정도)
一百来个人 (100명 정도)

1.3.3.7 两

'两'은 '두어, 몇몇'과 같이 적은 수를 나타내는 경우가 있다. 이 경우에 '两'은 경성

(轻声)으로 발음한다. 다음을 보자.

你说两句。
한 말씀 하시지요.
过两天再去吧。
며칠 후에 갑시다.

'两'이 '2'의 의미로 사용되었다면 제3성으로 정확히 발음하여야 한다. 다음을 보자.

我们两天学一课。
우리는 이틀에 한 과를 배운다.
他两个多月没来了。
그는 두 달 남짓 동안 안 왔습니다.

1.3.4 의문수사(疑问数词)

수를 묻는 말을 의문수사라고 한다. 의문수사에는 '几, 多少, 多'가 있다.

1.3.4.1 几

'几'는 일반적으로 '10' 이하의 수를 묻는 경우에 사용한다. '几' 뒤에는 양사가 온다.

你有几个孩子?
아이가 몇 명입니까?
你家有几口人?
식구가 몇 명입니까?
上午有几节课?
오전에는 수업이 몇 시간 있습니까?
每天工作几个小时?
매일 몇 시간 근무하십니까?

1.3.4.2 多少

'多少'는 일반적으로 '10' 이상의 수를 묻는 경우에 사용된다. 그러나 '10' 이하의 수를 물을 수도 있다. '多少' 뒤의 양사는 생략되는 경우가 많다.

你们学校有多少学生?
당신의 학교에는 학생이 몇 명 있습니까?
电话号码是多少?
전화번호가 몇 번입니까?

'多少' 뒤에는 양사적 성격을 갖는 명사가 올 수 있다.

这件衣服多少钱?
이 옷은 얼마입니까?
汉语你学了多少年了?
중국어를 너는 몇 년이나 배웠지?

위의 '钱, 年'은 양사적 성격을 가진 명사이다.

1.3.4.3 多

'多'는 수량이나 정도를 묻는 의문수사이다. '多'는 일반적으로 단음절 형용사 앞에 온다.

这池子多深?
이 연못은 깊이가 얼마나 됩니까?
这儿离学校多远?
여기에서 학교까지 거리가 얼마나 됩니까?

'多'는 형용사 '高, 长, 深, 远' 등과 결합하여 수량을 묻는다. 이 경우의 '多' 앞에는 일반적으로 '有'가 온다. '有'가 와도 의미는 변하지 않는다.

你有多高?
키가 얼마입니까?
长城有多长?
만리장성은 길이가 얼마입니까?

这池子有多深?
이 연못은 깊이가 얼마나 됩니까?
这儿离学校有多远?
여기에서 학교까지 거리가 얼마나 됩니까?

'多长'은 '时间'을 수식하여 시간의 길이를 물을 수 있다.

你等了多长时间?
너는 얼마나 기다렸니?
你睡了多长时间?
너는 얼마나 오래 잤니?

'多大'는 크기를 묻는 경우에 사용된다.

你穿多大号的 ?
몇 치수를 입으십니까?
这双鞋是多大号的?
이 신발은 몇 문입니까?

'多大'는 나이를 묻는 경우에도 사용된다. 연장자나 동년배, 혹은 상사나 윗사람의 나이를 묻는 경우에는 '多大年纪' 혹은 '多大岁数'를 사용하고, 자기보다 후배이거나 나이가 적은 사람, 혹은 아랫사람에게는 '多大'를 단독으로 사용하며, 어린이의 나이를 묻는 경우에는 '几岁'를 사용한다.

你父亲多大年纪? ('父亲'은 화자보다 윗사람)
당신의 아버님께서는 연세가 얼마나 되십니까?
你父亲多大岁数? ('父亲'은 화자보다 윗사람)
당신의 아버님께서 연세가 얼마나 되십니까?

你弟弟今年多大? ('你弟弟'는 화자보다 아랫사람)
네 동생은 올해 나이가 어떻게 되지?
你多大? ('你'는 화자보다 아랫사람)

너는 몇 살이니?
小朋友, 你几岁? ('你'는 어린이)
애야, 너는 몇 살이지?

1.3.5 특수수사(特殊数词)

수량을 나타내거나 수량과 관련되는 명사를 특수수사라고 한다. 특수수사에는 '半, 俩, 有的是, 多的是, 上, 近' 등이 있다.

1.3.5.1 半

'半'은 '절반'을 뜻하는 수사로서 다음과 같은 두 가지 용법이 있다.
'半'이 단독으로 사용되면 양사 앞에 온다.

半年(반년)
半张纸(종이 반 장)
半斤糖(설탕 반 근)
半瓶酒(술 반 병)

'半'이 다른 수사와 함께 사용되면 양사 뒤에 온다.

一年半(1년 반)
六点半(6시 반)
三斤半(세 근 반)
一杯半(한 잔 반)

'半'은 '*半十, *半千, *半万, *半亿'와 같이 위수사(位数词)와 함께 쓰일 수 없다. 그러나 '半百'만은 문언문(文言文)에 사용되는 경우가 있다.

1.3.5.2 俩

'俩'는 '둘'이라는 뜻이다. 이 뒤에는 양사가 올 수 없다. '俩'는 일반적으로 '我们俩(우리 둘)', '你们俩(너희 둘)', '他们俩, 他俩(그들 둘)', '咱们俩, 咱俩(우리 둘)' 등의 형태로 사용된다.

你们俩别走!
너희 두 사람은 가지 마라!
我们俩是同学。
우리 두 사람은 급우이다.

1.3.5.3 有的是, 多的是

'有的是'는 '얼마든지 있다'라는 뜻으로, 수량이 많음을 나타낸다. 이는 어떤 물건이 없거나 수량이 적을 것이라는 상대의 생각에 대하여, 그렇게 걱정할 필요가 없다는 느낌으로 대답하는 경우에 사용된다. 따라서 '有的是'는 어느 정도 과장된 느낌을 주기도 한다. '多的是'도 이와 동일한 용법으로 사용된다.

你还有钱吗?
너는 아직도 돈이 있니?
－有的是(多的是)。
　얼마든지 있어.

你家里有没有中文书?
집에 중국어 책이 있습니까?
－有的是(多的是)。
　얼마든지 있답니다.

你们那儿有没有这种东西?
당신들이 사는 곳에도 이런 물건이 있습니까?
－有的是(多的是)。
　얼마든지 있습니다.

参加比赛的机会多不多?
대회에 참가할 기회가 많을까요?
－有的是(多的是)。
　얼마든지 있답니다.

1.3.5.4 上

'上'은 '上百, 上千, 上万' 등과 같이 수사 앞에 나와서 수량이 목표에 도달했거나, 초과할 정도로 많다는 사실을 나타낸다.

上百人参加了演讲比赛。
100명 이상이 웅변대회에 참가했습니다.
上千人参观了展览会。
1,000명 이상이 전람회를 다녀갔어요.
北京大学有上万名大学生。
베이징대학은 학생이 만 명이나 됩니다.

1.3.5.5 近

'近'은 수사와 함께 사용되어 어떠한 수에 거의 도달했음을 나타낸다.

我已经近七十岁了。
나는 벌써 일흔 살이 다 되어 간다.
近千人看了这部电影。
천 명 가까운 사람이 이 영화를 보았다.

'近'은 수사와 함께 사용되어 현재로부터 멀지 않은 과거를 나타낸다.

近两周, 天气一直很冷。
지난 2주 동안 날씨가 줄곧 추웠다.
近几个月, 他一封信也没收到。
지난 몇 달 동안 그는 편지를 한 통도 못 받았다.

1.3.6 '一'의 특수 용법

'一'가 동사 앞에 오면, 그 동작이 진행되자마자 어떤 결과가 곧바로 발생하는 것을 나타낸다.

(1) 他一说我就明白了。

그가 말을 하자마자 나는 분명히 알게 되었다.

(2) 我打开窗户一看，外面下雪了。
내가 창을 열고 보니, 밖에는 눈이 내리고 있었다.

(3) 我打电话一问，才知道他已经回国了。
나는 전화를 걸어 물어보고야 비로소 그가 이미 귀국했다는 것을 알았다.

위 (1)의 '一'는 '说'라는 동작이 진행되자마자 곧 알게 되었음을 나타내며, (2)의 '一'는 '看'이라는 동작을 하자마자 눈이 내리는 사실을 알게 되었음을 나타내고, (3)의 '一'는 '问'라는 동작을 하자마자 그의 귀국을 알게 되었음을 나타낸다.

'一'는 동사 앞에 와서 동작의 시작을 나타내기도 한다.

他俩一聊就是一上午。
그들 둘은 일단 얘기를 시작하면 오전 내내 합니다.
他一学就是三、四个小时。
그는 일단 공부를 시작하면 서너 시간은 한다.

1.3.7 수(数)의 표시

각종 셈법은 다음과 같다.

1.3.7.1 더하기, 빼기, 곱하기, 나누기

더하기는 'X 加 Y 等于 Z', 빼기는 'X 减 Y 等于 Z', 곱하기는 'X 乘 Y 等于 Z', 나누기는 'X 除 Y 等于 Z' 형식으로 나타낸다.

二加四等于六。
2 더하기 4는 6이다.
四减二等于二。
4 빼기 2는 2이다.

四乘二等于八。
4 곱하기 2는 8이다.
四除二等于二。
4 나누기 2는 2이다.

1.3.7.2 분수, 백분율(%), 비율, 제곱, 소수, 이상, 이하

분수의 표시법은 다음과 같다.

1/3 : 三分之一
3/4 : 四分之三
$3\frac{1}{2}$: 三又二分之一

분모가 '百, 千, 万, 亿'인 경우에, 이들 앞에는 '一'를 붙이지 않는다.

47/100 : 百分之四十七
47/1000 : 千分之四十七
47/10000 : 万分之四十七

분자에 '百' 이상의 수가 올 때는 '一'를 붙여야 한다.

143/1000 : 千分之一百四十三
143/10000 : 万分之一百四十三

백분율(%)은 다음과 같이 표시한다.

4% : 百分之四
40% : 百分之四十
43% : 百分之四十三

백분율의 '百分之X'의 '百'에는 '一'를 붙이지 않는다. 그러나 '百分之X'의 'X'가 '百'면 '一'를 붙여도 되고, 안 붙여도 된다.

100% : 百分之(一)百

백분율의 '百分之X'의 'X'에 '百' 이상의 수가 올 때는 '一'를 붙여야 한다.

120% : 百分之一百二十
140% : 百分之一百四十
1100% : 百分之一千一百

비율은 '比'로 나타낸다.

3 : 1 → 三比一
3 : 4 → 三比四
15 : 1 → 十五比一

제곱의 표시법은 다음과 같다.

3^2 : 三的平方
3^3 : 三的立方
3^4 : 三的四次方
3^n : 三的n次方

4㎡ : 四平方米
4㎥ : 四立方米
24만 ㎢ : 二十四万平方公里

소수를 읽는 방법은 우리말과 같다. 즉, 소수점을 경계로 소수점 왼쪽은 기수를 읽는 방법으로 읽으며, 소수점 아래는 단위 없이 하나하나 읽는다. 소수점은 '点(儿)'로 표시한다.

0.5 : 零点五
4.5 : 四点五
25.96 : 二十五点九六
3.14159 : 三点一四一五九

'이상, 이하'는 '以上, 以下'로 표시한다.

十名以上(열 명 이상)

五百万以上 (500만 이상)
百分之三十以上 (30% 이상)

十名以下 (열 명 이하)
五百万以下 (500만 이하)
百分之三十以下 (30% 이하)

1.3.7.3 배수 (倍数)

배수는 '倍'로 표시한다.

两倍 (2배)
二的三倍是六。
2의 3배는 6이다.
八是二的四倍。
8은 2의 4배이다.

배수는 형용사나 동사의 뒤에 온다.

宽一倍。
배가 넓다.
贵三倍。
세 배 비싸다.
增加一倍。
배가 늘어나다.

1.3.7.4 날짜와 시간

날짜는 '号'나 '日'로 나타낸다.

一号 (1일)
二号 (2일)
三号 (3일)
三十一号 (31일)

문장에서는 '号' 대신 '日'를 자주 쓴다. '二号'는 '*两号'라고 하지 않는다. '二号'의 '二'은 서수이기 때문이다.

요일의 명칭은 다음과 같다.

星期日(星期天)(일요일), 星期一(월요일), 星期二(화요일), 星期三(수요일), 星期四(목요일), 星期五(금요일), 星期六(토요일)

'星期'는 '礼拜'라고 말할 수도 있다. '星期二'은 '*星期两'이라고 하지 않는다. '星期二'의 '二'은 서수이기 때문이다.

열두 달의 명칭은 다음과 같다.

一月, 二月, 三月, 四月, …… 十二月

'二月'는 '*两月'라고 하지 않는다. '二月'의 '二'은 서수이기 때문이다.

년은 다음과 같이 읽는다.

一九九九年 : yī jiǔ jiǔ jiǔ nián
二000年 : èr líng líng líng nián(혹은 两千年)
二00一年 : èr líng líng yī nián(혹은 两千零一年)
二0一五年 : èr líng yī wǔ nián

B.C. : 公元前
A.D. : 公元后

날짜는 '几'로 묻는다. '12월'이나 '30일'은 10 이상의 수이지만 똑같이 '几'로 물어야 한다.

几月几号?
몇 월 며칠입니까?
今天星期几?
오늘이 무슨 요일입니까?

시각은 '点' 혹은 '点钟'으로, 분은 '分'으로 표시한다.

一点(钟) : 1시
两点(钟) : 2시
三点(钟) : 3시
十点(钟) : 10시
十二点(钟) : 12시

一分 : 1분
五分 : 5분
十分 : 10분
十五分 : 15분
二十分 : 20분
三十分 : 30분

시간은 'X点Y分'의 형식으로 표시한다. '1분에서 9분'까지는 'X点Y分'이라고 말한다. 이 경우에 '分'은 생략할 수 없다.

十点一分 : 10시 1분
十点二分 : 10시 2분
十点八分 : 10시 8분
十点九分 : 10시 9분

위를 'X点零Y分'이라고 말할 수도 있으며, 이 경우에 '分'은 생략할 수 있다.

十点零一(分) : 10시 1분
十点零二(分) : 10시 2분
十点零八(分) : 10시 8분
十点零九(分) : 10시 9분

위의 '零'은 '过'로 대체할 수도 있다. 이 경우에는 '分'을 생략할 수 없다.

十点过一分 : 10시 1분
十点过二分 : 10시 2분
十点过八分 : 10시 8분
十点过九分 : 10시 9분

'10분'은 다음과 같이 말한다. 이 경우에도 '分'은 생략할 수 없다.

十点十分 : 10시 10분
十点过十分 : 10시 10분

'11분'에서 '59분'까지는 'X点Y分'이라고 말하며 '分'은 생략할 수 있다.

十点十一(分) : 10시 11분
十点二十五(分) : 10시 25분
十点四十(分) : 10시 40분
十点五十九(分) : 10시 59분

위의 경우에 'Y' 앞에 '过'를 첨가할 수도 있다. 이 경우에도 '分'을 생략할 수 있다.

十点过十一(分) : 10시 11분
十点过十二(分) : 10시 12분
十点过四十(分) : 10시 40분
十点过五十(分) : 10시 50분

'15분'을 '一刻'라고도 한다. '刻' 다음에는 '分'이 올 수 없다. 그러나 '30분'을 '*两刻'라고 할 수는 없다.

一点一刻 : 1시 15분
十点差一刻 : 10시 15분 전

'30분'은 '半'으로 나타내기도 한다. '半' 다음에는 '分'이 올 수 없다.

十点三十(分) : 10시 30분
十点半 : 10시 30분

'몇 시 몇 분 전'과 같은 표현은 '差'를 사용하여 말한다. '差'는 다음과 같이 A형과 B형의 두 가지로 사용된다.

A형 : 五点差一刻(5시 15분 전), 两点差五分(2시 5분 전)
B형 : 差一刻五点(5시 15분 전), 差五分两点(2시 5분 전)

위의 두 형식은 모두 '지금 몇 시입니까?'라는 질문에 대한 답이 될 수 있다. 그러나 '몇 시에 만날까요?'와 같이 지정된 시각을 묻는 질문에는 A형으로 대답하는 것이 좋다.

시간(点) 표시에는 '两'이 쓰이지만 분(分) 표시에는 '两'이 쓰이지 않는다.

两点(钟) : 2시
十二点(钟) : 12시

两点零二分 : 2시 2분
两点十二分 : 2시 12분

十二点零二分 : 12시 2분
十二点十二分 : 12시 12분
十二点二十二分 : 12시 22분

시간은 다음과 같이 묻는다.

现在几点?
지금은 몇 시입니까?

위의 질문에 대한 대답은 다음과 같이 '点, 点钟'이 모두 사용될 수 있다.

十点(钟)。
10시입니다.

그러나 '분' 단위가 사용되면 '钟'을 사용할 수 없다.

十点十分。
10시 10분입니다.

'분' 단위가 나오는 경우에 '钟'이 사용되면 다음과 같이 비문이 된다.

*十点钟十分。
*十点十分钟。
*十点钟十分钟。

시계의 빠르고 느림은 다음과 같이 나타낸다.

你的表快两分。
네 시계는 2분 빠르다.
你的表慢两分。
네 시계는 2분 늦다.

你的表快五分。
네 시계는 5분 빠르다.
你的表慢五分。
네 시계는 5분 늦다.

위의 '两分'은 '2분간'이라는 시간의 길이를 나타낸다. 따라서 '两'은 기수이다. 시간의 양을 표시하는 방법을 알아보기로 하자. 먼저 다음 우리말을 보자.

나는 그를 한 시간 기다렸다.
그는 두 시간 책을 읽었다.

위의 '한 시간'과 '두 시간'은 모두 시간의 길이를 나타낸다. 중국어에서 이와 같이 시간의 길이를 나타내고자 할 때는 '小时'나 '钟头'를 사용한다.

一个小时 : 한 시간
两个小时 : 두 시간
五个小时 : 다섯 시간
十个小时 : 열 시간

위의 '小时'는 모두 '钟头'로 바꾸어 말할 수 있다.
'5분 동안, 5분간'처럼 분(分)의 길이를 나타내고자 할 때는 '分钟'을 사용한다.

一分钟 : 1분간
两分钟 : 2분간
五分钟 : 5분간
十分钟 : 10분간

'2분간'은 '两分钟'이며, '*二分钟'이라고 하지 않는다. 이 경우의 '2'는 기수이기 때문이다.

1.3.7.5 화폐 단위, 전화번호

중국의 화폐 단위는 '元', '角', '分'이다. 대화에서는 이를 각각 '块', '毛', '分'이라고 말한다.

一百元(一百块) : 100위안
十元(十块) : 10위안
一元(一块) : 1위안
一角(一毛) : 0.1위안
一分 : 0.01위안
一元一角(一块一) : 1.1위안
一元一角一分(一块一毛一) : 1.11위안

대화에서는 마지막 단위 다음에 '钱'을 붙여서 말하기도 한다.

十块钱 : 10위안
五毛钱 : 0.5위안

一分钱：0.01위안

전화번호나 객실 등의 호실은 숫자를 하나하나 읽는다.

786－3459：qībāliu sānsìwǔjiǔ
6134－8561：liùyāosānsì bāwǔliùyāo

345号房间：sānsìwǔ号房间
101号房间：yāolíngyāo号房间

전화번호나 객실 등의 호실에 나오는 '一'는 'yī'라고 읽기도 하지만 대화에서는 'yāo'로 읽는 경우가 많다. 이는 한자 '幺(yāo)'에 '一'라는 뜻이 있기 때문이다.

1.4 양사(量词)

사물의 개수나 동작의 횟수를 세는 단위를 양사라고 한다. 양사에는 명사를 세는 명량사(名量词)와 동작의 발생 횟수를 세는 동량사(动量词)가 있다.

1.4.1 명량사(名量词)

다음 우리말을 보자.

나는 사과를 두 개 먹었다.
나는 나무를 두 그루 심었다.

위의 '개'와 '그루'는 명사 '사과'와 '나무'를 세는 단위이다. 중국어에서는 이렇게 명사를 세는 양사를 명량사(名量词)라고 한다.

중국어에서는 수사(数词)와 명사 사이에 명량사가 온다. 명량사에는 개체양사(个体量词), 집합양사(集合量词), 도량사(度量词), 부정양사(不定量词), 임시양사(临时量词)와 같은 다섯 종류가 있다.

1.4.1.1 개체양사(个体量词)

구체적으로 하나하나 셀 수 있는 명사를 개체명사라고 한다. '사과, 의자'는 하나하나 셀 수 있으므로 개체명사이며, '생각, 민주주의'는 하나하나 셀 수 없으므로 개체명사가 아니다. 각각의 개체명사는 자기 자신을 세는 고유한 양사를 갖는다. 개체명사를 수식하는 양사를 개체양사(个体量词)라고 한다.

一个人(한 사람)	两本书(두 권의 책)
三封信(세 통의 편지)	四匹马(네 마리의 말)
一根烟(담배 한 개비)	一件衣服(한 벌의 옷)

위의 '个, 本, 封, 匹, 根, 件'은 각각 '人, 书, 信, 马, 烟, 衣服'를 세는 개체양사이다. 개체양사는, 자신이 수식하는 명사의 형태를 나타내는 경우도 있다. 예를 들면 가늘고 긴 물건의 양사는 '枝'이다. '枝'는 '나뭇가지'라는 뜻이다. '枪'과 '粉笔'는 나뭇가지처럼 가늘고 길기 때문에 그들의 양사는 '枝'이다.

一枝枪(총 한 자루)
两枝粉笔(분필 두 자루)

넓고 평평한 물건의 양사는 '张'이다. '张'은 '넓게 펼쳐 놓는다'는 뜻이다. '床'과 '纸'는 넓고 평평하기 때문에 그들의 양사는 '张'이다.

一张床(침대 한 개)
两张纸(종이 두 장)

작고 둥근 물체의 양사는 '颗'이다. '颗'는 '곡식의 낟알'이라는 뜻이다. '子弹'과 '珠子'는 곡식의 낟알과 같이 작고 둥글기 때문에 그들의 양사는 '颗'이다.

一颗子弹(총알 한 개)
两颗珠子(구슬 두 알)

손잡이가 있는 물건의 양사는 '把'이다. '把'는 '자루, 손잡이'라는 뜻이다. '刀'와 '雨

伞'은 손잡이가 있는 물건이기 때문에 그들의 양사는 '把'이다.

一把刀 (칼 한 자루)
两把雨伞 (우산 두 개)

그러나 위와 같이 의미와 관련되는 양사는 소수에 불과하며, 각 개체명사의 양사는 하나하나 기억할 수밖에 없다. 양사 '个'는 가장 많이 쓰이는 개체양사이다.

一个人 (한 사람)
两个学生 (두 명의 학생)
三个问题 (세 개의 문제)
四个国家 (네 개의 나라)

개체양사에는 다음과 같은 것들이 있다.

一张桌子 (하나의 책상)
一篇文章 (한 편의 문장)
一门课 (한 과목)
一幅画 (한 폭의 그림)
一辆汽车 (한 대의 자동차)
一瓶酒 (한 병의 술)
一棵树 (한 그루의 나무)
一部电影 (한 편의 영화)

1.4.1.2 집합양사(集合量词)

신발이나 젓가락은 언제나 짝을 이루고 있다. 이와 같이 짝이나 무리를 이루고 있는 사물에 쓰이는 양사를 집합양사(集合量词)라고 한다. 집합양사에는 '双, 对, 打, 批' 등이 있다.

一双鞋 (한 켤레의 신발)
一对夫妇 (한 쌍의 부부)
一批新生 (한 무리의 신입생)
一阵风 (한 번 부는 바람)
一群人 (한 무리의 사람)
一双筷子 (한 벌의 젓가락)
一打铅笔 (한 다스의 연필)
一批货 (한 무더기의 화물)
一顿饭 (한 끼의 밥)
一套房子 (한 채의 아파트)

일부 명사에는 개체양사와 집합양사를 모두 사용할 수 있다. 그러나 쓰이는 양사에 따라 의미가 달라진다.

一双筷子 (한 벌의 젓가락)
一支筷子 (한 짝의 젓가락)

一系列问题 (일련의 문제들)
一个问题 (하나의 문제)

一部分人 (일부 사람들)
一个人 (한 사람)

1.4.1.3 도량사(度量词)

도량사는 길이, 용량, 무게 등의 단위를 표시하는 양사이다.

三尺 (세 척)	三寸 (세 치)	三两 (세 냥)
三厘米 (3cm)	三百米 (300m)	三公里 (3km)
三升 (3리터)	百升 (100리터)	
三斤 (세 근)	三公斤 (3kg)	

도량사와 명사 사이에는 '的'가 올 수 있다.

二十公斤(的)书 (20킬로그램의 책)
三公里(的)路 (3킬로미터의 거리)

1.4.1.4 부정양사(不定量词)

'조금, 몇몇'과 같이 정확한 수량이 제시되지 않은 양사를 부정양사(不定量词)라고 한다. 부정양사(不定量词)는 '수량이 정해지지 않은 양사'라는 뜻이다. '一些'와 '一点(儿)'이 이에 해당한다. '一些'는 '一点(儿)'보다 더 많은 양을 나타낸다. 이러한 양사 앞에는 '一' 이외에 다른 수는 올 수 없다.

一些人 (몇몇 사람)　　　　一些国家 (몇몇 국가)

一些汉字 (몇몇 한자)　　一点儿钱 (약간의 돈)
一点儿希望 (약간의 희망)　　一点儿自由 (약간의 자유)

'一些'는 화자가 보고 있거나, 생각하고 있거나, 인식하고 있는 어떤 범위에 속하는 전체를 가리킨다. 그러므로 몇 개에서부터 몇백 개 까지도 나타낼 수 있다. '一些' 앞에 '这, 那, 哪'가 오면 '一'는 대개 생략된다.

这(一)些书 (이 책들)
那(一)些人 (그 사람들)
哪(一)些国家 (어떤 나라들)

'这些, 那些, 哪些' 뒤에는 '个'와 같은 양사가 올 수도 있다. '个'가 오면 대상에 대한 화자의 불쾌한 감정이 섞이게 된다.

这些个学生, 真不听话!
이 학생들은 정말 말을 안 듣는구나!
那些个人, 真让人头疼!
그 사람들은 정말 골치 아픈데요!

'一些' 앞에 '这么, 那么'가 와서 '这么些'가 되면 '이렇게 많은', '那么些'가 되면 '저렇게 많은, 그렇게 많은'의 의미를 나타낸다. 이 경우 '一'는 대개 생략되며, '些' 뒤에는 '个'와 같은 양사가 올 수 있다.

那个房间这么些人坐不下。
그 방에는 이 많은 사람들이 다 앉을 수 없어요.
那么些衣服留给谁呢?
그 많은 옷을 누구에게 남겨 주지요?

你怎么拿来这么些杂志?
너는 어떻게 이 많은 잡지를 가져왔니?
那么些个东西怎么带?
그 많은 물건을 어떻게 가지고 가려고요?

'一点儿' 앞에 '这, 那'가 와서 '这点儿, 那点儿'이 되면 '요만한, 고까짓'과 같은 적은 수량을 나타낸다. 이 경우에 '一'는 생략될 수 있다.

这点儿事他们做得完。
요만한 일은 그들이 해낼 수 있어.
我只有这点儿了。
나는 요것뿐이야.

那点儿酒不够喝。
고까짓 술로는 마시기에 부족합니다.
那点儿钱不能解决问题。
고까짓 돈으로는 문제를 해결할 수 없습니다.

'一点儿' 앞에 '这么, 那么'가 오는 경우에도 아주 적은 수량을 표시한다. 이 경우에 '一'는 생략할 수 있다.

这么点儿啊, 太少了。
요거밖에 안 되나요, 너무 적어요.
十块钱就这么点儿啊?
10원어치가 요거밖에 안 되나요?

你只有那么点儿啊?
너는 겨우 고까짓 것밖에 없니?
你就做了那么点儿啊!
너는 고만큼밖에 안 했어!

'这么点儿, 那么点儿'은 명사를 수식하여 적은 수량을 나타낸다.

这么点儿饭两个人吃, 不够吧?
요 정도의 밥은 두 사람이 먹기에는 부족하겠지요?
这么点儿工作, 用不了那么多人。
요만한 일에 그렇게 많은 사람은 필요 없다.

两、三年过去了，他只有那么点儿成果。
이삼 년이 지났는데도 그의 성과는 고까짓 것밖에 안 된다.
你只喝了那么点儿酒就醉了？
너는 고까짓 술을 마시고 취한 거야?

1.4.1.5 임시양사(临时量词)

명사가 양사로 쓰이는 경우가 있다. 이런 경우의 명사를 임시양사라고 한다. 임시양사 중에는 '车, 桌, 脸, 脚' 등과 같이 '一'만을 수사로 취하는 경우가 있다. 이 경우의 '一'는 '가득하다'라는 의미를 갖는다.

一车货(한 차 가득한 화물)
一桌菜(한 상 가득한 요리)
一脸汗(얼굴에 가득한 땀)
一脚泥(발에 가득 묻은 흙)

임시양사와 명사 사이에는 '的'가 들어갈 수 있다. 이 경우에는 대단히 많다는 어감을 나타낸다.

一车的货(한 차 가득한 그 많은 화물)
一桌的菜(한 상 가득한 그 많은 요리)
一脸的汗(얼굴에 가득한 그 많은 땀)
一脚的泥(발에 가득 묻은 그 많은 흙)

1.4.2 동량사(动量词)

다음 우리말을 보자.

나는 중국에 한 번 갔다.
나는 그를 두 차례 만났다.

위의 '번'과 '차례'는 '가다'와 '보다'라는 동작이 발생한 횟수를 나타낸다. 중국어에서 이와 같이 동작 발생의 횟수를 나타내는 양사를 동량사(动量词)라고 한다. ‘下, 次, 遍, 趟, 声, 觉(jiào)’ 등은 모두 동량사이다.

1.4.2.1 下

‘下’는 동사 뒤에 와서 동작의 횟수를 나타낸다. ‘下’는 일반적으로 비교적 짧고 가볍게 진행되는 동작을 나타낸다.

打了三下。
세 번 때렸다.
敲了三下。
세 번 두드렸다.

‘一下’는 동사 뒤에 와서 그 동작이 잠깐 동안 발생하는 것을 나타내는 경우가 있다. 이 경우에 수사는 언제나 ‘一’다.

我也看一下。
나도 좀 봅시다.
我也听一下。
나도 좀 들어 봅시다.

위의 ‘一下’는 ‘한 번’이라는 횟수를 나타내기보다는 그 동작이 잠시 동안 일어남을 나타낸다. (‘一下’의 용법은 ＜3.7.6.2 ‘一下’와 빈어의 위치＞를 참고할 것.)

1.4.2.2 次

‘次’는 동사 뒤에 와서 동작의 횟수를 나타낸다. ‘次’는 일반적으로 긴 시간 동안 비교적 진지하게 진행되는 동작을 나타낸다.

你去一次吧。
당신이 한번 가시지요.
你试一次吧。
당신이 한번 시도해 보시지요.

1.4.2.3 遍

'遍'은 동사 뒤에 와서 동작의 횟수를 나타낸다. '遍'은 동작이 처음부터 끝까지, 모든 과정이 실행됨을 나타낸다.

写两遍!
(처음부터 끝까지) 두 번 쓰세요!
请再说一遍。
(처음부터 끝까지) 다시 한 번 말해 주십시오.

1.4.2.4 趟

'趟'은 동사 뒤에 와서 동작의 횟수를 나타낸다. '趟'은 대개 '가다, 오다'와 같이 왕복을 전제로 하는 동작과 함께 쓰인다.

来一趟吧。
한번 왔다 가시지요.
去一趟吧。
한번 갔다 오시지요.

1.4.2.5 声, 觉 (jiào)

'声'이 동량사로 사용되면 소리를 내거나 말하는 횟수를 나타낸다.

你走的时候, 说一声!
당신이 가실 때는 간다고 한번 말해 주세요!
我喊了两声, 没人应。
내가 두어 번이나 불렀는데, 아무도 응답하지 않았다.

'一声'은 경우에 따라 횟수를 표시하기보다는 짧고 가볍게 소리 내는 동작을 나타낸다.

明天七点请叫我一声。
내일 7시에 저 좀 불러 주세요.
有什么困难就说一声, 不要客气。
뭐 어려운 일이 있으면 한번 말씀하세요, 사양치 마시고요.

'觉(jiào)'는 동량사로 사용되어 잠을 한 번 자는 동작을 표시하는데, 언제나 '睡'와 함께 사용된다. 이 경우에 '一'는 생략될 수 있다.

你去睡一觉吧!
가서 한숨 자거라!

1.4.2.6 명사를 차용한 동량사

명사가 동량사로 사용되는 경우가 있다.

踢一脚(한번 차다)
看一眼(한번 보다)
切一刀(한번 베다)

위의 동량사인 '脚, 眼, 刀'는 모두 명사이지만 위에서는 동량사로 사용되어 있다.

1.4.3 양사(量词)의 중첩

중첩된 양사는 개체를 하나하나 모두 지적한다. 그러므로 중첩된 양사 뒤에는 일반적으로 '都'가 온다. ('都'에 대하여는 <1.7.1 都, 一共>을 참고할 것.) 중첩된 양사는 주어가 될 수 있다.

张张都好。
한 장 한 장이 모두 좋다.
这里的菜, 样样都好吃。
이곳 요리는 하나하나 모두 맛이 좋군요.

중첩된 양사는 명사를 동반할 수 있다.

张张照都好。
한 장 한 장의 사진이 모두 좋다.
样样菜都好吃。
요리마다 모두 맛이 좋군요.

중첩된 양사는 위와 같이 주어가 되거나 주어를 수식할 수 있지만, 일반적으로 빈어가 될 수는 없다.

*通知个个人。
한 사람 한 사람에게 알려주다.
*把个个教室都收拾得很干净。
교실마다 깨끗이 정돈했다.

위의 '个个人'은 '通知'의 빈어로 사용되었으며, '个个教室'는 '把'의 빈어로 사용되었으므로 비문이다. 위와 같은 의미를 나타내기 위해서는 '每'를 사용해야 한다.

通知每个人。
한 사람 한 사람에게 알려주다.
把每个教室都收拾得很干净。
교실마다 모두 깨끗하게 정돈했다.

1.5 동사(动词)

동사의 종류와 기능을 알아보기로 하자.

1.5.1 자동사(自动词)와 타동사(他动词)

우리말이나 영어의 목적어에 해당하는 것을 중국어에서는 대상빈어(对象宾语)라고 한다. 대상빈어를 동반할 수 있는 동사를 타동사라고 하며, 동반할 수 없는 동사를 자동사라고 한다. (대상빈어에 대해서는 <3.4.1.1 대상빈어>를 참고할 것.)

他来了。
그가 왔다.
他吃饭了。
그는 밥을 먹었다.

위의 '来'는 대상빈어를 동반하지 않으므로 자동사이다. 그러나 '吃'는 '饭'이라는 대상빈어를 동반하고 있으므로 타동사이다. 언제나 대상빈어를 동반하지 않더라도, 어느 한 경우에 대상빈어를 동반할 수 있다면 그 동사는 타동사이다.

자동사 : 是, 在, 来, 去, 走, 上, 下, 进, 出, 回, 到, 过, 旅行, 合作 등
타동사 : 吃, 喝, 看, 写, 打, 寄, 送, 交, 说, 提, 拿, 相信, 知道 등

1.5.2 쌍빈어동사(双宾语动词)

우리말 '누구에게 무엇을 주다'에서 '누구'에 해당하는 것을 중국어에서는 간접빈어(间接宾语)라고 하며, '무엇'에 해당하는 것을 직접빈어(直接宾语)라고 한다. 직접빈어와 간접빈어를 모두 취할 수 있는 동사를 쌍빈어동사(双宾语动词)라고 한다.

王老师教我们汉语。
왕 선생님은 우리에게 중국어를 가르치신다.

위의 '教'는 간접빈어 '我们'과 직접빈어 '汉语'를 모두 취하고 있다. 그러므로 '教'는 쌍빈어동사이다. 다음은 모두 쌍빈어동사이다.

送(보내다), 给(주다), 问(묻다), 告诉(알려 주다),
交(건네주다), 还(돌려주다), 借(빌려 주다)

1.5.3 체빈동사(体宾动词)와 술빈동사(述宾动词)

주어나 빈어가 될 수 있는 말을 체사(体词)라고 한다. 명사나 명사구 및 명사의 일종인 처소사, 방위사, 시간사, 그리고 수사, 양사, 인칭대사, 지시대사, 그리고 의문대사의 일부는 모두 체사(体词)이다. 이러한 체사(体词)를 빈어로 취하는 동사를 체빈동사(体宾动词)라고 한다.

写/信(편지를 쓰다)
买/票(표를 사다)
吃/一碗饭(한 그릇의 밥을 먹다)
喝/一杯水(한 잔의 물을 마시다)

위의 빈어 '信, 票'는 명사이며, '一碗饭, 一杯水'는 명사구이다. 그러므로 이들을 빈어로 취하는 '写, 买, 吃, 喝'는 체빈동사이다. 다음은 모두 체빈동사이다.

卖(팔다), 踢(차다), 打(때리다), 学(배우다)
开(열다), 给(주다), 笑(웃다), 找(찾다)

형용사나 형용사구, 동사나 동사구, 분문(分文)은 모두 술어적 성격을 가지는데, 이들을 빈어로 취하는 동사를 술빈동사(述宾动词)라고 한다.

觉得/好
좋다고 생각하다.
觉得/非常冷
대단히 춥다고 여기다.
开始/念
읽기를 시작하다.

希望/恢复健康
건강이 회복되기를 희망하다.
以为/他是王老师
그가 왕 선생님이라고 잘못 생각한다.

위의 빈어인 '好'는 형용사, '非常冷'는 형용사구, '念'은 동사, '恢复健康'은 동사구, '他是王老师'는 분문이다. 이러한 요소를 빈어로 취하는 '觉得, 开始, 希望, 以为'는 술빈동사이다. 다음에 나오는 동사는 모두 술빈동사이다.

他打算当老师。
그는 선생님이 될 생각이다.
我感到很高兴。
나는 기쁘다.
他们正在进行讨论。
그들은 토론을 진행하고 있다.

위의 '打算'은 동빈구인 '当老师', '感到'는 형용사구인 '很高兴', '进行'은 동사 '讨论'을 각각 빈어로 취하고 있다. 그러므로 '打算, 感到, 进行'은 모두 술빈동사이다.

체사적 성분과 술어적 성분을 모두 빈어로 취할 수 있는 동사도 술빈동사라고 한다.

喜欢/他 (他: 체사빈어)
그를 좋아하다.
喜欢/听音乐 (听音乐: 동빈구 빈어)
음악을 듣는 것을 좋아하다.

赞成/你的意见 (你的意见: 체사빈어)
당신의 의견에 찬성하다.
赞成/去旅行 (去旅行: 동빈구 빈어)
여행 가는 것을 찬성하다.

위에서 보는 바와 같이 '喜欢'과 '赞成'은 체사적 성분과 술어적 성분을 모두 취할 수 있다. 그러므로 '喜欢'과 '赞成'은 술빈동사에 속한다.

1.5.4 동빈이합동사(动宾离合动词)

'握手'는 동사 '握(잡다)'과 빈어 '手(손)'가 합쳐져서 '악수하다'라는 하나의 동사로 변한 것이다. 이와 같이 동사와 빈어가 합쳐져서 하나의 단어처럼 사용되는 동사를 동빈이합동사(动宾离合动词)라고 한다. 동빈이합동사는 '동사와 빈어가 분리되기도 합쳐지기도 하는 동사'라는 뜻이다. 다음은 모두 동빈이합동사이다.

照 (찍다) + 相 (얼굴) → 照相 (사진 찍다)
见 (보다) + 面 (얼굴) → 见面 (만나다)
生 (돋우다) + 气 (화) → 生气 (화를 내다)
打 (걸다) + 架 (말다툼) → 打架 (싸우다)
帮 (돕다) + 忙 (바쁘다) → 帮忙 (돕다)
上 (가다) + 课 (강의) → 上课 (강의를 듣다, 강의를 하다)

동빈이합동사는 다음과 같은 경우에 원래의 동사와 빈어로 분리된다.

1. 동태조사 '着, 过'는 동빈이합동사의 내부에 온다.

照相
사진 찍다.
→ 照着相
사진을 찍고 있다.
→ 照过相
사진을 찍은 적이 있다.

握手
악수하다.
→ 握着手
악수를 하고 있다.
→ 握过手
악수한 적이 있다.

동태조사 '了'가 완료를 나타내는 경우에는 동빈이합동사의 내부에 온다.

照相
사진 찍다.
→ 照了相
사진을 찍었다.

握手
악수하다.
→ 握了手
악수를 했다.

동태조사 '了'가 사태의 변화를 나타내는 경우에는 동빈이합동사의 뒤에 온다.

照相
사진 찍다.

→照相了
사진을 찍은 상태이다.

握手
악수하다.
→握手了
악수를 한 상태이다.

2. 양사는 동빈이합동사의 내부에 온다.

照相
사진 찍다.
→照一张相
사진을 한 장 찍다.

洗澡
목욕하다.
→洗一个澡
목욕을 한 번 하다.

见面
만나다.
→见一次面
한 번 만나다.

握手
악수하다.
→握一次手
악수를 한 번 하다.

3. 내부빈어(内部宾语)란 동빈이합동사 내부의 빈어를 말한다. 다음의 '帮忙, 卖钱, 上课, 握手'는 모두 동빈이합동사이고, '忙, 钱, 课, 手'는 내부빈어이다. 내부빈어를 수

식하는 말은 동사와 내부빈어 사이에 온다.

帮了大忙
큰 도움을 주었다.
卖了很多钱
큰돈을 받고 팔았다.

上了英文课
영어 수업을 들었다.
握了他的手
그 사람과 악수를 했다.

4. '什么'가 동빈이합동사와 함께 사용되면, '什么'는 동사와 내부빈어 사이에 온다. 이 경우에는 의문문이 될 수도 있고, 명령문이나 감탄문이 될 수도 있다.

上什么课?
무슨 과목을 강의합니까?
帮什么忙?
무엇을 도와드릴까요?

위의 두 문장은 의문문이다.

生什么气呀!
무슨 화를 내고 그래요!
(=화내지 마세요.)
担什么心啊!
무얼 걱정하시나요!
(=걱정 마십시오.)

위의 두 문장은 명령문이면서 감탄문이다.

5. 동빈이합동사가 다시 빈어를 취하면, 그 빈어는 동빈이합동사의 내부에 오는 경우

가 있다. 이 경우 두 개의 빈어 사이에는 '的'가 온다.

见面
만나다.
→ 见他的面
그와 만나다.

开玩笑
놀리다.
→ 开我的玩笑
나를 놀리다.

帮忙
돕다.
→ 帮她的忙
그녀를 돕다.

위의 '他, 我, 她'는 각각 동빈이합동사 '见面, 开玩笑, 帮忙'의 빈어이다. 이들 빈어는 모두 동빈이합동사의 내부에 온다. 만약 이러한 빈어가 동빈이합동사의 뒤에 오면 다음과 같이 비문이 된다.

*见面他
*开玩笑我
*帮忙她

동빈이합동사의 빈어가 항상 동빈이합동사의 내부에 오는 것은 아니다. 다음과 같이 전치사를 동반하여 동빈이합동사의 앞에 나오는 경우도 있다.

我见了他的面。
나는 그를 만났다.
我跟他见了面。
나는 그와 만났다.

위와 같이 '见面'의 빈어는 전치사 '跟'을 동반하여 동빈이합동사 앞에 올 수도 있다. 이 경우에는 의미가 달라진다. 예를 들면 '我见了他的面'은 '그가 나를 만나기를 원하거나 원하지 않거나에 관계없이 내가 일방적으로 그를 만난 것'을 나타내며, '我跟他见了面'은 서로의 약속에 의하여 만났던가 혹은 공식적으로 만난 것을 의미한다.

别开我的玩笑!
나를 놀리지 마세요!
别跟我开玩笑!
나에게 농담을 걸지 마세요!

위의 '开我的玩笑'는 놀림의 대상이 '我'이다. 그러나 '跟我开玩笑'는 '나에게 농담을 걸지 마라'는 의미이다.

别生我的气!
나에게 화를 내지 마세요!
(=내가 잘못하기는 했지만, 그럴 만한 사정이 있었습니다.)
别跟我生气!
나에게 화를 내지 마세요!
(=내가 잘못하지 않았습니다.)

'别生我的气'는 '잘못의 원인이 나에게 있음'을 나타낸다. 그러므로 이는 '내가 잘못하기는 했지만 그럴 만한 사정이 있으니 화는 내지 마라'는 의미가 된다. 그러나 '别跟我生气'는 '나에게 잘못이 없거나 책임이 없으므로 나한테 화를 내지 마라'는 의미가 된다.

握他的手
그의 손을 잡다.
跟他握手
그와 악수를 하다.

'握他的手'는 상대가 좋아하거나 그렇지 않거나에 관계없이 일방적으로 그의 손을 잡은 행위를 나타내고, '跟他握手'는 그와 서로 악수한 것을 나타낸다.

6. 보어는 동빈이합동사 내부의 동사 뒤에 온다.

理完了发
이발을 다 했다.
帮起我的忙来了
나를 도와주기 시작했다.

위의 '理发'와 '帮忙'은 동빈이합동사인데, 보어 '完'과 '起来'는 모두 동사 뒤에 위치하고 있다.

7. 여러 가지 요소들이 동시에 나오는 경우에는 '동사 + 보어 + 동태조사 + 동빈이합동사의 빈어 + 수량사 + 관형어 + 내부빈어'의 순서로 배열된다. 다음을 보자.

见了一次面
그를 한 번 만났다.
见过一次面
그를 한 번 만난 적이 있다.

见了他一次面
그를 한 번 만났다.
见过他一次面
그를 한 번 만난 적이 있다.

上过汉语课
중국어 강의를 한 적이 있다.
上过一次汉语课
중국어 강의를 한 번 한 적이 있다.
上完了汉语课
중국어 강의를 마쳤다.

帮了一个大忙
크게 도와주었다.

帮了我一个大忙。
나를 크게 도와주었다.

1.5.5 조동사(助动词)

중국에서는 조동사(助动词)를 능원동사(能愿动词)라고 한다. 그러나 이 책에서는 조동사(助动词)라는 용어를 사용하기로 한다.

동사나 형용사 앞에 와서 능력, 가능, 소망, 허가, 추정, 당위 등을 나타내는 동사를 조동사라고 한다. 다음은 모두 조동사이다.

能, 能够, 会, 可以, 可能, 要, 敢, 想,
得, 应该, 应当, 该, 愿意, 肯, 值得

조동사는 중첩될 수 없으며, 조동사 뒤에는 동태조사 '了, 着, 过'가 올 수 없다. 조동사는 '不'로 부정된다. 일부 동사는 조동사로 사용되기도 하고 일반동사로 사용되기도 한다.

(1) 我要这个。
저는 이것을 요구합니다.
我很想你。
당신이 정말 보고 싶습니다.
(2) 我要去。
저는 가야 합니다.
我想去。
저는 가고 싶습니다.

(1)의 '要, 想'은 일반동사이며, (2)의 '要, 想'은 다른 동사 앞에 와서 '소망'을 나타내는 조동사이다. 다음에서 각 조동사의 기능을 알아보기로 하자.

1.5.5.1 能, 能够

'能'은 사람이나 사물의 근본적인 능력이나 가능성을 나타내는 경우가 있다. 다음을 보자.

他能喝十瓶啤酒。
그는 맥주를 열 병 마실 수 있다.
这个困难他们能克服。
이런 어려움은 그들이 극복할 수 있다.

这个房子能住十个人。
이 집은 열 사람이 살 수 있다.
这个软件能用来画画儿。
이 소프트웨어를 사용하면 그림을 그릴 수 있다.

위와 같이 근본적인 능력을 나타내는 경우에는 '能'을 '能够'로 대체할 수 있다.
'能'은 다음과 같이 허가를 나타내는 경우가 있다. 이 경우에는 '能够'로 대체할 수 없다.

这儿能吸烟吗?
이곳에서는 담배 피워도 됩니까?
这儿不能喝酒。
이곳에서는 술을 마시면 안 됩니다.

'不能不……'의 형태를 취하여 이중부정이 되면 강조를 나타낸다.

不能不说
말하지 않을 수 없다.
不能不听
듣지 않을 수 없다.

'能不能……'의 형태로 선택의문문을 만들 수 있다.

能不能喝酒?
술을 마셔도 됩니까?

能不能告诉我?
제게 알려 줄 수 있습니까?

'能够'는 '……할 수 있다'는 뜻으로서 능력이나 가능성을 나타낸다.

你能够相信我吗?
나를 믿을 수 있습니까?
一般人也能够旁听。
일반인도 청강할 수 있습니다.

'能够'의 부정형은 '不能够' 혹은 '不能'이다.

我不能(够)相信你。
나는 너를 믿을 수 없어.
我不能(够)同意。
나는 동의할 수 없어.

'能够'의 의문형은 '能不能够' 혹은 '能够不能够'이다. 일반적으로 '能不能够'가 많이 쓰인다.

五号以前你能不能够完成任务?
5일 이전에 당신은 임무를 완성할 수 있습니까?
下午五点以前你能不能够写完报告?
오후 5시 이전에 보고서를 다 쓸 수 있습니까?

'能'은 능력, 가능성, 허가를 모두 나타낼 수 있지만, '能够'는 능력이나 가능성을 나타낼 뿐, 허가를 나타내지 못한다. 그러므로 모든 '能够'를 '能'으로 바꿀 수는 있지만, 모든 '能'을 '能够'로 바꿀 수는 없다.

1.5.5.2 可以

'可以'는 능력, 허가, 가치를 나타낸다.
'可以'가 능력을 나타내는 경우에는 '能'으로 대체될 수 있다.

我可以翻译这个句子。
→ 我能翻译这个句子。
　저는 이 문장을 번역할 수 있습니다.

'可以'가 능력을 나타내는 경우의 부정형은 '不能'이다.

我可以翻译这个句子。
나는 이 문장을 번역할 수 있습니다.
→ 我不能翻译这个句子。
　나는 이 문장을 번역할 수 없습니다.

'不可以'는 규정, 규칙 등의 객관적인 이유로 절대로 안 된다는 사실을 강조하므로 위와 같이 능력을 부정하는 경우에 '不可以'를 사용해서는 안 된다.

'可以'는 '能'과 마찬가지로 허가를 나타낼 수 있다.

你也可以去。
너도 갈 수 있어.
这里可以抽烟。
이곳에서는 담배를 피워도 됩니다.

허가를 나타내는 '可以'의 부정형은 '不能'이다.

这里可不可以抽烟?
여기서 담배를 피워도 되나요?
－不能(抽烟)。
　담배를 피워서는 안 됩니다.

위와 같은 경우에 '不可以'로 대답할 수도 있다. 그러나 '不可以'는 규정, 규칙 등의 객관적인 이유로 절대 안 된다는 사실을 강조한다.

－不可以(抽烟)。
　담배를 피워서는 절대 안 됩니다.

(=규정상 금지되어 있으니까 절대 안 됩니다.)

'可以'는 어떤 일을 할 만한 가치가 있음을 나타낸다. 이러한 용법은 대개 다른 사람에게 이 행위를 해 보도록 권하는 경우에 사용된다.

这本书很好, 你可以读一读。
이 책은 좋습니다. 한번 읽어 볼 만합니다.
这部电影很好, 你可以看一看。
이 영화는 좋습니다. 한번 보실 만합니다.

'还可以'는 '그런대로 좋다'라는 의미로 사용된다.

他身体还可以。
그는 건강이 그런대로 괜찮습니다.
这部电影还可以。
이 영화는 그런대로 괜찮습니다.

'……就可以了'는 앞에 제시된 정도면 충분하다는 것을 나타낸다.

做一个就可以了。
하나만 만들어도 됩니다.
随便写几句就可以了。
편한 대로 몇 줄만 써도 됩니다.

'可以吗?'는 문장 끝에 와서, 상대의 허가나 동의를 구하려는 의도를 나타낸다. 이 물음에 동의하면 '可以'라고 대답하며, 동의하지 않으면 '不行'이나 '不成'으로 대답한다.

我想问一个问题, 可以吗?
제가 한 가지 물어보고 싶은데 괜찮습니까?
－可以。
괜찮습니다.

－不行。
안 됩니다.

明年我去中国，可以吗?
내년에 제가 중국에 가도 됩니까?
－可以。
괜찮습니다.
－不成。
안 됩니다.

'可以'의 선택의문형은 '可不可以' 혹은 '可以不可以'이다. 일반적으로 '可不可以'가 많이 사용된다.

我可不可以进去?
제가 들어가도 되겠습니까?
我可不可以抽烟?
제가 담배를 피워도 되겠습니까?

'可不可以', '可以不可以'는 의문문의 끝에 올 수도 있다.

我进去，可不可以?
제가 들어가도 되겠습니까?
我抽烟，可不可以?
제가 담배를 피워도 되겠습니까?

1.5.5.3 会

'会'는 일정한 과정을 통하여 습득한 기능을 나타내기도 하고, 화자의 추측을 나타내기도 한다. 다음은 일정한 과정을 통하여 습득한 기능을 나타낸다.

他会开车。
그는 운전을 할 줄 안다.
他会说汉语。

그는 중국어를 할 줄 안다.

위의 '会开车'는, 일정한 훈련 과정을 통하여 운전할 수 있음을 나타내며, '会说汉语'도 일정한 학습 과정을 통하여 중국어를 할 줄 알게 되었음을 나타낸다. '会'의 부정형은 '不会'이다.

他不会开车。
그는 운전을 할 줄 모른다.
他不会说汉语。
그는 중국어를 할 줄 모른다.

'会'에는 미래 사실의 추측을 나타내는 기능이 있다. 과거 사실을 추측하는 경우에는 '会'를 쓸 수 없다. 다음의 '会'는 미래 사실의 추측을 나타낸다.

明天他不会来。
내일 그는 오지 않을 것이다.
明天不会下雨。
내일은 비가 오지 않을 것이다.

'会'가 '不会不……'와 같이 이중부정이 되면 강한 추정이 된다.

他不会不同意。
그가 동의하지 않을 리가 없다.
他不会不答应。
그가 승낙하지 않을 리가 없다.

'会'는 '会不会'의 형식으로 선택의문형이 될 수 있다.

他会不会同意?
그가 동의할까요?
他会不会答应?
그가 승낙할까요?

'会'는 '……를 잘하다, ……에 능숙하다'라는 의미를 나타내는 경우가 있다.

他会喝酒, 半斤白酒对他来说不算什么。
그는 술을 잘 마십니다. 고량주 반 근도 그에게는 별게 아닙니다.
他会说话, 说起话来头头是道。
그는 말을 잘합니다. 말을 했다 하면 한마디 한마디가 모두 정확합니다.

'会'가 위와 같은 용법으로 사용되면 '很'의 수식을 받을 수 있다.

他很会喝酒。
그는 술을 아주 잘 마십니다.
他很会说话。
그는 말을 아주 잘합니다.

1.5.5.4 要

'要'는 화자의 의지를 나타내거나, 행위 동작의 필요성, 혹은 당위성을 나타낸다. 다음은 '要'가 화자의 의지를 나타내는 경우이다.

我要回去。
나는 돌아갈 거야.
我要看这本书。
나는 이 책을 볼 거야.

'要'가 의지를 나타내는 경우에는 그다음에 나오는 행위 동작을 실행에 옮길 가능성이 아주 높다. '要'가 의지를 나타내는 경우의 부정형은 '不想'이나 '不打算'이다. '不想'은 '……하고 싶지 않다'는 뜻이며, '不打算'은 '……할 계획이 없다'는 뜻이다.

我这儿有他的照片, 你要看吗?
나한테 그의 사진이 있는데 보렵니까?
－不, 不想看。
　아닙니다, 보고 싶지 않습니다.
你要去旅行吗?

당신은 여행을 가려고 합니까?
－不, 不想去。
아닙니다, 가고 싶지 않습니다.
－不, 不打算去。
아닙니다, 갈 계획이 없습니다.

'要'는 '……할 필요가 있다, ……해야만 하다'와 같이 필요성이나 당위성을 나타내는 경우가 있다.

你一定要看看这本书。
당신은 반드시 이 책을 한번 보아야 합니다.
你要注意身体, 要休息好。
당신은 건강에 주의해야 하고, 잘 휴식해야 합니다.

'要'가 필요성을 나타내는 경우의 부정형은 '不用'이다.

你不用参加。
너는 참가할 필요가 없어.
你不用看这本书。
너는 이 책을 볼 필요가 없어.

'要'가 당위성을 나타내는 경우의 부정형은 '不要'이다. '不要'는 '……해서는 안 된다'와 같이 당위성을 강하게 부정하여 금지를 나타낸다.

你不要抽烟!
당신은 담배를 피우면 안 됩니다!
明天你不要来!
내일은 오지 마십시오!

'要不要'의 형태로 선택의문형을 만들 수 있다. '要不要'는 의지를 물을 수도 있고, 필요성이나 당위성을 물을 수도 있다. 다음의 '要不要'는 의지를 묻고 있다.

你明天要不要去北京?
당신은 내일 베이징에 가실 겁니까?
晚上他们几个来我家玩儿, 你要不要来?
저녁에 그들 몇 명이 우리 집에 와서 놀기로 했는데, 너 오겠니?

다음의 '要不要'는 필요성이나 당위성을 묻고 있다.

这件事要不要告诉李先生?
이 일을 리 선생님께 말씀드려야 합니까?
你说今天要不要带伞?
오늘 우산을 가지고 가야 합니까?

1.5.5.5 想

'想'은 '……하고 싶다'와 같은 심정적 소망을 나타낸다. '想'이 소망을 나타내는 경우에는 '要'와 용법이 비슷하다. 그러나 '要'는 의지를 강조하여 행위의 실현 가능성이 높은 반면에, '想'은 심정적 소망을 나타내기 때문에 행위의 실현 가능성과 무관하다는 점이 다르다.

我想休息一下。
나는 좀 쉬고 싶습니다.
我想去公园散散步。
나는 공원에 가서 산책 좀 하고 싶습니다.

'想'의 부정형은 '不想'이다.

我不想去公园。
저는 공원에 가고 싶지 않습니다.
我现在不想睡, 你先去睡吧。
나는 지금 자고 싶지 않으니까, 너 먼저 가서 자거라.

'想'은 '想不想'의 형태로 선택의문형을 만들 수 있다.

你想不想去公园?
공원에 가고 싶습니까?
你想不想休息一会儿?
좀 쉬고 싶으십니까?

그러나 위를 다음과 같이 말하면 비문이 된다. 조동사가 나오는 문장의 선택의문형은 '조동사 + 不 + 조동사'이기 때문이다.

*你想休息不休息?
*你想去不去公园?

'想'이 '생각하다'와 같이 일반동사로 사용되면 의문형은 다음과 같이 달라진다.

你想他会不会来?
그가 오리라고 생각합니까?
你想他会不会去?
그가 가리라고 생각합니까?

위를 다음과 같이 말하면 비문이 된다.

*你想不想他会来?
*你想不想他会去?

위가 비문인 이유는 다음과 같다. 즉, 그가 오리라고 생각하든 오지 않으리라고 생각하든, '생각하는 행위'는 반드시 실행된다. 따라서 '想不想'과 같이 '생각하는지 안 하는지'를 물을 수는 없는 것이다.

1.5.5.6 愿意

'愿意'는 동의, 희망을 나타낸다. 부정형은 '不愿意'이고, 선택의문형은 '愿意不愿意' 혹은 '愿不愿意'이다.

'愿意'가 동의를 나타내는 경우를 보기로 하자. '愿意'가 나타내는 동의는 우리말의 동의와는 다른 부분이 있다. 다음 우리말을 보자.

(1) 그곳은 일하기 어려운 곳인데 가려는 사람이 없어요, 당신이 가겠습니까?
 －가겠습니다. (동의합니다.)
 －가지 않겠습니다. (동의하지 않습니다.)

(2) 내일은 멋진 모임이 있어, 너와 함께 가고 싶은데 가겠니?
 －갈게. (동의해.)
 －가지 않을 거야. (동의하지 않아.)

위의 (1)은 일하기 어려운 곳이지만 가겠다는 동의를 나타내고, (2)는 누구나 가고 싶어 하는 곳에 가겠다는 동의를 나타낸다. 한국어는 이러한 경우에 특별한 구분이 없이 '가겠습니다, 가지요'라고 말한다. 그러나 중국어에서는 이러한 상황을 구분하여 말한다. 즉, (1)과 같이 비록 어려움이 있지만 그것을 무릅쓰고 동의하는 경우에는 '愿意'로 말하며, (2)와 같이 누구나 원하는 것을 나도 원하는 경우에는 '想'으로 말한다. '愿意'는, 조건이 좋지는 않지만 그래도 받아들인다는 동의, 기꺼이 하고 싶은 것은 아니지만 그래도 받아들인다는 동의, 좋지는 않지만 싫지도 않은 경우의 동의를 나타낸다.

다음은 '愿意'가 위와 같은 동의를 나타내는 경우이다.

那儿的生活条件很差，你愿意去吗?
그곳의 생활 여건은 좋지 않은데, 당신이 가 보겠습니까?
－愿意去。
 가겠습니다.
－不愿意。
 가고 싶지 않은데요.

위는, 생활 여건이 좋지 않은 곳이지만 그곳에 가는 것에 동의하는가를 묻는 말과 이에 대한 대답이다. 대답에 사용된 '愿意'는, 조건은 비록 나쁘지만 그래도 가겠다는 동의를 나타내며, '不愿意'는 동의하지 않음을 나타낸다. 이 경우에 만약 '좋습니다, 기꺼이 가겠습니다'라고 흔쾌하게 대답하고자 한다면, '想'을 사용하여 '好啊，我早就想去。(좋습니다. 진작부터 가고 싶었습니다.)'라고 말해야 한다.

这活儿很累，你愿意干吗？
이 작업은 힘들어요, 그래도 당신이 해 보겠습니까?
－愿意。
해 보지요, 뭐.
－不愿意。
안 합니다.

위는, 이 작업이 힘이 드는 일임을 알려 주고, 이 일을 하는 데에 동의하는가를 묻는 말과 이에 대한 대답이다. 대답에 사용된 '愿意'도 조건은 비록 나쁘지만 동의함을 나타내며, '不愿意'는 동의하지 않음을 나타낸다. 이상과 같이 '愿意'가 동의를 나타내는 경우에는 일반적으로 어려운 조건이 전제되어야 한다.

'愿意'는 희망을 나타내기도 한다. 그러나 이에도 '동의'의 어감이 들어가 있다. 다음을 보자.

我愿意当老师。
나는 선생님이 되기를 원한다.
我愿意当您的学生。
나는 당신의 제자가 되고 싶습니다.

위 문장에는, 다른 직업을 택하기보다는 교사가 되는 것에 동의한다는 어감이 나타나 있으며, 다른 사람에게 배우는 것보다는 당신에게 배우는 데에 동의한다는 어감이 나타나 있다.

1.5.5.7 打算

'打算'은 상당히 구체적인 계획을 가지고 있는 상태의 소망을 나타낸다.

他打算在中国呆三天。
그는 중국에서 사흘간 머물려고 한다.

위는 그 사람이 3일간 머물 구체적인 계획을 가지고 있으며, 이에 대한 준비도 하고 있음을 나타낸다. 다음을 보자.

我打算去旅行。
나는 여행을 하려고 한다.
(=나는 그럴 계획을 하고 있다.)
你打算哪一天出发?
어느 날 출발할 생각이십니까?
(=어느 날 출발할 계획을 가지고 있습니까?)

1.5.5.8 可能

'可能'은 미래나 과거에 대한 추측을 나타낸다. 다음은 미래에 대한 추측이다.

明天可能下雨。
내일은 아마 비가 올 거야.
他可能不来。
그는 아마 오지 않을 거야.

다음은 과거에 대한 추측이다.

那个地方可能已经下雨了。
그곳은 아마도 이미 비가 오고 있을 것이다.
他不在家, 可能上课去了。
그가 집에 없는데, 아마 수업하러 갔을 것이다.

'可能'은 형용사 앞에 올 수도 있다.

你这么说, 他可能不高兴。
당신이 이렇게 말하면 그가 아마도 기분이 나쁠 것입니다.
这么点儿饭两个人吃, 可能不够。
요만큼의 밥은 둘이 먹기에는 아마도 부족할 것입니다.

'可能'은 추측을 나타내는 '会' 앞에 와서 역시 추측을 나타낸다.

下午可能会下雨。

오후에는 아마 비가 올 것이다.
他可能会说日语。
그는 아마 일본어를 할 줄 알 것이다.

다른 조동사는 오직 동사나 형용사의 바로 앞에 나오지만, '可能'이 나오는 위치는 대단히 다양하다. 다음을 보자.

可能我明天来不了。
아마 나는 내일 올 수 없을 것이다.
我可能明天来不了。
나는 아마 내일 올 수 없을 것이다.
我明天可能来不了。
나는 내일 아마 올 수 없을 것이다.

위와 같이 '可能'은 문장의 앞, 부사어의 앞, 부사어와 동사의 사이에 모두 올 수 있다.
'可能'은 부정된 술어 앞에 올 수 있다.

他可能不来这儿。
그는 아마도 여기에 오지 않을 것이다.
他可能不去中国。
그는 아마도 중국에 가지 않을 것이다.

'可能'이 '不可能不……'의 이중부정 형태를 취하면 '……하지 않을 리가 없다'와 같이 강한 추정을 나타낸다.

他不可能不来。
그는 오지 않을 수 없을 것입니다.
他不可能不学汉语。
그는 중국어를 배우지 않을 수 없을 것입니다.

'可能, 不可能'은 형용사로 사용되기도 한다.

这是不可能的事。
이것은 불가능한 일입니다.
提前完成任务是可能的。
임무를 앞당겨 완수하는 것이 가능합니다.

'可能'이 '有, 没有'의 빈어가 되면 가능성을 나타낸다.

我这个愿望有没有实现的可能?
저의 이런 바람은 실현될 가능성이 있을까요?
－有实现的可能。
　실현 가능성이 있습니다.
－没有实现的可能。
　실현 가능성이 없습니다.

1.5.5.9 应该, 该, 应, 应当

'应该, 该, 应, 应当'은 모두 '마땅히 ……해야 하다'와 같이 당위성을 나타내며, 일반적으로 대화에 쓰인다. 이들 중에서는 '应该'가 가장 많이 사용된다.

这个问题应该讨论一下。
이 문제는 마땅히 한번 토론해야 합니다.
我该回去了。
저는 이제 돌아가야 합니다.

理应如此。
도리상으로 보면 마땅히 이렇게 해야 합니다.
我们应当努力学习。
우리는 마땅히 열심히 공부해야 합니다.

이들의 부정형은 각각 '不应该', '不该', '不应当'이다.

你不应该这样。
네가 이러면 안 되지.

那件事你不该那么处理。
그 일은 네가 그렇게 처리해서는 안 된다.
你不应当这样做。
너는 이렇게 해서는 안 된다.

이중부정은 강조를 나타낸다.

你不应该不来。
너는 안 오면 안 된다.
你不应该不答应。
너는 승낙하지 않으면 안 된다.

'应该'는 '是……的'문에 나와 단독의 술어로 사용될 수 있다.

这是不应该的。
이것은 안 될 일입니다.
互相帮助是应该的。
서로 돕는 것은 당연하지요.

'该'는 화자의 불만이 섞인 당위성을 나타내기도 한다.

刮风了，穿这么少你又该感冒了。
바람이 부는데, 이렇게 적게 입었으니 너 또 감기 들겠구나.
(=너는 몸이 약하니까.)
到那时候，你就该后悔了。
그때가 되면, 너는 바로 후회할 것이다.
(=내 말을 듣지 않았으므로.)

1.5.5.10 得(děi)

'得(děi)'는 반드시 해야 한다는 강한 당위를 나타낸다.

去学校得换车。

학교에 가려면 차를 갈아타야 한다.
这个问题，大家得商量一下。
이 문제는 모두가 한번 상의해 보아야 한다.

'得(děi)'의 부정형은 '不用'이다.

去学校得换车吗?
학교에 가려면 차를 갈아타야 합니까?
－不用换车。
　차를 갈아탈 필요가 없습니다.

去那儿一定得坐飞机吗?
그곳에 가려면 꼭 비행기를 타야 하나요?
－不用，坐火车也行。
　그럴 필요 없어요, 기차를 타도 됩니다.

'不得不(bùdébù)'는 이중부정이 되어 그렇게 할 수밖에 없는 상황을 나타낸다.

吃药不管用，不得不打针。
약을 먹는 것이 소용없어서 주사를 맞을 수밖에 없다.
我是他的朋友，不得不告诉他事情的真相。
나는 그의 친구니까, 그에게 일의 진상을 알려 주지 않으면 안 된다.

1.5.5.11 敢

'敢'은 '감히 ……하다'라는 의미로서, 행위를 실행할 담력이 있음을 나타낸다.

我不敢讲。
나는 감히 말할 수가 없다.
我怎么敢骗你呢?
내가 어떻게 감히 너를 속일 수 있겠는가?

'敢'의 다음에 부정형이 오면 반어문이 된다.

你敢不告诉我?
네가 감히 나에게 말하지 않는단 말이야?
(=말하는 것이 당연하다.)
你敢不相信我?
네가 감히 나를 못 믿는다고?
(=당연히 믿어야 한다.)

'不敢不……'는 이중부정이 되어 강조를 나타낸다.

我不敢不告诉老师!
나는 감히 선생님께 말씀드리지 않을 수 없다.
我不敢不相信老师的话。
나는 감히 선생님의 말씀을 믿지 않을 수 없다.

1.5.5.12 许, 准

'许, 准'은 모두 허가를 나타낸다. '许'는 대개 부정형으로 사용된다.

这儿不许抽烟。
이곳에서는 담배를 피우지 못한다.
你不许告诉他。
네가 그에게 알려 주면 안 된다.

'许'가 긍정형으로 사용되면 대개 '不许'도 함께 나온다.

只许成功, 不许失败。
성공해야지 실패해서는 안 된다.
只许前进, 不许后退。
전진해야지 후퇴해서는 안 된다.

'不许' 다음에 부정형이 오면 이중부정이 되어 강조를 나타낸다.

你们不许不上课。
너희들은 수업에 안 오면 안 된다.

明天的会议，谁也不许不来参加。
내일 회의는 누구든 참석 안 하면 안 됩니다.

'许'는 선택의문형이 될 수 있다.

考试的时候许不许查词典?
시험 시간에 사전을 보아도 됩니까?
这儿许不许抽烟?
여기서 담배를 피워도 됩니까?

'准'도 대개 부정형으로 사용된다.

这里不准停车。
이곳에 주차하지 말 것.
此处不准吸烟。
이곳은 금연 구역입니다.

'准'은 선택의문형이 될 수 있다.

这里准不准停车?
이곳에 주차해도 됩니까?
这儿准不准抽烟?
이곳에서 담배를 피워도 됩니까?

1.5.5.13 好, 难, 容易

'好, 难, 容易'는 모두 형용사이지만 다른 동사 앞에 와서 조동사로 사용되기도 한다. 이들은 부사로 분류되기도 한다. 그러나 부사적 특성보다는 조동사적 특성을 더 많이 가지고 있으므로 이 책에서는 조동사로 분류하기로 한다. '好'가 조동사로 사용되는 경우는 다음과 같다.

好办 (좋다 + 처리하다) → 처리하기 쉽다
好做 (좋다 + 하다) → 하기 쉽다

好学 (좋다 + 배우다) → 배우기 쉽다
好走 (좋다 + 걷다) → 걷기 편하다

'好 + 동사'의 부정형은 '不好 + 동사'이다.

不好办 → 처리하기 어렵다
不好做 → 하기 어렵다
不好学 → 배우기 어렵다
不好走 → 걷기 불편하다

'好 + 동사'의 선택의문형은 '好不好 + 동사'이다.

那件事好不好办?
그 일은 처리하기 쉽습니까?
－好办。
처리하기 쉽습니다.
－不好办。
처리하기 쉽지 않습니다.

韩语好不好学?
한국어는 배우기 쉽습니까?
－好学。
배우기 쉽습니다.
－不好学。
배우기 쉽지 않습니다.

'不好不 + 동사'는 '……하지 않을 수 없다'의 뜻으로 쓰이는 경우가 있다. 이 경우에는 그 행위를 안 하는 것을 미안하게 생각한다는 감정이 나타난다.

大家都去, 我也不好不去。
모두들 다 가는데, 내가 안 가기는 좀 그래.
(=안 가는 것은 미안한 일이다.)
他那么积极, 不好不让他参加。

그가 그토록 적극적이어서, 그를 참가시키지 않으면 안 되었어.
(=참가시키지 않는 것은 미안한 일이다.)

'好 + 동사'는 하나의 단어처럼 사용되는 경우가 있다.

好看 (좋다 + 보다) → 보기에 좋다 → 예쁘다
好听 (좋다 + 듣다) → 듣기에 좋다 → 목소리가 좋다
好吃 (좋다 + 먹다) → 먹기에 좋다 → 맛있다

위와 같은 단어의 부정형은 '不好 + 동사'이다.

不好看 (보기 싫다)
不好听 (듣기 싫다)
不好吃 (맛이 없다)

'难'이 조동사로 사용되는 경우는 다음과 같다.

难办 (어렵다 + 처리하다) → 처리하기 어렵다
难做 (어렵다 + 하다) → 하기 어렵다
难学 (어렵다 + 배우다) → 배우기 어렵다
难走 (어렵다 + 걷다) → 걷기 어렵다

'难'의 부정형은 '不难'이다.

难办 → 不难办 (처리하기에 어렵지 않다)
难做 → 不难做 (하기 어렵지 않다)
难学 → 不难学 (배우기 어렵지 않다)
难走 → 不难走 (걷기에 어렵지 않다)

'难 + 동사'의 선택의문형은 '难不难 + 동사'이다.

那件事难不难办?

그 일은 처리하기 어렵습니까?

－有点儿难。

좀 어렵습니다.

－不太难。

그렇게 어렵지는 않습니다.

韩语难不难学?

한국어는 배우기 어렵습니까?

－难一点儿。

좀 어렵습니다.

－不太难。

그렇게 어렵지는 않습니다.

'难 + 동사'는 하나의 단어처럼 사용되는 경우가 있다.

难看 (어렵다 + 보다) → 보기 싫다

难听 (어렵다 + 듣다) → 듣기 괴롭다

难过 (어렵다 + 지내다) → 괴롭다

'容易'가 조동사로 사용되는 경우는 다음과 같다.

容易找 (쉽다 + 찾다) → 찾기 쉽다

容易带 (쉽다 + 휴대하다) → 휴대하기 편하다

容易理解 (쉽다 + 이해하다) → 이해하기 쉽다

'容易 + 동사'의 부정형은 '不容易 + 동사'이다.

不容易找 (찾기 쉽지 않다)

不容易带 (휴대하기 불편하다)

不容易理解 (이해하기 쉽지 않다)

'容易 + 동사'의 선택의문형은 '容(易)不容易 + 동사'이다.

那件事容不容易办?
그 일은 처리하기 쉽습니까?
－容易办。
처리하기 쉽습니다.
－不容易办。
처리하기 쉽지 않습니다.

韩语容不容易学?
한국어는 배우기 쉽습니까?
－容易学。
배우기 쉽습니다.
－不容易学。
배우기 쉽지 않습니다.

1.5.6 동사의 중첩형

다음 우리말을 보자.

(1) 여기서 기다려라.
(2) 여기서 좀 기다려라.

우리말 (1)이 상당히 엄중하고 딱딱한 느낌을 주는 데 비하여 (2)는 이보다 훨씬 부드러운 느낌을 준다. (2)가 이러한 느낌을 주는 것은 '좀'이 있기 때문이다. '좀'은 원래 동작 시간이 짧다는 것을 나타내지만, 여기서는 상대의 부담을 덜어 주려는 의도를 나타낸다고 보아야 할 것이다.

(3) 책을 읽어라.
(4) 책을 좀 읽어라.

위의 (3)은 엄중하고 강요하는 느낌을 준다. 그러나 (4)는 '좀'이라는 말 때문에 훨씬 부드러운 느낌을 준다. 이 '좀'은 실제로 책을 '조금만' 읽으라는 의미는 아니다. 화자는 이렇게 말함으로써 상대가 듣기에 부담 없고 편안하게 느끼기를 바라는 것이다.

(5) 방법을 한번 생각해 봅시다.

(5)의 '한번'은 '단 1회'를 의미하지 않으며, 부드러운 권고를 나타낸다. 우리말의 '좀'이나 '한번'은 이와 같이 부드러운 느낌을 준다. 중국어에서는 이러한 어감을 나타내기 위하여 동사를 중첩시킨다.

중국어에서 동사가 중첩되면 잠시 지속되는 동작, 혹은 몇 번 정도 반복되는 동작을 표시하는데, 이는 결국 우리말의 '좀, 한번'과 같이 부드러운 느낌을 나타낸다. 다음을 비교해 보자.

(1) 你教我!
저를 가르쳐 주십시오!
(2) 你教教我!
저를 좀 가르쳐 주십시오!

위의 (1)은 동사가 단독으로 사용되었기 때문에 직설적이고 딱딱한 느낌을 주지만 (2)는 동사가 중첩 사용되었기 때문에 부드러운 느낌을 준다. 다음을 보자.

(3) 你看!
보아라!
(4) 你看看!
좀 보아라!
(5) 出去玩儿!
나가 놀아라!
(6) 出去玩儿玩儿!
좀 나가 놀아라!
(7) 你听!
들어라!
(8) 你听听!
좀 들어 봐라.

위의 (3, 5, 7)은 직설적이고 딱딱한 느낌을 주지만 (4, 6, 8)은 모두 부드러운 느낌을 준다.

다음을 보자.

这星期天想在家看书。
이번 일요일에는 집에서 책을 보고 싶군요.
这星期天想在家看看书。
이번 일요일에는 집에서 책이나 좀 보렵니다.

'看看书'는 '책을 좀 본다'는 의미이다. 그러므로 이는 가벼운 기분이나 심심풀이로 책을 보는 경우 등을 나타낸다. 그러나 '看书'와 같이 단독의 동사가 사용되면 엄중하고 심각하게 책을 보는 행위가 된다. 이는 시험에 대비하여 책을 보는 경우 등을 나타낸다.

동사가 중첩되면 그 사이에 '一'를 넣을 수도 있다. '一'가 들어가도 의미에는 변화가 없다.

看(一)看!
좀 보세요!
听(一)听!
좀 들어요!

단음절 동사가 중첩되면 두 번째 음절은 경성으로 발음한다. 만약 동사가 3성이면 첫 번째 음절은 2성으로, 두 번째 음절은 전반성(前半声)으로 발음한다.

쌍음절 동사가 중첩되어도 부드러운 어감을 나타낸다. 쌍음절 동사가 중첩되면 두 번째 동사의 두 음절은 모두 경성으로 발음한다.

咱们准备准备!
우리 준비 좀 합시다!
我想休息休息。
나는 좀 쉬고 싶군요.

쌍음절 동사가 중첩되면 그 사이에 '一'를 넣을 수 없다. 그러므로 다음은 비문이다.

*我们准备一准备!
*我想休息一休息。

중첩된 단음절 동사 뒤에 '看'이 첨가되면 시도를 나타낸다.

吃吃看!
한번 먹어 보아라!
找找看!
한번 찾아보세요!

단음절 동사가 중첩되고 그 사이에 '了'가 오면 동작이 몇 번 정도 가볍게 발생한 것을 나타낸다.

他看了看, 就走了。
그는 몇 번 보고는 가 버렸다.
他笑了笑, 没有说话。
그는 가볍게 웃기만 하고, 말을 하지 않았다.

진지한 행위를 요구하는 경우에는 동사의 중첩형을 쓸 수 없다. 다음을 보자.

我今天得去医院做手术。
나는 오늘 병원에 가서 수술을 해야 한다.
*我今天得去医院做做手术。
나는 오늘 병원에 가서 수술을 좀 해야 한다.

위의 '做'는 '做做'로 바꿀 수 없다. 왜냐하면 중국인은, 수술을 하는 것은 진지한 행위이므로 수술을 '좀' 하거나 '가볍게' 할 수는 없다고 생각하기 때문이다. 다음의 경우도 이와 같다.

星期一开学术研讨会。
월요일 오후에는 학술대회가 열린다.
*星期一下午开开学术研讨会。
월요일 오후에는 학술대회가 한 번 열린다.

위의 '开'도 '开开'로 바꿀 수 없다. 왜냐하면 중국인은, '학술대회'를 '좀' 개최하거나 '가

법게' 개최할 수는 없다고 생각하기 때문이다.

1.6 형용사(形容词)

사람이나 사물의 성질, 모양, 상태를 나타내는 말을 형용사라고 한다. 다음은 모두 형용사이다.

白(희다)	黑(검다)
大(크다)	小(작다)
高(높다)	低(낮다)
好(좋다)	累(피곤하다)
饱(배부르다)	饿(배고프다)

이 장에서는 형용사의 어법적 기능과 중첩형용사의 기능, 그리고 형용사의 종류를 알아보기로 한다.

1.6.1 형용사의 어법 기능

형용사는 본질을 설명하며 비교를 나타내는 경우에 단독으로 술어가 될 수 있다.

夏天热, 冬天冷。
여름은 덥고, 겨울은 춥다.
苹果贵, 桃子便宜。
사과는 비싸고, 복숭아는 싸다.

위의 형용사 '热, 冷, 贵, 便宜'는 모두 술어이다.
형용사는 정도부사의 수식을 받을 수 있다.

很便宜(아주 싸다)	太贵(너무 비싸다)
非常好(대단히 좋다)	相当大(상당히 크다)
比较高(비교적 높다)	十分满意(충분히 만족하다)

형용사의 부정형은 '不 + 형용사'이다.

今天不热。
오늘은 덥지 않군요.
这件衣服不贵。
이 옷은 비싸지 않습니다.

형용사의 술어 용법은 <6.3 형용사술어문>에서 상세히 다루기로 한다.

형용사는 명사를 수식하는 관형어가 될 수 있다.

这是件新衣服。
이것은 새 옷이다.
他们是好朋友。
그들은 서로 좋은 친구 사이이다.

위의 '新, 好'는 단음절 형용사로서 뒤에 나오는 명사를 수식한다. 단음절 형용사가 명사를 수식할 때는 일반적으로 '的'를 동반하지 않는다. 그러나 쌍음절 형용사가 관형어가 되면 일반적으로 '的'를 동반한다.

他是一位有名的画家。
그는 유명한 화가입니다.
整洁的外貌能给人良好的印象。
정결한 외모는 다른 사람에게 좋은 인상을 줄 수 있습니다.

위의 '有名, 整洁, 良好'는 쌍음절 형용사로서 '的'를 동반하고 있다. 형용사의 관형어 용법은 <3.5 관형어>에서 상세히 다루기로 한다.

형용사는 주어가 될 수 있다.

干净最重要。
깨끗한 것이 가장 중요하다.
安静也非常重要。
조용한 것도 아주 중요하다.

위의 '干净, 安静'은 형용사인데 여기에서는 주어로 사용되었다.

일부 형용사는 빈어가 될 수 있다.

你觉得满意就行。
네가 만족을 느끼면 된다.
她很爱漂亮。
그녀는 예쁜 것을 좋아합니다.

위의 '满意, 漂亮'은 형용사인데 여기에서는 '觉得, 爱'의 빈어로 사용되었다.
일부 형용사는 보어가 될 수 있다.

他来晚了。
그는 늦게 왔습니다.
他走得快。
그는 빨리 걷습니다.
汉语, 他说得好说不好?
중국어를 그는 잘할 수 있습니까?

위의 형용사 '晚'은 결과보어, 형용사 '快'는 정도보어, 형용사 '好'는 가능보어로 사용되었다. 형용사의 보어 용법은 <3.7 보어>에서 상세히 다루기로 한다.
일부 형용사는 부사어로 사용될 수 있다.

多吃点儿!
많이 드십시오!
他认真学习。
그는 열심히 공부합니다.

위의 형용사 '多, 认真'은 동사 '吃, 学习'를 수식하는 부사어로 사용되었다. 형용사가 부사어로 사용되는 용법은 <3.6 부사어>에서 상세히 다루기로 한다.

1.6.2 형용사의 중첩형

형용사는 중첩될 수 있다. 형용사가 중첩되면 새로운 기능을 갖는다.

1.6.2.1 단음절 형용사의 중첩형

단음절 형용사의 중첩형에는 ‘AA’형과 ‘ABB’형 두 가지가 있다.

‘AA’형은 다음과 같다.

大 (큰) → 大大 (큼직한)
长 (긴) → 长长 (기다란)
高 (높은) → 高高 (높다란)
短 (짧은) → 短短 (짤막한)

‘ABB’형은 형용사에 다른 요소가 첨가된 중첩형이다. 다음을 보자.

红 (붉은) → 红通通 (새빨간)
干 (마른) → 干巴巴 (메마른)
胖 (살찐) → 胖乎乎 (포동포동한)
亮 (빛나는) → 亮晶晶 (반짝반짝하는)

‘通通, 巴巴, 乎乎, 晶晶’ 등과 같이 형용사 뒤에 오는 두 음절의 접미사를 쌍음접미사(双音接尾词)라고 한다. 쌍음접미사 중의 일부는 일정한 형용사와 결합할 뿐 다른 형용사와는 결합하지 않는다.

羞 (수줍다) → 羞答答 (아주 수줍어하는)
香 (향기로운) → 香喷喷 (향기가 짙게 풍기는)

위의 ‘答答’는 ‘羞’와 결합할 뿐 다른 형용사와는 결합하지 않는다. ‘喷喷’도 ‘香’과 결합할 뿐 다른 형용사와는 결합하지 않는다. 그러나 ‘洋洋, 乎乎’와 같은 쌍음접미사는 비교적 다양한 형용사와 결합한다.

暖洋洋 (훈훈한)
懒洋洋 (맥이 빠진)
喜洋洋 (기쁨이 가득한)

热乎乎 (따끈따끈한)

胖乎乎 (포동포동한)
圆乎乎 (둥그스름한)

1.6.2.2 쌍음절 형용사의 중첩형

쌍음절 형용사의 중첩형에는 다음의 세 종류가 있다.

첫째는 'AABB'형이다. 이는 쌍음절 형용사 'AB'의 각 음절이 중첩된 형태이다. 다음을 보자.

清楚 (분명한) → 清清楚楚 (하나하나가 아주 분명한)
干净 (깨끗한) → 干干净净 (여기저기가 아주 깨끗한)

둘째는 'ABAB'형이다. 이는 쌍음절 형용사 'AB' 전체가 반복된 형태이다. 다음을 보자.

冰凉 (차다) → 冰凉冰凉 (차디차다)
通红 (빨갛다) → 通红通红 (새빨갛다)

'高兴, 舒服, 漂亮, 热闹, 明白' 등의 형용사는 'AABB'형과 'ABAB'형 중첩이 모두 가능하다. 'ABAB'형 중첩형용사는 동사화될 수도 있다.

高兴 → 高高兴兴, 高兴高兴
舒服 → 舒舒服服, 舒服舒服
漂亮 → 漂漂亮亮, 漂亮漂亮
热闹 → 热热闹闹, 热闹热闹

셋째는 'A里AB'형이다. 이는 쌍음절 형용사의 첫 음절 다음에 '里'가 삽입되고, 둘째 음절 뒤에 다시 형용사 전체가 나오는 형식이다. 다음을 보자.

傻气 (멍청한) → 傻里傻气 (어리벙벙한)
糊涂 (어리석은) → 糊里糊涂 (어리벙벙한, 얼떨떨한)
啰嗦 (말이 많은) → 啰里啰嗦 (재잘재잘하는)

'A里AB'형을 취하는 쌍음절 형용사는 일반적으로 좋지 않은 의미를 나타내는 형용사이다.

1.6.2.3 중첩형용사의 기능

중첩형용사는 관형어, 술어, 부사어, 보어로 사용된다. 형용사가 중첩되면 다음과 같은 기능상의 변화가 나타난다.

> 첫째, 화자의 주관적 판단이나 감정이 들어간다.
> 둘째, 형용사의 의미가 양화(量化)된다.
> 셋째, 형용사의 의미가 형상화(形象化)된다.

위의 내용을 이해하기 위하여 다음 우리말을 보자.

(1) 백두산은 한라산보다 높다.
(2) 나는 지금 따끈따끈한 빵 한 덩어리가 필요하다.
(3) 그는 지금 김이 무럭무럭 나는 빵 한 덩어리가 필요하다.

(1)의 '높다'는 객관적 사실을 나타낸다. 만약 (1)을 '백두산이 한라산보다 높디높다' 혹은 '백두산이 한라산보다 높지막하다'로 바꾸면 이상한 말이 된다. 그 이유는, '높디높다, 높지막하다'는 화자의 주관적 느낌을 나타내는 말이기 때문이다. 객관적 사실을 주관적 표현으로 말해서는 안 된다.

(2)의 '따끈따끈한'은 다음과 같은 특징을 갖는다. 첫째, '따끈따끈한'에는 화자의 감정적 색채가 들어 있다. 예를 들면 '따끈따끈한 빵'에는 그 '뜨거움'을 좋아하는 화자의 감정적 색채가 있다. 둘째, '따끈따끈한'이라는 말에서 우리는 일종의 질량감을 느낀다. 다시 말하면 이는 '뜨겁다'보다 훨씬 더 입체적이고 양적(量的)인 느낌을 주는 것이다. 언어학에서는 이를 '뜨겁다'가 '양화(量化)'되었다고 말한다. '양화'는 원래 질량을 갖지 않는 것이 질량을 갖는 것으로 변화되었다는 뜻이다.

(3)의 '무럭무럭'은 '김이 오르는 모습'을 눈앞에 떠오르게 한다. 이와 같이 사물의 모습이 눈앞에 떠오르게 되는 것을 대상이 '형상화(形象化)'되었다고 말한다.

(4) 그 절에는 두 개의 높은 석탑이 있다.
(5) 나는 어린 시절에 마을 가운데의 높다란 석탑을 지나 학교에 다녔다.
(=그런데 성인이 되어 가 보니 그 탑은 너무나 낮아 보였다.)

위 (4)의 '높은 탑'은 객관적으로 높다고 인정된 탑이다. 따라서 이는 관광 안내문 등에 나올 수 있는 말이다. (5)의 '높다란 탑'은 화자가 주관적으로 높다고 생각한 탑이다. 따라서 실제로는 높지 않은 탑일 수도 있다. 그러므로 이는 화자의 주관적 판단이다. 또한 '높다란 탑'이라는 말에는 그 '높음'에 대한 화자의 호감이 나타나 있다. 다시 말하면 (5)는, 화자가 어린 시절에 그 탑 주변에서 재미있게 놀았거나, 그 탑을 우러러 보았으리라는 연상을 가능하게 해 준다. 그러므로 '높다란'에는 또한 화자의 주관적 감정이 나타나 있다고 말할 수 있다.

이상의 내용을 기초로 하여 이제 중국어 중첩형용사의 기능을 관찰해 보기로 하자.

非常高的塔
대단히 높은 탑
高高的塔
높다란 탑, 높디높은 탑

위의 '非常高'는 객관적으로 높다고 인정된 탑이다. 그러므로 '非常高'는, 예를 들면 관광 안내문 등의 '그 절에 가면 대단히 높은 탑이 있다'와 같은 문장에 사용될 수 있는 말이다.

'高高'에는 다음의 세 가지 요소가 나타난다. 첫째, '高高'는 화자가 주관적으로 그 탑이 높다고 판단한 것을 나타낸다. 그러므로 '高高的塔'는 객관적으로 높은 탑이 아니라 화자에게 높게 보인 탑이다. 둘째, '高高'에는 우리말 '높다란'과 같이 '높음'이 양적(量的)으로 제시된다. 셋째, '高高'는 그 탑의 높다란 모습이 청자의 눈앞에 떠오르게 해 준다. 이를 형상화되었다고 말한다. 만약 '高高的塔'에서 탑의 높디높은 모습이 눈앞에 떠오르지 않는다면, 우리는 이를 떠올리는 훈련을 해야 한다. 중국인은 '高高的塔'에서 이러한 느낌을 받기 때문이다. 다시 다음을 보자.

(3) 非常大的眼睛
대단히 큰 눈

(4) 大大的眼睛
　　큼직한 눈, 커다란 눈

(3)은 객관적 사실을 나타낸다. 그러므로 이 눈은 누가 보아도 '큰 눈'이다. (4)는 화자가 주관적으로 크다고 여기는 눈을 나타낸다. '大大的眼睛'에는 또한 큼직한 눈을 좋아하는 화자의 감정이 나타나 있다. 그리고 '큰' 상태가 양화되었으며 동시에 형상화되었다. 이러한 중첩형용사의 기능 때문에 (4)는 눈의 커다란 모양이 청자의 머리에 떠오르도록 유도한다. 다음은 이러한 경우에 해당한다.

他个子非常高。
그는 키가 아주 크다.
他个子高高的。
그는 키가 큼직하다.

脸儿很红。
얼굴이 붉다.
脸儿红红的。
얼굴이 빠알갛다.

위에서 '高高的, 红红的'에는 모두 화자의 주관적 감정이 들어가 있으며, 크거나 붉은 상태가 양화되고 형상화되어 있다.

중첩형용사가 부사어가 되면 의미가 강조된다. 이 경우에 중첩형용사 뒤에는 '地'가 첨가될 수 있다.

慢慢儿(地)开!
천천히 운전하세요!
孩子高高兴兴地上学去了。
아이는 신나게 학교에 갔다.

중첩형용사가 정도보어가 되면, 그 의미는 양화되고 형상화된다. 다음을 보자.

我听得很清楚。

나는 똑똑하게 들었습니다.
我听得清清楚楚。
나는 아주 똑똑하게 들었습니다.
(=한마디 한마디를 똑똑하게 들었다.)

这间房子打扫得很干净。
이 방은 깨끗하게 청소되었습니다.
这间房子打扫得干干净净。
이 방은 깨끗하게 청소되었습니다.
(=여기저기가 모두 깨끗하다.)

중첩형용사는 정도부사의 수식을 받을 수 없다. 정도부사는 객관적 정도를 나타내며, 중첩형용사는 주관적 정도를 나타내는데, 객관적 정도를 나타내는 말이 주관적 정도를 나타내는 말을 수식할 수 없기 때문이다. 그러므로 다음은 모두 비문이다.

*很干干净净
*挺绿油油
*相当清清楚楚
*非常高兴高兴
*十分糊里糊涂

'ABAB'형 중첩형용사는 동사화되어 '한번 그렇게 해 보자'와 같은 시도의 기능을 나타낼 수 있다. 이러한 경우에는 대개 빈어를 취하지 않는다.

咱们也来热闹热闹!
우리도 한번 신나게 놀아 보자!
让他们高兴高兴吧!
그들을 즐겁게 해 주어라!

'ABAB'형의 중첩형용사가 동사화되면 빈어를 가질 수도 있다. 그러나 이러한 경우는 흔하지 않다.

丰富丰富内容!
내용을 풍성하게 해 보자!

1.7 부사(副词)

부사는 시간, 장소, 상태, 정도, 범위, 빈도, 부정 등을 나타내는 말로서, 주로 동사나 형용사를 수식하는 기능을 한다.

부사는 형용사를 수식한다.

非常好(아주 좋다)
相当大(상당히 크다)
更便宜(더욱 싸다)
特别高兴(대단히 기쁘다)

위의 '非常, 相当, 更, 特别'는 모두 부사로서 형용사를 수식하고 있다.

부사는 동사를 수식한다.

再来(다시 오다)
不喝(마시지 않다)
很喜欢(아주 좋아하다)
一块儿去(함께 가다)

위의 '再, 不, 很, 一块儿'은 모두 부사로서 동사를 수식하고 있다.

일부 부사는 앞뒤의 요소를 연결한다.

又说又笑。
웃고 떠들고 한다.
去还是不去?
갑니까, 아니면 안 갑니까?

动都不动。
꼼짝도 안 한다.

看也看不懂。
보아도 알 수가 없다.

위의 '又, 还是, 都, 也'는 모두 부사로서 앞뒤를 연결하고 있다.

'不, 一定'과 같은 부사는 의문문의 대답에 사용되어 단독으로 문장이 될 수 있다. 다음을 보자.

你去吗?
네가 가니?
－不。
아니.

明天你一定来吗?
내일 꼭 오시는 겁니까?
－一定。
꼭 옵니다.

부사는 의미에 따라 시간부사, 빈도부사, 범위부사, 정도부사, 부정부사, 상태부사, 어기부사로 구분된다.

시간부사는 동작이 발생하거나 상태가 지속되는 시간을 나타낸다. 다음은 모두 시간부사이다.

刚	刚刚	早	晚	快	慢
已经	正在	就	正	将	才
马上	立刻	赶紧	向来	一直	从来

빈도부사는 동작이나 상태가 발생하는 빈도를 나타낸다. 다음은 모두 빈도부사이다.

又　再　还　也　常　常常　经常　往往

범위부사는 동작이 발생하거나 상태가 지속되는 범위를 나타낸다. 다음은 모두 범위부사이다.

都　只　光　一共
统统　一起　仅仅　一块儿

정도부사는 상태의 정도를 나타낸다. 다음은 모두 정도부사이다.

很　太　挺　怪　最　更
多　极　非常　相当　比较　十分

부정부사는 동작이나 상태를 부정한다. 다음은 모두 부정부사이다.

不　没　未　未必　别　甭

상태부사는 동작이나 상태를 묘사한다. 다음은 모두 상태부사이다.

仍然　逐渐　渐渐　互相　亲自

어기부사는 화자의 감정을 나타낸다. 다음은 모두 어기부사이다.

可	却	倒
居然	到底	偏偏
简直	反正	也许
大约	一定	必然

부사의 종류는 대단히 많다. 이제 우리가 자주 사용하는 부사를 선택하여 그 용법을 살펴보기로 한다.

1.7.1 都, 一共

'都, 一共'은 '모두'라는 뜻이다. 그러나 이들의 기능은 각각 다르다.

(1) 我们都会游泳。
우리는 각자가 모두 수영을 할 수 있다.

(2) 我把那些东西都拿出来了。

나는 그 물건들을 하나하나 모두 들어냈다.

(3) 你们的意见我都同意。

너희들의 하나하나의 의견에 나는 모두 동의한다.

(1)의 '都'는 '我们' 각각의 전체를 가리키고, (2)의 '都'는 '那些东西' 각각의 전체를 가리키며, (3)의 '都'는 '你们的意见' 각각의 전체를 가리킨다.

'都'의 영향을 받는 말이 두 개 이상이면 의미도 두 가지 이상이 된다.

(4) 这种帽子, 我们都买了。

a. 이런 모자를 우리 모두가 샀다.

b. 이런 모자를 모두 우리가 샀다.

(5) 你们的意见我们都同意。

a. 너희들의 의견에 대해서 우리 모두가 동의한다.

b. 너희들의 의견 모두에 대해서 우리는 동의한다.

(4)의 '都'는 (a)처럼 '我们' 모두를 가리킬 수도 있고, (b)처럼 '帽子' 전체를 가리킬 수도 있다. (5)의 '都'는 (a)처럼 '我们' 모두를 가리킬 수도 있고, (b)처럼 '你们的意见' 전체를 가리킬 수도 있다. '都'가 이들 중의 어떤 요소를 가리키는가는 앞뒤의 내용에 따라 결정된다.

'都'는 '전체에 소속된 하나하나'를 개별적으로 가리킨다.

(6) 小张和小李都是上海人。

샤오장과 샤오리는 모두 상하이 사람이다.

(6)은, '小张'도 상하이 사람이고, '小李'도 상하이 사람이라는 의미이다. 이와 같이 '都'는 언제나 전체를 하나하나 분리하여 가리킨다.

'一共'은 '都'와 달리 전체를 하나의 단위로 취급한다.

(7) 三个苹果一共一块钱。

세 개의 사과가 모두 1위안입니다.

(7)은 '세 개의 사과'를 모두 합하여 '1위안'이라는 의미이지, 사과 하나하나가 각각 '1원'이라는 의미가 아니다. '一共'은 이와 같이 종합적 전체를 나타내며, '都'는 개별적 전체를 나타낸다.

이제 '都'와 '一共'의 기능에 주의하여 다음을 보자.

(8) 这三个人都有三本书。
이들 세 사람은 각각 세 권의 책을 가지고 있다.

(9) 这三个人一共有三本书。
이들 세 사람의 책을 합치면 세 권이다.

(8)의 '都'는 '세 사람'이 모두 각각 '세 권의 책'을 가지고 있다는 의미이다. 그러므로 이들이 가진 책을 합치면 아홉 권이 된다. 이와 달리 '一共'은 '이들 세 사람'을 하나의 단위로 본다. 그러므로 (9)에서는, '세 사람'이 가진 책의 합계가 '세 권'이 된다.

앞에 복수형 혹은 복수로 인정되는 말이 나오면 일반적으로 '都'가 함께 사용된다.

他们都是学生。
그들은 모두 학생입니다.
那些东西, 我都买了。
그 물건들을 나는 모두 샀습니다.

别人都不去, 你何必去呢?
다른 사람은 모두 안 가는데, 왜 너만 가니?
他每天都来。
그는 매일 옵니다.

他每年都去中国。
그는 매년 중국에 갑니다.
他每餐都要吃米饭。
그는 매번 쌀밥을 먹으려 합니다.

위의 '他们, 那些东西'는 복수형이고, '别人'은 일반적으로 복수로 인정되는 말이다. '每天, 每年, 每餐'도 실제적으로는 복수를 나타낸다. 그러므로 이들 뒤에는 대개 '都'가 나온다. 중국인은 집단을 대할 때, 그 집단의 개체를 하나하나 지적하여 말하는 습관이 있기 때문이다. 그러나 다음과 같이 집단 전체를 한 단위로 인식하여 지시하는 경우에는 '都'가 나오지 않는다.

大家好!
여러분, 안녕하십니까!
同学们好!
학생 여러분, 안녕하십니까!

다음과 같이 집단과 집단을 비교하는 경우에도 '都'가 나오지 않는다.

他们是中国人, 我们是韩国人。
그들은 중국인이고, 우리들은 한국인이다.
这些东西贵, 那些东西便宜。
이 물건은 비싸고, 저 물건은 쌉니다.

1.7.2 最, 太, 挺, 很, 非常, 相当

'最, 太, 挺, 很, 非常, 相当'은 모두 정도를 나타내는 정도부사이다.
'最'는 형용사나 동사를 수식하여 최상급을 나타낸다.

这种钢笔最好。
이런 종류의 만년필이 제일 좋습니다.
我最喜欢看足球比赛。
저는 축구 경기 보는 것을 제일 좋아합니다.

'最好'는 강조하는 말 앞에 와서 가장 이상적인 선택이나 희망을 나타낸다.

你最好别喝酒。
당신은 술을 마시지 않는 것이 가장 좋습니다.
明天你最好十点钟来。
내일은 네가 10시에 오는 것이 가장 좋겠다.

'太'를 이해하기 위하여 다음 우리말을 보자.

(1) 날씨가 아주 좋구나. 우리 나가서 놀까?
(2) 날씨가 너무 좋구나. 그런데 좋으면 뭘 해, 내일이 시험인데.

위의 (1)은 날씨가 아주 좋아서 나의 기분도 좋다는 의미를 나타낸다. 그러나 (2)는 날씨가 좋은 것이 오히려 안타깝다는 심정을 나타낸다.

다시 다음을 보자.

(1) 그 친구는 너무 멋있어. 그래서 나는 그 친구가 좋아.
(2) 그 친구는 너무 멋있어. 그래서 나는 그 친구가 오히려 부담스러워.

위의 (1)은 그 친구가 멋진 것이 좋다는 의미이다. 그러나 (2)는 멋진 것이 오히려 좋지 않을 수도 있다는 사실을 의미한다. 이와 같이 우리말 '너무'는 만족과 불만족을 모두 나타낼 수 있다. 중국어 '太'도 이와 같이 만족과 불만족을 모두 나타낼 수 있다. '太'가 나타내는 것은 주관적 감각이다. '太'는 일반적으로 변화태 '了'를 동반한다. (변화태는 ＜7.2 변화태＞를 참고할 것.)

'太'를 강하게 발음하면 그 문장은 만족을 나타낸다.

天气太好了。
날씨가 아주 좋군요.
(=그래서 나는 기분이 좋아요.)
水果太便宜了。
과일이 아주 싸요.
(=그러니까 당신도 얼른 가서 사라고요.)

她太漂亮了。
그녀는 대단히 예뻐요.
(=그래서 나는 정말 그녀가 좋아요.)
这手表太高级了。
이 시계는 대단히 고급이네요.
(=그래서 나는 이 시계가 좋아요.)

‘太’ 다음의 형용사를 강하게 발음하면 안타까움이나 불만의 감정을 나타낸다.

天气太好了。
날씨가 너무 좋군요.
(=그런데 내일이 시험이라 나갈 수 없어서 안타깝네요.)
水果太便宜了。
과일이 너무 싸요.
(=품질에 무슨 문제가 있는 것 같아요.)

她太漂亮了。
그녀는 너무 예뻐요.
(=그래서 그녀를 가까이 하기가 부담스러워요.)
这手表太高级了。
이 시계는 너무 고급이네요.
(=그래서 저는 받을 수가 없습니다.)

‘太’가 ‘了’ 없이 단독으로 사용되면 안타깝거나 불만스러운 감정을 나타낸다.

天气太冷。
날씨가 너무나 추워요.
(=그래서 나가지 않을 것입니다.)
物价太贵。
물가가 너무 비싸요.
(=그래서 나는 사지 않을 것입니다.)

这个菜太甜。
이 요리는 너무 달아요.
(=그래서 싫어요.)
学校太远。
학교가 너무 멀어요.
(=그래서 다니기가 너무 피곤해요.)

‘不太’는 ‘대단히 ……하지는 않다’라는 의미이다. 이는 부드러운 느낌을 주는 부정형이기 때문에 중국인들이 자주 사용한다.

最近不太忙。
요즈음 그렇게 바쁘지는 않습니다.
天气不太好。
날씨가 대단히 좋지는 않습니다.

水果不太贵。
과일이 그다지 비싸지는 않습니다.
这件衣服我不太喜欢。
이 옷을 나는 그렇게 좋아하지는 않습니다.

'挺'도 '太'와 같이 주관적 정도를 나타내며 대화에 많이 사용된다.

这故事挺有意思。
이 이야기는 정말 재미있다.
这种水果挺好吃。
이런 종류의 과일은 정말 맛있다.

'很, 非常'은 '매우, 대단히'라는 의미로서, 객관적 정도를 나타낸다.

他很忙。
그는 매우 바쁘다.
我很喜欢你。
나는 너를 아주 좋아한다.

天气非常好。
날씨가 대단히 좋다.
他非常用功。
그는 아주 열심히 공부한다.

위는 모두 객관적 상태를 나타낸다. 그러므로 '그가 바쁜 것은 누가 보아도 바쁜 것이며, 내가 너를 좋아하는 것은 명백한 사실이며, 날씨는 누가 보아도 좋은 것이고, 그가 공부하는 것은 누가 보아도 열심'이라는 것을 나타낸다. '很, 非常'이 나타내는 객관적 정도와 '太'가 나타내는 주관적 정도를 구분하기 위하여 다음을 보자.

다음은 방송국에서 기상예보를 방송하는 장면이다.

明天北京地区气温最高38度，天气非常热。
내일 베이징 지역의 기온은 최고 38도로 날씨가 대단히 덥겠습니다.

기상예보에서는 객관적 사실을 말해야 하며, 38도 이상이면 누구나 덥다고 생각하므로 위의 '非常'은 객관적 정도를 나타낸다. 이와 같이 객관적 정도를 나타내는 경우에는 일반적으로 '很, 非常'을 사용하며, '太'를 사용할 수 없다.

다음은 아무도 가 보지 못한 곳을 가 본 사람이 그곳의 아름다운 풍경을 묘사하는 말이다.

那儿太美了。
그곳은 너무 아름다워요.

'그곳'은 자기만 가 본 곳이므로 '그곳이 아름답다'는 것은 주관적 판단일 수밖에 없다. 그러므로 이러한 말에는 '太'가 사용되며, 객관적 상태를 나타내는 '很, 非常'이 사용될 수 없다. 여러 사람이 가 보지 않았다면 객관성이 보장될 수 없기 때문이다.

'相当'은 주관적 정도와 객관적 정도를 모두 나타낼 수 있다. 그러므로 '太, 很, 非常'이 사용된 경우에는 이를 거의 모두 '相当'으로 바꾸어 말할 수 있다.

天气相当热。
날씨가 상당히 덥습니다.
火车站相当远。
기차역은 상당히 멉니다.

这个东西相当贵。
이 물건은 상당히 비쌉니다.
他相当有礼貌。

그는 상당히 예의가 바릅니다.

1.7.3 好, 真

'好, 真'은 주관적 정도를 나타내는 정도부사이다.

'好'는 형용사를 수식하여 술어가 될 수 있다. '好 + 형용사'가 술어이면 그 문장은 감탄문이 된다.

这件衣服好漂亮!
이 옷은 아주 예쁜데요!
这把椅子好舒服!
이 의자는 아주 편안한데요!

'好'는 시간을 표시하는 말을 수식하여 긴 시간을 나타낸다.

我好久没见到他了。
나는 아주 오랫동안 그를 만나지 못했다.
他好一会儿没有说话。
그는 한참 동안 말을 하지 않았다.

'好'는 '多, 几'와 같이 수량을 표시하는 말을 수식하여 수량이 많음을 나타낸다.

今天他学了好多东西。
오늘 그는 아주 많은 것을 배웠다.
电话我打了好几次。
전화를 내가 몇 번이나 했다고요.

'真'은 형용사를 수식하여 술어가 될 수 있다. '真 + 형용사'가 술어이면 그 문장은 감탄문이 된다.

你真能干!
너는 정말 유능하구나!

味道真不错!
맛이 정말 좋습니다!

'真'은 일부 동사를 수식할 수 있다. 이 경우에도 그 문장은 감탄문이 된다.

我真不知道怎么感谢您才好!
나는 당신에게 어떻게 감사해야 좋을지 정말 모르겠습니다!

'真'은 다른 부사를 수식할 수 있다. 이 경우에도 그 문장은 감탄문이 된다.

我也真有点儿饿了!
나도 정말 배가 좀 고파요!

'好 + 형용사'나 '真 + 형용사'가 단독으로 사용되면 감탄문이 된다.

好漂亮啊!
아주 예쁜데요!
真好吃!
정말 맛있습니다!

'好 + 형용사'가 관형어가 되어 명사를 수식하면 감탄문이 된다.

好大的雨!
비가 엄청나게 오는군요!
好漂亮的衣服!
옷이 너무나 예뻐요!

그러나 '好 + 형용사'는 문장 내부의 관형어로 사용되지 않는다. 따라서 다음은 비문이다.

*昨天下了一场好大的雨。
어제는 아주 큰비가 한 차례 내렸다.

*他买了一顶好漂亮的帽子。
그는 아주 예쁜 모자를 하나 샀다.

위의 '好大的'와 '好漂亮的'는 전체 문장 내부의 관형어로 사용되었기 때문에 비문이다. 위 문장과 같은 의도를 나타내려면 '很, 非常'과 같은 다른 정도부사를 사용해야 한다.

昨天下了一场非常大的雨。
어제는 아주 큰비가 한 차례 내렸다.
他买了一顶很漂亮的帽子。
그는 아주 예쁜 모자를 하나 샀다.

'真 + 형용사'는 관형어로 사용될 수 없다. 그러므로 다음은 비문이다.

*真大的雨!
*真漂亮的衣服!

그러므로 '真 + 형용사'는 당연히 문장 내부의 관형어로도 사용될 수 없다. 따라서 다음은 비문이다.

*昨天下了一场真大的雨。
어제는 아주 큰비가 한 차례 내렸다.
*他买了一顶真漂亮的帽子。
그는 아주 예쁜 모자를 하나 샀다.

'好 + 형용사'나 '真 + 형용사'가 정도보어로 사용되어도 그 문장은 감탄문이 된다.

她穿得好漂亮啊!
그녀가 정말 예쁘게 차려입었군요!
你汉语说得真好!
너는 정말 중국어를 잘하는구나!

‘好 + 형용사’와 ‘真 + 형용사’의 감탄적 기능에 대하여는 <4.4 감탄문>에서 다시 다루기로 한다.

1.7.4 好容易, 好不容易

‘好容易’와 ‘好不容易’는 모두 ‘간신히’라는 의미로서 ‘才’와 함께 사용되어 이미 완성된 상황을 나타낸다.

我好容易才找到他。
나는 간신히 그를 찾아냈다.
自行车坏了, 好不容易才修好。
자전거가 고장났는데 간신히 수리했다.

1.7.5 又, 再, 重新, 还

‘又, 再, 重新, 还’는 모두 동작・행위・상태의 중복 발생을 나타내지만, 이들의 용법에는 다음과 같은 차이가 있다.

‘又’는 과거 행위의 중복 발생을 나타내며, ‘再’는 미래 행위의 중복 발생을 나타낸다.

他昨天又来了。
그는 어제 또 왔었다.
他又说了一遍。
그는 또 한 번 말했다.

위의 ‘来, 说’는 이미 중복되어 발생한 동작이다. 이러한 과거 행위의 중복 발생에는 ‘又’가 사용된다.

有空再来吧!
여유 있을 때 다시 오십시오.
请再说一遍!
다시 한 번 말씀해 주시지요.

위의 ‘来, 说’는 아직 발생하지 않은 미래 동작이다. 이러한 미래 행위의 중복 발생에는

'再'가 사용된다.

'又'는 보충이나 첨가를 나타내기도 한다.

今天很热, 又没有风, 睡不着。
오늘은 덥고, 게다가 바람도 없어서 잠을 잘 수가 없다.
昨天吃了药, 又打了针, 今天好多了。
어제 약을 먹고, 또 침도 맞았더니 오늘은 훨씬 좋아졌다.

'又'는 모순된 사건이나 상황을 강조한다.

你说看电影, 怎么又不去了?
너는 영화를 보겠다더니 왜 또 안 가려는 거야?
你说你要去看画展, 怎么又不想去了?
너는 미술전을 보러 가겠다고 말해 놓고, 왜 또 가고 싶지 않다는 거지?

'重新'은 이미 실행된 행위에 불만이 있어서 다시 실행하는 경우에 사용된다.

你写错了, 重新写一张!
잘못 썼으니 다시 한 장 써라!
全忘了, 得重新学。
모두 잊어 버려서 다시 배워야 합니다.

위 문장은 이미 실행된 행위에 불만이 있음을 나타내고 있다. 이미 실행된 행위에 불만이 없다면 '重新'을 사용할 수 없다. 다음을 보자.

*这一次念得很好, 你重新念一遍。
이번에는 아주 잘 읽었구나, 다시 한 번 읽어 보아라.

위 문장이 비문인 이유는, 이전의 '잘 읽은 행위'를 반복하라는 경우에 '重新'을 사용하였기 때문이다. 이러한 경우에는 다음과 같이 '再'를 사용해야 한다.

这一次念得很好, 再念一遍。

이번에는 아주 잘 읽었구나, 다시 한 번 읽어 보아라。

'还'는 '그래도 또한, 그래도 다시'와 같이 이미 조건이 충분하게 이루어졌음에도 불구하고 행위가 중복 발생하는 것을 나타낸다.

已经点了这么多菜, 你怎么还点啊?
이미 음식을 이렇게 많이 주문했는데, 그런데도 너는 왜 또 주문하는 거야?
已经吃了这么多了, 你还要吃吗?
벌써 이렇게 많이 먹었는데, 그래도 너는 또 먹을 거야?
－还要吃。
그래도 또 먹을래요.

위의 '还'는 충분한 조건이 이루어졌음에도 불구하고 그 행위를 다시 한다는 것을 나타낸다. 이 경우에 '再'를 사용하면 다음과 같이 비문이 된다.

*已经点了这么多菜, 你怎么再点啊?
*已经吃了这么多了, 你再要吃吗?
－*再要吃。

'再'에는 '……하고 나서'와 같이 어떤 사건 이후의 행위 발생 시점을 나타내는 기능이 있다. 이러한 경우에 '再'는 일반적으로는 행위의 중복을 나타내지 않는다. 다음을 보자.

너는 언제 중국에 유학을 갈 예정이지?
－제대하고 갈 겁니다.

위는 유학을 가는 시점을 묻는 질문에 대하여, 병역을 마친 이후의 어떤 시점에 유학을 가겠다는 사실을 말하고 있다. 이와 같이 어떤 행위가 발생한 이후의 시점에 발생하는 행위를 나타내려는 경우에 중국어에서는 '再'를 사용한다. 다음을 보자.

咱们吃了饭再走!
우리, 식사하고 갑시다!

(=식사한 이후의 어떤 시점에 갑시다.)
咱们休息一会儿再讨论!
우리, 잠깐 쉬었다가 토론합시다!
(=휴식한 이후의 어떤 시점에 토론합시다.)

我当完兵再去中国留学。
나는 제대하고 중국에 유학을 갈 것입니다.
(=제대한 이후의 어떤 시점에 유학을 갑니다.)
放了假再去中国。
방학하면 중국에 갈 것입니다.
(=방학하고 난 이후의 어떤 시점에 중국에 갑니다.)

위의 '再'는 어떤 행위가 발생한 이후의 어느 시점에 다른 행위가 발생함을 나타낸다. 만약 '再' 앞에 시간사가 나오면 그 시점에 행위가 발생함을 나타낸다.

明天再说。
내일 얘기합시다.
以后再说。
다음에 얘기합시다.
下午再讨论吧!
오후에 토론합시다!

'再'가 위와 같이 사용되는 경우에, 이 '再'는 일반적으로 '다시'와 같은 행위의 중복을 나타내지 않는다. 만약 위 문장이 행위의 중복 발생을 나타낸다면 다음과 같이 말한다.

咱们吃了饭再走!
→咱们吃了饭再去!
우리, 식사하고 갑시다!
(=가던 것을 중지하고 식사한 이후에 다시 갑시다.)

咱们休息一会儿再讨论!
→咱们休息一会儿継续讨论!
우리, 잠깐 쉬었다가 이어서 토론합시다!

(=토론하던 것을 멈추고 휴식한 이후에 다시 토론합시다.)

明天再说。
→明天継续说。
내일 계속하여 얘기합시다.
→明天接着说。
내일 이어서 얘기합시다.

下午再讨论吧!
→下午接着讨论吧!
오후에 이어서 토론합시다!
→下午再讨论一次!
오후에 다시 한 번 토론합시다!

경우에 따라 '再'를 강하게 발음하여 행위의 중복 발생을 나타낼 수도 있다.

我当完兵再去中国留学。
→我当完兵再去中国留学。(再를 강하게 발음)
나는 제대하고 중국에 유학을 갈 것입니다.
(=유학을 하다 왔으나 제대한 후에 다시 유학을 갈 것입니다.)

1.7.6 才

'才'는 '비로소'라는 뜻으로서, 사건의 발생 시간이 늦거나 사건의 진행이 순조롭지 못함을 나타낸다.

你怎么现在才来?
너는 왜 지금에야 비로소 오는 거지?
这个故事我听了三遍才听懂。
이 이야기를 나는 세 번 듣고야 비로소 알아들었다.

'才'가 시간사 앞에 오면 시간적으로 이른 것을 나타내고, 시간사 뒤에 오면 시간적으로 늦은 것을 나타낸다.

才六点钟天就亮了。
6시밖에 안 되었는데 날이 밝았다.
(=날이 빨리 밝았다.)
六点钟天才亮。
6시가 되어서야 비로소 날이 밝았다.
(=날이 늦게 밝았다.)

'才'는 수량의 많고 적음을 나타내기도 한다. '才'가 동사 앞에 나오면 동사 다음에 나오는 수량이 부족하다는 것을 나타내고, '才'가 동사 뒤에 나오면 자신의 앞에 나오는 수량이 최소한의 기준임을 나타낸다.

才买五个, 一定不够。
겨우 다섯 개를 사다니요, 분명히 부족할 것입니다.
买五个才够。
다섯 개는 사야 됩니다.

'才'가 수량사 앞에 오면, 그 수량이 부족하다는 것을 나타내고, '才'가 수량사 뒤에 오면 그 수량이 많다는 것을 나타낸다. 다음을 보자.

一块钱才三个。
1위안에 겨우 세 개야.
(=세 개는 너무 적다.)
三个才一块钱。
세 개가 겨우 1위안이야.
(=1위안에 세 개 주면, 세 개는 많은 셈이다.)

'才'가 부정형 앞에 오면, 그 행위를 이행할 의사가 전혀 없다는 것을 나타낸다. 이는, 그 행위를 하려면 상대방이나 하라는 느낌을 주기도 한다.

我才不吃呢。
나는 안 먹어.
(=이렇게 상한 걸 먹으라고? 나는 안 먹어.)

(=먹고 싶으면 너나 먹어라.)

我才不去呢。
나는 안 갈 거야.
(=싫어, 내가 왜 가니?)
(=가고 싶으면 너나 가렴.)

我才不相信呢。
나는 안 믿어.
(=거짓말 아니야? 나는 안 믿어.)
(=믿고 싶으면 너나 믿어라.)

1.7.7 就

'就'는 사건의 발생 시간이 이르다는 느낌을 나타낸다. '就'는 우리말로 번역되지 않으므로 다음을 보며 '就'가 나타내는 어감을 익혀 보자.

你什么时候拿到学位?
당신은 언제 학위를 받습니까?
－明年就能拿到。
　내년이면 받을 수 있습니다.
　(=내년이면 빨리 받는 셈이다.)

他昨天就来了。
그는 어제 왔다.
(=어제 왔다면 그는 빨리 온 셈이다.)

我们明年就能去。
우리는 내년에는 갈 수 있다.
(=내년에 갈 수 있다면, 그것은 빨리 가는 셈이다.)

这孩子五岁就开始学画画儿了。
이 아이는 다섯 살에 벌써 그림 그리는 것을 배우기 시작했다.

(=다섯 살에 배우기 시작했다면, 그것은 빨리 시작한 셈이다.)

위의 '就'는 그 앞에 제시된 시간이 '내 생각에는 빠른 편이다'라는 어감을 준다.
'就'는 일의 진행이 순조로움을 나타낸다. 다음을 보자.

那首歌只学了一遍, 就会唱了。
그 노래는 단 한 번 배웠는데도 바로 부를 수 있게 되었다.
老师只说了一遍, 我们就懂了。
선생님께서 한 번만 말씀하셨는데도 우리는 바로 이해하였다.

'就'는 두 행위가 긴밀하게 연이어 발생함을 나타낸다.

我理完发就去洗澡。
나는 이발을 하자마자 바로 목욕을 했다.
我吃了午饭就去看足球赛了。
나는 점심을 먹자마자 곧 축구 경기를 보러 갔다.

'就'는 객관적 사실을 강한 어조로 긍정한다.

这句话就是他说的。
이 말이 바로 그 사람이 한 말이야.
这就是那本有名的书。
이것이 바로 그 유명한 책입니다.

'就'는 동작이 곧바로 일어날 것임을 나타낸다.

我就去。
나는 바로 갑니다.
我一会儿就回来。
저는 잠시 후에 바로 돌아오겠습니다.

'就'는 앞 문장의 내용 뒤에 곧바로 결론이 이어짐을 나타낸다.

今天没有课，我就不到学校去了。
오늘 수업이 없다면 나는 학교에 가지 않을 것입니다.
进了校门，就能看见图书馆。
교문에 들어서면 바로 도서관을 볼 수 있습니다.

'就'는 어떤 조건 아래에서 다음 동작이 자연스럽게 진행되는 것을 나타낸다.

他不来，我就去找他。
그가 오지 않으면 제가 그를 찾으러 가겠습니다.
你愿意去，就去吧。
당신이 가고 싶으면 가십시오.

'就'는 '다만'이라는 의미로 사용되는 경우가 있다.

他就吃了一个。
그는 다만 한 개를 먹었다.
今天就来了三个人。
오늘은 다만 세 명이 왔다.

'A就A' 형식은 'A'를 사실로 인정하거나 'A'가 특별한 가치를 가지지 못함을 나타낸다.

丢就丢了，别再想了。
잃어 버렸으면 잃어 버린 거야, 다시 생각하지 마라.
不来就不来，少他一个也没关系。
안 오면 안 오는 거지, 그 사람 하나쯤 없어도 상관없습니다.

'一A, 就B' 형식은, 'A'가 발생한 후에 곧이어 'B'가 발생함을 나타낸다. 'A'와 'B'의 주어는 같을 수도 있고 다를 수도 있다.

他一到冬天就感冒。
그는 겨울만 되면 감기가 든다.
他一有空儿就学习。

그는 틈만 나면 공부한다.

위는 'A'와 'B'의 주어가 같은 경우이다. 다음은 'A'와 'B'의 주어가 다른 경우이다.

他这么一说我就明白了。
그가 이렇게 말을 하자 나는 바로 알아들었다.
妈妈一进门他就假装看书。
어머니가 문에 들어서자 그는 책을 보는 척했다.

1.7.8 不, 没(有)

'不'와 '没(有)'는 모두 부정을 나타내는 부사이다. '不'가 부정하는 행위는 현재 혹은 미래 행위이다. 다음은 현재 행위를 부정하는 경우이다.

(1) 你去上海吗?
당신은 상하이에 갑니까?
－不去上海, 去北京。
상하이에 가는 게 아니라 베이징에 갑니다.

(2) 你学汉语吗?
당신은 중국어를 배우나요?
－不学汉语, 学韩语。
중국어를 배우지 않아요, 한국어를 배웁니다.

위의 (1)은 처음 보는 여행객들이 나누는 대화이고, (2)는 학교에서 학생들이 나누는 대화라고 보면, 위의 '不'는 현재 행위를 부정하고 있다. 그러나 (1,2)를 장래 문제를 상의하는 대화로 보면 다음과 같이 미래 행위가 된다.

(1′) 你去上海吗?
당신은 상하이에 갈 건가요?
－不去上海, 去北京。
상하이가 아니고요, 베이징에 갈 것입니다.

(2′) 你学汉语吗?
당신은 중국어를 배울 겁니까?
－不学汉语，学韩语。
중국어는 배우고 싶지 않아요, 한국어를 배울 것입니다.

위 (1′,2′)의 '不'는 모두 미래 행위를 부정한다.
'不'는 동작동사 앞에 와서, 어떤 습관이 없다는 것을 나타낸다.

我不抽烟。
나는 담배를 안 피웁니다.
我不喝酒。
나는 술을 마시지 않습니다.
我不吃辣的。
나는 매운 것을 먹지 않습니다.

'不'는 형용사를 부정한다.

他个子不高。
그는 키가 크지 않습니다.
天气不热。
날씨가 덥지 않습니다.

'不'는 '是'를 부정한다.

他不是学生。
그는 학생이 아니다.
他不是中国人。
그는 중국인이 아니다.

'没(有)'는 과거에 어떤 행위가 발생하지 않았음을 나타낸다.

他没(有)来。
그는 오지 않았다.

他没(有)去。
그는 가지 않았다.

'没(有)'는 경험한 사실을 부정한다.

他没来过。
그는 온 적이 없다.
他没吃过中国菜。
그는 중국 요리를 먹어 본 적이 없다.

'不'는 자신의 바로 뒤에 나오는 하나의 요소만을 부정한다.

他从来不对我笑。
그는 종래 나를 향해 미소 짓지 않았어.

위의 우리말 번역은 다음과 같은 두 가지 의미를 가질 수 있다.

(1) 나에게가 아니라 다른 사람에게 미소 지었다.
(2) 나를 향하기는 했지만 미소 짓지는 않았다.

위의 (1)는 '不'가 '对我'를 부정한 것이고, (2)는 '不'가 '笑'를 부정한 것이다. 그러나 원래의 의미는 (1)이지 (2)가 아니다. 이는 '不'가 '对我'를 부정한다는 것을 의미한다. 이와 같이 '不'는 항상 자신의 바로 뒤에 나오는 하나의 사실만을 부정한다. 다음을 보자.

他不在家看书。
그는 집에서는 책을 보지 않는다.
(=그는 다른 곳에서 책을 본다.)
他不在家吃饭。
그는 집에서는 식사를 하지 않는다.
(=그는 다른 곳에서 식사한다.)

他不跟她学习汉语。

그는 그녀에게서 중국어를 배우지 않아요.
(=그는 다른 사람한테서 중국어를 배운다.)
这小孩儿不用筷子吃饭。
이 아이는 젓가락으로 밥을 먹지 않아요.
(=이 아이는 수저 등 다른 것으로 밥을 먹는다.)

1.7.9 刚, 刚刚, (刚才)

'刚'과 '刚刚'은 '바로, 막, 지금'이라는 뜻으로 어떤 행위가 바로 조금 전에 발생했음을 나타낸다.

我刚下课。
나는 막 수업이 끝났다.
他刚开始学汉语。
그는 중국어를 막 배우기 시작했다.

我们刚刚开始学汉语。
우리는 중국어를 막 배우기 시작했다.
学校刚刚开学, 工作很忙。
학교가 막 개학해서 일이 바쁘다.

위의 '刚'과 '刚刚'은 서로 바꾸어 써도 아무런 차이가 없다. 그러나 '刚'과 '刚刚'이 서로 다르게 사용되는 경우가 있다. 이를 이해하기 위하여 다음 우리말을 보자.

한 10년 못 만났지요? 유럽에선 언제 돌아오셨나요?
－네, 막 돌아왔습니다. 오늘 오전에 도착했지요.

위의 우리말 '막'은 '바로 얼마 전'을 나타낸다. 이런 경우에는 '刚'과 '刚刚'을 혼용할 수 있다. 그러나 다음을 보자.

한 10년 못 만났지요? 유럽에선 언제 돌아오셨나요?
－네, 막 돌아왔습니다. 지난달에 왔지요.

위의 '막'은 한 달 이전을 의미한다. 그러나 '막'을 사용하는 이유는, 화자가 '한 달'을 짧은 시간으로 인식하기 때문이다. 이와 같이 실제적으로는 긴 시간이지만 화자가 짧은 시간으로 인식하는 '막'과 같은 경우를 중국어에서는 '刚'으로 나타낸다. 이 경우에는 '刚刚'이 사용될 수 없다. 이런 경우에 '刚'은 '요즈음' 정도의 의미로 해석될 수 있지만, 화자는 이를 짧은 시간으로 인식하고 있다는 사실에 유의하여야 한다.

다음을 보며 '刚'의 용법을 익혀 두자.

你是什么时候来的?
너는 언제 왔지?
－刚来的。
얼마 안 됐어.

这本书是刚买的吗?
이 책은 요새 샀나요?
－是的, 昨天买的。
네, 어제 샀어요.

위의 '刚'은 화자가 생각하기에, 그 동작을 실현한 것이 얼마 되지 않은 시간임을 나타낸다. 그러나 실제로 동작이 발생한 것은 하루 전일 수도 있고, 한 달 전일 수도 있다.

'刚'은 '……하자마자'의 의미로 사용되는 경우가 있다.

我刚到车站车就开了。
내가 역에 도착하자마자 차가 출발했다.
刚吃完饭就跑步, 对身体不好。
밥을 먹자마자 달리는 것은 건강에 나쁘다.

'刚(好)'는 '마침, 꼭, 딱'과 같이 시간, 공간, 수량 등이 가장 적절한 것을 나타내기도 한다.

这个盒子刚好。
이 상자는 딱 맞는다.

行李刚(好)二十公斤，没超过规定。
짐이 마침 20kg이어서 규정을 초과하지 않았다.

'刚才'는 '방금, 조금 전'이라는 뜻의 시간사로서 명사에 속하지만 우리말로는 부사로 해석되기 때문에 '刚, 刚刚'과 쉽게 구분되지 않는다. '刚才'는 명사이므로 주어의 앞뒤에 모두 올 수 있다.

刚才他说什么了?
방금 그가 뭐라고 말했습니까?
他刚才说什么了?
그가 방금 뭐라고 말했습니까?

刚才你去哪儿了?
방금 너 어디 갔었니?
你刚才去哪儿了?
너는 방금 어디 갔었니?

'刚才'는 명사이므로 다른 명사를 수식할 수 있다.

刚才的演讲真精彩。
조금 전의 연설은 정말 훌륭했어요.
刚才的消息，谁告诉你的?
방금 전의 소식을 누가 네게 알려 주었지?

그러나 '刚, 刚刚'은 주어와 술어 사이에만 올 수 있으며, 명사를 수식할 수 없다.

1.7.10 到底

'到底'에는 우리말의 '도저히'라는 뜻이 없다는 점에 유의하여야 한다. '到底'가 의문문에 쓰이면 '도대체'라는 의미를 나타낸다.

那个人到底是谁?

그 사람은 도대체 누구지요?
你到底爱不爱我？
너는 도대체 나를 사랑하는 거야, 아니야?

'到底'는 '역시, 아무래도'의 뜻으로 사용되는 경우가 있다. 이 경우에는 특징이나 원인을 강조한다.

到底是搞艺术的，感情就是丰富。
역시 예술을 하니까 감정이 풍부하군요.
他到底还是年轻，容易冲动。
그는 아무래도 아직 젊어서 쉽게 흥분한다.

1.7.11 大概，也许，恐怕

'大概, 也许, 恐怕'는 모두 '아마도'와 같은 추정을 나타내지만 이들 사이에는 약간의 차이가 있다.
'大概'는 화자가 거의 확실하다고 믿는 추정을 나타낸다. 다음을 보자.

他大概二十多岁吧!
그는 아마 스무 살 남짓 될 거야!
孩子大概更喜欢妈妈吧?
아이는 아마도 어머니를 더 좋아하겠지요?

위는, 그가 스무 살 정도일 가능성이 아주 크며, 아이가 엄마를 더 좋아할 가능성이 아주 크다는 화자의 추정을 나타낸다.
'也许'도 추정을 나타내지만, 추정된 사실이 실제로 나타나리라는 가능성은 전혀 보장되지 않는다.

他也许不能回来。
그는 어쩌면 돌아올 수 없을 것이다.
他也许知道这件事。
그는 어쩌면 이 일을 알고 있을 것이다.

위는, 그가 돌아올 수 없을 것이라고 말하고 있지만 실제로는 그가 돌아올 수도 있으며, 그가 이 일을 알고 있을 것이라고 말하고 있지만 실제로는 그가 이 일을 모를 수도 있다는 사실을 나타낸다.

'恐怕'도 추정을 나타내는 부사이다. 그러나 이는 '……할까 봐 걱정이다'라는 어감을 나타낸다.

妈妈的病恐怕治不好了。
어머니의 병은 치료될 수 없을 것 같아.
(=그래서 걱정이야.)
他恐怕不能来了。
그는 올 수 없을 것 같아.
(=그래서 걱정이야.)

'恐怕'는 단순한 추정을 나타내기도 한다. 이 경우에 '恐怕'는 주어의 앞뒤에 모두 올 수 있다.

恐怕他已经到了。
아마도 그는 이미 도착한 것 같습니다.
他恐怕已经到了。
그는 아마도 이미 도착한 것 같습니다.

1.7.12 绝, 绝对, 决

'绝'와 '决'는 부정형에만 사용된다.

他绝不会来。
그는 절대 오지 않을 것이다.
他决不喝酒。
그는 결코 술을 마시지 않는다.

'绝对'는 긍정문과 부정문에 모두 사용된다.

那儿绝对干净。
거기는 완벽하게 깨끗하다.
你不来，他也绝对不会来。
네가 안 오면, 그 사람도 절대 오지 않을 것이다.

1.7.13 倒

'倒'는 우리말 '오히려'와 같이 반대되는 상황이 발생함을 나타낸다.

请他他不来，没请他他倒自己来了。
그는 초청하면 안 오더니, 초청하지 않았는데 오히려 스스로 왔다.
人家都快急死了，他倒没事似的。
남들은 급해 죽을 지경인데, 그는 오히려 아무 일 없다는 듯이 행동한다.

'倒'는 예측한 것보다 결과가 좋은 경우에도 사용된다.

农产品很贵，家电倒不怎么贵。
농산품은 비싼데, 가전제품은 오히려 그렇게 비싸지 않네요.
退休以后，他倒年轻多了。
퇴직 후에 그는 오히려 훨씬 젊어졌다.

1.8 전치사[介词]

전치사를 중국에서는 개사(介词)라고 한다.

전치사는 '在教室', '跟他'의 '在, 跟'과 같이 명사, 대사 등과 결합하여 전치사구를 이룬다. 전치사구는 술어 앞에 와서 처소, 방향, 시간, 목적, 원인, 방식, 대상, 비교, 피동 등을 나타낸다. 전치사와 결합하는 명사나 대사 등을 전치사 빈어라고 하며, 전치사와 전치사 빈어를 합쳐서 전치사구(前置词句)라고 부른다.

1.8.1 전치사(前置词)의 종류

전치사에는 다음과 같은 종류가 있다.

처소 표시 전치사 : 在, 从, 打, 自, 由, 沿着
방향 표시 전치사 : 到, 往, 向, 朝
시간 표시 전치사 : 从, 自, 自从, 由, 打, 在, 当, 于, 到
목적 표시 전치사 : 为, 为了, 替
원인 표시 전치사 : 因为, 由于
방식, 도구 표시 전치사 : 用, 拿
대상 표시 전치사 : 对, 对于, 关, 关于, 给
비교 표시 전치사 : 跟, 比
빈어 표시 전치사 : 把, 将, 管
동반 표시 전치사 : 跟, 和, 与, 同
피동 표시 전치사 : 被, 让, 叫, 由

이제 자주 쓰이는 전치사의 용법을 살펴보자.

1.8.1.1 在

'在'는 동작 발생의 처소, 방면, 시간 등을 나타낸다.

1. '在'는 동작 발생의 처소를 나타낸다.

他在楼下等你呢。
그는 아래층에서 너를 기다리고 있어.
你在这儿等我。
너는 여기서 나를 기다리렴.

위에서 '기다리는 행위'는 '아래층'과 '여기'에서 발생한다. '在'는 이와 같이 행위가 발생하는 처소를 나타낸다.

2. '在'의 빈어가 '上'을 동반하면 처소 이외에도 방면, 범위를 나타내는 경우가 있다.

他在工作上很有成绩。
그는 업무 면에서 실적이 매우 좋다.

我们在生活上应该多关心他。
우리는 생활 면에 있어서 그에게 관심을 많이 기울여야 한다.

3. '在'의 빈어가 '下'를 동반하면 처소 이외에도 조건을 나타내는 경우가 있다.

在大家的帮助下，我的学习有了很大进步。
모두의 도움으로 제 공부가 아주 많이 늘었습니다.
在老师的指导下，我的汉语水平大有长进。
선생님의 지도 아래, 나의 중국어 수준은 많이 좋아졌다.

이상의 1,2,3에 속하는 '在'의 빈어는 반드시 처소사이다. 다음을 보자.

我们在二楼上课。
우리는 2층에서 수업을 한다.
他在中国留学。
그는 중국에서 유학한다.

他在里边吃饭。
그는 안에서 식사를 한다.
他在我家等你。
그는 우리 집에서 너를 기다린다.

위의 전치사 빈어 '二楼，中国，里边，我家'는 처소사이다. 처소사가 아닌 명사가 '在'의 빈어가 되기 위해서는 방위사 '里，上' 등을 동반하여 처소사로 변해야 한다.

他在河里游泳。
그는 강에서 수영을 한다.
我在路上碰见了他。
나는 길에서 그를 만났다.

위의 '河，路'는 일반명사이므로 '里，上'을 동반해야만 '在'의 빈어가 될 수 있다. '在'의 빈어가 처소를 나타내는 말이면 방위사 '里'를 생략할 수 있다.

我在教室(里)上课。
我在银行(里)工作。
他在食堂(里)吃饭。
他在车站(里)等你。

'教室, 银行, 食堂, 车站'은 원래는 일반명사이지 처소사가 아니다. 그러나 이들은 흔히 처소를 나타내는 말로 인식되어 있다. 그러므로 이들 뒤의 방위사 '里'는 생략될 수 있다.

'在'의 빈어가 지명이나 기관을 나타내는 고유명사이면 방위사를 붙일 수 없다.

他在美国念书。
그는 미국에서 공부한다.
我在人民大学学习汉语。
나는 인민대학에서 중국어를 공부한다.

위의 전치사 빈어인 '美国, 人民大学'는 고유명사이므로 '里'를 붙이면 안 된다. 만약 고유명사에 방위사를 붙이면 다음과 같이 틀린 문장이 된다.

*他在美国里念书。
그는 미국에서 공부한다.
*我在人民大学里学习汉语。
나는 인민대학에서 중국어를 공부한다.

4. '在'는 동작이 발생하는 시간을 나타낸다. 이 경우에 '在'의 빈어는 시간사이다.

我在二零零五年考上了大学。
나는 2005년에 대학에 합격하였다.
我在念研究生期间认识了很多学者。
나는 대학원생 시절에 많은 학자들을 알게 되었다.

1.8.1.2 从

'从'은 행위의 출발점, 행위의 시작 시간, 행위 발생의 범위, 시간상의 범위, 판단의 기준 등을 나타낸다.

1. '从'은 행위의 출발점을 나타낸다.

他是从中国来的。
그는 중국에서 왔습니다.
从这儿一直往南走。
여기서 곧바로 남쪽으로 걸어가세요.

2. '从A到B' 형식은 공간, 시간, 행위 등의 범위를 나타낸다.
다음은 공간의 범위를 나타낸다.

从这儿到学校不远。
여기서 학교까지는 멀지 않다.
从这儿到北京交通方便吗?
여기서 베이징까지는 교통이 편리합니까?

다음은 시간의 범위를 나타낸다.

从十点到十二点我在学校上课。
10시부터 12시까지 저는 학교에서 수업을 듣습니다.
从星期一到星期五我每天都有课。
월요일부터 금요일까지 저는 매일 수업이 있습니다.

다음은 행위의 범위를 나타낸다.

从生词到课文他都复习了一遍。
그는 새 낱말부터 본문까지 모두 한 번 복습했다.
从大人到小孩儿都要看这个节目。
어른부터 어린이까지 모두 이 프로그램을 보려고 한다.

3. '从……以来'는 어떤 사건 이후의 시간을 나타낸다. 이 경우에 '从'은 생략할 수

있다.

(从)到北京以来，他认识了不少朋友。
베이징에 도착한 이후부터 그는 많은 친구를 알게 되었다.
(从)去年以来我就没好好儿休息过。
작년 이후로 나는 편하게 쉬어 본 적이 없다.

4. '从……上看'은 판단의 기준을 나타낸다.

从质量上看，这批货比往年好。
품질로 보았을 때 이 물건은 예년에 비해 좋은 편이다.
从广告费上看，电视广告费是最高的。
광고비로 보았을 때 TV 광고비가 가장 비싸다.

1.8.1.3 自从

'自从'은 과거 행위의 시작 시간을 나타낸다.

自从毕业以后，我再也没见过他。
졸업한 이후로 나는 더 이상 그를 본 적이 없다.
自从听了医生的劝告以后，他开始注意身体了。
의사의 충고를 들은 후부터 그는 건강에 주의하기 시작했다.

위에 나오는 '自从'의 빈어는 '毕业以后'와 '听了医生的劝告以后'이다. 이와 같이 '自从'의 빈어는 일반적으로 구(句)이다. '自从'이 나오는 문장의 주어는 뒤의 분문에 나온다. '自从'은 처소사를 빈어로 취할 수 없다. 그러므로 다음은 비문이다.

*自从这儿到学校不远。
이곳부터 학교까지는 멀지 않다.
*自从首尔到大田的火车特别快。
서울에서 대전까지 가는 기차는 아주 빠르다.

1.8.1.4 打

'打'는 '从'과 같이 행위 발생의 출발점이나 행위의 시작 시간을 나타낸다. '打'는 문장보다는 주로 대화에 사용된다. 다음의 '打'는 행위의 출발점을 나타낸다.

> 他打首尔来。
> 그는 서울에서 옵니다.
> 打这儿一直往东走, 十分种就到了。
> 여기서 동쪽으로 계속 가시면, 10분이면 도착하게 됩니다.

다음의 '打'는 행위의 시작 시간을 나타낸다.

> 打明天开始, 咱们都得早起。
> 내일부터 우리는 모두 일찍 일어나야 합니다.
> 打那时候起, 我就开始学汉语了。
> 그때부터 나는 중국어를 배우기 시작하였다.

1.8.1.5 到

'到'는 행위의 도달점이나 행위의 종결 시간을 나타낸다.
'到'가 행위의 도달점을 나타낼 때, 그 도달점은 처소사여야 한다.

> 我到菜市场去买点菜。
> 나는 채소 시장에 가서 채소를 좀 사렵니다.
> 他每天到学校去上课。
> 그는 매일 학교에 가서 수업을 듣습니다.

위의 '到'의 빈어 '菜市场, 学校'는 모두 처소사이다. 그러나 다음 우리말을 보자.

> 너는 <u>선생님한테</u> 가 봐라!
> 네가 <u>나에게</u> 오렴!
> 내일 내가 <u>너에게</u> 갈게.

위와 같은 의미를 나타내고자 할 때, 다음과 같이 말해서는 안 된다.

*你到老师去!
*你到我来吧!
*明天我到你去。

위는 모두 비문이다. '到'의 빈어인 '老师'는 일반명사일 뿐 처소사가 아니며, '我, 你'는 인칭대사일 뿐 처소사가 아니기 때문이다. 이런 경우에는 명사나 인칭대사에 '这儿' 혹은 '那儿'을 첨가하여 처소사로 만들어야 한다.

你到老师那儿去!
너는 선생님한테 가 봐라!
你到我这儿来吧!
네가 나에게 오렴!
明天我到你那儿去。
내일 내가 너에게 갈게.

다음의 '到'는 행위의 종결 시간을 나타낸다.

他到现在还不会说汉语。
그는 지금까지도 여전히 중국어를 할 줄 모른다.
他到星期五也没来上班。
그는 금요일까지도 출근하지 않았다.

1.8.1.6 比

'比'는 비교를 나타낸다.

你比他聪明。
너는 그 사람보다 똑똑하다.
这个比那个更贵。
이것이 그것보다 더 비싸다.

'比'의 비교 기능에 대해서는 ＜8.10 비교문＞에서 상세히 다루기로 한다.

1.8.1.7 跟, 和

'跟, 和'에는 다음과 같은 몇 가지 용법이 있다.

1. '跟, 和'는 '……와 함께'의 뜻으로서 동반을 나타낸다.

我每天跟(和)他一起上班。
나는 매일 그와 함께 출근한다.
王先生跟(和)李小姐结婚了。
왕씨는 리 양과 결혼했다.

2. '跟'은 '……에게'의 뜻으로서 대상을 표시한다.

我跟你讲一件事。
내가 너에게 한 가지 일을 말해 주지.
好好儿跟他说吧!
그 사람에게 잘 말해라!

3. '跟'은 '……에게서, ……한테서'의 뜻으로서 취득의 근원을 표시한다.

我跟他借了一本书。
나는 그에게서 책 한 권을 빌렸다.
汉语你说得很好, 跟谁学的?
중국어를 잘하네요, 누구한테서 배웠지요?

4. '跟'은 '……를 따라서'의 뜻으로서 행위의 기준을 나타낸다.

我跟老师走。
나는 선생님을 따라갈래요.
你们跟我读!
여러분은 나를 따라 읽으세요!

5. ‘跟……一样’은 비교를 나타낸다. 이에 대하여는 <8.10.3 ‘跟……一样’ 비교문> 에서 다루기로 한다.

1.8.1.8 为, 为了

‘为’는 ‘…… 때문에’와 같이 원인을 표시한다.

你不要为我担心。
네가 나 때문에 걱정할 필요는 없다.
父母总是为孩子操心。
부모는 언제나 자식 때문에 걱정을 한다.

‘为’는 ‘……를 위하여’와 같이 목적을 표시한다.

他很热情地为大家服务。
그는 아주 열심히 모두를 위하여 봉사한다.
为找到工作, 我托了很多人。
일자리를 얻기 위하여 나는 여러 사람에게 부탁을 했다.

‘为了’는 목적을 표시한다. ‘为了 + 빈어’는 주어의 앞뒤에 모두 올 수 있다.

他为了学习汉语来到这儿。
그는 중국어를 공부하기 위하여 이곳에 왔다.
为了学习汉语, 他来到这儿。
중국어를 공부하기 위하여 그는 이곳에 왔다.

青年们为了自己的祖国认真地学习。
청년들은 자신의 조국을 위하여 열심히 공부한다.
为了自己的祖国, 青年们认真地学习。
자신의 조국을 위하여 청년들은 열심히 공부한다.

1.8.1.9 用

‘用’은 ‘…… (으)로’와 같이 도구나 방식을 표시한다.

다음의 '用'은 도구를 나타낸다.

他用电脑写信。
그는 컴퓨터로 편지를 쓴다.
中国人用筷子吃饭。
중국인은 젓가락으로 식사합니다.

다음의 '用'은 방식을 나타낸다.

用汉语说也可以。
중국어로 말씀하셔도 됩니다.
用英语说也可以。
영어로 말씀하셔도 됩니다.

도구를 나타내는 '用'은 생략되는 경우가 있다.

这是用玻璃做的。
이것은 유리로 만든 것입니다.
→ 这是玻璃做的。

这是用竹子编的。
이것은 대나무로 엮은 것입니다.
→ 这是竹子编的。

1.8.1.10 拿

'拿'에는 다음과 같은 몇 가지 용법이 있다.
'拿'는 '用'과 같이 재료나 도구를 나타낸다.

这是拿铁做的。
이것은 쇠로 만든 것이다.
学生们拿毛笔画画儿。
학생들이 붓으로 그림을 그린다.

'拿'는 '把'와 같이 빈어를 술어 앞으로 이끌어 낸다.

别拿我当傻瓜!
나를 바보 취급 하지 마세요!
别拿我开玩笑!
나를 놀리지 마세요!

'拿……来说'는 '……로 말하자면'과 같이 대화의 화제를 나타낸다.

拿这件事来说, 是你做得不对。
이 일로 말하자면, 당신이 잘못했습니다.
拿唱歌来说, 就得数小王第一。
노래하는 것으로 말하자면, 샤오왕을 제일로 꼽아야 합니다.

1.8.1.11 对, 对于

'对'는 '……에게, ……에 대하여'와 같이 대상을 표시한다.
다음의 '对'는 '……에게'와 같이 행위의 방향으로서의 대상을 나타낸다.

他对我说:……。
그는 나에게 ……라고 말했다.
他对我很好。
그는 나에게 참 잘해 줘요.
他对老师很有礼貌。
그는 선생님에게 예의를 잘 갖춥니다.

'对'는 '……에 대하여'와 같이 대상에 대한 관심을 나타낸다. 이 경우에 술어는 '很感兴趣, 爱好'와 같이 관심을 나타내는 동사가 온다.

我对音乐很感兴趣。
저는 음악에 (대하여) 취미가 있습니다.
他对外语有特别的爱好。
그는 외국어에 대단한 취미가 있습니다.

위와 같이 '对'의 술어가 관심을 나타내는 경우에는 '对于'로 바꾸어 쓸 수 있다.

我对于音乐很感兴趣。
나는 음악에 취미가 있습니다.
他对于外语有特别的爱好。
그는 외국어에 대단한 취미가 있습니다.

그러나 '对'가 행위의 방향으로서의 대상을 나타내는 경우에는 '对于'로 바꾸어 쓸 수 없다.

他对我说：……。
*他对于我说：……。

他对我很好。
*他对于我很好。

他对老师很有礼貌。
*他对于老师很有礼貌。

'对……来说'는 '(누구)에 대해서 말하자면, (누구)로 말하면'과 같이 주로 대상이 사람인 경우에 사용된다.

对他来说, 这是一个非常好的机会。
그 사람에 대하여 말하자면, 이것은 아주 좋은 기회입니다.
对小孩子来说, 世界上的一切都很新鲜。
어린아이로 말하면, (그에게) 세상의 모든 것은 신선하다.

1.8.1.12 关于, 对于

한국어에서는 일반적으로 '관하여'와 '대하여'를 세밀하게 구분하여 사용하지 않는다. 이러한 이유로 한국인은 '关于'와 '对于'를 구분하기가 쉽지 않다. 중국어에서도 '关于'와 '对于'는 혼용되는 경우가 있다. 그러나 의미에는 미세한 차이가 있다.

'关于'는 대상을 하나하나 분석하고 그 각각에 대하여 판단하거나 행위를 가하는 것을 나타낸다. 이와 달리 '对于'는 대상 전체를 하나로 보고, 그 전체에 대하여 판단하거나 행위를 가하는 것을 나타낸다.

关于这些问题，我没什么意见。
이러한 문제에 관하여 나는 동의한다.
对于这些问题，我没什么意见。
이 문제에 대하여 나는 동의한다.

위의 '关于'는 하나하나의 내용에 대하여 동의함을 나타낸다. 그러나 '对于'는 전체를 하나의 대상으로 보고 그 전체에 대하여 동의함을 나타낸다.

다음의 '关于'가 나타내는 하나하나의 상황을 보자.

关于旅行问题，我不太清楚。
여행하는 문제에 관하여 나는 잘 모른다.
关于他们两个人的事，还没听到什么消息。
그들 두 사람의 일에 관하여 아직 어떤 소식도 듣지 못했다.

위는 '여행하는 하나하나의 상세한 내용'에 관하여 잘 모른다는 의미이며, '두 사람에 관한 상세한 내용'을 전해 주는 소식이 없다는 의미이다.

关于这儿的情形，由他告诉你。
이곳의 상황에 관해서는 그 사람이 너에게 알려 줄 것이다.
关于那些话，当时我有很深的印象。
그 말에 대하여 당시 나는 깊은 인상을 받았다.

위는 '상황 하나하나'를 알려 준다는 의미이며, '그 말의 한마디 한마디'에서 깊은 인상을 받았다는 의미이다.

'关于 + 빈어'가 부사어로 사용되면 주어 앞에만 올 수 있으며, 주어 다음에는 올 수 없다. 다음을 보자.

关于这个问题，我不太清楚。

이 문제에 관하여 저는 잘 모릅니다.
*我关于这个问题不太清楚。

'关于 + 빈어'가 관형어로 사용되면 문장 가운데에 나올 수 있다.

这是关于中国近代史的书。
이것은 중국 근대사에 관한 책입니다.

위의 '关于中国近代史'는 '书'를 수식하는 관형어이다. 그러므로 문장 가운데에 나온 것이다.

'对于'는 대상 전체를 나타낸다.

我们对于穷人应该特别关心。
우리는 가난한 사람들에 대하여 각별한 관심을 기울여야 한다.
老实说, 我对于文学完全是门外汉。
솔직히 말하면, 나는 문학에 대하여 완전히 문외한이다.

위의 '对于'는 '가난한 사람'이라는 전체 집단에 대하여 관심을 가져야 함을 말하고 있으며, '문학' 전체에 대하여 문외한임을 말하고 있다.

对于中国历史, 我很感兴趣。
중국 역사에 대하여 나는 많은 흥미를 가지고 있다.
李先生对于他的小说很有研究。
리 선생은 그의 소설에 대하여 많이 연구했다.

위의 '对于'는 '중국 역사' 전체와 '그의 소설' 전체를 흥미와 연구의 대상으로 제시하고 있다.

부사어로 사용된 '对于 + 빈어'는 주어 앞뒤에 모두 올 수 있다. 다음을 보자.

他对于社会学很有研究。
그는 사회학에 대하여 많은 연구를 했다.

对于社会学, 他很有研究。
사회학에 대하여, 그는 많은 연구를 했다.

'关于 + 빈어'는 단독으로 책, 논문, 글 등의 제목이 될 수 있지만, '对于 + 빈어'는 단독으로 문장의 제목이 될 수 없다. 다음을 보자.

"关于汉语教育问题"
"중국어 교육 문제에 관하여"
*"对于汉语教育问题"
"중국어 교육 문제에 대하여"

위와 같은 현상이 생기는 이유를 보자. 중국인은, 문장의 제목이란 어떤 문제를 하나하나 다루고 이에 대하여 상세하게 서술하겠다는 의도를 나타낸다고 생각한다. '关于'는 대상을 하나하나 분석하는 것이므로 이러한 조건을 만족시킨다. 그러나 '对于'는 전체를 나타내므로 이러한 조건을 만족시키지 못한다. 따라서 '对于'는 책이나 문장의 제목이 될 수 없다.

'对于 + 빈어'가 관형어로 쓰이는 경우에는 당연히 문장의 제목에 사용될 수 있다.

"对于提高教育质量的几点意见"
"교육 수준의 제고에 대한 몇 가지 의견"

위의 '对于提高教育质量'은 '意见'을 수식하는 관형어이다. 그러므로 이는 제목의 일부로 사용된 것이지 제목이 아니다.

1.8.1.13 离

'离'는 거리 혹은 시간이 어떤 기준점으로부터 떨어져 있음을 나타낸다.

다음의 '离'는 거리가 떨어져 있음을 나타낸다.

车站离这儿很远。
역은 이곳에서 멉니다.

车站离学校不远。
역은 학교에서 멀지 않습니다.

다음의 '离'는 시간이 떨어져 있음을 나타낸다.

离上课还有五分钟。
수업을 시작할 때까지 아직 5분이 남았습니다.
离新年还有一个月。
새해까지는 아직 한 달이 남았습니다.

1.8.1.14 由

'由'는 시간, 처소의 기점을 나타내거나 조직의 구성 방식을 나타낸다. 경우에 따라 피동을 나타내기도 한다.

다음의 '由'는 시간, 처소의 기점을 나타낸다.

由今天算起, 再过十天就儿童节了。
오늘부터(계산하여) 열흘이 더 지나면 어린이날이다.
由这条路进入高速公路。
이 길을 통하여 고속도로에 진입한다.

위의 '今天'은 시간의 기점이며, '这条路'는 처소의 기점이다.

다음의 '由'는 구성 방식을 표시한다.

这个篮球队是由工人组成的。
이 농구팀은 노동자로 구성되어 있다.
语言由语音、词汇、语法三个部分构成。
언어는 발음, 어휘, 어법의 세 부분으로 구성된다.

'由'가 피동을 나타내는 경우에 그 빈어는 일을 처리하는 책임자를 나타내는 경우가 있다. 다음을 보자.

(1) 什么时候走由我们决定。
언제 갈 것인지는 우리에 의하여 결정된다.
(=언제 갈 것인지는, 너희들 말고 우리가 결정한다.)
(2) 什么时候走, 我们决定。
언제 갈 것인지는 우리가 결정한다.

(1,2)의 우리말 번역은 내용이 비슷하다. 그러나 (1)은 '다른 사람이 아닌 우리'가 결정한다는 의미가 강하고, (2)는 '우리가 결정한다'는 단순한 사실을 말한다. 그러므로 책임자를 강조하거나 그 행위를 해야 하는 사람을 특별히 강조하는 경우에는 '由'를 사용해야 한다.

这次你付钱。
이번에는 네가 돈을 내라.

위는 상대방에게 돈을 내라는 의미이지만 실제로는 다른 사람이 낼 수도 있다. 그러므로 상대방이 꼭 내야 하는 것은 아니다. 그러나 다음을 보자.

这次由你付钱。
이번에는 (다른 사람이 아닌) 네가 돈을 내야겠어.

위에는 '由'가 나왔으므로, 반드시 상대방이 돈을 낼 책임이 있음을 나타낸다. 그러므로 이 경우에는 다른 사람이 돈을 내서는 안 된다.

这件事由你负责。
이 일은 (다른 사람이 아닌) 네가 책임지거라.
电影票由你买。
영화 관람권은 (다른 사람이 아닌) 네가 사거라.

1.8.1.15 把, 将

'把, 将'은 빈어를 동반하고 동사 앞에 나와서 동작의 처리 결과를 강조하는 기능을 한다. '将'은 '把'와 동일한 용법으로 사용되지만 문장에만 사용될 뿐, 대화에서는 거의 사용되지 않는다.

他把那本书卖掉了。
그는 그 책을 팔아 버렸다.
他们把门关上了。
그들은 문을 닫아 버렸다.

‘把’가 나오는 문장을 특별히 ‘把’자문이라고 한다. (‘把’자문은 ＜8.8 ‘把’자문＞을 참고할 것.)

1.8.1.16 被, 叫, 让

‘被, 叫, 让’이 전치사로 쓰이면 그 문장은 피동문이 된다. ‘被, 叫, 让’의 빈어는 그 다음에 나오는 동작을 실행하는 사람이다.

他的书被人借走了。
그의 책은 어떤 사람이 빌려 갔다.
我的书叫小王借走了。
내 책은 샤오왕이 빌려 갔다.
我的书让人拿走了。
내 책은 누군가가 가져가 버렸다.

‘被, 叫, 让’의 피동 기능은 ＜8.9 피동문＞에서 다시 다루기로 한다.

1.8.1.17 给

전치사 ‘给’의 용법은 상당히 복잡하다. 그러나 언어는 항상 구체적인 상황에서 사용되므로 실제 언어생활에서는 혼란이 발생하지 않는다. 이제 ‘给’의 용법을 살펴보기로 하자.

1. ‘给’는 ‘……에게’와 같이 행위의 대상을 표시한다.

我常常给朋友写信。
저는 자주 친구에게 편지를 씁니다.
我给他打了一个电话。
저는 그에게 전화를 한 통 걸었습니다.

위의 '朋友, 他'는 편지를 쓰거나 전화를 거는 대상을 나타낸다.

2. '给'는 '……를 위하여'와 같이 행위의 수혜자(受惠者)를 나타낸다. 수혜자는 '어떤 행위의 결과로 나타나는 이익을 얻는 사람'이라는 뜻이다.

你给大家唱个歌儿!
네가 모두를 위해서 노래 한 곡 부르렴!
我给你们翻译吧。
제가 여러분들을 위해 통역하지요.

위의 '大家, 你们'은 노래를 부르거나 통역하는 행위의 결과, 그 이익을 얻게 되는 사람이다. 위의 예문을 다음과 같이 번역하여 보자.

你给大家唱个歌儿!
네가 모두에게 노래를 한 곡 불러 드려라!
我给你们当翻译吧。
제가 여러분에게 통역자가 되어 드리지요.

위와 같이 번역하면 '给'는 마치 앞에서 설명한 행위의 대상을 나타내는 것으로 보인다. 이러한 번역도 물론 틀린 것은 아니다. 왜냐하면 우리말 '…에게'는 대상과 수혜자를 나타내는 기능을 모두 가지고 있기 때문이다. 그러나 '给'가 행위의 수혜자를 나타내는 기능을 가지고 있다는 사실만은 명백히 이해해 두어야 한다. 다음을 보자.

你给我看看!
나를 위해서 한번 보아 주세요.

위는 예를 들면, 책을 보던 사람이 내용을 잘 몰라서 그 뜻을 묻는 경우에 사용되는 말이다. 그러므로 '给'의 빈어인 '我'는 '보아 주는' 행위의 수혜자가 된다. 만약 '我'를 행위 대상으로 삼아 '(부탁인데) 나에게 좀 보여 다오.'라는 의미로 말하고자 할 때는 '给我看看吧!'라고 말해야 한다.

다음을 보자.

你给我说!
말해!
(=네가 말을 해야 나에게 이익이 되겠다.)
你给我滚!
꺼져 버려!
(=네가 나가 버리는 것이 나에게 이익이 되겠다.)
你给我出去!
나가!
(=네가 나가는 것이 나에게 이익이 되겠다.)
你给我拿来!
가져와!
(=네가 가져오는 것이 나에게 이익이 되겠다.)

위의 말은, 예를 들면 윗사람이 아랫사람에게 화가 났을 때 사용하는 명령문이다. 이러한 명령문은 화자의 강렬한 의지를 나타내므로 정중한 대화에서는 사용하지 않는 것이 좋다. 이러한 경우의 '给'의 빈어도 수혜자를 나타낸다.

3. '给'는 수혜자를 나타내는 경우와 정반대로 불이익을 당하는 사람을 나타내는 경우가 있다. 이러한 경우에 사용되는 동사는 대개 좋지 않은 의미를 갖는다. 이 경우에는 우리말로 번역하기가 쉽지 않다. 그러므로 이러한 말의 근본적인 의미를 이해하도록 노력해야 한다.

他给我算错了。
그는 나에게 계산을 잘못해 주었다.

이 말은 다음과 같은 두 가지 의미를 갖는다.

(1) 그는 계산을 잘못했다.
(2) 그것은 나에게 불이익이 된다.

(1,2)의 해석을 합치면 '그는 계산을 잘못해서, 나에게 손해가 되었다'라는 해석이 나온다. 다음은 모두 이러한 경우이다.

你别给他弄丢了!
잃어버리면 안 됩니다!
(=잃어버리면 그에게 불이익이 됩니다. 왜냐하면 그에게 줄 것이니까요.)
你别给我洗破了!
해어지지 않도록 (조심해서) 세탁하세요!
(=해어지게 세탁하면 나에게 불이익이 됩니다. 왜냐하면 비싼 옷이거든요.)

'给'는 이익이 되거나 불이익이 되는 경우를 모두 나타낼 수 있으므로 해석에 혼란이 올 것 같지만, 대화에는 항상 언어 환경이 주어지므로 실제적으로 오해가 발생할 가능성은 거의 없다.

4. '给'는 '……에 의하여'와 같이 피동을 나타낸다.

我给他骗了。
나는 그에게 속았다.
我给他打了。
나는 그에게 맞았다.

'给'의 피동 기능은 ＜8.9 피동문＞에서 다시 다루기로 한다.

5. '给'의 빈어는 생략될 수 있다.

你给(我)帮忙! (给: 대상 표시)
당신이 (나를) 도와주세요!
你给(我)把电灯开开! (给: 수혜자 표시)
전등을 켜 주세요!
门给(风)刮开了。(给: 피동 표시)
문이 (바람에 의하여) 열렸다.

그러나 다음과 같이 강렬한 감정을 나타내는 명령문에서는 '给'의 빈어를 생략할 수 없다.

给我出去! (我: 수혜자 표시)
나가 버려!
给我滚! (我: 수혜자 표시)
꺼져 버려!

1.8.1.18 往, 向, 朝

'往, 向, 朝'는 모두 방향을 나타낸다.

(1) 他们往学校走去。
그들은 학교 쪽으로 걸어간다.
(2) 他们向学校走去。
그들은 학교로 걸어간다.
(3) 他们朝学校走去。
그들은 정면에 있는 학교 쪽으로 걸어간다.

(1)의 '往'은 학교 방향으로 '이동하는 과정'을 나타낸다. 여기에서 방향은 중요하지 않으며, 학교에 도달하지 않을 수도 있고, 학교라는 방향은 가는 도중에 바뀔 수도 있다. (2)의 '向'은 '학교에 도달하는 것이 목표'임을 나타낸다. 그들은 아마도 학교에 도달할 것이다. (3)의 '朝'는 '걸어가는 방향이 정면에 있는 학교'임을 나타낸다. 여기에서는 이동하는 과정이나 도달 여부는 중요하지 않다. 어느 쪽을 정면으로 향하고 있다는 사실만을 나타내고자 할 때는 '朝'를 사용해야 한다. 다음을 보자.

(4) 大门朝南开。
대문이 남쪽으로 나 있다.
(5)*大门往南开。
대문이 남쪽으로 나 있다.

(4)의 의도를 (5)는 나타낼 수 없다. '往'은 이동 과정을 나타내는데, 대문은 실제로

이동하는 것이 아니기 때문이다. 다음을 보자.

(6) 往上海寄信。
상하이로 편지를 부친다.
(7)*朝上海寄信。
상하이로 편지를 부친다.

(6)에서 편지는 도달점인 '상하이'로 이동하게 되므로 '往'이 사용된다. (7)은 이러한 경우에 '朝'를 사용하였으므로 비문이다.

버스에 타고 있는 사람이 운전기사에게 버스가 어디로 가고 있는가를 묻는다면 다음과 같이 '往'으로 물어야 한다. 이 사람은 종점, 즉 도달점이 문제가 아니라 어떤 코스로 가는지, 즉 이동 과정이 궁금한 것이기 때문이다.

这车往哪儿去?
이 차는 어디로 갑니까?

위에서 '向'을 쓴다면 도달점만 나타나고 이동 과정이 나타나지 않으며, '朝'를 쓰면 정면의 방향만 나타나고 이동 과정이 나타나지 않으므로 비문이 된다. 다음을 보자.

快往车上搬!
빨리 차에 옮기세요!

위는 물건을 차에 옮기라는 명령문이므로, 그 물건은 자동차라는 도달점으로 이동해야 한다. 그러므로 이에는 이동 과정이 나타나는 '往'이 사용되고, '向, 朝'는 사용되지 않는다. 다음은 이러한 '往'의 용법을 나타낸다.

大家往里站!
모두들 안쪽으로 가서 서 주세요!
他们都往城里跑。
그들은 모두 시내로 뛰어갔다.

*大家向里站!
*他们都向城里跑。
*大家朝里站!
*他们都朝城里跑。

위에서는 '大家, 他们'이 모두 도달점을 향하여 이동한다. 그러므로 이 경우에 '向, 朝'를 사용하면 비문이 된다.

'向, 朝'는 다음과 같이 방향만을 나타내는 경우에 사용된다.

他站在阳台上, 向我挥手。
그는 베란다에 서서 나에게 손을 흔들었다.
他站在阳台上, 朝我挥手。
그는 베란다에 서서 나에게 손을 흔들었다.

他一进门, 向我笑了笑。
그는 문에 들어서자 나를 향하여 미소를 지었다.
他一进门, 朝我笑了笑。
그는 문에 들어서자 나를 향하여 미소를 지었다.

위 문장에는 이동하는 동작이 없다. 위의 '向'은 '我'가, 손을 흔들거나 미소를 짓는 목표점임을 나타내고, '朝'는 '我'가 '他'의 정면 방향에 있다는 것을 나타낸다.

他向你们表示欢迎。
그는 여러분에게 환영을 표시했습니다.
他向你们表示感谢。
그는 여러분에게 감사를 표시했습니다.

위의 '表示'는 추상적 행위로서, 구체적인 이동을 나타내지 않는다. 이와 같이 추상적 행위가 어떤 방향을 향하여 발생하는 경우에는 '向'만이 사용될 뿐, '朝, 往'은 사용될 수 없다. 다음은 이러한 '向'의 용법을 나타낸다.

我每天向上级报告工作进程。

나는 매일 상급자에게 일의 진행 사항을 보고한다.
我现在向大家宣布一个好消息。
저는 지금 여러분에게 좋은 소식을 전해 드리겠습니다.

위의 '报告'와 '宣布'는 말, 문서, 전화, 방송 등으로 하는 일체의 행위를 지칭하는 추상적 행위이다.

'向'은 행위의 기준이 되는 방향을 나타내는 경우가 있다.

向右看齐!
우로 봐!
你应该好好儿向他学习!
너는 마땅히 그 사람을 보고 잘 배워야 한다!

위에서는 '오른쪽'이 '보는 행위'의 도달점이 되며, '그 사람'이 '배우는 행위'의 목표점이 된다. 이러한 경우에도 '向'만이 사용되며, '往, 朝'는 사용될 수 없다.

'往'은 사람을 나타내는 말을 빈어로 취하지 못한다. 만약 사람을 나타내는 말이 와야 할 경우에는 '这儿, 那儿'을 첨가하여 처소사로 만들어야만 빈어가 될 수 있다.

*往我看。
나를 바라보십시오.
往我这儿看。
나를 바라보십시오.

그러나 '朝'는 사람을 나타내는 말, 혹은 이에 '这儿, 那儿'이 첨가된 말을 모두 빈어로 취할 수 있다.

朝我看。
나를 보세요.
朝我这儿看。
나를 보세요.

1.8.1.19 顺着, 沿着

‘顺着’와 ‘沿着’는 어떤 처소를 따라감을 표시한다.

顺着海岸走!
해안을 따라가십시오!
顺着这条路下去!
이 길을 따라 내려가십시오!

沿着这条路往前走!
이 길을 따라 앞으로 가십시오!
他每天沿着湖跑三圈。
그는 매일 호수를 따라 세 바퀴를 뜁니다.

‘顺’과 ‘沿’의 빈어가 두 음절 이상이면 ‘着’를 붙여 ‘顺着’나 ‘沿着’로 말해야 하지만, 빈어가 단음절이면 일반적으로 ‘着’를 붙이지 않는다. ‘顺’의 빈어가 단음절 명사인 경우에는 하나의 단어처럼 사용된다. ‘顺手, 顺路’가 이러한 경우이다. ‘沿’의 빈어가 단음절이면 일반적으로 ‘是’자문이나 ‘有’자문에 사용된다.

沿湖都是柳树。
호수를 따라 온통 버드나무가 서 있다.
沿路有不少大楼。
길을 따라 많은 건물이 서 있다.

‘沿’은 추상적 의미를 나타내는 빈어를 취할 수 있지만, ‘顺’은 이러한 빈어를 취할 수 없다.

沿着通向光明的大道前进!
광명을 향한 길을 따라 전진하시오!

1.8.1.20 按, 照, 按照

‘按’과 ‘照’는 모두 행위의 기준을 표시한다.

按规定办!
규정대로 처리하시오!
照你说的办!
네가 말한 대로 하자!

위의 '按'과 '照'는 서로 바꾸어 쓸 수 있다.
'按'은 시간 기준을 나타낼 수 있으나, '照'는 시간 기준을 나타낼 수 없다.

大家按时做完了。
모두들 시간에 맞추어 끝마쳤다.
你们一定要按时来。
너희들은 반드시 시간에 맞추어 와야 한다.

'照'는 모방의 기준을 나타낼 수 있으나, '按'은 모방의 기준을 나타낼 수 없다.

照这个画!
이대로 그려라!
照黑板上的字写!
칠판 위의 글자대로 써라!

위의 '这个'와 '黑板上的字'는 모방의 기준을 나타낸다.
'按照'는 행위의 포괄적 기준을 나타낸다.

你应该按照计划来工作。
당신은 계획대로 일을 해야 합니다.
事物总是按照一定的规律发展的。
사물은 언제나 일정한 규칙에 따라 발전한다.

1.8.1.21 至于

'至于'는 화제를 바꾸는 경우에 사용된다.

我喜欢吃中国菜, 至于他呢, 那就很难说了。

나야 중국 요리를 좋아하지만, 그의 경우는 말하기 어렵다.
公司是打算招人, 至于什么时候招, 现在还没定。
회사에서 사람을 모집하려 하는데, 언제 모집할지는 아직 결정되지 않았다.

1.8.1.22 趁(着)

'趁'은 적절한 조건이나 적절한 시간에 발생하는 행위를 나타낸다. 일반적으로 빈어가 간단하면 '趁', 빈어가 복잡하면 '趁着'로 말한다.

趁热吃!
따뜻할 때 드십시오!
趁这个机会, 休息一下。
이 기회에 좀 쉽시다.
趁着星期天有时间, 我们去看看小王吧。
일요일에 시간 있을 때 우리 샤오왕을 좀 보러 가자.

1.8.1.23 通过

'通过'는 매개 수단을 나타낸다.

通过这件事, 我对他更了解了。
이 일을 통해서 나는 그에 대하여 더욱 잘 이해하게 되었다.
通过朋友的介绍, 我们相识了。
친구의 소개를 통하여 우리는 서로 알게 되었다.

'通过'는 우리말에서는 길을 지나가는 것을 나타내지만, 중국어에서는 이렇게 사용되는 경우가 없다. 길의 통과를 나타내는 경우에는 '由'를 사용한다.

由这条路进入高速公路。
이 길을 통하여 고속도로에 진입한다.
*通过这条路进入高速公路。
이 길을 통하여 고속도로에 진입한다.

1.8.1.24 连

'连'은 '连……也(都)'의 형식으로 사용되어 '심지어 ……조차도'의 뜻으로 사용된다.

他连北京都没去过。
그는 베이징조차도 가 본 적이 없다.
法语他连一句也不会说。
프랑스어를 그는 한마디도 할 줄 모른다.

1.8.2 전치사의 어법 기능

전치사구는 주로 부사어로 사용된다.

他在图书馆看书。(처소 표시 부사어)
그는 도서관에서 책을 본다.
他们向屋里走去。(방향 표시 부사어)
그들은 방 안으로 걸어갔다.
你用汉语说也可以。(방식 표시 부사어)
중국어로 말씀하셔도 됩니다.

这儿离学校不远。(기점 표시 부사어)
여기는 학교에서 멀지 않다.
从十点到十二点我都在学校。(시간 표시 부사어)
10시부터 12시까지 저는 이미 학교에 있습니다.

전치사구는 관형어, 보어, 빈어로 사용되는 경우가 있다.

他有他对恋爱的看法。(관형어)
그에게는 그만의 연애에 대한 관점이 있다.
他住在北京饭店。(보어)
그는 베이징 호텔에 묵고 있다.
他来中国是为了了解中国。('是'의 빈어)
그가 중국에 온 것은 중국을 이해하기 위해서이다.

1.8.3 전치사문의 부정형

전치사가 사용된 문장을 부정형으로 만들기 위해서는 원칙적으로 전치사 앞에 '不'를 놓는다. '不'는 전치사구를 부정한다.

> 他不在家看书。
> 그는 집에서는 책을 보지 않아요.
> 他不用筷子吃饭。
> 그는 젓가락으로 밥을 먹지 않아요.

위에서 부정되는 것은 전치사구이지 술어 전체가 아니다. 위 말의 진정한 의미는 다음과 같다.

> 他不在家看书。
> 그는 책을 보기는 하지만, 집에서 보지는 않는다.
> 他不用筷子吃饭。
> 그는 밥을 먹지만, 젓가락으로 먹지는 않는다.

'离'가 사용되면 '不'가 전치사구 뒤에 온다.

> 火车站离这儿不远。
> 역은 여기에서 멀지 않다.

일반적으로 전치사구 뒤에 '不'가 오면 완전한 문장이 아니다.

> 他在家不看书……。
> 그는 집에서 책을 보지 않고…….

위 문장은 완전한 문장이 아니다. 이는 다음과 같이 다른 말이 이어져야만 완전한 문장이 된다.

他在家不看书，看电视。
그는 집에서는 책을 보지 않고 텔레비전을 본다.

전치사문을 부정하려면 '不'를 사용해야 하지만 '对'의 경우에는 '没'를 사용할 수도 있다. 이 경우에는 과거 행위를 부정한다.

他没对我说实话。
그는 나에게 사실을 말하지 않았다.
(=그가 나에게 말은 했지만, 그것은 사실이 아니었다.)

1.9 접속사[连词]

중국어에서는 접속사를 연사(连词)라고 한다. 접속사를 이해하기 위하여 다음 우리말을 보자.

(1) 그는 책과 만년필을 모두 가지고 있다.
(2) 내가 가는 것이나 네가 가는 것이나 결과는 같다.
(3) 그가 책을 빌리러 왔다. 그래서 나는 그에게 책을 빌려 주었다.

(1)의 '과'는 '책, 만년필'과 같은 단어와 단어를 연결하고 있으며, (2)의 '…이나'는 '내가 가는 것'과 '네가 가는 것'이라는 구(句)를 연결하고 있다. (3)의 '그래서'는 앞 문장과 뒤 문장을 연결하고 있다. 중국어에도 이와 같이 단어, 구, 문장을 연결해 주는 말이 있다. 이를 접속사라고 한다.

접속사는 두 가지 혹은 그 이상의 성분을 긴밀하게 연결한다. 그러므로 접속사로 연결되는 성분, 즉 'A + 접속사 + B' 사이에는 부사어나 조동사와 같은 다른 성분이 들어갈 수 없다. 접속사는 병렬, 첨가, 연관(联关), 점층(渐层), 선택, 전환, 가정, 양보, 조건, 원인, 목적 등을 나타낸다.

1.9.1 和, 跟, 同, 与

'和, 跟, 同, 与'에는 다음과 같은 몇 가지 용법이 있다.

1. '和, 跟'은 주로 명사나 대사를 연결하여 동등한 관계를 나타낸다.

桌子和(跟)椅子
책상과 의자
他和(跟)我
그와 나

'桌子'와 '椅子'는 명사이며, '他'와 '我'는 인칭대사이다. 이들은 '和, 跟'에 의하여 동등한 자격으로 연결되기 때문에 이들의 순서를 바꾸어도 의미에 변화가 없다.

桌子和(跟)椅子都很贵。
책상과 의자는 모두 비싸다.
→ 椅子和(跟)桌子都很贵。
　의자와 책상은 모두 비싸다.

他和(跟)我是好朋友。
그와 나는 친한 친구이다.
→ 我和(跟)他是好朋友。
　나와 그는 친한 친구이다.

2. '和, 跟'은 명사구를 연결할 수 있다. 명사구의 순서가 바뀌어도 의미는 같다.

你去和(跟)他来都一样。
네가 가는 것과 그가 오는 것은 똑같다.
(=네가 가는 것이나 그가 오는 것이나 똑같다.)
他来和(跟)你去都一样。
그가 오는 것이나 네가 가는 것이나 똑같다.

위의 '你去'와 '他来'는 모두 명사구이다.

3. '和, 跟'은 일반적으로 동사나 동사구, 문장을 연결하지 못한다. 그러므로 다음은

비문이다.

(1)*他能听懂和(跟)能说汉语。
그는 중국어를 들을 수 있고 또한 말할 수 있다.
(2)*我每天都去实验室和(跟)去图书馆。
나는 매일 실험실에도 가고 또한 도서관에도 간다.
(3)*我叫建国和(跟)他叫国凤。
나는 지앤궈라고 하고, 그리고 그는 궈펑이라고 한다.

(1)은 '和, 跟'이 동사구 '能听懂'과 '能说'을 연결하고 있으므로 비문이며, (2)는 '和, 跟'이 동사구인 '去实验室'와 '去图书馆'을 연결하고 있으므로 비문이다. (3)은 '和, 跟'이 '我叫建国'와 '他叫国凤'과 같은 문장을 연결하고 있으므로 비문이다. (1-3)은 다음과 같이 말해야 한다.

(1′) 他能听懂汉语, 也能说汉语。
그는 중국어를 들을 수 있고, 또한 말할 수 있다.
(2′) 我每天都去实验室和(跟)图书馆。
나는 매일 실험실과 도서관에 간다.
(3′) 我叫建国, 他叫国凤。
나는 지앤궈라고 하고, 그는 궈펑이라고 한다.

'和, 跟'이 동사나 동사구를 연결하고 있다면 그들은 이미 명사화된 것이다. 다음을 보자.

听和(跟)说对学习外语很重要。
듣기와 말하기는 외국어 공부에 아주 중요하다.
今天下午的任务就是复习课文和(跟)预习生词。
오늘 오후에 해야 할 일은 본문의 복습과 새 단어의 예습이다.

위의 '听, 说'는 동사이지만 여기에서는 명사화되어 있으며, '复习课文, 豫习生词'는 동사구이지만 여기에서는 역시 명사화되어 있다.

4. '和, 跟'으로 연결된 요소는 주어나 빈어가 될 수 있다.

他和(跟)我都去旅行。
그와 나는 모두 여행을 간다.
我买了一张地图和(跟)两本书。
나는 지도 한 장과 책 두 권을 샀다.

위의 '他和(跟)我'는 주어이고, '一张地图和(跟)两本书'는 빈어이다.

5. '和, 跟' 앞뒤에 동일한 말이 오면, 뒤에 나오는 말의 일부는 생략할 수 있다.

我学的专业跟他的(专业)不一样。
내가 공부하는 전공은 그의 것(전공)과 다르다.
他的学习方法跟我的(学习方法)不一样。
그의 공부 방법은 나의 것(공부 방법)과 다르다.

위에서는 뒤에 나오는 '专业, 学习方法'를 생략할 수 있다. 그러나 '的'는 생략할 수 없다.

6. '同, 与'의 용법은 기본적으로 '和, 跟'과 동일하다. 다만 '和, 跟'은 주로 대화에 많이 사용되며, '同, 与'는 주로 문장에 많이 사용된다.

政治同(与)经济方面有很大的变化。
정치와 경제 부문에는 많은 변화가 있었다.

위의 '同, 与'는 '政治'와 '经济'를 연결하고 있다. 이들은 주어이다. 그러나 '同, 与'는 빈어를 연결할 수 없다. 다음을 보자.

*我买了一张地图同(与)两本书。
→ 我买了一张地图和(跟)两本书。
나는 지도 한 장과 책 두 권을 샀다.

위의 '同, 与'는 빈어 '一张地图'와 '两本书'를 연결하고 있다. 그러므로 이는 비문이다. 빈어는 '和, 跟'으로 연결되어야 한다.

7. '和, 跟'은 '……와 함께'라는 뜻으로 사용되어 동반을 나타내기도 한다. 이 경우에 '和, 跟'은 전치사이다. '和, 跟'은 접속사와 전치사의 두 가지로 사용되기 때문에 다음은 두 가지 의미를 갖는다.

我和(跟)他一起上班。
a. 나와 그는 함께 출근한다.
b. 나는 그와 함께 출근한다.

(a)의 '和, 跟'은 접속사이며, (b)의 '和, 跟'은 전치사이다. 이 가운데 어느 것이 옳은지는 언어 환경에 따라 결정된다. '和, 跟'이 접속사로 사용되었다면 'A + 和(跟) + B' 사이에는 어떠한 성분도 들어갈 수 없으며, '和, 跟'이 전치사로 사용되었다면 'A + 조동사/부사어 + 和/跟 + B'와 같이 다른 성분이 전치사 앞에 나올 수 있다. 다음을 보자.

(1) 我和(跟)他每天一起上班。
나와 그는 매일 함께 출근한다.
(2) 我每天和(跟)他一起上班。
나는 매일 그와 함께 출근한다.

(1)의 '和, 跟'은 접속사이므로 부사어 '每天'이 '我和(跟)他' 뒤에 나온 것이며, (2)의 '和, 跟'은 전치사이므로 부사어 '每天'이 전치사 '和, 跟' 앞에 나온 것이다. 다시 다음을 보자.

我想和(跟)他一起上班。
나는 그와 함께 출근하고 싶다.
我不和(跟)他一起上班。
나는 그와 함께 출근하지 않는다.
我们都和(跟)他一起上班。
우리 모두 그와 함께 출근한다.

위에서는 조동사 '想'이나 부사 '不, 都'가 모두 '和, 跟'의 앞에 나왔으므로, 이 '和, 跟'은 전치사이다.

1.9.2 而

'而'은 그 앞뒤의 성분을 연결한다.

1. '而'은 주로 병렬적 성격을 가지는 두 개의 형용사를 연결한다. 뒤에 나오는 형용사는 앞에 나오는 형용사를 보충하는 역할을 한다.

   这条河长而宽。
   이 강은 길고도 넓다.
   那个孩子有一双大而美丽的眼睛。
   그 아이는 크고도 예쁜 눈을 가지고 있다.

2. '而'은 동사구나 문장을 연결하여 앞의 내용과 반대되는 어떤 사실을 첨가해 준다.

   他说得流利而写得很慢。
   그는 말을 유창하게 하지만 쓰는 것은 느리다.
   这不是一个小问题, 而是一个大问题。
   이것은 작은 문제가 아니라 큰 문제이다.

위에서 '而'은 '说得流利, 写得很慢', '不是一个小问题, 是一个大问题'와 같은 동사구를 연결해 주고 있다.

他们班学到第十课了, 而我们才学到第五课。
그들 반은 10과까지 배웠는데 우리는 겨우 5과까지 배웠다.
冬天, 北京非常冷, 而广州非常暖和。
겨울철에 베이징은 아주 춥지만 광저우는 아주 따뜻하다.

위에서 '而'은 앞뒤의 문장을 연결해 주고 있다.

1.9.3 而且

'而且'는 술어를 연결하여 진일보한 상태를 나타낸다.

这个小孩儿很漂亮，而且也很聪明。
이 어린아이는 예쁘고 게다가 똑똑하다.
他很喜欢吃中国菜，而且对做中餐也很感兴趣。
그는 중국 요리를 좋아하는데, 또한 중국 요리를 만드는 데에도 취미가 있다.

1.9.4 并且

'并且'는 형용사, 동사, 동사구 등을 연결하여 진일보한 상태를 나타낸다.

这间房子宽敞并且明亮。(형용사 연결)
이 집은 넓고도 환하다.
我们要継续保持并且发扬传统。(동사 연결)
우리는 전통을 계속 유지하고 또한 발전시켜야 한다.
他最近开始学汉语，并且说得很不错。(동사구 연결)
그는 요즈음 중국어를 배우기 시작했는데도, 말을 아주 잘한다.

1.9.5 及

'及'는 'A及B'와 같이 동등한 자격을 가진 두 요소를 연결하지만, 언제나 'A'가 'B' 보다 더욱 중시된다. 그러므로 'A及B'를 'B及A'로 바꿀 수는 없다. '及'는 일반적으로 문장에 사용되며 대화에서는 거의 사용되지 않는다. '及'는 대개 '其'와 함께 사용된다.

形容词述语句及其否定形式
형용사술어문 및 그 부정형
动宾句是由动词及其宾语组成的。
동빈구는 동사 및 그 빈어로 구성된다.

1.9.6 以及

'以及'는 병렬된 명사, 동사 등을 연결한다. '以及'는 일반적으로 문장에 사용되며 대화에는 거의 사용되지 않는다. ‘A以及B’에서도 일반적으로 ‘A’가 중시된다.

桌子上放着书、字典以及报纸和杂志。
책상 위에는 책, 자전 및 신문과 잡지가 놓여 있다.
昨天买了些厨房用品、办公用品以及家电。
어제는 주방 용품, 사무실 용품 및 가전제품을 샀다.

1.9.7 ‘不但A, 而且B’, ‘不仅A, 而且(也, 还)B’

‘不但A, 而且B’는 ‘A뿐 아니라 또한 B하다’라는 뜻으로서 ‘A’에 ‘B’가 첨가됨을 나타낸다.

这里的东西不但好, 而且便宜。
여기 물건은 좋을 뿐 아니라 값이 싸다.
他不但会说英语, 而且会说汉语。
그는 영어를 할 줄 알 뿐 아니라 중국어도 할 줄 안다.

‘不仅A, 而且(也, 还)B’도 ‘A뿐 아니라 또한 B하다’라는 뜻으로서 ‘A’에 ‘B’가 첨가됨을 나타낸다. ‘而且’는 생략될 수 있다.

他不仅是画家, 也是作家。
그는 화가일 뿐 아니라 또한 작가이기도 하다.
他不仅会开车, 而且还会修车。
그는 차를 운전할 줄 알 뿐 아니라 또한 수리할 줄도 안다.

1.9.8 ‘除了A以外, (也, 还, 都)B’

‘除了A以外, (也, 还)B’는 ‘A 이외에도 또한 B하다’라는 뜻으로서, ‘A’에 ‘B’가 보충됨을 나타낸다. ‘以外’는 생략될 수 있다.

这件事除了小李, 我也知道。

이 일은 샤오리 말고 나도 안다.
他除了喜欢体育以外，也喜欢音乐。
그는 스포츠 이외에, 또한 음악도 좋아한다.

除了汉语以外，他还会日语。
중국어 이외에, 그는 또한 일본어도 할 줄 안다.
他昨天下午除了游泳，还钓了鱼。
그는 어제 오후에 수영을 하고, 또 낚시를 했다.

'除了A以外，都B'에서는 'A'가 배제의 대상이 된다.

除了他以外，我们都去故宫。
그를 제외하고 우리는 모두 고궁에 간다.
办公室里，除了他以外，所有的人都下班了。
사무실에서 그를 제외하고 모든 사람들이 퇴근했다.

除了汉语课以外，别的课我都不上。
중국어를 제외하면, 다른 수업을 나는 듣지 않는다.
除了小说以外，他什么书都不看。
소설을 제외하면 그는 아무 책도 보지 않는다.

1.9.9 越A越B

'越A越B'는 'A'가 심화될수록 'B'의 정도도 더욱 심화되는 현상을 나타낸다.

雨越下越大。
비가 오면 올수록 더 크게 내린다.
这首歌我越听越爱听。
이 노래는 들을수록 더 듣고 싶다.

'A,B'의 주어는 다를 수도 있다.

大家越讨论, 问题就越清楚。
모두가 토론을 할수록 문제점이 더욱 분명해졌다.
我越着急, 他越不告诉我。
내가 초조해할수록 그는 나에게 더 알려 주지 않았다.

'越来越B'는 시간이 흐를수록 어떤 상황이 'B'로 발전, 변화하는 것을 나타낸다.

你越来越胖了。
너는 갈수록 뚱뚱해지는구나.
天气越来越冷了。
날씨가 갈수록 추워집니다.

1.9.10 '不是A, 而是B'

'不是A, 而是B'는 'A가 아니라 B이다'라는 뜻이다.

这不是一个小问题, 而是一个大问题。
이것은 작은 문제가 아니라 큰 문제입니다.
这不是从日本进口的, 而是从韩国进口的。
이것은 일본에서 수입한 것이 아니라 한국에서 수입한 것입니다.

1.9.11 还是, 或者

'还是'는 두 가지 이상의 상황을 제시하고, 그중 한 가지를 선택하는 것을 나타내며, 의문문에만 사용된다.

你去还是不去?
가십니까, 안 가십니까?
你去还是他去?
네가 가니, 아니면 그가 가니?

'或者'도 두 가지 이상의 상황을 제시하고, 그중 한 가지를 선택하는 것을 나타내지만,

항상 진술문에만 사용된다.

我明天或者后天去首尔。
저는 내일이나 모레 서울에 갑니다.
你去或者他去都可以。
당신이 가는 것이나 그가 가는 것이나 모두 좋습니다.

'还是'는 의문문에 사용되고 '或者'는 진술문에 사용되므로, '还是'로 묻는 의문문의 대답에는 '或者'가 사용된다.

你要看足球, 还是看乒乓球?
축구를 보겠니, 아니면 탁구를 보겠니?
→ 看足球或者乒乓球都可以。
축구를 보거나 탁구를 보거나 모두 좋아요.

1.9.12 '与其A, 不如B'

'与其A, 不如B'는 'A하기보다는 차라리 B하다'라는 뜻으로서 'A'보다는 'B'를 선호함을 나타낸다.

这本书很有用, 与其去图书馆借, 不如买一本。
이 책은 유용하니까 도서관에서 빌리는 것보다는 차라리 한 권 사는 것이 좋다.
火车站不远, 与其坐公交车去, 不如骑自行车。
역은 멀지 않으니까 버스를 타는 것보다는 차라리 자전거를 타는 것이 낫겠다.

1.9.13 '要么A, 要么B'

'要么A, 要么B'는 'A하든가 B하다'라는 뜻으로서 'A'나 'B' 중의 하나를 선택함을 나타낸다.

要么你去, 要么我去, 一定要有个人去。

네가 가든 내가 가든, 반드시 한 사람은 가야 한다.
要么打电话, 要么发传真, 赶快跟他联系。
전화를 걸든 팩스를 보내든, 빨리 그와 연락해라.

1.9.14 但是, 可是, 不过

'但是, 可是, 不过'는 '그러나'와 같이 이미 진술된 상황과 다른 상황이 전개됨을 나타낸다.

这个句子很长, 但是并不难。
이 문장은 길지만 그러나 결코 어렵지는 않다.
今天是星期日, 可是他没有休息。
오늘은 일요일이지만 그러나 그는 쉬지 않았다.

'但是'와 '可是'의 의미와 어감은 거의 동일하다. 그러나 '不过'의 어감은 '但是'나 '可是'보다 부드러워서 우리말 '…(지)만, …(ㄴ)데' 정도의 어감을 갖는다. '不过'는 주로 대화에 사용된다.

他比以前老多了, 不过精神还好。
그는 예전보다 많이 늙었지만 기력은 아직 좋다.
东西确实不错, 不过价钱贵了点儿。
물건은 확실히 좋은데 가격이 좀 비싸다.

1.9.15 只是

'只是'는 '다만'의 뜻으로서, 가벼운 전환을 나타내어 앞에 나온 내용에 이의를 제기하거나 다른 내용을 보충해 준다.

我非常喜欢那幅画, 只是贵了点儿。
나는 그 그림을 아주 좋아하는데, 다만 좀 비싸네요.
这件衣服好是好, 只是颜色有点浅。
이 옷이 좋기는 좋은데, 다만 색이 좀 연하네요.

1.9.16 如果, 假如

'如果, 假如'는 가정을 나타낸다.

'如果' 뒤에는 대개 '那么, 那, 就, 便' 등이 온다.

如果下雨, 我就不去了。
만약 비가 오면 저는 안 갑니다.
你如果喜欢他, 就直接告诉他吧。
당신이 만약 그를 좋아한다면, 그에게 직접 말하시지요.

'如果'는 생략될 수 있다.

下雨, 我就不去了。
만약 비가 오면 저는 안 갑니다.
你喜欢他, 就直接告诉他吧。
당신이 만약 그를 좋아한다면, 그에게 직접 말하시지요.

'如果' 뒤에는 '的话'를 붙일 수 있다.

如果大家都赞成的话, 那就这么办吧。
만약 모두가 찬성한다면 그럼 이렇게 하지요.
如果能便宜一点儿的话, 我就多买点儿。
만약 좀 싸게 해 줄 수 있다면 제가 좀 많이 살게요.

'的话'를 사용하는 경우에도 '如果'를 생략할 수 있다.

你不忙的话, 就再坐一会儿。
바쁘지 않으면 좀 더 계시지요.
你愿意的话, 就和他一起去吧。
괜찮다면 그와 함께 가시지요.

'如果'는 뒤에 오는 조건절에 사용될 수도 있다.

明天再来，如果你不上班的话。
내일 다시 오십시오, 만약 출근하지 않으시면요.
他今天该到了，如果昨天动身的话。
그는 오늘은 도착해 있어야 해, 만약 어제 출발했다면.

'假如'도 가정을 나타낸다.

假如你请我，我当然去。
만약 나를 초청한다면 나는 당연히 가야지.
假如你那样想的话，我也不得不改变我的计划。
만약 네가 그렇게 생각한다면 나도 내 계획을 바꾸지 않을 수 없군.

1.9.17 万一

'万一'는 실현 가능성이 극히 적은 가정을 나타낸다.

万一他不来，那怎么办?
만일 그가 오지 않으면 어떻게 하지요?
万一有人找我，请你给我打个电话。
만일 누가 나를 찾으면 나에게 전화해 주세요.

1.9.18 要，要是

'要'는 가정을 나타낸다.

他要能来，就好了。
그가 올 수 있다면 좋겠어.
他要能恢复健康，那该多好啊!
그가 건강을 회복할 수 있다면 얼마나 좋을까!

'要'는 단독 명사와 결합하기도 한다.

还等什么? 要我早就走了。
뭘 더 기다리세요? 만약 나라면 일찌감치 갔을 것입니다.
你脾气真好, 要我早生气了。
너는 성격이 정말 좋구나, 만약 나라면 진작 화를 냈을 것이다.

'要是'도 가정을 나타낸다.

要是他不去, 你还去吗?
그가 가지 않아도 그래도 당신은 가실 겁니까?
要是看见那本书, 请买一本来。
만약 그 책이 눈에 띄면 한 권 사 오십시오.

'要是'가 사용된 문장의 종속절에 나오는 '就'는 종속절의 주어 뒤에 위치한다.

要是你有兴趣, 我就陪你去。
관심 있으시면 제가 당신을 모시고 가겠습니다.
要是你不能来, 我就去你那儿。
당신이 오실 수 없다면 제가 당신한테 가겠습니다.

'要是'는 단독 명사와 결합하기도 한다.

要是别人, 就不这样说了。
다른 사람이라면 이렇게 말하지 않았을 것이다.
要是去年, 他就不会来北京了。
작년이었다면 그는 베이징에 오지 않았을 것이다.

1.9.19 要不, 不然, 要不然

'要不, 不然, 要不然'은 '그렇지 않으면'과 같이 모두 가정을 나타낸다. 이들은 주로 대화에 사용된다. 이들 가운데 '要不'는 가정의 어감이 다른 것들보다 강하다.

他一定病了, 要不为什么没来?
그는 분명히 병이 났을 겁니다, 그렇지 않으면 왜 안 왔겠습니까?

他一定有事，不然会按时来的。
그는 틀림없이 일이 있는 거지요, 그렇지 않으면 제시간에 왔을 것입니다.
咱们今天去吧，要不然没机会了。
우리 오늘 갑시다, 그렇지 않으면 기회가 없어집니다.

'不然的话'도 가정을 나타낸다.

外边下雨了，不然的话，他会来的。
밖에 비가 오네요. 그렇지 않았으면 그가 왔을 텐데요.
明天有事，不然的话，一定和你一起去那儿。
내일 일이 있어요, 그렇지 않으면 꼭 당신과 함께 그곳에 갈 텐데요.

1.9.20 虽然

'虽然'은 '비록 ……일지라도, 비록 ……이지만'과 같이 양보를 나타내며, 뒤의 문장에는 대개 '但(是), 可是'가 나온다. '虽然A'의 'A'는, 화자가 이미 알고 있는 사실이거나 이미 발생한 사실이다.

虽然是冬天，可是屋子里很暖和。
비록 겨울이지만 방 안은 따뜻합니다.
虽然感冒了，但他还要去上班。
비록 감기에 걸렸지만 그는 그래도 출근하려고 합니다.

'虽然'은 생략될 수도 있다.

汉语(虽然)很难，可是很有意思。
중국어가 어렵기는 하지만, 그러나 재미는 있습니다.
(虽然)已经是秋天了，可是天气还很热。
이미 가을이 되었지만, 그러나 날씨는 아직 덥습니다.

1.9.21 即使，就是

'即使'와 '就是'는 '비록 ……라 할지라도'와 같은 양보를 나타낸다. 뒤의 문장에는 대개 '也'가 나온다. '即使A'와 '就是A'의 'A'는 가정된 상황이다. 이 'A'는 발생할 수도 있지만 발생하지 않을 가능성도 있다.

即使下雨，我也要去。
비가 온다고 해도 나는 갈 것입니다.
即使你不告诉我，我也知道。
당신이 제게 말해 주지 않는다고 해도 저는 압니다.

你就是赶到机场，也来不及了。
당신이 공항에 서둘러 도착할지라도 시간이 늦었습니다.
他就是知道，也不怕。
그가 안다고 해도 두렵지 않다.

1.9.22 尽管

'尽管'은 '可是，但是，还是，却' 등과 함께 사용되어 양보를 나타낸다. '尽管A'의 'A'는 화자가 이미 알고 있는 사실이거나 실제로 발생하고 있는 사실이다.

尽管希望不大，可是我想去试一试。
가능성이 크지 않다고 할지라도 저는 한번 시도해 보고 싶습니다.
尽管他很忙，可是还是每天都坚持锻炼身体。
그는 바쁜데도 그래도 매일 꾸준히 운동을 합니다.

'尽管'은 뒤의 분문에 나올 수도 있다. 이 경우 앞 분문에는 '可是，但是，还是，却'가 나오지 않는다.

今天也要去医院看看他，尽管我很忙。
오늘도 병원에 가서 그를 좀 만나 보려고 합니다, 제가 바쁘긴 합니다만.

1.9.23 只要，只有

'只要'는 '……하기만 하면'의 뜻으로서 필요한 조건을 나타낸다. 그러나 이것이 유일한 조건은 아니다. 뒤의 분문에는 대개 '就'가 온다.

只要有时间，就一定去。
시간이 있으면 꼭 갑니다.
你只要给他打个电话，他就会来。
당신이 그에게 전화를 한번 하면 그는 올 것입니다.

뒤의 분문이 반어문이거나 '是……的'문이면 '就'가 오지 않는다.

只要你说句话，他还能不同意?
네가 한마디하면 그가 동의하지 않을 수 있을까?
只要努力，是能学好的。
노력하기만 하면 잘 배울 수 있을 것입니다.

'只要'는 뒤의 분문에 나오기도 한다.
我可以替他带去，只要东西不太多。
내가 그 사람 대신 갖다 줄 수 있지요, 물건이 너무 많지만 않다면.

'只有'는 '(오직)……해야만'의 뜻으로서 유일한 조건을 나타낸다. 뒤에는 '才'가 오는 경우가 많으며, '才' 뒤에는 대개 '会, 能, 可以' 등이 온다.

只有努力，才会成功。
(오직) 노력해야만 비로소 성공할 것입니다.
只有多说多听，才能学好汉语。
(오직) 많이 말하고 많이 들어야만 중국어를 잘 배울 수 있습니다.
只有到十九岁，才可以开车。
열아홉 살이 되어야만 비로소 운전할 수 있습니다.

'只要'와 '只有'는 모두 조건을 나타내지만 이들 사이에는 약간의 차이가 있다. '只要'는 필요한 조건이기는 하지만 그것이 유일한 조건은 아니며 다른 조건으로도 같은 결과를 얻을 수 있음을 나타낸다. 이는 우리말의 '……하면 (곧) ……하다'의 형식이 된다. '只有'는 유일한 조건을 나타낸다. 그러므로 뒤에는 주로 '才'가 온다. 이는 우리말의 '오로지 ……해야만 (비로소) ……하다'의 형식이 된다.

(1) 只要锻炼身体，你就能恢复健康。
　　운동을 하면 당신은 건강을 회복할 수 있습니다.
(2) 只有锻炼身体，你才能恢复健康。
　　오직 운동을 해야만 당신은 비로소 건강을 회복할 수 있습니다.

위의 (1)은 운동을 해야 건강을 회복할 수 있지만, 운동 이외의 다른 방법으로도 건강을 회복할 수 있음을 나타낸다. 그러나 (2)는 운동이 건강 회복의 유일한 조건이므로, 다른 방법으로는 건강을 회복할 수 없다는 것을 나타낸다.

1.9.24 '除非A，才B'，'除非A，(要)不然B'，'除非A，否则B'

'除非A' 다음에는 '才B，(要)不然B，否则B'가 와서 'A해야만 B하다'라는 의미를 나타낸다. 'A'는 'B'가 발생하기 위한 유일한 조건이 된다.

除非你亲自去请他，他才肯来。
당신이 직접 그를 청해야만 그 사람이 기꺼이 올 것입니다.
除非你不告诉别人，我才跟你说。
네가 다른 사람에게 말하지 않아야만 내가 네게 말할 거야.

除非你去请他，(要)不然他不会来。
당신이 그를 초청해야 해요, 그렇지 않으면 그는 오지 않을 것입니다.
除非你先说，要不然大家都不会说。
네가 먼저 말을 해야 해, 그렇지 않으면 모두들 말하지 않을 거야.

除非有急事，否则他一定会来的。
급한 일이 있는 거야, 그렇지 않으면 그는 반드시 왔을 거야.
除非你答应我，否则我不会让你走。
너는 나에게 대답을 해야만 해, 그렇지 않으면 내가 너를 안 보낼 거야.

1.9.25 不论

'不论A'는 'A를 막론하고'의 뜻이다. 'A'는 병렬 성분이거나 의문형이다. 뒤의 분문에는 대개 '都, 也'가 온다.

不论春夏秋冬，他都起得很早。
춘하추동을 막론하고 그는 언제나 일찍 일어납니다.
不论我说什么，他也不听。
내가 무슨 말을 하든지, 그는 듣지 않아요.

위의 '春夏秋冬'은 병렬 성분이며, '我说什么'은 의문형이다. 위 문장의 '都, 也'는 'A'가 나타내는 각각의 상황을 지칭한다. 위의 '不论'은 모두 생략될 수 있다.

1.9.26 不管

'不管A'는 'A와 관계없이, A를 막론하고'의 뜻이다. 'A'는 의문형이다. 뒤의 분문에는 대개 '也, 都, 反正' 등이 온다.

不管你怎么说，他也不会同意。
당신이 어떻게 얘기하든 그는 동의하지 않을 것입니다.
不管你去不去，反正我得去。
당신이 가든 안 가든 어쨌거나 저는 가야 됩니다.
不管有什么困难，我们都能克服。
어떤 어려움이 있든지 간에 우리는 모두 극복할 수 있습니다.

위의 '怎么说, 你去不去, 有什么困难'은 의문형이다. 위 문장의 '也, 都'는 'A'가 나타내는 각각의 상황 모두를 지칭한다. 위의 '不管'은 모두 생략할 수 있다.

1.9.27 无论

'无论A'는 '不论A', '不管A'와 같이 'A와 관계없이, A를 막론하고'의 뜻이다. 'A'는 의문형이거나 병렬 성분이다. 뒤의 분문에는 대개 '也, 都' 등이 온다.

无论你怎么说，他也不会信。

당신이 어떻게 얘기하든 그는 믿지 않을 것입니다.
无论是红茶、绿茶或者是花茶，我都爱喝。
홍차든 녹차든 아니면 꽃차든 저는 모두 즐겨 마십니다.

위의 '你怎么说'는 의문형이며, '是红茶、绿茶或者是花茶'는 병렬 성분이다. 위 문장의 '也, 都'는 'A'가 나타내는 각각의 내용 모두를 지칭한다.

1.9.28 任, 任凭

'任A'와 '任凭A'는 '不论A', '不管A', '无论A'과 같이 'A와 관계없이, A를 막론하고'의 뜻이다. 'A'는 의문형이다. 뒤의 분문에는 대개 '就是, 也, 都' 등이 온다.

任你说什么，他就是不听。
당신이 뭐라고 하든 그는 듣지 않습니다.
任你怎么留他，也留不住。
당신이 아무리 그를 붙잡으려 해도, 붙잡아 둘 수 없습니다.

위의 '你说什么'와 '你怎么留他'는 모두 의문형이다. 이러한 경우의 '任'은 모두 생략할 수 있다.

任凭你怎么劝，他就是不听。
당신이 어떻게 설득하든 그는 듣지 않습니다.
任凭多大的困难，他也(都)不怕。
아무리 큰 어려움이라고 해도 그는 두려워하지 않습니다.

위의 '你怎么劝'와 '多大的困难'은 모두 의문형이다.

1.9.29 '因为A, 所以B'

'因为A, 所以B'는 'A 때문에 B하다'라는 뜻으로서 'A'는 원인, 'B'는 결과를 나타낸다.

因为他病了，所以不能上课。

그는 병이 났기 때문에 수업에 갈 수 없습니다.
因为学习太忙，所以他不去看电影。
공부가 너무 바빠서 그는 영화를 보러 가지 않습니다.

'因为'와 '所以' 가운데 하나는 생략될 수 있다. 대화에서는 이러한 생략형이 더욱 많이 사용된다. 다음을 보자.

因为病了，他不能上课。
因为学习太忙，我不去看电影。

他病了，所以不能上课。
学习太忙，所以我不去看电影。

'因为'는 뒤의 분문에 올 수도 있다.

他不来了，因为家里有事。
그는 오지 못하게 되었어, 왜냐하면 집에 일이 있기 때문이야.
昨天我没去看你，因为有别的事。
어제 내가 너를 보러 가지 못했지, 왜냐하면 다른 일이 있었기 때문이야.

'因为'는 주어 뒤에 올 수도 있다.

因为他学习很努力，所以进步很快。
그는 열심히 공부하기 때문에 발전이 빠르다.
他因为学习很努力，所以进步很快。
그는 열심히 공부하기 때문에 발전이 빠르다.

1.9.30 由于

'由于'는 '……때문에, ……로 인하여'와 같이 원인을 나타낸다. '由于'는 주로 문장에 사용된다.

由于温室效应，冬季越来越短。
온실 현상으로 인하여 겨울이 갈수록 짧아진다.
由于饮食结构的改变，东方人的体型也发生了变化。
음식 구조의 변화로 인하여 동양인의 체형에도 변화가 일어났다.

'由于' 뒤의 분문에는 '而，因此，所以' 등이 올 수 있다.

他由于身体不好而休学。
그는 건강이 좋지 않아서 휴학했다.
他由于身体不舒服，因此不能来参加酒会。
그는 몸이 불편해서 파티에 올 수 없다.
由于我们都很努力，所以学习成绩都很好。
우리 모두 열심히 했기 때문에 학업 성적이 모두 좋다.

'由于'는 주어의 앞뒤에 모두 올 수 있다.

今天由于时间关系，就谈到这里。
오늘은 시간 관계로 여기까지 말씀드리겠습니다.
由于时间关系，今天就谈到这里。
시간 관계로 오늘은 여기까지 말씀드리겠습니다.

1.9.31 既然

'既然'은 '이렇게 되었으니'의 뜻으로서, 앞 분문에 사용되어 긍정적 전제를 제시한다. 이 전제는 뒤에 나오는 결론의 원인이 된다. 뒤의 분문에는 대개 '就，还'가 온다.

既然都同意，那就这么办吧。
모두들 동의했으니 이렇게 하기로 하지요.
我们既然是老朋友，你还客气什么！
우리는 오랜 친구인데 뭘 사양하고 그러니!

'既然'은 주어의 앞뒤에 모두 올 수 있다.

天气既然不好，我们就别出去玩了。
날씨가 나쁘니 우리 나가 놀지 말기로 합시다.
既然天气不好，我们就别出去玩了。
날씨가 나쁘니 우리 나가 놀지 말기로 합시다.

1.9.32 又A又B

'又A又B'는 'A하고 또한 B하다'라는 뜻으로서 상태나 성질 혹은 동작이 동시에 존재함을 나타낸다.

这儿的冬天又冷又长。
이곳 겨울은 춥고도 길다.
这小孩儿整天在家又哭又闹。
이 아이는 종일 집에서 울고 법석을 떨었다.

'A, B'의 주어는 각각 다를 수 있다.

天又黑，路又滑，要小心啊!
날은 어둡고 길이 미끄러우니 조심하십시오!

'又A又B'는 두 개의 동사구로 분리될 수 있다.

他又会英语，又会汉语。
그는 영어도 할 줄 알고 중국어도 할 줄 안다.
他又能唱，又能跳。
그는 노래도 잘하고 춤도 잘 춘다.

'A, B'가 형용사이면 정도부사의 수식을 받을 수 없다.

*她又很聪明，又很漂亮。
→ 她又聪明又漂亮。
*这儿的冬天又很冷又很长。

→ 这儿的冬天又冷又长。

'A, B'가 동사이면, 동일한 공간에서 거의 동시적, 반복적으로 발생하는 동작을 나타내며, 'A'에 'B'가 첨가되는 느낌을 준다.

他们又说又笑，高兴极了。
그들은 웃고 떠들며 아주 즐거워했다.
他又打又骂，非常生气。
그는 때리고 욕하며 몹시 화를 냈다.

1.9.33 '既A，又(也)B'

'既A，又(也)B'는 'A하고 또한 B하다'라는 뜻이다. 'A'와 'B'는 병렬 관계에 있으며, 음절 수는 대체로 같아야 한다. 이 형식은 주로 문장에 쓰이며, 'A'에 'B'가 첨가되는 느낌을 준다.

他既会唱歌，又(也)会跳舞。
그는 노래도 할 줄 알고 게다가 춤도 출 줄 안다.
他既会说英语，又(也)会说汉语。
그는 영어도 할 줄 알고 게다가 중국어도 할 줄 안다.
他既不会抽烟，又(也)不会喝酒。
그는 담배도 피울 줄 모르고 또한 술도 마실 줄 모른다.
他既不会说汉语，又(也)不会说英语。
그는 중국어도 못하고 또한 영어도 못한다.

1.9.34 '一边A，一边B'

'一边A，一边B'를 이해하기 위하여 다음 우리말을 보자.

(1) 그는 뛰어가며 '어머니, 비가 와요!'라고 소리를 질렀다.
(2) 그는 지금 신문을 보며 차를 마신다.

위의 (1)은 그가 뛰어가는 행위를 하고, 그 행위를 하는 동안 말을 한 사실을 묘사하고 있다. 이는 두 가지 행위가 일정한 시간대에 동시에 발생했음을 나타낸다. (2)는 신문을 보다가 차를 마시기도 하고, 그러다가 다시 신문을 보는 상황을 묘사하고 있다. 엄밀하게 말하면 차를 입에 댄 상태로 신문을 읽을 수도 있지만 이는 어색한 행위이다. 그러므로 (2)는 결국 '신문을 보는 행위'와 '차를 마시는 행위'가 '지금'이라는 일정한 시간대에 교차적으로 발생하고 있음을 나타낸다.

위의 (1)과 같이 하나의 행위를 진행하는 동안 다른 행위가 발생하는 상황을 나타내거나, (2)와 같이 두 가지 행위가 반복적, 교차적으로 발생하는 상황을 나타내고자 하는 경우에 중국어에서는 '一边A, 一边B' 형식을 사용한다. 'A, B'의 두 가지 행위는 대등한 가치를 가지고 발생하므로 서로 병렬 관계에 있다. 다음을 보자.

(3) 小王一边看电视, 一边做练习。
  a. 샤오왕은 한편으로 텔레비전을 보고, 한편으로 숙제를 했다.
  b. 샤오왕은 텔레비전을 보면서 숙제를 했다.

위 (3)의 정확한 의미는 (a)이다. 이에는 두 가지 행위가 병렬적으로 대등하게 나타나 있으며, 두 가지 행위가 교차적, 반복적으로 진행되는 상황이 잘 나타나 있다. 그러나 한국어에서는 (a)와 같은 말이 자주 사용되지 않는다. 한국어에서는 이러한 상황을 곧잘 (b)로 표현한다. (b)에는 물론 (a)의 의미가 포함되어 있다. 그러나 (b)에서는, '텔레비전을 보는 행위'가 '숙제를 하는 행위'의 방식으로 이해될 수도 있다. 다시 말하면 '텔레비전을 보는 행위'가 '숙제를 하는 행위'를 수식하는 것으로 보일 수 있다는 것이다. 그러나 이는 중국어 (3)의 의미가 아니라는 점에 유의해야 한다. '一边A, 一边B'의 'A'는 어느 경우에도 'B'의 수식어가 아니다.

이상의 내용에 주의하며 다음의 '一边A, 一边B' 용법을 이해하여 보자.

他一边想, 一边写。
그는 생각하면서 쓴다.
(=그는 한편으로 생각하고, 한편으로 쓴다.)
(=그는 생각하고 쓰고 한다.)
他一边吃饭, 一边看报。
그는 식사하면서 신문을 본다.
(=그는 한편으로 식사도 하고, 한편으로 신문도 본다.)

孩子们一边走，一边唱。
아이들이 걸어가며 노래를 부른다.
(=아이들이 한편으로 걷고, 한편으로 노래를 한다.)
他们一边工作，一边学习。
그들은 일하면서 공부한다.
(=그들은 한편으로 일하고, 한편으로 공부한다.)
(=그들은 일도 하고, 공부도 한다.)

세 가지 이상의 동작이 교차로 발생하는 경우에는 '一边A, 一边B, 一边C, ……' 등의 형식이 사용된다.

我们一边聊天，一边赏花，一边吃点心。
우리는 한담도 하고, 꽃도 감상하며, 간식도 먹었다.

1.9.35 '一方面A, (另)一方面B'

'一方面A, (另)一方面B'는 '한편으로는 A하고, 다른 한편으로는 B하다'라는 용법으로 사용된다.

这次去首尔，一方面是为了看望母亲，另一方面是想看看首尔的变化。
이번에 서울에 가는 것은, 한편으로는 어머님을 뵙기 위함이고, 다른 한편으로는 서울의 변화도 좀 보고 싶었기 때문이다.
我学习汉语，一方面是工作需要，另一方面也是为了沟通方便。
내가 중국어를 배우는 것은 일에 필요하기도 하고, 다른 한편으로는 원활한 의사소통을 위해서이기도 하다.

1.9.36 连A带B

'连A带B'는 두 가지 동작이 연이어 발생함을 나타낸다. '又……又……'와 기능이 비슷하지만 '又……又……'보다는 순간적으로 연이어 발생하는 어감이 훨씬 강하다.

他连听带写，很快就把昨天的录音整理出来了。

그는 듣고 적고 하면서 재빨리 어제 녹음을 정리해 냈다.
他俩差点儿打起来了, 我们连说带劝, 才把他们劝住。
그들 둘은 싸울 뻔했는데, 우리가 어르고 달래서 겨우 진정시켜 놓았다.

'连A带B'는 명사를 연결하여 그들을 하나의 단위로 취급하기도 한다.

这里连老带少有好几百人。
여기에는 노인부터 어린이까지 합쳐서 몇백 명이나 있다.
(=청장년은 당연히 이에 포함된다.)

세 가지 이상의 사항을 연결하는 경우에는 '连A带B带C'의 형식을 사용한다.

今天连工人带老师带学生, 差不多有一千多人参加。
오늘은 노동자부터 교사, 학생까지 거의 1,000여 명이 참가했다.
这篇文章, 他连写带改带抄, 整整用了一个星期。
이 문장은, 그가 쓰고, 고치고, 베끼는 데 꼬박 일주일이 걸렸다.

1.9.37 然后

접속사 '然后'는 우리말 '……하고 나서'와 같이, 하나의 행위가 발생한 다음 연이어서 또 다른 행위가 발생함을 나타낸다. 미래 사실을 나타낼 때는 '然后' 뒤에 '再'가 오며, 과거 사실을 나타낼 때는 '然后' 뒤에 '又'가 온다.

我仔细想想, 然后再告诉你。(미래 사실)
내가 꼼꼼히 생각 좀 해 보고 나서 너에게 말해 줄게.
他去看了张老师, 然后又去看了李老师。(과거 사실)
그는 장 선생님을 만나고 나서 다시 리 선생님을 만났다.

부사 '后来'도 '……한 이후에'라는 뜻으로서 상황의 선후 관계를 나타내는 시간부사이다. 그러나 '后来'는 과거 사실만을 나타낸다.

他上个月来过一次, 后来再也没来过。

그는 지난달에 한 번 왔고, 그 후로는 더 이상 오지 않았다.
他原来是个工人，后来当上了老师。
그는 원래 노동자였는데, 그 후에 선생이 되었다.

다음에서 '然后'와 '后来'의 용법을 비교하여 보자.

(1) 他们先去上海，然后又去了南京。
그들은 먼저 상하이에 갔다가 다시 난징으로 갔다.
(2) 他们先去上海，后来又去了南京。
그들은 먼저 상하이에 갔고, 그 후에 다시 난징으로 갔다.

'然后'는 행위가 긴밀하게 연이어 발생하는 것을 나타내기 때문에 (1)은 그들이 상하이에 갔다가 곧바로 난징으로 간 것을 나타낸다. 그러므로 (1)은, 상하이를 출발하여 다른 곳을 거쳐서 난징에 간 것을 나타낼 수 없다. 그러나 '后来'는 상황의 순서만을 나타내기 때문에 (2)는 그들이 상하이에 갔다가 다른 곳을 거쳐 난징에 간 것을 나타낼 수도 있다.

다시 다음을 보자.

(3) 他原来是个工人，后来当上了老师。
그는 원래 노동자였는데, 그 후에 선생이 되었다.
(4)*他原来是个工人，然后当上了老师。
그는 원래 노동자였다가 선생이 되었다.

(3)에서 '后来'는 노동자 신분에서 선생의 신분으로 변한 선후 관계를 말하고 있다. 그러나 '后来'를 '然后'로 바꾼 (4)는 비문이다. 왜냐하면 중국인은, 노동자가 선생으로 변하는 과정이 긴밀하게 연이어 발생한다고 보지 않기 때문이다. 예를 들면, 그사이에는 시험을 보는 과정이나 자격을 얻는 과정 등이 있다고 보는 것이다. 다시 다음을 보자.

(5)*他上个月来过一次，然后再也没来过。
그는 지난달에 한 번 왔고, 그 후에 더 이상 오지 않았다.

(5)는 비문이다. 왜냐하면 '然后'는 행위가 연이어 '발생'하는 것을 나타내는데, '오지

않은 것'은 발생한 행위가 아니기 때문이다. 그러므로 이 '然后'는 '后来'로 바뀌어야 한다.

1.9.38 于是

'于是'는 '그래서 ……하다'의 뜻으로서, 앞의 상황 때문에 뒤의 상황이 곧바로 발생함을 나타낸다.

房间里太暗，于是他打开了灯。
방 안이 너무 어두워서 (그래서) 그는 전등을 켰다.
等了半天，小张也没来，于是我们就走了。
한참 기다렸는데도 샤오장이 오지 않아서, (그래서) 우리끼리 바로 떠났다.

1.10 조사(助词)

조사는, 우리말 '철수는'의 '…는', '학교에'의 '…에'와 같이 구체적 의미는 가지고 있지 않지만, 단어나 구의 뒤에 첨가되어 문법적 관계, 어조(语调), 동작 행위의 상태, 비교 등을 나타낸다. 조사에는 구조조사(构造助词), 어조조사(语调助词), 비교조사(比较助词), 동태조사(动态助词) 등이 있다.

1.10.1 구조조사(构造助词)

앞뒤의 문법적 구조를 제시해 주는 조사를 구조조사라고 한다. '的, 地, 得, 所' 등이 이에 속한다.

1.10.1.1 的

'的'에는 다음과 같은 몇 가지 용법이 있다.

1. '的'는 관형어와 중심어 사이에 와서 소유 관계를 나타낸다.

我的书(나의 책)

你的书 (너의 책)

위의 '的'는 '책'의 소유 관계를 나타낸다.

2. '的'는 관형어와 중심어 사이에 와서 수식 관계를 나타내기도 한다.

好看的东西 (예쁜 물건)
便宜的东西 (값싼 물건)

위의 '好看'과 '便宜'는 '东西'를 수식한다. '的'의 상세한 용법은 ＜3.5.1 관형어와 '的'＞에서 다루기로 한다.

3. '형용사+的' 형식은 '的' 다음에 어떤 명사가 생략된 것으로 보아야 한다.

大的九岁, 小的四岁。
큰애는 아홉 살, 작은애는 네 살이다.
这个太贵, 有便宜的吗?
이것은 너무 비싸네요, 싼 것이 있습니까?

위의 '大的'와 '小的' 다음에는 '孩子'가 생략되어 있으며, '便宜的' 다음에는 '东西'가 생략된 것으로 보아야 한다. 어떤 명사가 생략되었는지는 언어 환경에 따라 결정되므로 오해나 혼란은 생기지 않는다.

4. '명사/대사+的' 형식은 소속 관계를 나타낸다.

我是图书馆的。
저는 도서관에 소속된 사람입니다.
他是我们班的。
그는 우리 반 학생이야.

5. '동사+的' 형식은 동사가 명사화된 것으로 보아야 한다.

这是我画的。
이것은 내가 그린 것이다.
那是我买的。
그것은 내가 산 것이다.

6. 'A的A, B的B' 형식은 각각의 상태를 인정하는 느낌을 나타낸다.

跑的跑, 走的走。
달리는 사람은 달리고, 걷는 사람은 걷는다.
说的说, 笑的笑。
말하는 사람은 말하고, 웃는 사람은 웃는다.

大的大, 小的小。
큰 것은 크고, 작은 것은 작다.
懂的懂, 不懂的不懂。
아는 사람은 알고, 모르는 사람은 모른다.

7. '的'는 진술문의 끝에 와서 '분명히 그렇다'는 확신의 어감을 나타낸다.

他会来的。
그 사람은 온다니까요.
他见到你会很高兴的。
그 사람이 당신을 만나면 분명히 기뻐할 겁니다.

위의 '的'는 그가 오거나 기뻐하리라는 화자의 확신을 나타낸다. 그러므로 이 경우의 '的'는 어조조사라고 할 수 있다. '够, 怪'가 나오는 문장 끝에는 대개 '的'가 오는데, 이는 '够'나 '怪'가 화자의 강한 확신을 나타내는 경우가 많기 때문이다.

天气够冷的。
날씨가 엄청나게 춥네요.
火车站够远的。
역은 엄청나게 멀다니까요.

他一走，我还怪想他的。
그가 떠나가니, 나는 오히려 그가 너무 보고 싶어.
这件事怪麻烦的，咱们别管了。
이 일은 아주 복잡하다고요, 우리 상관하지 맙시다.

8. '的'는 '是……的'문에 사용된다.

他是昨天来的。
그는 어제 왔다.
他是跟小王一起去的。
그는 샤오왕과 함께 갔다.

'是……的'문은 ＜8.2 '是……的'문＞에서 다루기로 한다.

1.10.1.2 地

'地'는 다른 말의 뒤에 와서 그 말을 부사어로 만든다.

认真地做完了作业
성실하게 숙제를 다 했다.
仔细地看了一遍
꼼꼼하게 한 번 훑어보았다.

위의 '仔细'와 '认真'은 형용사인데, '地'가 첨가되어 부사어가 되어 있다. 이러한 '地'의 용법은 ＜3.6.3 부사어와 '地'＞에서 상세히 다루기로 한다.

1.10.1.3 得

구조조사 '得'는 정도보어나 가능보어를 이끄는 기능을 한다.

好得很(很: 정도보어)
아주 좋다
买得到(到: 가능보어)

살 수 있다

'得'의 용법은 <3.7.1 정도보어>와 <3.7.4 가능보어>에서 다루기로 한다.

1.10.1.4 所

'所'는 '주어 + 所 + 타동사' 형식으로 관형어가 된다.

他们所唱的歌儿都是现在流行的。(他们所唱: 관형어)
그들이 부르는 노래는 모두 지금 유행하고 것이다.
我们所看到的不过是些表面现象。(我们所看到: 관형어)
우리가 본 것은 약간의 표면적 현상에 불과하다.

'所'는 '有'나 '无'의 빈어가 되는 경우가 많다.

有所发展
어느 정도 발전하다.
(=조금 발전한 바가 있다.)
有所变化
어느 정도 변화하다.
(=어느 정도 변화한 바가 있다.)

위의 '有所……' 형식은 변화했다는 사실을 나타내기는 하지만, 그 변화의 정도는 절대로 크지 않다.

他对中国的历史有所研究。
그는 중국 역사에 대해 조금 알고 있다.
(=조금 연구한 바가 있다.)
现在我们之间有所了解了。
이제 우리는 서로를 조금 이해하게 되었다.
(=조금 이해하는 바가 있다.)

'所'가 단음절 동사의 부정형과 결합하는 것은 '无'의 빈어인 경우에만 가능하다.

无所不为
못하는 짓이 없다.
无所不问
묻지 않는 것이 없다.

1.10.2 어조조사(语调助词)

어조조사는 화자의 어조나 감정을 나타낸다. 어조조사를 이해하기 위하여 다음 우리말을 보자.

그 사람이 간다.

위의 우리말을 강조점 없이 평이하게 읽어 보자. 그렇다면 이는 '그 사람이 간다'라는 사실을 알려 주는 말로서, 어떠한 감정도 들어가 있지 않다. 그러나 다음을 보자.

(1) 그 사람이 간단 말이야.
(2) 그 사람이 갈 것입니다.
(3) 그 사람이 가나요?
(4) 그 사람이 가게 하시오!

위의 (1)에서는 화자의 강한 단정이 느껴지며, (2)에서는 화자가 추정하고 있다는 것이 느껴진다. (3)에는 의문을 나타내는 어조가 있으며, (4)에는 명령을 나타내는 어조가 있다. 이와 같이 단정, 추정, 의문, 명령 등의 어조를 나타내는 말을 중국어에서는 어조조사(语调助词)라고 한다.

어조조사에는 '呢, 吗, 吧, 啊, 啦, 嘛, 呗, 罢, 罢了, 而已, 着呢' 등이 있다. 이들은 문장의 끝에 와서 화자의 단정, 추정, 의문, 명령 등의 어조를 나타내거나, 주어 혹은 빈어의 뒤에 와서 그들을 강조하거나 열거하는 기능을 한다.

1.10.2.1 呢

의문문의 끝에 '呢'가 첨가되면 의문의 어조가 상당히 부드러워진다.

为什么不去?
왜 안 가지?
为什么不去呢?
왜 안 가는 거지요?

怎么没来?
왜 오지 않았지?
怎么没来呢?
왜 오지 않았지요?

위의 '呢'는 의문의 어조를 부드럽게 한다. 의문을 나타내는 '呢'의 용법은 <4.2 의문문>에서 다루기로 한다.

'呢'는 진술문의 끝에 와서 사실을 확인해 줌으로써 상대로 하여금 이를 믿도록 하는 어감을 나타낸다.

别哭, 别哭, 还有呢!
울지 마, 울지 마, 또 있잖아!
(=네가 먹을 것은 또 있으니까 믿어도 돼요.)
还不到十点, 图书馆还没关门呢!
10시가 안 되었으니까, 도서관은 아직 문을 닫지 않았을 것입니다.
(=이를 믿어도 됩니다.)

'呢'는 진술문의 끝에 와서 화자의 단정을 표시한다.

他还没来呢。
그는 아직 안 왔습니다.
(=이는 확실하다고요.)
他还没看呢。
그는 아직 안 봤습니다.
(=이는 확실하다고요.)

'呢'는 의문문의 끝에 와서 화자의 독백을 표시한다. 먼저 다음을 보자.

我今天做什么?
나는 오늘 무슨 일을 해야 합니까?
带什么礼物去?
무슨 선물을 가지고 갑니까?

위는 상대에게 무엇인가를 묻는 일반적인 의문문이다. 그러나 '呢'가 첨가된 다음을 보자.

我今天做什么呢?
나는 오늘 무슨 일을 해야 하는 걸까?
带什么礼物去呢?
무슨 선물을 가지고 가야 할까?

위 문장은 모두 화자의 독백이다.

'还没(有)……呢' 형식은 아직은 어떤 동작이 시작되지 않았지만, 곧 그 동작이 시작된다는 것을 나타낸다.

我还没发言呢。
나는 아직 발언하지 못했습니다.
(=그러나 곧 발언하게 될 것입니다.)
第三课还没学呢。
제3과는 아직 배우지 못했습니다.
(=그러나 곧 배우게 됩니다.)

1.10.2.2 吗

'吗'는 문장의 끝에 와서 의문의 어조를 나타낸다.

他是学生。
그는 학생이다.
→ 他是学生吗?
그는 학생입니까?

他身体好。
그는 건강하다.
→他身体好吗?
그는 건강합니까?

'吗'의 상세한 용법은 <4.2 의문문>에서 다루기로 한다.

1.10.2.3 吧

'吧'에는 다음과 같은 몇 가지의 용법이 있다.

1. '吧'는 명령문에 첨가되어 명령의 어조를 부드럽게 해 준다. 이 경우의 '吧'는 요청, 재촉 등의 어조를 나타낸다.

咱们走吧。
우리, 출발합시다.
你告诉我吧!
나에게 말해 주려무나!

2. '吧'는 명령문에 첨가되어 부드러운 건의의 어조를 나타낸다.

你去看一下吧。
당신이 한번 가 보십시오.
你来介绍一下吧。
당신이 소개 좀 해 주시지요.

3. '吧'는 추측, 추정의 어조를 나타낸다.

你没吃早饭吧?
아침 안 드셨지요?
你不认识他吧?
당신은 그 사람을 모르시지요?

4. '吧'는 동의를 나타낸다.

好吧, 我答应你了。
좋아요. 그렇게 합시다.

5. '吧'가 연이어 나오면 선택이 쉽지 않은 상황을 나타낸다.

打球吧, 不会打, 不打吧, 他们还不高兴。
공을 치자니 칠 줄 모르고, 안 치자니 그들이 또한 기분 나빠 한다.
说吧, 不好意思, 不说吧, 也不好意思。
말을 하기도 그렇고, 안 하기도 그렇다.

1.10.2.4 啊, 呀, 哇, 哪

'啊'에는 다음과 같은 몇 가지 용법이 있다.

1. '啊'는 긍정이나 찬성의 어조를 나타낸다.

休息很重要啊!
휴식은 중요한 거예요!
对啊, 我是韩国人。
맞아요, 저는 한국 사람입니다.

2. 감탄문의 끝에는 대개 '啊'가 온다. 감탄문은 자기 감정의 최대한의 긍정인데, '啊'에는 이러한 긍정의 어조가 있기 때문이다.

多可惜啊!
얼마나 아쉬워요!
(=나는 정말 아쉽다고 생각합니다.)
今天他们多高兴啊!
오늘 저 사람들이 얼마나 기쁘겠어요!
(=나는 저 사람들이 정말 기쁠 것이라고 생각합니다.)

3. '啊'는 문장의 앞에 단독으로 사용되어 경이, 찬탄을 나타낸다.

啊! 这个地方真美!
아! 이곳은 정말 아름답네요!
啊! 你写得真好!
아! 당신은 정말 멋지게 썼습니다!

4. 반어문에 '啊'가 첨가되면 반문의 어조가 강조된다.

他哪能不知道啊?
그 사람이 어떻게 모를 수가 있단 말이야?
(=그 사람은 분명히 알고 있다.)
哪有这样的事啊?
어떻게 이런 일이 있단 말인가?
(=이런 일은 없어야 한다.)

5. '啊'는, 자신의 앞 음절의 마지막 음이 'i, ü'이면 '呀', 'u'면 '哇', 'n'이면 '哪'로 쓰기도 한다.

对呀!
맞아요!
我怎么去呀?
내가 어떻게 가겠니?
(=상황을 봐라, 이런 상황에서 어떻게 갈 수 있겠니?)

走哇!
갑시다!
不相信哪!
믿을 수가 없어요!

1.10.2.5 啦

'啦'는 '啊'와 '了'가 합쳐진 것으로서 새로운 상황의 발생, 부드러운 명령, 부드러운 의문, 감탄의 어감 등을 나타낸다.

我回来啦。(새로운 상황의 발생)
다녀왔습니다.
大家都别说啦! (부드러운 명령)
모두들 조용히 하세요!

你到底怎么啦? (부드러운 의문)
너는 도대체 어떻게 된 거야?
太棒啦! (부드러운 감탄)
너무 멋있어요!

1.10.2.6 嘛

'嘛'는 화자의 자신감을 나타낸다. 이에 따라 더 이상 다른 행동이 필요하지 않다는 어감이 나타나는 경우도 있다.

就是嘛。
그러게 말입니다.
你说得很对嘛。
당신이 말한 것이 맞다고요.

这儿的东西很好嘛。
여기 물건이 좋은데, 뭐.
(=다른 데는 가 볼 필요도 없습니다.)
他的意思很清楚嘛。
그의 생각은 분명한데요, 뭐.
(=더 이상 물어볼 필요 없습니다.)

'嘛'는 화자의 입장을 강조한다.

还是你去嘛!
그래도 당신이 가야지요!

你有意见可以提嘛。
불만이 있으면 말씀하시라고요.

1.10.2.7 呗

'呗'는 문장의 끝에 와서 화자가 당연하다고 생각하는 행위를 남에게 권하거나, 혹은 화자가 스스로 그 행위를 실행하는 경우에 사용된다.

不懂就学呗。
모르면 배우면 되지.
没有客人, 自己喝呗。
손님이 없으면 혼자 마시지, 뭐.

'呗'는 문장의 끝에 와서 주어진 상황에 개의치 않는다는 어감을 나타낸다.

有事就别去呗。
일이 있으면 가지 말려무나.
说就说呗, 我怕什么?
말하려면 하라지, 내가 뭐가 무서워?

1.10.2.8 罢了

'罢了'는 문장의 끝에 와서 '……할 뿐이다'와 같은 어감을 나타낸다. 앞에는 대개 '不过' 등이 온다.

我不过问问价钱罢了。
나는 가격만 좀 물어봤을 뿐인데요.
我不过做了一点我应该做的事儿罢了。
저는 제가 해야 할 일을 좀 했을 뿐입니다.

1.10.2.9 着呢

'着呢'는 형용사술어문의 끝에 와서 강조나 과장의 어감을 나타내며, 주로 대화에 사용된다.

好东西多着呢!
좋은 물건이 정말 많더군요!
(=그러니까 당신도 가서 구경하세요.)
韩国大使馆远着呢!
한국 대사관은 정말 멀다고요!

'着呢'가 동사 뒤에 오면 동작이 진행되거나, 그 동작이 조금 전에 이루어졌음을 나타내기도 한다. 이에 대하여는 <7.5.6 지속태와 진행태의 병용>에서 다루기로 한다.

1.10.2.10 的

'的'는 화자의 판단을 강조하는 경우가 있다.

他不会来。
그는 오지 않을 것이다.
他不会来的。
(내가 보기에) 그는 오지 않을 것이다.

他不会同意。
그는 동의하지 않을 것이다.
他不会同意的。
(내가 보기에) 그는 동의하지 않을 것이다.

위의 문장에는 '会'가 있기 때문에 '的'가 쓰이지 않아도 화자의 추정을 나타낸다. 그러나 '的'가 쓰이면 화자의 판단을 강조하는 느낌을 준다.

1.10.3 비교조사(比较助词)

'(好)像……似的(shìde)', '(跟)……似的(shìde)'는 '……처럼'과 같이 비유를 나타내거나 상황이 유사함을 나타낸다.

我的话, 他好像没听见似的。
내 말을 그는 못 들은 척한다.

这画十分逼真，像照片似的。
이 그림은 아주 사실적이어서 꼭 사진 같다.

他跟孩子似的，很天真。
그는 아이처럼 순진하다.
这朵纸花做得跟真的似的。
이 조화는 꼭 진짜같이 만들었구나.

'什么似的'는 정도보어로 사용되어 심한 정도를 나타낸다.

东西没找着，把他急得什么似的。
물건을 찾지 못하자, 그는 다급해서 어쩔 줄을 몰랐다.
小李听说他明天回来，高兴得什么似的。
샤오리는 그가 내일 돌아온다는 말을 듣고, 기뻐서 어쩔 줄을 몰랐다.

1.10.4 동태조사(动态助词)

동태조사에는 '了，过，着，来着'가 있다. 이들은 동작이나 상황이 어떠한 상태에 있는가를 나타낸다. 이들에 대하여는 ＜제7장 태＞에서 다루기로 한다.

1.11 감탄사(感叹词)

감탄사는 우리말 '아!, 아이고!, 우와!, 저런!' 등과 같이 감정을 나타내거나, '저기요, 있잖아요'와 같이 다른 사람의 주의를 끄는 경우, 혹은 '응'과 같이 응답하는 경우에 사용된다. 중국어의 감탄사에는 다음과 같은 종류가 있다.

1. '哈哈，哎呀，啊' 등은 즐거움이나 찬탄을 나타낸다.

哈哈，我得了头奖!
하하, 내가 일등 상을 탔다고요!

哎呀! 这菜长得多好。
우와! 이 채소는 정말 잘 자랐구나.
啊! 这个地方真美。
아! 이곳은 정말 아름답구나.

2. '唉, 哎呀' 등은 탄식, 불만을 나타낸다.

唉! 这倒霉的自行车!
참! 재수 없는 자전거 같으니!
哎呀! 这么晚, 你还回去?
참! 이렇게 늦었는데 넌 그래도 가겠다는 거야?

3. '哼, 呸' 등은 분노나 멸시를 나타낸다.

哼! 谁喜欢这个!
흥, 세상에, 누가 이런 걸 좋아하겠어요!
(=흥, 내가 언제 이런 걸 달라고 했나요?)
呸! 你能干什么?
제기랄! 네가 뭘 할 수 있겠니?
(=너는 아무것도 못한다.)

4. '哎呀, 咦, 呦' 등은 놀라움을 나타낸다.

哎呀! 你写错了!
아이고! 너 잘못 썼잖아!
咦! 他又回来了!
응! 그 사람이 또 왔잖아!
呦! 这个地方真不错!
야! 여기는 정말 멋지네요!

5. '哦'는 어떤 사실을 새롭게 알았음을 나타낸다.

哦, 到时间了, 我得走了。
앗, 시간이 됐네, 나는 가야 해.
哦, 我明白你的意思了。
그래요? 당신 생각을 알겠습니다.

6. '哎'는 다른 사람의 주의를 끄는 경우에 사용된다.

哎, 请稍等一会儿。
저기요, 잠시만 기다려 주세요.

7. '嗯'은 응답을 나타내는 경우에 사용된다.

嗯, 我明天来。
응, 나 내일 와.
嗯, 我一会儿就来。
응, 나 금방 올게.

감탄사는 문장의 앞에 와서 독립적으로 사용된다. 감탄사는 대개 느낌표나 쉼표를 동반하며, 그 뒤는 끊어 읽는다.

1.12 의성사(拟声词)

의성사는 소리를 형용하는 말이다. 다음 우리말을 보자.

그들은 깔깔 웃었다.
그들은 우당탕 뛰어다녔다.
닭이 꼬끼오 하고 울었다.
바람이 씽씽 불었다.

위의 '깔깔, 우당탕, 꼬끼오, 씽씽'은 모두 소리를 흉내 낸 말이다. 중국어에도 이와 같이 소리를 흉내 내는 말이 있다. 이러한 말을 의성사라고 한다.

1.12.1 의성사의 종류

의성사에는 단순의성사와 중첩의성사가 있다. 단순의성사를 중첩시키면 중첩의성사가 된다.

단순의성사

砰(pēng) : (총소리, 부딪치는 소리 등) 탕, 쿵, 펑

哗(huā) : (물이 흐르는 소리 등) 콸콸, 좍좍

咚(dōng) : (가슴이 울리는 소리 등) 쿵쿵, 둥둥

唰(shuā) : (바람이 부는 소리 등) 쏴

嗯(ng) : (의문을 나타내는 소리 등) 응?, 으응?, 엉?

哗啦(huālā) : (강물이 흐르는 소리 등) 콸콸

叮咚(dīngdōng) : (물이 떨어지는 소리 등) 똑똑

중첩의성사

중첩의성사에는 AA식, AAA식, AAB식, ABB식, AABB식, ABAB식, A里BC식이 있다.

AA식

砰砰(pēngpēng) : (총소리, 부딪치는 소리 등) 탕탕, 쿵쿵

哗哗(huāhuā) : (많은 물이 흐르는 소리 등) 콸콸, 좍좍

咚咚(dōngdōng) : (문을 두드리는 소리 등) 똑똑, 둥둥

AAA식

咚咚咚(dōngdōngdōng) : (문을 두드리거나 북을 치는 소리 등) 똑똑똑, 둥둥둥

嗒嗒嗒(dādādā) : (기관총 소리 등) 드르륵드르륵

喔喔喔(wōwōwō) : (닭 우는 소리) 꼬꼬댁 꼭꼭

AAB식

丁丁当(dīngdīngdāng) : (종소리 등) 딸랑딸랑

滴滴答(dīdīdā) : (나팔 소리 등) 빠밤빠

ABB식
轰隆隆(hōnglónglóng) : (무너지는 소리 등) 우르르
咕噜噜(gūlūlū) : (배가 고플 때 창자에서 나는 소리 등) 꼬르륵

AABB식
哗哗啦啦(huā · hualālā) : (강물이 흐르는 소리 등) 콸콸
劈劈啪啪(pī · pǐpāpā) : (폭죽 소리, 나무가 탈 때 나는 소리 등) 파바박, 부지직
丁丁当当(dīng · dingdāngdāng) : (망치 소리 등) 땅땅
滴滴答答(dī · didādā) : (말발굽 소리 등) 달그락달그락

ABAB식
的达的达(dìdádìdá) : (시계의 초침 소리 등) 똑딱똑딱
哗啦哗啦(huālāhuālā) : (강물이 흐르는 소리) 콸콸콸

A里BC식
劈里啪啦(pī · lipālā) : (큰 우박이 내리는 소리 등) 타다닥, 툭툭
稀里哗啦(xī · lihuālā) : (무너지는 소리 등) 우지직

1.12.2 의성사의 어법 기능

의성사는 술어가 될 수 있다.

他只嗯了一声，什么话也没有说。
그는 '음'이라고 한 번 소리 내고는 아무 말도 하지 않았다.

위의 '嗯'은 의성사로서 술어이다.
병렬된 단순의성사나 중첩의성사는 '的'를 동반하여 관형어가 될 수 있다.

电话里发出喂、喂、喂的声音。
전화기에서는 "여보세요, 여보세요" 하는 소리가 흘러나왔다.
工地上发出轰轰隆隆的响声。
건축 현장에서는 쿵쿵쿵쿵 하고 울리는 소리가 났다.

위의 ‘喂、喂、喂’와 ‘轰轰隆隆’은 의성사로서 관형어이다.

의성사는 ‘地’를 동반하여 부사어가 될 수 있다. 다음을 보자.

秋天的树叶都哗啦啦地落下来了。
가을 낙엽이 모두 우수수 떨어졌다.
鼓声咚咚地响起来了。
북소리가 둥둥 울리기 시작하였다.

중첩의성사는 ‘地’를 동반하지 않아도 부사어가 될 수 있다. 다음을 보자.

墙上的挂钟的达的达响着。
벽에 걸린 괘종시계가 똑딱똑딱 소리를 내고 있다.
树上的喜鹊叽叽喳喳叫个不停。
나무 위의 까치가 까악까악거리며 쉬지 않고 운다.

중첩의성사는 정도보어가 될 수 있다. 다음을 보자.

爆竹声响得劈里啪啦的。
폭죽 소리가 탕탕탕탕 울린다.

의성사는 문장의 독립 성분이 될 수 있다. 다음을 보자.

砰, 砰, 砰, 枪声又响了。
탕! 탕! 탕! 총소리가 또 울렸다.

제 2 장

단어와 구(句)

단어와 구(句)는 일정한 규칙에 의하여 구성된다. 이 장에서는 이러한 규칙을 간단히 살펴보기로 한다.

2.1 단어의 구조

두 글자 이상의 단어는 다음과 같은 규칙에 따라 구성된다.

2.1.1 수식구조(修饰构造)

수식구조는 하나의 어휘가 다른 어휘를 수식하는 구조이다. 다음을 보자.

羊肉 (양+고기 → 양고기)
中文报 (중국어+신문 → 중국어 신문)

위는, 명사 '羊, 中文'이 명사 '肉, 报'를 꾸며 주는 수식구조로 구성되어 있다.

大门 (큰+문 → 대문)
快车 (빠른+차 → 급행열차)

위는, 형용사 '大, 快'가 명사 '门, 车'를 꾸며 주는 수식구조로 구성되어 있다.

宿舍 (잠자다+집 → 잠자는 집 → 기숙사)

燃料 (타다 + 재료 → 타는 재료 → 연료)

위는, 동사 '宿, 燃'이 명사 '舍, 料'를 꾸며 주는 수식구조로 구성되어 있다.

两边 (둘 + 쪽 → 양쪽)
二叔 (둘째 + 아저씨 → 둘째 아저씨)

위는, 수사 '两, 二'이 명사 '边, 叔'를 꾸며 주는 수식구조로 구성되어 있다.

那样 (그 + 모양 → 그런 모양으로 → 그렇게)
这么样 (이렇게 + 모양 → 이런 모양으로 → 이렇게)

위는, 대사 '那, 这么'가 명사 '样'을 꾸며 주는 수식구조로 구성되어 있다.

必要 (반드시 + 요구하다 → 필요하다)
通知 (잇다 + 알다 → 이어서 알게 하다 → 통지하다, 알려 주다)

위의 '必要'는 부사 '必'가 동사 '要'를 꾸며 주는 수식구조이고, '通知'는 동사 '通'이 동사 '知'를 꾸며 주는 수식구조이다.

至大 (지극히 + 크다 → 지대하다)
自足 (스스로 + 만족하다 → 자족하다)

위는, 부사 '至, 自'가 형용사 '大, 足'를 꾸며 주는 수식구조로 구성되어 있다.

2.1.2 동보구조(动补构造)

동보구조는 동사와 보어가 결합된 구조이다.

拒绝 (거부하여 끊다 → 거절하다)
打倒 (때려서 넘어지게 하다 → 타도하다)

위의 '拒, 打'는 동사이며, '绝, 倒'는 동사결과보어이다.

改善 (고쳐서 좋게 하다 → 개선하다)
说明 (말하여 분명하게 하다 → 설명하다)

위의 '改, 说'는 동사이며, '善, 明'은 형용사결과보어이다.

2.1.3 동빈구조(动宾构造)

동빈구조는 동사와 빈어가 결합된 구조이다.

造船 (만들다 + 배 → 배를 만들다)
放心 (놓다 + 마음 → 마음을 놓다 → 안심하다)

위의 '造, 放'은 동사이며, '船, 心'은 빈어이다.

2.1.4 주술구조(主述构造)

주술구조는 주어와 술어가 결합된 구조이다.

地震 (땅 + 진동하다 → 땅이 진동하다 → 지진)
性急 (성격 + 급하다 → 성격이 급하다 → 성급하다)

위의 '地, 性'은 주어이며, '震, 急'는 술어이다.

2.1.5 병렬구조(并列构造)

병렬구조는 동등한 자격을 가진 어휘가 연합된 구조이다.

大小 (크다 + 작다 → 크기)
父母 (아버지 + 어머니 → 부모)

위의 '大'와 '小', '父'와 '母'는 동등한 자격으로 연결되어 있다.

2.1.6 중첩구조(重叠构造)

중첩구조는 동일한 어휘가 중첩된 구조이다.

刚刚(방금+방금→방금)
妈妈(어머니+어머니→어머니)

위는 단음절어가 중첩된 단어이다.

时时刻刻(때+때→항상)
子子孙孙(아들+손자→모든 자손)

위는 '时刻, 子孙'과 같은 쌍음절어가 중첩된 단어이다.

一夫一妻(한 명의 남편과 한 명의 부인→일부일처)
一模一样(같은 모양+같은 모양→똑같은 모양)

위의 '一夫'와 '一妻'는 각각 수식구조의 단어인데, 이들이 다시 중첩되어 있으며, '一模'와 '一样'도 각각 수식구조의 단어인데, 이들이 다시 중첩되어 있다.

知己知彼(자기를 알다+상대를 알다→자기를 알고 상대를 알다)
有说有笑(말이 있다+웃음이 있다→웃음꽃을 피우며 말하다)

위의 '知己'와 '知彼'는 각각 동빈구조인데 이들이 다시 중첩되어 있으며, '有说'와 '有笑'도 각각 동빈구조인데 이들이 다시 중첩되어 있다.

人山人海(사람이 산같이 많다+사람이 바다같이 많다→사람이 많다)
自言自语(자기가 말하다+자기가 말하다→중얼거리다)

위의 '人山'과 '人海'는 각각 주술구조인데 이들이 다시 중첩되어 있으며, '自言'와 '自语'도 각각 주술구조인데 이들이 다시 중첩되어 있다.

想来想去 (생각해 오다+생각해 가다→ 이리저리 궁리하다)
说来说去 (말해 오다+말해 가다→ 장황하게 지껄이다)

위의 '想来'와 '想去'는 각각 동보구조인데 이들이 다시 중첩되어 있으며, '说来'와 '说去'도 각각 동보구조인데 이들이 다시 중첩되어 있다.

2.1.7 접미사 부가어

접미사란 다른 말의 뒤에 와서 그것을 단어로 만들어 주는 말이다. 중국어의 접미사로는 '儿, 子, 头' 등이 있다. 접미사가 부가된 단어는 다음과 같다.

这儿 (여기) 小孩儿 (아이)
桌子 (책상) 椅子 (의자)
石头 (돌) 木头 (목재)

2.1.8 접두사 부가어

접두사란 다른 말의 앞에 와서 그것을 단어로 만들어 주는 말이다. 중국어의 접두사로는 '第, 老, 初, 可, 非, 不' 등이 있다. 접두사가 부가된 단어는 다음과 같다.

第一 (첫째) 第二 (둘째)
老大 (큰형) 老二 (둘째 형)
初一 (초하루) 初级 (초급)
可爱 (사랑할 만하다→ 귀엽다) 可靠 (믿을 만하다)
非法 (불법적인) 非金属 (비금속)

2.1.9 부정접두형용사(否定接头形容词)

부정접두형용사를 이해하기 위하여 다음의 우리말을 보자.

도덕 (道德) ↔ 부도덕 (不道德)
합리 (合理) ↔ 불합리 (不合理)
과학적 (科学的) ↔ 비과학적 (非科学的)

경제적(经济的) ↔ 비경제적(非经济的)

위의 '부도덕, 불합리, 비과학적, 비경제적'은 '도덕, 합리, 과학적, 경제적'이라는 말에 부정을 나타내는 '不, 非'가 첨가된 단어로서, 각각 '도덕, 합리, 과학적, 경제적'의 반대말이 된다. 영어에도 이러한 현상이 있다.

like ↔ dislike
happy ↔ unhappy
moral ↔ immoral
regular ↔ irregular

위의 'dislike, unhappy, immoral, irregular'는, 'like, happy, moral, regular'에 부정을 나타내는 'dis-, un-, im-, ir-'가 첨가된 단어로서, 각각 'like, happy, moral, regular'의 반대말이 된다.

중국어에도 이와 같이 형용사에 '不'가 첨가되어 원래 말의 반대말이 되는 경우가 있다.

好 ↔ 不好(나쁘다)
错 ↔ 不错(훌륭하다)
干净 ↔ 不干净(더럽다)
好看 ↔ 不好看(보기 싫다)
舒服 ↔ 不舒服(불편하다)
高兴 ↔ 不高兴(불쾌하다)
诚实 ↔ 不诚实(불성실하다)
安全 ↔ 不安全(불안전하다)

위와 같이 '不'가 형용사에 첨가되어 새롭게 만들어진 단어를 부정접두형용사(否定接头形容词)라고 한다. 이러한 단어는 형용사가 부정된 것으로 보일 수 있지만 실제로는 하나의 단어로서 원래 단어의 반대말로 사용된다는 점에 주의해야 한다. 이와 같이 '不'를 접두사로 취할 수 있는 형용사는 '错'와 같은 경우를 제외하면 대부분 그 의미가 적극적이거나 긍정적인 것들, 그리고 추상적인 것들이다. 부정접두형용사는 형용사의 부정형과 구별하여 알아 둘 필요가 있다. 다음은 부정접두형용사(否定接头形容词)가 아니라 형용사의 부정형이다.

大 → 不大 (크지 않다)
高 → 不高 (높지 않다)
重 → 不重 (무겁지 않다)
矮 → 不矮 (작지 않다)
坏 → 不坏 (나쁘지 않다)

2.2 구(句)의 구조

구(句)란 단어와 단어가 일정한 규칙에 따라 조합된 어법 단위이다. 이를 중국에서는 단어(短语) 혹은 사조(词组)라고 부른다. 그러나 이 책에서는 구라는 용어를 사용하기로 한다. 구는 단어와 동일하게 주어, 술어, 빈어, 관형어, 보어가 될 수 있다. 자주 사용되는 구의 종류는 다음과 같다.

2.2.1 연합구(联合句)

연합구는 명사와 명사, 동사와 동사, 형용사와 형용사로 결합된다. 연합구는 돈호(顿号)로 연결되기도 하며, '和, 又'와 같은 접속사로 연결되기도 한다. 연합구는 그 내부의 앞뒤 순서를 바꾸어도 의미가 변하지 않는다. 연합구는 주어, 관형어, 술어, 빈어, 보어가 될 수 있다.

小王、小李都住这儿。
샤오왕과 샤오리는 모두 여기에 살고 있습니다.
[小王、小李] → 연합구, 주어

你和我的意见一样。
당신과 나의 의견은 같습니다.
[你和我] → 연합구, 관형어

大家又唱又跳。
모두가 노래도 하고 춤도 추었습니다.
[又唱又跳] → 연합구, 술어

我昨天遇见了他和他哥哥。

나는 어제 그와 그의 형을 우연히 만났지요.
[他和他哥哥] → 연합구, 빈어

他写汉字写得又快又好。
그는 한자를 빠르고도 예쁘게 씁니다.
[又快又好] → 연합구, 정도보어

2.2.2 수량구(数量句)

수량구는 수사와 양사로 구성된다. 수사는 언제나 양사 앞에 놓인다. 수량구는 주어, 관형어, 술어, 빈어, 보어, 부사어가 될 수 있다.

这儿有两本书, 一本是新的, 一本是旧的。
여기에 두 권의 책이 있는데 한 권은 새것이고, 한 권은 헌것입니다.
[一本] → 一(수사) + 本(양사) : 수량구, 주어

我有十块钱。
나에게는 10위안이 있습니다.
[十块] → 十(수사) + 块(양사) : 수량구, 관형어

一块钱三斤。
1위안에 세 근입니다.
[三斤] → 三(수사) + 斤(양사) : 수량구, 술어

语法书, 我昨天买了两本。
어법서는 내가 어제 두 권을 샀지요.
[两本] → 两(수사) + 本(양사) : 수량구, 빈어

我上个月病过一次。
나는 지난달에 병을 한 번 앓았습니다.
[一次] → 一(수사) + 次(동량사) : 수량구, 동량보어

他五点来的。

그는 5시에 왔습니다.
[五点] → 五 (수사) + 点 (양사) : 수량구, 부사어

2.2.3 지량구 (指量句)

지량구는 지시대사 '这, 那'와 양사로 구성된다. 지량구는 주어, 관형어, 빈어가 될 수 있다.

这本是新的。
이 책은 새것입니다.
[这本] → 지량구, 주어

我有那本书。
나는 그 책을 가지고 있습니다.
[那本] → 지량구, 관형어

昨天我也买了那本书。
어제 나도 그 책을 샀습니다.
[那本] → 지량구, 빈어

2.2.4 주술구 (主述句)

주술구는 주어와 술어로 구성된다. 주술구는 주어, 관형어, 술어, 빈어가 될 수 있다.

身体好很重要。
건강이 좋은 것은 아주 중요합니다.
[身体好] → 身体 (주어) + 好 (술어) : 주술구, 주어

他写的字很漂亮。
그가 쓴 글씨는 아주 예쁘군요.
[他写] → 他 (주어) + 写 (술어) : 주술구, 관형어

这本书内容很有意思。
이 책은 내용이 아주 재미있습니다.

[内容很有意思] → 内容 (주어) + 很有意思 (술어) : 주술구, 술어

我希望你能来。
나는 네가 올 수 있기를 희망해.
[你能来] → 你 (주어) + 能来 (술어) : 주술구, 빈어

2.2.5 동빈구 (动宾句)

동빈구는 동사와 빈어로 구성된다. 동빈구는 주어, 관형어, 빈어가 될 수 있다.

看书对我很有帮助。
책을 보는 것은 나에게 큰 도움이 됩니다.
[看书] → 看 (동사) + 书 (빈어) : 동빈구, 주어

打网球的人越来越多。
테니스를 치는 사람이 갈수록 늘어납니다.
[打网球] → 打 (동사) + 网球 (빈어) : 동빈구, 관형어

我爱听音乐。
나는 음악을 듣는 것을 좋아합니다.
[听音乐] → 听 (동사) + 音乐 (빈어) : 동빈구, 빈어

2.2.6 수식구 (修饰句)

수식구는 수식어와 피수식어로 구성된다. 수식어는 수식을 하는 말이고, 피수식어는 수식을 받는 말이다. 수식구는 주어, 관형어, 술어, 빈어, 보어, 부사어가 될 수 있다.

刻苦学习是他的优点。
어려움을 무릅쓰고 공부하는 것이 그의 장점입니다.
[刻苦学习] → 刻苦 (수식어) + 学习 (피수식어) : 수식구, 주어

这是非常好的书。
이것은 아주 좋은 책이다.

[非常好] → 非常 (수식어) + 好 (피수식어) : 수식구, 관형어

鲁迅, 浙江人。
루쉰은 저장 사람입니다.
[浙江人] → 浙江 (수식어) + 人 (피수식어) : 수식구, 술어

重要的是多练习。
중요한 것은 많이 연습하는 것이다.
[多练习] → 多 (수식어) + 练习 (피수식어) : 수식구, 빈어

他写汉字写得非常好。
그는 한자를 아주 잘 씁니다.
[非常好] → 非常 (수식어) + 好 (피수식어) : 수식구, 보어

我们三点以前到机场。
우리는 3시 이전에 공항에 도착합니다.
[三点以前] → 三点 (수식어) + 以前 (피수식어) : 수식구, 부사어

2.2.7 술보구 (述补句)

술보구는 술어와 보어로 구성된다. 술보구는 관형어, 빈어, 보어가 될 수 있다.

这是借来的书。
이것은 빌려 온 책이다.
[借来] → 借 (동사술어) + 来 (방향보어) : 술보구, 관형어

我觉得好极了。
나는 아주 좋다고 생각한다.
[好极] → 好 (형용사술어) + 极 (결과보어) : 술보구, 빈어

他最近起得早多了。
그는 요즈음 아주 일찍 일어난다.
[早多] → 早 (형용사술어) + 多 (결과보어) : 술보구, 보어

2.2.8 ‘的’字句

‘的’字句는 실사(实词)와 조사(助词) ‘的’로 구성된다. ‘的’ 뒤에는 어떤 말이 생략되어 있지만, 생략된 말은 청자가 이미 알고 있는 것들이다. ‘的’字句는 주어나 빈어가 될 수 있다.

> 他画的是这个。
> 그가 그린 것이 이것입니다.
> [他画的] → ‘的’字句, 주어
>
> 他们都是二年级的。
> 그들은 모두 2학년 (학생)이다.
> [二年级的] → ‘的’字句, 빈어

2.2.9 전치사구(前置词句)

전치사구는 전치사와 전치사 빈어로 구성된다. 전치사구는 관형어나 부사어가 될 수 있다.

> 他对我的态度很好。
> 그의 나에 대한 자세가 아주 좋습니다.
> [对我] → 对(전치사) + 我(전치사 빈어) : 전치사구, 관형어
>
> 他在家看书。
> 그는 집에서 책을 봅니다.
> [在家] → 在(전치사) + 家(전치사 빈어) : 전치사구, 부사어

이상의 다양한 구 가운데, 명사가 핵심을 이루고 있는 구를 명사구, 동사가 핵심을 이루고 있는 구를 동사구, 형용사가 핵심을 이루고 있는 구를 형용사구라고 한다.

제 3 장

문장의 기본 요소

중국어 문장은 화제, 주어, 술어, 빈어(宾语), 관형어, 부사어, 보어, 삽입어로 구성된다. 이러한 성분이 각각 어떠한 성격을 가지고 있는지를 살펴보기로 한다.

3.1 화제(话题)

화제(话题, Topic)는 주제(主题)라고도 한다. 그러나 이 책에서는 화제라는 용어를 사용하기로 한다.

중국어의 세계에 접근하기 위해서는 먼저 화제를 이해해야 한다. 대화에는 언제나 대화의 핵심 되는 내용이 있다. 이러한 대화의 핵심적인 내용을 화제라고 한다. 다음 우리말을 보자.

(1) 김 과장은 내일 갑니다.
(2) 내일은 김 과장이 갑니다.

(1,2)는 같은 내용인 것 같지만 자세히 관찰하면 약간의 차이가 느껴질 것이다. (1)은 '김 과장'이 내일 간다는 사실을 말하고 있으며, (2)는 '내일'은 김 과장이 간다는 사실을 말하고 있다. 다시 말하면 (1)은 '김 과장'에 대하여 말하고 있으며, (2)는 '내일'에 대하여 말하고 있는 것이다. 이와 같이 문장이 '무엇'에 대하여 말하고 있는 경우에 그 '무엇'을 화제라고 한다. 그러므로 (1)의 화제는 '김 과장'이며, (2)의 화제는 '내일'이다. 우리말의 화제는 언제나 문장의 맨 앞에 나온다.

중국어도 화제가 있다. 중국어의 화제도 문장의 맨 앞에 나온다.

(3) 金科长明天去。
김 과장은 내일 갑니다.

(4) 明天金科长去。
내일은 김 과장이 갑니다.

(3)은 '김 과장에 대하여 말하자면' 그는 내일 간다는 말이며, (4)는 '내일에 대하여 말하자면' 내일은 김 과장이 간다는 말이다. 그러므로 (3)의 화제는 '김 과장'이며, (4)의 화제는 '내일'이다. 이제 중국어의 화제를 좀 더 상세히 살펴보자.

(5) 老师工作很忙。
선생님은 일이 바쁘십니다.

(6) 他身体很好。
그는 건강이 좋다.

(5)는 '선생님으로 말하자면' 그는 일이 바쁘다라는 의미이고, (6)은 '그에 대하여 말하자면' 그는 건강이 좋다라는 말이다. 그러므로 (5)의 화제는 '선생님'이며, (6)의 화제는 '그'이다.

(7) 我们去过长城。
우리는 만리장성에 가 본 적이 있다.

(8) 长城我们去过。
만리장성은 우리가 가 본 적이 있다.

(7)은 '我们'에 대한 언급이며, (8)은 '长城'에 대한 언급이다. 그러므로 (7)은 '누가 만리장성에 가 보았나요?'라는 물음에 대한 대답이며, (8)은 '만리장성에는 누가 가 보았나요?'라는 물음에 대한 답이다. 그러므로 (7)의 화제는 '我们'이며, (8)의 화제는 '长城'이다. 이와 같이 (7)과 (8)은 전혀 다른 환경에서 사용되는 말이므로, (8)이 (7)의 도치형이라고 생각해서는 안 된다.

(9) 电视机买来了。
TV를 사 왔다.

(9)는 '电视机'가 화제이다. 그러므로 (9)는 '电视机'가 말의 중심이 되며, 누가 사 왔는지는

중요하지 않거나 이미 화자나 청자가 알고 있는 상태이다. 그러므로 이에는 주어가 없다. 만약 'TV'가 화제이지만 '누가' 사 왔는지도 언급하고 싶다면 다음과 같이 말한다.

(10) 电视机他买来了。
TV는 그가 사 왔다.

다음을 보자.

(11) 他们八点上课。
그들은, 8시에 수업한다.
(12) 八点他们上课。
8시에는, 그들이 수업한다.

(11)의 화제는 '他们'이다. 그러므로 (11)은 다음과 같이 변형될 수 있다.

(11′) 他们八点上课, 你们呢?
그들은 8시에 수업하는데, 너희들은 언제 수업을 하지?

(12)의 화제는 '八点'이다. 그러므로 (12)는 다음과 같이 변형될 수 있다.

(12′) 八点他们上课, 十点呢?
8시에는 그들이 수업하는데, 10시에는 누가 수업을 하나요?

감탄사나 삽입어를 제외하면, 중국어에서 문장의 맨 앞에 나오는 개념어는 모두 화제라고 보면 된다. 다음의 밑줄 그은 부분은 모두 화제이다.

下午我上班。
오후에는 내가 출근한다.
我下午上班。
나는 오후에 출근한다.

我这本书看完了。

나는 이 책을 다 보았다.
这本书我看完了。
이 책은, 나는 다 보았다.

这个地方今天非常热。
이곳은 오늘 아주 덥다.
今天这个地方非常热。
오늘은 이곳이 아주 덥다.

我们六点去吃饭。
우리는 6시에 밥을 먹으러 간다.
六点我们去吃饭。
6시에는 우리가 밥을 먹으러 간다.

教室里有三个学生。
교실에는 학생이 세 명 있다.
他在教室里。
그는 교실에 있다.

3.2 주어(主语)

문장은 대개 '무엇이(혹은 누가) 어찌하다, 무엇이(혹은 누가) 어떠하다, 무엇이(혹은 누가) 무엇이다' 중의 한 가지 형식을 취한다. 이 경우의 '무엇, 누가'에 해당하는 것이 주어이다. 다음 우리말을 보자.

그가 온다. (누가 어찌하다)
날씨가 덥다. (무엇이 어떠하다)
저 사람은 중국인이다. (누가 무엇이다)
이것은 중국어 책이다. (무엇이 무엇이다)

위의 '그, 날씨, 저 사람, 이것'은 모두 주어이다. 중국어의 경우도 이와 같다.

他来。
그가 온다.

天气热。
날씨가 덥다.

那位是中国人。
저분은 중국인이다.
这是中文书。
이것은 중국어 책이다.

위에서 '무엇, 누가'에 해당하는 '他, 天气, 那位, 这'를 중국어에서도 모두 주어라고 한다.

3.2.1 주어가 될 수 있는 품사

명사는 주어가 될 수 있다. 합성방위사, 시간사, 처소사도 명사에 속하므로 당연히 주어가 될 수 있다.

老师是上海人。
선생님은 상하이 분이십니다.
外边儿很冷。
바깥은 춥습니다.

现在三点。
지금은 3시입니다.
教室里有人。
교실에는 사람이 있습니다.

'老师'는 명사, '外边儿'은 합성방위사, '现在'는 시간사, '教室里'는 처소사로서 모두 주어이다.

대사(代词)는 주어가 될 수 있다. 다음의 밑줄 친 부분은 모두 대사가 주어로 사용된 것이다.

这是李先生。
이분은 리 선생님입니다.
那是中文报。

저것은 중국어 신문입니다.

我今年十五岁。
저는 올해 열다섯 살입니다.
他们都很满意。
그들은 모두 만족한다.

동사는 주어가 될 수 있다. 다음의 밑줄 친 부분은 모두 동사가 주어로 사용된 것이다.

让步是一种美德。
양보는 일종의 미덕이다.
旅行是一种很好的活动。
여행을 하는 것은 유익한 활동이다.
听、说、读、写都重要。
듣기, 말하기, 읽기, 쓰기가 모두 중요하다.

형용사는 주어가 될 수 있다. 다음의 밑줄 친 부분은 모두 형용사가 주어로 사용된 것이다.

骄傲使人落后。
교만은 사람을 낙오하게 한다.
勤俭是一种美德。
근검은 일종의 미덕이다.

수사, 양사, 수량사는 주어가 될 수 있다. 다음의 밑줄 친 부분은 모두 수사, 양사, 수량사가 주어로 사용된 것이다.

四是二的两倍。
4는 2의 두 배이다.
个个都很满意。
사람마다 모두 만족한다.
一斤三块钱。

한 근은 3위안입니다.

위의 '四'는 수사, '个个'는 양사, '一斤'은 수량사이다.

3.2.2 주어가 될 수 있는 구(句)

다음과 같은 구는 주어가 될 수 있다.

지량구(指量句)는 주어가 될 수 있다.

这件是我的。
이 옷은 제 것입니다.
这本是他的。
이 책은 그 사람 것입니다.

那个怎么样?
저것이 어떨까요?
哪个是我的?
어느 것이 제 것입니까?

위 문장의 주어는 모두 다음과 같은 지량구로 구성되어 있다.

这 (지시대사) + 件 (양사) → 这件
这 (지시대사) + 本 (양사) → 这本
那 (지시대사) + 个 (양사) → 那个
哪 (지시대사) + 个 (양사) → 哪个

동빈구(动宾句)는 주어가 될 수 있다. 다음을 보자.

抽烟没好处。
흡연은 좋을 것이 없다.
念课文应该注意声调。
본문을 읽을 때는 마땅히 성조에 주의해야 한다.

看足球比赛很有意思。
축구 경기를 보는 것은 재미있다.
学习汉语要多听、多说。
중국어를 배우려면 많이 듣고 많이 말해야 한다.

위 문장의 주어는 모두 다음과 같은 동빈구로 구성되어 있다.

抽 (동사) + 烟 (빈어) → 抽烟
念 (동사) + 课文 (빈어) → 念课文
看 (동사) + 足球比赛 (빈어) → 看足球比赛
学习 (동사) + 汉语 (빈어) → 学习汉语

주술구(主述句)는 주어가 될 수 있다.

你来就行。
네가 오면 된다.
你去怎么样?
네가 가는 것이 어떨까?

你这样做是对的。
당신이 이렇게 하는 것이 맞습니다.
你明天出院恐怕不可能。
네가 내일 퇴원하는 것은 불가능할 것 같다.

위 문장의 주어는 모두 다음과 같은 주술구로 구성되어 있다.

你 (주어) + 来 (술어) → 你来
你 (주어) + 去 (술어) → 你去
你 (주어) + 这样做 (술어) → 你这样做
你 (주어) + 明天出院 (술어) → 你明天出院

'的'字句는 주어가 될 수 있다.

你唱的是什么歌?
네가 부르는 것이 무슨 노래지?
他写的不是汉字。
그가 쓴 것은 한자가 아닙니다.

他买的是什么东西?
그 사람이 산 것은 무슨 물건인가요?
你学的是什么外语?
당신이 배우는 것은 어떤 외국어입니까?

위 문장의 주어는 모두 다음과 같은 '的'字句로 구성되어 있다.

你唱 (네가 부르다) + 的 (것) → 你唱的
他写 (그가 쓰다) + 的 (것) → 他写的
他买 (그 사람이 사다) + 的 (것) → 他买的
你学 (네가 배우다) + 的 (것) → 你学的

3.3 술어 (述语)

술어는, 화제에 대하여 설명하거나, 주어에 대하여 그것이 '어떠한 행위를 하다', 그것이 '어떠하다', 그것이 '무엇이다'라는 것을 설명하는 말이다. 다시 말하면 술어는, 화제에 대한 언급이거나, 주어의 행위, 상태, 성질 등을 설명하는 말이다. 중국어에서는 주어나 화제 다음에 오는 모든 성분을 술어라고 한다. 다음 예문에서 밑줄 친 부분은 모두 술어이다.

他来。
그가 온다.
这是中文书。
이것은 중국어 책이다.

我很累。
나는 피곤하다.
现在三点。
지금은 3시이다.

술어의 종류에 대하여는 <제6장 술어의 성격에 따른 문장의 종류>에서 다루기로 한다.

동사, 형용사, 명사, 수량사, 의문사는 술어가 될 수 있다. 이제 각각의 경우를 살펴보기로 하자.

동사는 술어가 될 수 있다. 다음의 밑줄 친 부분은 동사가 술어로 사용된 것이다.

> 我<u>去</u>。
> 내가 간다.
> 他<u>来</u>。
> 그가 온다.

부사의 수식을 받은 동사구도 술어가 될 수 있다. 다음의 '每天, 常常'은 부사어로서 다음의 동사를 수식한다.

> 我<u>每天去</u>。
> 나는 매일 간다.
> 她<u>常常来</u>。
> 그녀는 자주 온다.

빈어를 취하는 동사구도 술어가 될 수 있다. 다음의 '足球, 中国菜'는 빈어이다.

> 他<u>常常踢足球</u>。
> 그는 자주 축구를 한다.
> 我<u>每天吃中国菜</u>。
> 나는 매일 중국 요리를 먹는다.

보어를 취하는 동사구도 술어가 될 수 있다. 다음의 '一趟, 很快'는 보어이다.

> 我<u>去一趟</u>。
> 내가 한 번 가지.
> 他<u>跑得很快</u>。
> 그는 빨리 달린다.

형용사는 술어가 될 수 있다.

你累吗?
너는 피곤하니?
天气热吗?
날씨가 더운가요?

부사의 수식을 받은 형용사구도 술어가 될 수 있다. 다음의 '非常, 相当'은 형용사를 수식하는 부사이다.

我非常累。
나는 아주 피곤하다.
天气相当热。
날씨가 상당히 덥군요.

형용사가 보어를 취해도 술어가 될 수 있다. 다음의 '很'은 보어이다.

我累得很。
나는 아주 피곤하다.
天气热得很。
날씨가 아주 덥다.

명사는 단독으로 술어가 될 수 있다. 다음의 '上海人, 星期一'는 명사이다.

他上海人。
그는 상하이 사람이다.
今天星期一。
오늘은 월요일이다.

수량사는 단독으로 술어가 될 수 있다. 다음의 '十五岁, 三点'은 수량사이다.

我十五岁。
나는 열다섯 살이다.
现在三点。

지금은 3시이다.

의문사는 술어가 될 수 있다. 다음의 '怎么, 怎么样'은 의문사이다.

你怎么啦?
너는 어떻게 된 거지?
天气怎么样?
날씨가 어떻습니까?

3.4 빈어(宾语)

우리말의 목적어나 영어의 목적어는 행위의 대상이 된다. 이들은 모두 중국어의 빈어(宾语)에 속한다. 그러나 중국어에서는 이를 목적어라고 하지 않는다. 그 이유는 중국어의 빈어에는 우리말이나 영어에서 말하는 목적어 이외에 다른 요소가 포함되기 때문이다.

중국어에서는, 동사 뒤에 와서 행위의 대상, 행위의 목적지, 행위가 발생하는 처소, 존재하는 사물, 행위자, 소실되는 사물, 행위의 결과, 행위의 도구 등을 나타내거나 판단의 대상이 되는 말을 빈어라고 한다. 이제 이들 각각의 경우를 살펴보기로 하자.

3.4.1 빈어의 종류

빈어의 종류는 다양하다. 빈어에는 대상빈어, 판단빈어, 처소빈어, 존재빈어, 행위자 빈어, 소실빈어, 결과빈어, 도구빈어, 전치사 빈어가 있다. 이상의 빈어 가운데 대상빈어를 진빈어(真宾语)라 하고, 이 이외의 빈어를 준빈어(准宾语)라고 한다.

3.4.1.1 대상빈어(对象宾语)

우리말 '신문을 본다'에서 '신문'은 '보는' 행위의 대상이 된다. 중국어에서도 이와 같이 행위의 대상이 동사 뒤에 와서 빈어가 될 수 있다. 이러한 빈어를 대상빈어라고 한다. 대상빈어는 우리말이나 영어의 목적어와 같다고 보면 된다.

小李看报。
샤오리는 신문을 본다.

小李吃饭。
샤오리는 밥을 먹는다.

위의 '报, 饭'은 대상빈어이다.

3.4.1.2 판단빈어 (判断宾语)

우리말 '그는 학생이다'는, '그'가 '학생'이라고 화자가 판단한 것이다. 중국어에서도 이와 같이 판단의 결과를 나타내는 말이 동사 뒤에 와서 빈어가 된다. 이러한 빈어를 판단빈어라고 한다.

他是中国人。
그는 중국 사람입니다.
他是汉语老师。
그분은 중국어 선생님입니다.

위의 '中国人, 汉语老师'는 판단빈어이다.

3.4.1.3 처소빈어 (处所宾语)

우리말 '그는 학교에 간다'에서 '학교'는 '가는 행위'의 목적지를 나타낸다. 중국어에서는 행위의 목적지를 나타내는 말이 동사 뒤에 와서 빈어가 된다. 이러한 빈어를 처소빈어라고 한다.

他要回家。
그는 집으로 돌아가려고 합니다.
他每天去学校。
그는 매일 학교에 갑니다.

위의 '家, 学校'는 '돌아가다, 가다'라는 행위의 목적지를 나타내는 처소빈어이다. 다음을 보자.

你住哪儿?

당신은 어디에 사십니까?
你睡床，我睡沙发。
너는 침대에서 자라, 나는 소파에서 잘 테니.

위의 '哪儿，床，沙发'는 '살다, 자다'라는 행위가 발생하는 처소이다. 이들도 처소빈어이다.

3.4.1.4 존재빈어(存在宾语)

우리말 '서가 위에 책이 있다'에서 '책'은 존재하는 사물이다. 중국어에서는 존재하는 사물이 동사 뒤에 와서 빈어가 될 수 있다. 이러한 빈어를 존재빈어라고 한다.

教室里有人。
교실에는 사람이 있습니다.
台上坐着主席团。
단상에는 의장단이 앉아 있습니다.
桌子上放着两本书。
책상에는 책 두 권이 놓여 있습니다.

위의 '人，主席团，两本书'는 존재하는 사물로서 동사 뒤에 나와 있으므로 이들은 모두 존재빈어이다. 이러한 문장에서는 우리말로 번역하면 주어로 해석되는 '人，主席团，两本书'가 동사의 뒤, 즉 빈어 위치에 나와 있다. 중국인은 이러한 문장의 주어 혹은 화제는 '教室里，台上，桌子上'이라고 생각한다. (이에 대하여는 ＜8.6.3 상태존재문＞을 참고할 것.)

3.4.1.5 행위자 빈어(行为者宾语)

행위를 하는 사람이 동사 뒤에 와서 빈어가 될 수 있다. 이러한 빈어를 행위자 빈어라고 한다.

前面来人了。
앞에 사람이 오네요.
我们班去了三个人。

우리 반에서는 세 명이 갔습니다.

위에서 '来, 去'의 행위를 하는 것은 '人, 三个人'이다. 이들은 모두 행위자 빈어이다.

这条路走自行车。
이 길은 자전거가 다닙니다.
这个房间可以住十个人。
이 방은 열 명이 지낼 수 있습니다.

这栋宿舍住留学生。
이 기숙사는 유학생이 거주합니다.
这房间睡老人, 那个房间睡小孩。
이 방에서는 노인이 자고, 저 방에서는 아이가 잡니다.

위에서 '走'의 행위를 하는 것은 '自行车'이고, '住'의 행위를 하는 것은 '十个人, 留学生'이며, '睡'의 행위를 하는 것은 '老人, 小孩'이다. 이들은 모두 행위자 빈어이다.

행위자 빈어는 비한정적 명사이어야 한다. 한정적 명사는 행위자 빈어가 될 수 없다. 따라서 다음은 비문이다.

*前面来他了。
앞에 그 사람이 오네요.
*我们班去了那三个人。
우리 반에서는 그들 세 명이 갔습니다.
*这栋宿舍住他们。
이 기숙사는 그들이 거주합니다.
*这房间睡我爸爸, 那个房间睡我。
이 방에서는 우리 아버님께서 주무시고, 저 방에서는 제가 잡니다.

3.4.1.6 소실빈어(消失宾语)

우리말 '나무에서 새가 한 마리 날아갔다'는, '새'가 '나무'라는 처소에서 사라져 간 것을 나타낸다. 중국어에서는 사라지는 사물이 동사 뒤에 와서 빈어가 될 수 있다. 이러한 빈어를 소실빈어라고 한다.

他死了父亲。
그는 아버지가 돌아가셨다.
这个句子少了两个字。
이 문장은 두 글자가 빠져 있다.

위의 '父亲, 两个字'는 소실빈어이다.

3.4.1.7 결과빈어(结果宾语)

우리말 '그는 집을 지었다'에서 '집'은 지은 행위의 결과로 나타나는 사물이다. 중국어에서는 행위의 결과로 나타나는 사물이 동사 뒤에 와서 빈어가 될 수 있다. 이러한 빈어를 결과빈어라고 한다.

他画画儿。
그는 그림을 그린다.
他写日记。
그는 일기를 쓴다.

위의 '画儿'은 그린 결과로 나타나며, '日记'는 쓴 결과로 나타난다. 이들은 모두 결과빈어이다.

3.4.1.8 도구빈어(道具宾语)

우리말 '그는 붓으로 글씨를 쓴다'에서 '붓'은 쓰는 행위의 도구이다. 중국어에서는 이와 같은 행위의 도구가 동사 뒤에 와서 빈어가 될 수 있다. 이러한 빈어를 도구빈어라고 한다.

他写毛笔。
그는 붓으로 쓴다.
他吃大碗。
그는 큰 그릇으로 먹는다.

我喝小杯, 你喝大杯。
나는 작은 잔으로 마시고, 너는 큰 잔으로 마시자.

我打手机。
내가 휴대전화로 전화할게.

위의 '毛笔, 大碗, 小杯, 大杯, 手机'는 도구빈어이다. 도구빈어는 위와 같이 습관적인 경우 이외에는 많이 사용되지 않는다.

3.4.1.9 전치사 빈어(前置词宾语)

전치사의 다음에 오는 명사적 성분을 전치사 빈어라고 한다.

向右走!
우향 앞으로 갓!
他在公园散步。
그는 공원에서 산보합니다.

我跟他一起上班。
나는 그와 함께 출근한다.
为了学习汉语, 他来到这儿。
중국어 공부를 위하여 그는 이곳에 왔다.

위의 '右, 公园, 他, 学习汉语'는 각각 전치사 '向, 在, 跟, 为了'의 빈어이다.

3.4.2 빈어가 될 수 있는 품사와 구(句)

명사는 빈어가 될 수 있다.

他写日记。
그는 일기를 쓴다.
他画画儿。
그는 그림을 그린다.

위는 명사 '日记, 画儿'이 빈어로 사용된 문장이다.
명사의 일종인 방위사, 처소사, 수량사도 빈어가 될 수 있다.

向东走!
동쪽으로 가세요!
看前边儿吧!
앞쪽을 보세요!

我去那儿。
저는 그곳으로 갑니다.
我要一斤。
한 근 주세요.

위는, 단순방위사 '东', 합성방위사 '前边儿', 처소사 '那儿', 수량사 '一斤'이 모두 빈어로 사용된 문장이다.

일부 대사는 빈어가 될 수 있다.

他找你。
그 사람이 당신을 찾고 있어요.
你找谁?
누구를 찾으십니까?

위는 인칭대사 '你', 의문대사 '谁'가 빈어로 사용된 문장이다.

동사와 형용사는 빈어가 될 수 있다.

我同意去。
저는 가는 데에 동의합니다.
他应该觉得满意。
그는 응당 만족해야 합니다.

위는 동사 '去', 형용사 '满意'가 빈어로 사용된 문장이다.

명사구(名词句)는 빈어가 될 수 있다.

他有他的观点。
그에게는 그의 관점이 있다.

我要新情报。
저는 새로운 정보를 원합니다.

위는 명사구 '他的观点, 新情报'가 빈어로 사용된 문장이다.
지량구(指量句)는 빈어가 될 수 있다.

我要这个。
이것으로 주세요.
我要吃那个。
저는 저것을 먹으려고요.

위는 지량구 '这个, 那个'가 빈어로 사용된 문장이다.
동사구는 빈어가 될 수 있다.

我认为写得很好。
저는 잘 썼다고 생각합니다.
我记得已经商量过。
저는 이미 상의한 적이 있는 것으로 기억합니다.

위는 동사구 '写得很好, 已经商量过'가 빈어로 사용된 문장이다.
동빈구(动宾句)는 빈어가 될 수 있다.

他不喜欢喝酒。
그는 술 마시는 것을 좋아하지 않는다.
我开始学汉语。
나는 중국어를 공부하기 시작했다.

위는 동빈구 '喝酒, 学汉语'가 빈어로 사용된 문장이다.
형용사구는 빈어가 될 수 있다.

我认为很好。
저는 좋다고 생각합니다.

我觉得非常满意。
저는 대단히 만족합니다.

위는 형용사구 '很好, 非常满意'가 빈어로 사용된 문장이다.

주술구(主述句)는 빈어가 될 수 있다.

他反对我这样做。
그는 내가 이렇게 하는 것을 반대한다.
我希望你明天来。
나는 네가 내일 오기를 바란다.

위는 주술구 '我这样做, 你明天来'가 빈어로 사용된 문장이다.

3.4.3 직접빈어와 간접빈어

우리말 '그는 우리에게 중국어를 가르친다'에서 '우리'는 간접목적어이고, '중국어'는 직접목적어이다. 중국어에서도 이와 같이 일부 동사는 두 개의 빈어를 동반할 수 있다. 이 가운데 행위의 대상을 가리키는 빈어를 간접빈어(间接宾语)라고 하며, 행위의 내용을 가리키는 빈어를 직접빈어(直接宾语)라고 한다. 그리고 두 개의 빈어를 합하여 쌍빈어(双宾语)라고 한다.

他教我们汉语。
그는 우리들에게 중국어를 가르친다.

위에서 '我们'은 간접빈어이며, '汉语'는 직접빈어이다. 간접빈어는 일반적으로 직접빈어보다 앞에 나온다. 다음을 보자.

他给我一本书。(我: 간접빈어, 一本书: 직접빈어)
그가 내게 책 한 권을 주었다.
他问我一个问题。(我: 간접빈어, 一个问题: 직접빈어)
그가 나에게 문제 하나를 물었다.

我送他一件礼物。(他: 간접빈어, 一件礼物: 직접빈어)
나는 그에게 선물을 했다.
我告诉你那件事。(你: 간접빈어, 那件事: 직접빈어)
내가 너에게 그 일을 말해 주지.

특수한 동사는 위와 같이 쌍빈어를 취할 수 있다. 위에 나오는 동사 이외에도 '交, 还, 卖, 递, 寄, 借, 通知, 介绍' 등의 동사는 쌍빈어를 취할 수 있다.

3.5 관형어[定语]

중국어에서는 관형어를 정어(定语)라고 한다. 관형어를 이해하기 위하여 다음 우리말을 보자.

붉은 꽃
우리 학교
우리가 채택한 과학적 방법
보존해야 할 열대지방의 자연 환경

위에서 '붉은, 우리'는 각각 명사 '꽃, 학교'를 수식하고 있으며, '우리가 채택한, 보존해야 할'은 명사구 '과학적 방법, 열대지방의 자연 환경'을 수식하고 있다. 이와 같이 명사나 명사구를 수식하는 말을 관형어라고 한다. 중국어에도 이러한 관형어가 있다. 중국어에서 명사나 명사구를 수식하는 말을 관형어라고 하며, 관형어의 수식을 받는 명사를 중심어(中心语)라고 한다. 관형어는 중심어의 앞에 온다.

红花 (붉은 꽃)
我们学校 (우리 학교)
第二个人 (두 번째 사람)
非常好的生活习惯 (아주 좋은 생활 습관)

위에서 '红, 我们, 第二个'는 명사 '花, 学校, 人'을 수식하고 있으며, '非常好'는 명사구 '生活习惯'을 수식하고 있다. 그러므로 '红, 我们, 第二个, 非常好'는 관형어이며, 그들의 수식을 받고 있는 '花, 学校, 人, 生活习惯'은 중심어이다.

3.5.1 관형어와 '的'

관형어와 중심어 사이에는 일반적으로 '的'가 들어간다. 이러한 '的'를 구조조사(构造助词)라고 한다.

那是图书馆的书。
저것은 도서관의 책이다.
这是非常好的软件。
이것은 아주 좋은 소프트웨어이다.

위의 '图书馆, 非常好'는 관형어로서 중심어 '书, 软件'을 각각 수식하고 있는데, 이 관형어와 중심어 사이에는 '的'가 들어가 있다. 이와 같이 관형어가 중심어를 수식할 때는 원칙적으로 '的'를 동반한다. 그러나 언제나 '的'를 동반하는 것은 아니다. 이제 관형어가 '的'를 동반하는 경우와 동반하지 않는 경우를 살펴보기로 하자.

다음은 관형어가 '的'를 동반하지 않는 경우이다.

1. 관형어가 단음절 형용사이면 '的'를 동반하지 않는다.

新衣服 (새 옷)
好朋友 (좋은 친구)

위의 '新, 好'는 모두 단음절 형용사로서 각각 '衣服, 朋友'를 수식하지만 '的'를 동반하지 않는다.

2. 관형어가 인칭대사이면서, 중심어가 친척 관계를 나타내는 말이면 '的'를 동반하지 않는다.

我哥哥 (우리 형)
你父母 (너의 부모)

他妈妈 (그의 어머니)

위의 '我, 你, 他'는 모두 인칭대사이며, 중심어가 친척 관계를 나타내므로 '的'를 동반하지 않는다. 그러나 친척 관계를 나타낼지라도 관형어가 인칭대사가 아니면 '的'를 동반한다. 다음을 보자.

小王的哥哥 (샤오왕의 형)
王老师的父亲 (왕 선생님의 부친)
王主任的父母 (왕 주임의 부모님)

위의 '小王, 王老师, 王主任'은 인칭대사가 아니므로 '的'를 동반한다.

3. 관형어가 인칭대사이고, 중심어가 소속 단위를 나타내는 말이면 '的'를 동반하지 않는다.

我家, 我们家 (우리 집)
我们班 (우리 반)
你们学校 (너희 학교)
我们国家 (우리나라)
他们公司 (그들의 회사)

위의 '我, 我们, 你们, 他们'은 인칭대사이고, '家, 班, 学校, 国家, 公司'는 그들이 소속된 단위를 나타내므로 '的'를 동반하지 않는다. 그러나 관형어가 인칭대사가 아니면 '的'를 동반한다.

小王的家 (샤오왕의 집)
王先生的公司 (왕 선생의 회사)

위의 중심어 '家, 公司'는, 관형어 '小王, 王先生'이 소속된 단위를 나타내지만, '小王, 王先生'이 인칭대사가 아니므로 '的'를 동반한다.

4. 명사인 관형어가 중심어의 기본적 성격을 나타내는 경우에는 대개 '的'를 동반하지 않는다.

市政府 (시 정부)
中国人 (중국인)
中国地图 (중국 지도)
汉语词典 (중국어 사전)
韩国学生 (한국 학생)

위의 '市, 中国, 汉语, 韩国'는 다음에 나오는 중심어의 기본적인 성격을 나타내므로 '的'를 동반하지 않는다.

5. 지시대사 '每'가 관형어이면 '的'를 동반하지 않는다.

每天 (매일)
每年 (매년)

6. 의문대사 '什么'가 관형어로 사용되면 '的'를 동반하지 않는다.

什么人 (어떤 사람)
什么书 (어떤 책)

7. 의문수사 '几, 多少'가 관형어로 사용되면 '的'를 동반하지 않는다.

几点 (몇 시)
多少学生 (몇 명의 학생)

8. 관형어 다음의 중심어가 방위사이면 대개 '的'를 동반하지 않는다.

学校东边 (학교의 동쪽)
车站前边 (정류장 앞쪽)

위의 관형어 '学校, 车站'은 명사인데, 이들의 중심어인 '东边, 前边'이 방위사이므로 '的'를 동반하지 않는다.

9. 쌍음절 동사가 관형어이고, 이 관형어가 중심어와 강하게 결합하여 하나의 단어처럼 사용되는 경우에는 '的'를 동반하지 않는다.

劳动人民(노동 인민)
庆祝大会(경축 대회)
休息时间(휴식 시간)

위의 '劳动, 庆祝, 休息'은 모두 쌍음절 동사로서 관형어로 사용되어 있다. 그러나 이들은 이미 하나의 단어처럼 사용되므로 '的'를 동반하지 않는다.

10. 수량구(数量句)나 지량구(指量句)가 관형어로 사용되면 '的'를 동반하지 않는다.

一张报(한 장의 신문)
五个学生(다섯 명의 학생)
这个人(이 사람)
那个学生(그 학생)

위의 관형어인 '一张, 五个'는 수량구이고, '这个, 那个'는 지량구이므로 '的'를 동반하지 않는다.

다음은 관형어가 '的'를 동반하는 경우이다.

1. 명사가 관형어로 사용되면 대개 '的'를 동반한다. 다음의 밑줄 친 부분은 관형어로 사용된 명사이다.

<u>父母</u>的房间(부모님의 방)
<u>小王</u>的东西(샤오왕의 물건)

2. 방위사가 관형어로 사용되면 대개 '的'를 동반한다. 다음의 밑줄 친 부분은 관형어

로 사용된 방위사이다.

里边的房间 (안쪽 방)
前边的大楼 (앞쪽의 빌딩)

3. 처소사가 관형어로 사용되면 대개 '的'를 동반한다. 다음의 밑줄 친 부분은 관형어로 사용된 처소사이다.

家里的东西 (집 안의 물건)
桌子上的书 (책상 위의 책)

4. 시간사가 관형어로 사용되면 대개 '的'를 동반한다. 다음의 밑줄 친 부분은 관형어로 사용된 시간사이다.

昨天的报纸 (어제 신문)
今天的天气 (오늘의 날씨)

5. 인칭대사가 관형어로 사용되면 대개 '的'를 동반한다. 다음의 밑줄 친 부분은 관형어로 사용된 인칭대사이다.

我的书 (나의 책)
他们的衣服 (그들의 옷)

6. 동사가 관형어로 사용되면 대개 '的'를 동반한다. 다음의 밑줄 친 부분은 관형어로 사용된 동사이다.

参观的人 (참관하는 사람)
休息的时候 (쉴 때)

7. 쌍음절 형용사가 관형어로 사용되면 '的'를 동반한다. 다음의 밑줄 친 부분은 관형어로 사용된 쌍음절 형용사이다.

美好的生活 (행복한 생활)
痛苦的回忆 (쓰라린 추억)

쌍음절 형용사가 관형어일지라도 관형어와 중심어가 강하게 결합되어 하나의 단어처럼 사용되는 경우에는 '的'를 동반하지 않는다.

老实人 (착실한 사람)
年轻人 (젊은이)

중첩형용사가 관형어이면 '的'를 동반한다. 다음의 밑줄 친 부분은 관형어로 사용된 쌍음절 형용사이다.

高高的塔 (높다란 탑)
大大的眼睛 (큼직한 눈)

8. 수사가 관형어로 사용되면 '的'를 동반한다. 다음의 밑줄 친 부분은 관형어로 사용된 수사이다.

四的三倍 (4의 세 배)
百分之九十的学生 (90%의 학생)

9. 부사가 관형어로 사용되면 '的'를 동반한다. 다음의 밑줄 친 부분은 관형어로 사용된 부사이다.

暂时的困难 (잠시의 어려움)
一贯的表现 (일관된 표현)

10. 구(句)가 관형어로 사용되면 '的'를 동반한다.

很大的屋子 (아주 큰 집)
非常旧的家具 (대단히 오래된 가구)

위의 '很大, 非常旧'는 부사가 형용사를 수식한 수식구이다.

教汉语的教师 (중국어를 가르치는 교사)
去公园的人 (공원에 가는 사람)

위의 '教汉语, 去公园'은 동사가 빈어를 동반한 동빈구이다.

对你的态度 (당신에 대한 태도)
关于农村生活的小说 (농촌 생활에 관한 소설)

위의 '对你, 关于农村生活'는 전치사구이다.

我和他的意见 (나와 그의 의견)
小王跟小李的情况 (샤오왕과 샤오리의 상황)

위의 '我和他, 小王跟小李'는 연합구이다.

我买的东西 (내가 산 물건)
他做的菜 (그가 만든 음식)

위의 '我买, 他做'는 주술구이다.

11. 보어를 동반하는 관형어는 '的'를 동반한다.

看不懂的地方 (이해할 수 없는 부분)
忘不了的恩情 (잊을 수 없는 은혜)

위의 '懂, 了'는 가능보어이다.

12. 명량사가 관형어로 사용되면 '的'를 동반할 수도 있고 생략할 수도 있다. 다음의 밑줄 친 부분은 명량사이다.

三年(的)时间 (3년의 시간)
二百公里(的)路 (200㎞ 되는 거리)

3.5.2 '多, 少'의 관형어 용법

'多, 少'는 비교적 특이하게 사용되는 형용사이다. '多, 少'는 형용사이지만 단독으로 명사를 수식하는 관형어가 될 수 없다. 그러므로 다음과 같이 말해서는 안 된다.

*多人 (많은 사람)
*少人 (적은 사람)
*多书 (많은 책)
*少书 (적은 책)
*多东西 (많은 물건)
*少东西 (적은 물건)

'多, 少'가 관형어가 되기 위해서는 '很'이나 '不'의 수식을 받아야 한다. 이 경우에는 대개 '的'를 동반하지 않는다.

桌子上有很多书。
책상 위에 많은 책이 있다.
很少人知道。
몇 사람만 안다.
我学了不少东西。
나는 많은 것을 배웠다.

'多, 少'가 '很, 不' 이외의 정도부사의 수식을 받으면 관형어로 사용될 수 없다. 그러므로 다음은 모두 비문이다.

*桌子上有非常多书。
*非常少人知道。
*我学了比较少东西。

위와 같은 의미를 나타내기 위해서는, '很, 不' 이외의 정도부사의 수식을 받은 '多, 少'가 술어로 사용되어야 한다.

桌子上的书非常多。
책상 위의 책이 아주 많군요.
知道的人非常少。
아는 사람이 아주 적습니다.
我学的东西比较少。
제가 배운 것은 비교적 적습니다.

3.5.3 관형어의 배열 순서

여러 개의 관형어가 하나의 중심어를 수식할 수도 있다. 다음 우리말을 보자.

그가 사 준 아주 재미있는 두 권의 내 동화책

위의 밑줄 친 부분은 모두 관형어이다. 관형어가 길기는 하지만 이 말이 자연스럽게 보이는 이유는 관형어의 어순이 잘 지켜져 있기 때문이다. 이를 이해하기 위하여 위의 관형어의 어순을 바꾸어 보자.

*아주 재미있는 내 두 권의 그가 사 준 동화책
*내 그가 사 준 아주 재미있는 두 권의 동화책
*두 권의 그가 사 준 내 아주 재미있는 동화책

위의 우리말이 이상하게 보이는 이유는 관형어의 어순이 바뀌어 있기 때문이다. 중국어에도 여러 개의 관형어가 나오는 경우가 있다. 이 경우에는 그들이 적절한 순서로 배열되어야 한다. 중국어의 관형어의 배열 순서는 다음과 같다.

1. 지시대사는 수량사의 앞에 온다.

那三本书 (那: 지시대사, 三本: 수량사, 书: 중심어)
저 세 권의 책

2. 중심어의 성질을 나타내는 관형어는 중심어의 바로 앞에 온다.

那三本英文书 (那: 지시대사, 三本: 수량사, 英文: 성질을 나타내는 관형어, 书: 중심어)
저 세 권의 영어 책

3. 지량구나 수량구가 단독의 형용사 수식어와 함께 나오면, 단독의 형용사 수식어는 중심어의 바로 앞에 온다. 단독의 수식어를 '간단한 수식어'라고 한다.

这本好书 (这本: 지량구, 好: 간단한 수식어, 书: 중심어)
이 한 권의 좋은 책
一个简单的方法 (一个: 수량구, 简单: 간단한 수식어, 方法: 중심어)
하나의 간단한 방법

이 순서는 바뀔 수 없다. 따라서 다음은 비문이다.

*好的这本书
*简单的一个方法

4. 다른 말의 수식을 받고 있는 형용사구나 동사구, 혹은 주술구 등을 '복잡한 수식어'라고 한다. 다음의 밑줄 친 부분은 모두 '복잡한 수식어'이다.

更便宜的东西 (更便宜: '更'의 수식을 받은 형용사구)
더욱 싼 물건
新来的同学 (新来: '新'의 수식을 받은 동사구)
새로 온 급우
他买的书 (他买: 주술구)
그가 산 책

지량구나 수량구가 '복잡한 수식어'와 함께 나오면, '복잡한 수식어'는 수량구나 지량구의 앞뒤에 모두 올 수 있지만, 대개 앞에 오는 형식이 많이 사용된다.

新来的一个同学 (새로 온 한 명의 급우)
一个新来的同学 (한 명의 새로 온 급우)
你买的那本书 (네가 산 그 한 권의 책)
那本你买的书 (그 한 권의 네가 산 책)

5. 소유를 표시하는 명사나 대사는 언제나 관형어의 맨 앞에 온다.

小王的那本中文书 (小王的: 소유 표시)
샤오왕의 그 중국어 책
我的那三本英文书 (我的: 소유 표시)
나의 그 세 권의 영어책

6. 부정접두형용사(否定接头形容词)는 하나의 단어이므로 간단한 수식어이다. 그러므로 중심어의 바로 앞에 와야 한다.

那段不愉快的日子 (那段: 지량구, 不愉快: 간단한 수식어, 日子: 중심어)
그 힘들었던 나날들
一个不明智的举动 (一个: 수량구, 不明智: 간단한 수식어, 举动: 중심어)
하나의 바보 같은 행동

'不愉快, 不明智'를 '愉快, 明智'가 부정된 것으로 보아 지량구나 수량구의 앞에 두면 비문이 된다.

*不愉快的那段日子
*不明智的一个举动

3.6 부사어[状语]

부사어를 중국어에서는 상어(状语)라고 한다. 그러나 이 책에서는 부사어라는 용어를 사용하기로 한다. 동사나 형용사 앞에 와서 이들을 수식하는 성분을 부사어라고 한다. 부사어는 시간, 장소, 방식, 정도, 범위, 부정 등을 나타낸다.

我们明天搬家。
우리는 내일 이사한다.
他们三号来。
그들은 3일에 온다.

위의 '明天, 三号'는 시간을 나타내는 말로서 동사 '搬家, 来'를 수식하고 있다.

他在中国留学。
그는 중국에서 공부한다.
请大家里边坐吧!
모두들 안으로 들어와 앉으십시오!

위의 '在中国, 里边'은 장소를 나타내는 말로서 동사 '留学, 坐'를 수식하고 있다.

这个字怎么念?
이 글자는 어떻게 읽지요?
中国人用筷子吃饭。
중국 사람은 젓가락으로 식사를 합니다.

위의 '怎么, 用筷子'는 방식을 나타내는 말로서 동사 '念, 吃'를 수식하고 있다.

天气非常热。
날씨가 아주 덥습니다.
这本书相当贵。
이 책은 상당히 비쌉니다.

위의 '非常, 相当'은 정도를 나타내는 말로서 형용사 '热, 贵'를 수식하고 있다.

他们都来了。
그들은 모두 왔습니다.
他们全来了。
그들은 모두 왔습니다.

위의 '都, 全'은 범위를 나타내는 말로서 동사 '来'를 수식하고 있다.

他个子不高。
그는 키가 크지 않다.
那个问题别提了!
그 문제는 제기하지 마십시오!

위의 '不, 别'는 부정을 나타내는 말로서 형용사 '高'와 동사 '提'를 수식하고 있다.

3.6.1 부사어가 될 수 있는 품사

어떤 품사는 단독으로 부사어가 될 수 있으며, 어떤 품사는 '地'를 동반해야만 부사어가 될 수 있다. 여기에서는 단독으로 부사어가 될 수 있는 품사만을 다루기로 한다. '地'를 동반해야 하는 품사는 <3.6.3 부사어와 '地'>에서 다루기로 한다.

1. 부사는 단독으로 부사어가 될 수 있다.

他工作很忙。
그는 일이 바쁘다.
她不学习汉语。
그녀는 중국어를 배우지 않는다.
他们都去旅行。
그들은 모두 여행을 갑니다.

他常常锻炼身体。
그는 자주 운동을 합니다.
我也去图书馆。
나도 도서관에 갑니다.

위의 '很, 不, 都, 常常, 也'는 모두 부사로서 부사어로 사용되어 있다.

2. 일부 형용사는 단독으로 부사어가 될 수 있다.

少吃点儿!
조금만 먹어라!
学习汉语应该多练习。
중국어를 공부하려면 많이 연습해야 한다.

위의 '少, 多'는 형용사로서 '吃, 练习'를 수식하는 부사어로 사용되어 있다.
단음절 형용사 '慢, 好, 早, 细' 등이 중첩되면 부사어로 사용된다. 다음을 보자.

慢慢吃!
천천히 먹어라!
好好儿坐!
얌전히 앉아 있어라!
(=수선 떨지 말고.)

早早儿就起来了。
아주 일찍 일어났습니다.
细细研究一下!
상세히 한번 연구하십시오!

쌍음절 형용사 '努力, 认真, 容易, 仔细, 彻底, 一般' 등은 단독으로 부사어가 될 수 있다. 다음을 보자.

大家要努力工作。
다들 열심히 일하셔야 합니다.
他们都认真学习。
그들은 모두 열심히 공부합니다.
外语不用就容易忘掉。
외국어는 쓰지 않으면 쉽게 잊어버립니다.

这个问题要仔细研究研究。
이 문제는 꼼꼼히 따져 봐야 합니다.
他们把教室彻底打扫了一下。
그들은 교실을 철저하게 청소했다.

韩国人的名字一般由两个字组成。
한국인의 이름은 보통 두 글자로 구성된다.

그러나 이렇게 사용될 수 있는 형용사는 많지 않다. 대부분의 쌍음절 형용사는 '地'를 동반해야만 부사어가 될 수 있다. 부사와 '地'의 문제는 <3.6.3 부사어와 '地'>에서 상세히 다루기로 한다.

3. 시간사는 단독으로 부사어가 될 수 있다.

你们几号去旅行?
너희들은 며칠에 여행을 떠나니?
我们上午八点上课。
우리는 오전 8시에 수업을 합니다.

위의 '几号, 上午八点'은 모두 시간사인데 위에서는 부사어로 사용되어 있다.

4. 처소사는 단독으로 부사어가 될 수 있다.

请里边坐。
안으로 들어와 앉으시지요.
北京见!
베이징에서 만납시다!

위의 '里边, 北京'은 처소사인데 위에서는 부사어로 사용되어 있다.

5. 의문대사는 단독으로 부사어가 될 수 있다.

车站怎么走?
정류장은 어떻게 갑니까?
这儿的风景多美啊!
이곳 풍경이 얼마나 아름답습니까!

위의 '怎么, 多'는 의문대사인데 위에서는 부사어로 사용되어 있다.

3.6.2 부사어가 될 수 있는 구(句)

어떤 구(句)는 단독으로 부사어가 될 수 있으며, 어떤 구는 '地'를 동반해야만 부사어가 될 수 있다. 여기에서는 단독으로 부사어가 될 수 있는 구(句)를 다루기로 한다. '地'를 동반해야 하는 구는 ＜3.6.3 부사어와 '地'＞에서 다루기로 한다.

1. 동사구는 부사어가 될 수 있다.

 我不像他那么用功。
 저는 그 사람만큼 그렇게 열심히 공부하지는 않습니다.
 我家很少像今天这么热闹。
 우리 집은 오늘처럼 이렇게 시끌벅적한 적이 거의 없습니다.

위의 '不像他那么, 像今天这么'는 동사구인데, 위에서는 부사어로 사용되어 있다.

2. 시간사구는 부사어가 될 수 있다.

 我们三点以前到机场。
 우리는 3시 이전에 공항에 도착합니다.
 请你五分钟以后再来吧。
 5분 후에 다시 오세요.

위의 '三点以前, 五分钟以后'은 시간사구인데, 위에서는 부사어로 사용되어 있다.

3. 전치사구는 부사어가 될 수 있다.

 他在这儿等你。
 그는 여기에서 당신을 기다립니다.
 我比他更高。
 저는 그 사람보다 키가 더 큽니다.

위의 '在这儿, 比他'는 전치사구인데, 위에서는 부사어로 사용되어 있다.

3.6.3 부사어와 '地'

'地'는 다른 말 뒤에 첨가되어 그 말을 부사어로 만들어 주는 접미사이다. '地'를 '的'로 쓰기도 한다.

努力地(열심히)	仔细地(꼼꼼하게)
勉强地(억지로)	高兴地(즐겁게)
好好儿地(잘)	非常地(대단히)

그러나 모든 어휘가 '地'를 동반하는 것은 아니다. 이제 '地'를 동반하는 경우와 동반하지 않는 경우를 살펴보기로 하자.

1. 단음절 부사가 부사어로 사용되는 경우에는 '地'를 동반하지 않는다. 다음의 밑줄 친 부분은 단음절 부사이다.

他工作很忙。
그는 일이 바쁘다.
我也喜欢音乐。
저도 음악을 좋아합니다.

他们都去旅行。
그들은 모두 여행을 간다.
他又上图书馆了。
그는 또 도서관에 갔다.

2. 쌍음절 부사가 부사어로 사용되는 경우에는 대개 '地'를 동반하지 않는다. 다음의 밑줄 친 부분은 쌍음절 부사이다.

你马上来!
당장 오세요!
我们一起去吧!
우리 같이 갑시다!

他常常锻炼身体。
그는 자주 운동을 한다.
我非常喜欢看电影。
저는 영화 보는 것을 아주 좋아합니다.

쌍음절 부사에 '地'가 첨가되는 경우도 있다. 그러나 '地'의 동반 여부에 따라 의미에 큰 차이가 생기는 것은 아니다. 다음을 보자.

这件事让我感到非常(地)开心。
이 일 때문에 나는 대단히 기쁩니다.
那只猫飞快(地)溜走了。
그 고양이는 재빨리 도망갔다.

3. 단음절 형용사가 부사어로 사용되면 '地'를 동반하지 않는다. 다음의 밑줄 친 부분은 단음절 형용사이다.

他少买了两个。
그는 두 개를 적게 샀다.
我们应该多练习。
우리는 연습을 많이 해야 합니다.

他早来了十分钟。
그는 10분 일찍 왔다.
他晚来了十分钟。
그는 10분 늦게 왔다.

'真'이 부사어로 사용되면 '的(地)'를 동반할 수도 있고 동반하지 않을 수도 있다.

我真(的)想去。
저는 정말 가고 싶습니다.
我真(的)不知道。
저는 정말 모릅니다.

4. 일부 쌍음절 형용사는 부사어로 사용되면 '地'를 동반할 수도 있고, 동반하지 않을 수도 있다. 다음의 밑줄 친 부분은 쌍음절 형용사이다.

大家要努力(地)工作。
모두들 열심히 일해야 합니다.
他们又仔细(地)看了一遍。
그들은 다시 한 번 꼼꼼하게 보았다.

대부분의 쌍음절 형용사는 '地'를 동반하여 부사어가 될 수 있다. 다음의 밑줄 친 부분은 쌍음절 형용사이다.

他高兴地说："我懂了。"
그는 신나게 말했다. "나는 알겠어요."
他流利地回答了所有的问题。
그는 모든 문제에 유창하게 대답했다.
我清楚地记得那件事的每一个细节。
나는 그 일의 각각의 세세한 사항을 분명하게 기억하고 있다.

5. 부사의 수식을 받는 형용사가 부사어로 사용되면 대개 '地'를 동반한다. 다음의 밑줄 친 부분은 부사의 수식을 받은 형용사이다.

他非常愉快地说了一遍。
그는 아주 즐겁게 한 차례 이야기했다.
老师希望我们很好地复习功课。
선생님은 우리가 학과목을 잘 복습하기를 바라신다.

6. 중첩형용사가 부사어로 사용되면 대개 '地'를 동반한다. 다음의 밑줄 친 부분은 중첩형용사이다.

好好儿(地)休息休息!
잘 쉬십시오!
他急急忙忙地回去了。

그는 황급히 돌아갔다.

7. 주술구가 부사어로 사용되면 대개 '地'를 동반한다. 다음의 밑줄 친 부분은 주술구이다.

背靠背地坐着。
등과 등을 기대고 앉아 있다.
面对面地谈话。
얼굴을 맞대고 이야기하다.

8. 명사도 '地'를 동반하여 부사어로 사용되는 경우가 있다. 이러한 용법은 대개 문장에 나타난다. 다음의 밑줄 친 부분은 부사어로 사용된 명사이다.

他的手本能地缩了回来。
그의 손은 본능적으로 움츠러들었다.
他们创造性地发展了资本主义。
그들은 자본주의를 창조적으로 발전시켰다.

3.7 보어(补语)

동사 뒤에 와서 동작의 결과로 나타난 정도나 상태를 나타내는 말, 동작의 결과를 나타내는 말, 동작의 실현 가능성을 나타내는 말, 동작의 방향을 나타내는 말, 동작이 지속된 시간을 나타내는 말, 동작의 횟수를 나타내는 말, 그리고 형용사의 뒤에 와서 변화의 양을 나타내는 말을 보어(补语)라고 한다. 보어에는 정도보어(程度补语), 결과보어(结果补语), 방향보어(方向补语), 가능보어(可能补语), 시량보어(时量补语), 동량보어(动量补语), 수량보어(数量补语)가 있다.

3.7.1 정도보어(程度补语)

정도보어(程度补语)를 이해하기 위하여 다음 우리말의 부사어를 보기로 하자.

그는 오전에 왔다.

그는 호탕하게 웃었다.
가을이 되자 산이 붉게 물들었다.

'오전에, 호탕하게, 붉게'는 모두 우리말 부사어이다. '오전에'는 시간을 나타내고, '호탕하게'는 웃는 모습이나 웃는 소리를 묘사한다. 그러나 '붉게'는 산이 일단 물든 결과로, 그 색깔이 붉다는 것을 나타낸다. 그러므로 '붉게'는 산이 물든 '결과'를 나타낸다고 말할 수 있다. 우리말 부사어 중에는 이와 같이 동작이나 상태의 결과를 나타내는 경우가 많다. 다시 다음을 보자.

그는 오늘 멀리 걸었다.
그는 훌륭하게 성장했다.
그는 살이 많이 빠졌다.

위의 '멀리'는 걸은 결과의 정도를 나타낸다. 다시 말하면 걷는 동작이 끝나야만 '멀리' 걸었다는 사실을 알 수 있는 것이다. '훌륭하게'도 성장한 이후의 정도를 나타낸다. 다시 말하면 성장하기 전에는 '훌륭하게' 성장했는지 '훌륭하지 않게' 성장했는지를 알 수 없는 것이다. '많이'는 살이 빠진 상태의 정도를 나타낸다. 위의 '붉게, 멀리, 훌륭하게, 많이'와 같이 동작의 결과로 나타난 정도 혹은 동작의 결과로 나타난 상태의 정도를 표현하는 말을 중국어에서는 정도보어(程度补语)라고 한다.

중국어의 정도보어는 동사 뒤에 와서 행위의 결과로 나타난 정도를 표시하든가, 형용사 뒤에 와서 상태의 정도를 표시한다. 정도보어는 또한 본질적, 습관적, 경상적(经常的)으로 발생하는 동작의 정도나 상태의 정도를 나타내기도 한다. 본질적, 습관적, 경상적으로 발생하는 행위는 이미 실현된 적이 있으므로, 그 행위 결과의 정도나 결과 상태의 정도도 이미 나타나 있다고 보아야 한다.

정도보어는 구조조사 '得' 다음에 나온다. 정도보어가 나오는 문장을 정도보어문(程度补语文)이라고 한다. 정도보어문의 구조는 다음과 같다.

주어 + 동사 + 得 + 정도보어
↓　　↓　　↓　　↓
他　　走　　得　　快。
그는 빨리 걷는다.

주어 + 형용사 + 得 + 정도보어
↓　　↓　　↓　　↓
天气　热　得　很。
날씨가 아주 덥다.

정도보어문의 의미의 중점은 정도보어에 있다. 그러므로 정도보어를 다른 부분보다 강하게 읽어야 하며, 의문형이나 부정형으로 바꾸는 경우에도 정도보어를 의문형이나 부정형으로 바꾸어야 한다.

3.7.1.1 정도보어의 기능

정도보어의 기능은 다양하다. 다음을 보자.

1. 정도보어는 행위의 정도를 나타낸다.

他走得很慢。
그는 천천히 걸었다.
他跑得很快。
그는 빨리 뛰었다.

他回答得很对。
그는 옳게 대답했다.
他说得很清楚。
그는 분명하게 말했다.

위의 '很慢, 很快'는 걷거나 뛴 속도의 정도를 나타내는 정도보어이며, '很对, 很清楚'는 대답하거나 말한 내용의 정도를 나타내는 정도보어이다.

2. 정도보어는 시간의 정도를 나타낸다.

他起得很早。
그는 일찍 일어났다.
他起得很晚。

그는 늦게 일어났다.

위의 '很早, 很晚'은 일어난 시간의 정도를 나타내는 정도보어이다.

3. 정도보어는 계량의 정도를 나타낸다.

他吃得很多。
그는 많이 먹었다.
他喝得不少。
그는 많이 마셨다.

위의 '很多'는 먹은 양의 정도를 나타내는 정도보어이며, '不少'는 마신 양의 정도를 나타내는 정도보어이다.

4. 정도보어는 본질적, 습관적 행위의 정도를 나타낸다.

他起得早, 睡得晚。
그는 일찍 일어나고 늦게 잔다.
他脑子转得快。
그는 머리가 빨리 돌아간다.

他每次都来得晚, 走得早。
그는 매번 늦게 왔다가 일찍 간다.
他每天都来得早, 走得晚。
그는 매일 일찍 왔다가 늦게 간다.

위에서 '起得早, 睡得晚, 转得快'는 그 사람이 원래 그렇다는 본질적 정도를 나타내며, '来得晚, 走得早'와 '来得早, 走得晚'은 습관적 행위의 정도를 나타낸다.

5. '很'이 정도보어로 사용되면 상태의 정도가 심한 것을 나타낸다.

今天冷得很。

오늘은 아주 춥다.
今天热得很。
오늘은 아주 덥다.
你瘦得很。
너는 너무 수척했다.

위의 '很'은 춥고, 덥고, 수척한 상태가 심하다는 것을 나타내는 정도보어이다.

6. 정도보어는 상태 자체를 묘사하기도 한다.

他跑得满头大汗。
그는 뛰어서 얼굴이 온통 땀에 젖었다.
孩子们高兴得跳了起来。
아이들은 기뻐서 펄쩍 뛰었다.

위의 '满头大汗'은 뛴 결과로 나타난 상태 자체를 묘사하며, '跳了起来'는 기쁜 결과로 나타난 상태 자체를 묘사한다.

3.7.1.2 정도보어의 형태

정도보어가 될 수 있는 성분은 다양하다. 다음을 보자.

1. 형용사는 정도보어가 될 수 있다.

说得对
옳게 말한다.
起得早
일찍 일어난다.

위의 정도보어 '对, 早'는 형용사이다.

2. 형용사구는 정도보어가 될 수 있다.

他回答得不对。
그는 틀리게 대답했다.
他讲得非常清楚。
그는 아주 분명하게 말했다.

위의 정도보어 '不对, 非常清楚'는 형용사구이다.

3. 동사 혹은 동보구는 정도보어가 될 수 있다.

她疼得哭了。
그녀는 아파서 울었다.
他高兴得跳了起来。
그는 기뻐서 펄쩍 뛰었다.

위의 정도보어 '哭'는 동사이고, '跳了起来'는 동보구(动补句)이다. 동사나 동보구가 정도보어로 사용되면 상태를 묘사한다.

4. 동빈구(动宾句)는 정도보어가 될 수 있다.

他吓得出了一身冷汗。
그는 놀라서 온몸에 식은땀이 났다.
他感动得流下了眼泪。
그는 감동해서 눈물을 흘렸다.

위의 정도보어 '出了一身汗, 流下了眼泪'는 각각 '出(동사) + 汗(빈어), 流(동사) + 眼泪(빈어)'의 형태인 동빈구이다. 동빈구가 정도보어로 사용되면 상태를 묘사한다.

5. 부사 '很'은 정도보어가 될 수 있다.

天气冷得很!
날씨가 아주 춥습니다!
天气热得很。

날씨가 아주 덥다.

6. 의문대사 '怎么样'은 정도보어가 될 수 있다.

中国菜她做得怎么样?
중국 요리를 그녀는 어떻게 만듭니까?
(=중국 요리를 그녀는 잘 만듭니까?)
汉语她说得怎么样?
중국어를 그녀는 어떻게 합니까?
(=중국어를 그녀는 잘합니까?)

7. 주술구는 정도보어가 될 수 있다.

她哭得眼睛都红了。
그녀는 울다가 눈마저 붉어졌다.
他气得话都说不出来了。
그는 화가 나서 말도 나오지 않았다.

위의 정도보어 '眼都红了'와 '话都说不出来了'는 주술구이다. 주술구가 정도보어가 되면 상태를 묘사한다.

8. 연합구(联合句)는 정도보어가 될 수 있다.

他说得很流利、很明白。
그는 매우 유창하고 분명하게 말했다.
汉字她写得又快又好。
한자를 그녀는 빠르고도 예쁘게 쓴다.

위의 정도보어 '很流利、很明白', '又快又好'는 정도보어로 사용된 연합구이다.

9. 정도보어 자체가 정도보어가 되는 경우가 있다.

他汉语说得流利得很。
그는 중국어를 아주 유창하게 말한다.
他唱歌唱得好得很。
그는 노래를 아주 잘한다.

위의 '流利得很, 好得很'은 그 자체가 정도보어인데, 이들이 다시 전체 문장의 술어인 '说, 唱'의 정도보어로 사용되어 있다.

3.7.1.3 정도보어와 빈어

정도보어문에 빈어가 나오면 동사를 반복한 후에 정도보어를 취한다. 이 경우의 문장 구조는 다음과 같다.

주어/화제 + 동사 + 빈어 + 동사 + 得 + 정도보어

小王打篮球打得不错。
샤오왕은 농구를 아주 잘한다.
小王写汉字写得很好。
샤오왕은 한자를 잘 쓴다.
小王说汉语说得非常流利。
샤오왕은 중국어를 아주 유창하게 말한다.

위와 같은 문장은 샤오왕에 대한 일반적인 서술이다. 이러한 문장은 빈어를 화제화하여 다음과 같이 표현할 수도 있다.

篮球小王打得不错。
농구는 샤오왕이 아주 잘한다.
汉字小王写得很好。
한자는 샤오왕이 잘 쓴다.
汉语小王说得非常流利。
중국어는 샤오왕이 아주 유창하게 말한다.

위와 같이 말하면 '篮球, 汉字, 汉语'가 문장의 화제가 된다. 그러므로 문장이 나타내

려는 의도가 전혀 달라진다.

3.7.1.4 정도보어문의 부정형

정도보어문을 부정형으로 만들려면 정도보어 자체를 부정해야 한다.

他走得很快。
그는 빨리 걷는다.
→ 他走得不快。
그는 빨리 걷지 않는다.

他说得很慢。
그는 천천히 말한다.
→ 他说得不慢。
그는 천천히 말하지 않는다.

他吃得很多。
그는 많이 먹는다.
→ 他吃得不多。
그는 많이 먹지 않는다.

정도보어문의 술어를 부정하면 비문이 된다. 그러므로 다음은 모두 비문이다.

*他不走得很快。
*他不说得很慢。
*他不吃得很多。
*汉字小王不写得很好。

위의 문장이 비문인 이유는, 부정된 동사는 동작을 실행하지 않으므로 결과를 나타낼 수 없기 때문이다.

3.7.1.5 정도보어문의 의문형

정도보어문의 끝에 의문조사 '吗'를 첨가하거나, 정도보어를 의문형으로 바꾸면 의문문이 된다.

你早上起得早吗?
당신은 아침에 일찍 일어나십니까?
汉语他说得怎么样?
중국어를 그는 어느 정도 말합니까?

정도보어의 긍정형과 부정형을 반복하면 선택의문형이 된다.

你早上起得早不早?
당신은 아침에 일찍 일어나십니까?
汉语他说得好不好?
중국어는 그 사람이 잘합니까?

정도보어문의 술어를 선택의문형으로 바꾸면 안 된다. 술어의 내용이 실현되지 않는다면 그 결과는 당연히 나타나지 않기 때문이다. 그러므로 다음은 모두 비문이다.

*你早上起不起得早?
*他的病好不好得多?

3.7.1.6 정도보어를 취할 수 없는 동사와 형용사

중첩된 동사는 정도보어를 취할 수 없다.

*看看得清楚
*听听得清楚

'了, 着, 过'를 동반하는 동사는 정도보어를 취할 수 없다.

*看了得清楚
*看着得清楚
*看过得清楚

다른 부사의 수식을 받은 형용사는 정도보어를 취할 수 없다.

*不热得很
*非常好得很

중첩된 형용사는 정도보어를 취할 수 없다.

*清清楚楚得很
*高高兴兴得很

정도보어를 취하는 동사는 대부분 단음절 동사이다. 쌍음절 동사는 일반적으로 정도보어를 취할 수 없다.

*散步得很快
*活动得很好

그러나 다음과 같은 일부 쌍음절 동사는 정도보어를 취할 수 있다.

研究得很好 (잘 연구했다)
整理得很好 (잘 정리했다)
准备得很好 (잘 준비했다)
生活得很愉快 (즐겁게 생활했다)

이 밖에도 '收拾, 配合, 结合, 合作, 打扮, 打听, 竞争, 解释'와 같은 쌍음절 동사는 정도보어를 취할 수 있다.

3.7.1.7 정도보어와 '很'

정도보어가 단독의 형용사이면 대개 '很'의 수식을 받는다. 그러나 다음과 같은 경우에는 정도보어가 단독의 형용사일지라도 '很'의 수식을 받지 않는다.

1. 정도보어가 사물의 속성을 나타내는 경우에는 '很'의 수식을 받지 않는다.

他唱得好，跟他学吧。
그는 노래를 잘하니까 그 사람한테 배워라.
他睡得晚，现在去找他，他也没睡。
그는 늦게 자니까, 지금 그를 찾아가도, 그는 잠들지 않았을 거야.

위의 내용은, 그가 원래 노래를 잘하고, 그가 원래 늦게 자는 사람이라는 것을 나타낸다. 이는 그 사람의 속성이다. 이와 같이 속성을 나타내는 경우에는 정도보어가 '很'의 수식을 받지 않는다.

2. 정도보어가 비교를 나타내는 경우에는 '很'의 수식을 받지 않는다.

前天睡得早，昨天睡得晚。
그제는 일찍 잤고, 어제는 늦게 잤다.
小王走得快，小李走得慢。
샤오왕은 빨리 걷고, 샤오리는 느리게 걷는다.

위에서는 '그제'와 '어제'의 상황이 비교되어 있으며, '小王'과 '小李'의 걷는 속도가 비교되어 있다. 이와 같이 비교를 나타내는 경우에는 정도보어가 단독의 형용사일지라도 '很'의 수식을 받지 않는다.

3. 발생하지 않은 행위의 정도를 나타내는 경우에는 '很'의 수식을 받지 않는다. 예를 들면, 동사 앞에 '要，希望' 등이 나오는 경우에는 그렇게 해야 한다거나 그렇게 되기를 희망하는 것을 나타내므로 그 행위는 아직 실현된 것이 아니다. 이런 경우에는 정도보어가 '很'의 수식을 받지 않는다.

你要吃得好，睡得好，才能赢。
네가 잘 먹고 잘 자야만 이길 수 있다.
我希望大家玩儿得愉快。
저는 여러분이 유쾌하게 놀기를 희망합니다.

4. 동사가 특정한 행위를 지적하지 않고, 보편적 행위를 나타내는 경우에는 정도보어

가 '很'의 수식을 받지 않는다.

他每天都睡得晚，起得早。
그는 매일 늦게 자고 일찍 일어난다.
现在的孩子都吃得好，所以个子高。
요새 아이들은 잘 먹어서 키가 크다.

위의 '睡'나 '吃'는 어느 시점에 이루어진 구체적이고 특정한 행위를 나타내지 않으며, 습관적이거나 일반적인 행위를 나타낸다. 그러므로 이들의 정도보어는 '很'의 수식을 받지 않는다.

3.7.1.8 '个'를 사용하는 정도보어

구조조사 '得' 대신에 '个'가 사용되는 정도보어문이 있다. 이 경우의 '个'는 경성(轻声)으로 발음한다. '个'로 표시되는 정도보어문의 특징은 다음과 같다.

1. 정도보어가 형용사인 경우에는 '个' 정도보어문이 될 수 있다. 이러한 경우에 정도보어는 일반적으로 긍정형이며 부정형을 취하지 않는다.

咱们玩个痛快!
우리 기분 좋게 놀아 봅시다!
今天大家吃个饱!
오늘 모두들 배부르게 먹읍시다!

위와 같이 정도보어가 형용사이면, 일반적으로 명령문으로 사용되어 가벼운 권고의 느낌을 주거나 그렇게 되기를 바라는 화자의 희망을 표시한다.

2. '个' 정도보어문의 술어동사 뒤에는 '了'가 올 수 있다. 이러한 형식의 정도보어는 행위의 결과로 나타난 상태를 묘사한다.

下班后，回家洗了个干净。
퇴근 후 귀가해서 깨끗이 씻었다.

下班后，回家喝了个痛快。
퇴근 후 귀가해서 기분 좋게 마셨다.

3. '个' 정도보어문은 동사구를 정도보어로 취할 수 있다. 이 경우의 동사구는 '不停，没完，没完没了'와 같이 부정형이어야 하며, 긍정형은 사용되지 않는다. '不停，没完，没完没了'는 모두 '끊이지 않고 계속된다'는 의미를 갖는다.

他一回家就唱个不停。
그는 집에 오기만 하면 끊임없이 노래를 부른다.
他一见熟人就说个没完。
그는 친한 사람을 만나면 말이 끝나지를 않는다.
他一打电话就说个没完没了。
그는 전화를 하기만 하면 말을 그칠 줄 모른다.

4. '个' 앞에 다시 구조조사 '得'가 첨가될 수도 있다. '得'가 첨가되어도 의미에는 차이가 없다. 이러한 문형에는 술어동사 뒤에 '了'가 올 수 없다.

哭得个死去活来 (죽도록 울다)
打得个半死 (죽도록 때린다)

5. '个' 앞에 '它(他)'가 오는 경우가 있다. 이 경우의 '它(他)'는 아무런 의미가 없다. 이 형식은 대개 명령문에 사용된다.

吃它(他)个饱!
배불리 먹자!
打它(他)个半死!
죽도록 때려라!

6. '很'은 '得' 정도보어문에는 사용될 수 있지만 '个' 정도보어문에는 사용될 수 없다.

好得很 (매우 좋다)
*好个很

远得很 (매우 멀다)
*远个很

7. '得' 정도보어문은 의문형으로 사용될 수 있지만, '个' 정도보어문은 의문형으로 사용될 수 없다.

玩得痛快吗? (실컷 놀았나요?)
*玩个痛快吗?
玩得痛不痛快? (실컷 놀았어요?)
*玩个痛不痛快?

看得清楚吗? (똑똑하게 보입니까?)
*看个清楚吗?
看得清楚不清楚? (똑똑하게 보입니까?)
*看个清楚不清楚?

3.7.1.9 정도보어의 생략

다음과 같은 특수한 어형에서는 정도보어가 생략된다. 이 경우의 정도보어는 화자와 청자가 이미 알고 있기 때문이다. 대화에서는 이러한 어형이 자주 사용된다.

看把你吓得!
그렇게 무서워!
(=저 무서워하는 것 좀 봐!)
[무서워서 벌벌 떨고 있는 상대에게 하는 말]

看把你急得!
뭘 그렇게 안달을 하니!
(=저 안달하는 것 좀 봐!)
[바빠서 안달하는 상대에게 하는 말]

瞧把你高兴得!
뭐가 그렇게 기뻐!

(=저 기뻐하는 것 좀 봐!)
[기뻐서 어쩔 줄 모르는 상대에게 하는 말]

瞧把你美得!
그렇게 좋아!
(=저 좋아하는 것 좀 봐!)
[좋아서 어쩔 줄 모르는 상대에게 하는 말]

이러한 형태의 정도보어는 모두 '这个样'이다. 이를 생략하는 이유는 실제적 환경이 제시되어 있으므로 화자가 말하지 않아도 청자가 이미 알고 있기 때문이다. 이러한 구조에는 다른 말이 이어 나올 수도 있다.

看把你热得, 洗洗脸吧!
너 정말 더워 보이는구나, 세수 좀 해라!
看把你累得, 好好儿休息一下吧!
너 정말 피곤해 보이는구나, 푹 좀 쉬거라!

3.7.2 결과보어(结果补语)

동작의 결과를 설명하거나 동작 이후에 나타난 상태를 설명해 주는 성분을 결과보어라고 한다. 결과보어를 이해하기 위하여 다음 우리말을 보자. 다음은 '나는 이 책을 보았습니다'라고 말한 사람에게 할 수 있는 질문이다.

(1) 이 책의 내용을 이해했나요?
(2) 이 책이 무얼 써 놓았는지 알겠습니까?

위의 우리말 (1,2)는 각각 다른 표현으로 말하고 있다. 이러한 경우에 중국인은 다음과 같이 사고한다.

(3) 이 책을 본 결과, 그 내용을 이해했습니까?

중국어 '懂'이 결과보어로 사용되면 '……한 결과 그 내용을 이해하다'라는 의미를 갖게 된다. 중국어에서는 '懂'을 이용하여 우리말 (1,2)를 다음과 같이 한마디로 표현한다.

(4) 这本书你看懂了吗?
이 책을 당신은 이해했습니까?

이러한 형식을 이용하여 다음과 같은 말을 할 수 있다.

听懂了。
알아들었다.
(=듣는 행위를 했고, 그 결과 이해가 되었다.)

'完'이 결과보어로 사용되면 동작 행위의 과정이 종결되었음을 나타낸다.

写完了。
다 썼다.
(=쓰는 동작을 했고, 그 동작 과정이 종결되었다.)
吃完了。
다 먹었다.
(=먹는 동작을 했고, 그 동작 과정이 종결되었다.)

'错'가 결과보어로 사용되면 앞 동사의 행위의 결과가 잘못되었음을 나타낸다.

说错了。
잘못 말했다.
(=말을 했는데, 그 결과가 잘못되었다.)
写错了。
잘못 썼다.
(=썼는데, 그 결과가 잘못되었다.)

한국인은 결과보어를 이해하기가 쉽지 않다. 그 이유는, 우리말 동사와 중국어 동사의 기능이 서로 다르기 때문이다. 결과보어를 이해하기 위하여 먼저 한국어 동사와 중국어 동사의 차이점을 알아보기로 하자.

다음은 '잃어버린 만년필을 찾았니?'라는 질문에 대한 우리말 대답이다.

(5) 찾았는데 없더군.
(6) 찾았어, 서랍 속에 있더군.

우리말 (5)의 '찾다'는 서랍을 뒤지거나 주머니 등을 뒤져 보는 행위를 했음을 나타낸다. 여기에 사용된 '찾다'는 이와 같이 '찾아보는 행위' 자체만을 나타낸다. 그러나 (6)의 '찾다'는 '찾아보는 행위'를 했고, 그 결과 '찾아내어 가지고 있다는 것'을 나타낸다. 이는 곧 (6)의 '찾다'가 '찾은 행위의 결과'를 나타낸다는 것을 의미한다. 이를 보면 우리말 '찾다'라는 동사는 (5)와 같이 '찾는 행위 자체'를 나타내기도 하고, (6)과 같이 '찾은 행위의 결과'를 나타내기도 한다.

다시 다음을 보자.

(7) 그는 화재 현장에서 두 사람을 구했는데, A는 죽었고 B는 살았다.

(7)의 '구하다'에는 다음과 같은 두 가지 기능이 있다.

(8) 사람을 끌어내고 병원에 보내는 등의 행위 : 그가 A, B에게 한 행위
(9) 구해 낸 결과의 표시 : B만이 살았음

위의 (8)은 우리말 '구하다'라는 동사가 '불 속에 뛰어 들어가든가, 사람을 끌어내는 행위 등의 구하는 행위 자체'를 나타냄을 보여준다. (9)는 이와 달리 '구한 행위의 결과'로서 '사람을 살아나게 한 것'을 나타낸다. 이를 정리하면, 우리말 동사 '구하다'는 '구하는 행위 자체'를 나타내는 기능과 '구한 행위의 결과'를 나타내는 기능을 모두 가지고 있다는 것을 알 수 있다. 그러므로 우리말 동사는 결과를 나타내는 결과보어를 필요로 하지 않는다. 그러나 중국어 동작동사는 우리말 동작동사와 달리 '동작 행위 자체'만을 나타낼 뿐, 그 동작 행위의 결과를 나타내지 못한다. 예를 들어, 중국어 동사 '找'와 '救'의 진정한 의미를 보자.

找의 의미 : (5)와 같이 '찾는 행위' 자체만을 나타내며, (6)과 같은 '결과'는 나타내지 못함.

救의 의미 : (8)과 같이 '구하는 행위' 자체만을 나타내며, (9)와 같은 '결과'는 나타내지 못함.

대부분의 중국어 동작동사는 위와 같이 행위 자체만을 나타낼 뿐 행위의 결과를 나타내지 못한다. 그러므로 (6)이나 (9)와 같은 행위의 결과를 나타내기 위해서는 결과보어를 동반해야만 한다. 이것이 중국어에 결과보어가 존재하는 이유이다. 다음에서 결과보어 '着'와 '活'가 사용된 경우의 의미를 보기로 하자.

找着 : 찾는 행위를 하고, 찾은 물건을 가지고 있음→찾아내어 가지고 있다
救活 : 구하는 행위를 하고, 그 결과 살아나게 함→구하여 살게 하다

중국어의 결과보어는 동사나 형용사의 바로 뒤에 오며, 그 사이에는 어떠한 성분도 삽입될 수 없다.

3.7.2.1 결과보어의 종류

동사와 형용사는 결과보어가 될 수 있다. 이제 자주 쓰이는 결과보어의 용법을 살펴보자.

3.7.2.1.1 到

결과보어 '到'는, 동작을 통하여 어떤 처소, 범위, 시점에 도달한 순간을 나타낸다. 도달한 순간만을 나타내므로 결과보어 '到'는 도달한 이후의 상태를 나타내지 못 한다. 우리말로 번역하면 도달 이후의 상태를 나타내는 것으로 보일 수도 있으므로 주의해야 한다. 다음을 보자.

走到了学校
학교까지 걸었다.
(=걷는 행위를 하다가 학교에 도달했다.)

'走'는 오직 '걷는 행위'만을 나타낸다. 걷는 행위를 하다 보면 그 결과 어느 지점에 도착할 수 있다. 그러나 중국어 동사 '走'는 걷는 결과인 도달의 순간을 나타낼 수 없다. 도달의 순간을 나타내기 위해서는 위와 같이 결과보어 '到'를 동반해야 한다.

开到了火车站
기차역까지 운전했다.
(=운전하는 행위를 하다가 기차역에 도달했다.)

'开'는 오직 '운전하는 행위'만을 나타낸다. 운전해 가다 보면 그 결과 어느 지점에 도달할 수 있다. 그러나 '开'는 운전하는 행위의 결과인 도달의 순간을 나타낼 수 없다. 도달의 순간을 나타내기 위해서는 결과보어 '到'를 동반해야 한다.

讲到这儿
여기까지 말했습니다.
(=말하는 행위를 계속 하다가 여기에 도달했다.)

'讲'은 오직 '말하는 행위'만을 나타낸다. 말하다 보면 그 결과 어떤 범위에 도달할 수 있다. 그러나 '讲'은 어떤 범위에 도달하는 순간을 나타낼 수 없다. 도달의 순간을 나타내기 위해서는 결과보어 '到'를 동반해야 한다.

谈到十点
10시까지 이야기했다.
(=이야기를 하다가 10시에 도달했다.)

'谈'은 오직 '이야기하는 행위'만을 나타낸다. 이야기를 하다 보면 어느 시점에 도달할 수 있다. 그러나 '谈'은 어떤 시점에 도달하는 순간을 나타낼 수 없다. 도달하는 시점을 나타내기 위해서는 결과보어 '到'를 동반해야 한다.

결과보어 '到'는, '买, 收' 등과 같이 사물의 획득을 목적으로 하는 동사 뒤에 와서 그 행위가 어디에 도달함을 나타내는 경우가 있다. 다음을 보자.

那本词典终于买到了。
그 사전을 드디어 샀다.
(=사는 행위를 했고, 그 결과 사전이 내 손에 있다.)

'买'는 오직 '돈을 지불하고, 물건을 받아들기 직전까지의 행위'를 나타낼 뿐, '그 사전'이 내 손에 도달한 것을 나타내지 못한다. 사는 행위의 목적인 내 손에 있는 것을 나타내기 위해서는 도달을 나타내는 결과보어 '到'를 동반해야 한다.

我收到了那封信。
나는 그 편지를 받았다.
(=편지를 받는 행위를 했고, 그 결과 편지가 내 손에 있다.)

'收'는 오직 '손을 내밀어 물건을 받기 위한 자세를 취하는 행위'만을 나타낼 뿐, 물건이 손에 도달한 것을 나타내지 못한다. 이 동작의 결과인 '내 손에 도달했음'을 나타내기 위해서는 결과보어 '到'를 동반해야 한다.

我能看到远远的那座山。
나는 멀리 있는 그 산을 볼 수 있었다.
(=보기 위하여 고개나 몸을 돌리는 것과 같은 행위를 했고, 그 결과 시선이 멀리 있는 산에 도달했다.)

'看'은 오직 '무엇인가를 보기 위하여 고개나 얼굴 혹은 몸을 돌리는 행위'만을 나타낼 뿐, 시선이 대상에 도달하여 실제로 보게 되는 것을 나타내지 못한다. 이 동작의 결과인 '시선이 도달하였음'을 나타내기 위해서는 도달을 나타내는 결과보어 '到'를 동반해야 한다.

만약 이상의 동사가 결과보어 '到'를 동반하지 않는다면 다음과 같은 문제가 발생한다.

他买了书……。
그는 책을 사는 행위를 하고…….
(=사려는 행위를 했으나 그 결과 책이 내 손에 도달했는지는 알 수 없다.)

위는 완전한 문장이 아니다. 왜냐하면 위의 '买了'는 '사려는 행위가 발생한 것'만을 나타내며, 그 결과로 책이 내 손에 도달했는지 아닌지는 나타내지 못하기 때문이다. 이러한 문장은 다음과 같이 다른 말이 이어져야만 성립한다.

他买了书就走了。
그는 책을 사고 바로 갔다.

(=사는 행위를 하고, 바로 갔다.)
[책을 그 자리에 두고 갈 수도 있다. 책이 어디 있는지는 모른다.]

다음을 보자.

我收了信……。
나는 편지를 받고…….
(=편지를 받는 행위를 했으나, 그 결과 편지를 소유하고 있는지 아닌지는 모른다.)

위는 완전한 문장이 아니다. 왜냐하면 위의 '收了'는 '받으려는 행위가 발생한 것' 만을 나타내며, 그 결과 편지를 소유하고 있는지 아닌지는 나타내지 못하기 때문이다. 이러한 문장은 다음과 같이 다른 말이 이어져야만 성립한다.

我收了信就撕了。
나는 편지를 받아서 바로 찢어 버렸다.

3.7.2.1.2 着 (zháo)

결과보어 '着'는 동작 행위의 결과로 어떤 사물이 주어에 부착되어 있는 것을 나타낸다. 부착되어 있다는 것은 어느 경우에는 가지고 있다는 것을 나타내기도 하고, 어느 경우에는 추상적으로 존재하기도 한다. 이러한 사유형식은 한국어에는 없고 중국어에만 있는 것이므로 주의해서 알아둘 필요가 있다.

那本书我借着了。
그 책을 나는 빌렸다.
(=그 책을 빌리는 동작을 했고, 그 결과 나는 책을 가지고 있다.)

'借'는 '빌려주거나, 빌려오는' 행위만을 나타낼 뿐이다. 그러므로 '借'라는 동작이 발생했다고 하여, 현재 그 책을 가지고 있다는 사실을 나타내지는 못한다. 따라서 '那本书我借了'라고 하면 중국인은 이를 '그 책을 빌리는 행위를 하고서……'라고 이해한다. 그러므로 이는 완전한 문장이 아니다. 내가 책을 빌리는 동작의 목적은, 빌려서 내가 일정 기간 가지고 있는 것이다. 이와 같이 행위의 결과로 인하여 어떤 대상을 소유하는 상태를 나타내려면, 위에 보이는 예와 같이 결과보어 '着'를 동반해야 한다.

这是大路货，在哪个商店都能买着。
이것은 사기 쉬운 물건이므로 아무 상점에서나 살 수 있다.
(=아무 상점에서나 사는 행위를 할 수 있고, 그 결과 그 물건을 소유할 수 있다.)

위 문장의 근본적인 의미는, '이것은 사기 쉬운 물건이므로 아무 데서나 사서 소유할 수 있다'는 것이다. 그러나 '买'는 '사는 행위'만을 나타내며, 소유하는 결과는 나타내지 못한다. 만약 이 문장에서 '着'를 생략하여 '*这是大路货，在哪个商店都能买。'라고 한다면, '이것은 사기 쉬운 물건이므로 아무 데서나 사는 행위를 할 수 있다'라는 의미가 되어 그 결과인 소유를 나타내지 못한다. 그러므로 이는 비문이다. 사는 행위의 목적은 소유하는 것이므로 이를 나타내기 위해서는 결과보어 '着'를 동반해야 한다.

我找李老师找了好几趟，昨天终于见着他了。
나는 리 선생님을 여러 번 찾다가 어제 드디어 그를 만났다.
(=만나는 행위를 하였고, 그 결과 만나려는 목적을 달성하였다.)
(=만나서 상의를 했든가, 일을 부탁했다.)

'见'은 '상의를 하거나 일의 해결을 부탁하기 위하여 만나는 행위, 즉 일정한 목적을 가지고 만나는 행위'를 나타낸다. 위 문장에서 '着'를 생략하여 '*我找李老师找了好几趟，昨天终于见他了。'라고 말하면 비문이 된다. 왜냐하면 이는 만나서 상의 등을 하려고 했는데, 만나는 행위만을 했을 뿐 만나려는 목적을 달성한 것이 아니기 때문이다. 또한 '终于'는 목적을 달성했을 때만 사용할 수 있는 부사이므로 '我'는 목적을 가지고 만난 것이 분명하다. 그 목적을 달성했음을 나타내기 위해서는 결과보어 '着'를 사용해야 한다. '见着'는 예를 들면 만나서 일을 부탁하거나 상의한 결과가 존재함을 나타낸다.

3.7.2.1.3 在

결과보어 '在'는 동작을 통하여 사물이 어떤 처소에 존재하게 되었음을 나타낸다. '在' 뒤에는 처소사가 나와야 한다. (처소사에 대하여는 ＜1.1.5 처소사＞를 참고할 것.)

把那封信放在桌子上吧!
그 편지를 책상 위에 놓아라!
(=놓는 행위를 하여, 그 결과 편지가 책상 위에 있도록 해라!)

'放'은 오직 '사물을 놓는 행위' 자체만을 나타낼 뿐, 그 이후의 결과, 즉 사물이 그곳에 존재하는지 안 하는지는 나타내지 못한다. 그러므로 편지를 놓는 행위가 발생하고, 그 결과로 편지가 그 처소에 존재하는 것을 나타내기 위해서는 존재 표시의 결과보어 '在'를 사용해야 한다. 결과보어 '在' 뒤에는 처소사가 와야 한다. '桌子'는 일반명사이므로 이를 처소사로 만들기 위해서는 '上'을 붙여야 한다.

钱包掉在地上了。
지갑이 땅에 떨어졌어.
(=떨어지는 상황이 발생했고, 그 결과 지갑이 땅 위에 있다.)

'掉'는 다만 '떨어지는 행위' 자체를 나타낼 뿐, 떨어진 이후의 존재를 나타내지 못한다. 떨어지는 동작의 결과로 지갑이 땅 위에 존재하는 것을 나타내기 위해서는 존재 표시의 결과보어 '在'를 사용해야 한다. '地'는 일반명사이므로 이를 처소사로 만들기 위해서는 '上'을 붙여야 한다. 다음을 보며 결과보어 '在'의 용법을 익혀 보자.

坐在椅子上吧!
의자에 앉아라!
(=앉는 행위를 하고, 그 결과 의자 위에 있도록 해라!)
把你的名字写在黑板上!
너의 이름을 칠판에 써 놓아라!
(=이름을 쓰는 행위를 하고, 그 결과 글씨가 칠판 위에 있도록 해라!)

'住'와 같은 일부 동사는 자신의 앞뒤에 모두 '在'가 올 수 있다. 이런 경우에는 그 의미가 각각 다르므로 주의해야 한다.

(1) 王老师住在这儿吗?
왕 선생님이 이곳에 사십니까?
(2) 王老师在这儿住吗?

왕 선생님! 이곳에 사십니까?

위의 (1)은 '王老师'의 거처에 찾아갔지만 아직도 그가 이 집에 살고 있는지 아닌지를 모르는 경우에 묻는 말이다. 다시 말하면 (1)은 '王老师'가 사는 곳이 예측 불가능함을 나타낸다. (2)는 '王老师'가 이곳에 살고 있다는 사실을 이미 알고 있는 상태에서, 이곳에 들어와 그를 만난 경우에 '아! 여전히 이곳에 사시는군요?'라고 묻는 경우에 사용하는 반어문이다. 다시 말하면 (2)는 예측 가능한 처소를 나타낸다. 이와 같이 '住在' 형식은 예측 불가능한 처소를 나타내고, '在……住' 형식은 예측 가능한 처소를 나타낸다. 다음을 보자.

他住在北京饭店。
그는 베이징 호텔에 묵고 있다.

일반적으로 호텔은 일시적인 거주의 처소이다. 그러므로 위에서는 '住在' 형식을 취하고 있다. 이런 상황을 다음과 같이 말하면 안 된다.

他在北京饭店住。

'在……住'의 형식은 처소가 예측 가능하고, 항상 그곳에 사는 경우에 사용된다.

(3) 他们在北京住。
그들은 베이징에 산다.
(4) 他们住在北京。
그들은 베이징에 산다.

(3)의 '그들'은 베이징 사람일 가능성이 많다. 그러므로 베이징에 사는 것이 항시적이며 예측이 가능하다. 그러나 (4)의 '그들'은 베이징 사람이 아니다. 그러므로 그들이 베이징에 사는 것은 일시적이며 예측이 가능하지 않다. 이러한 이유로 다음과 같은 경우가 발생한다.

(5) 他今天住在这儿, 明天住在那儿, 生活很不稳定。

그는 오늘은 여기서 자고, 내일은 저기서 자니 생활이 불안정하다.

(6)*他今天在这儿住, 明天在那儿住, 生活很不稳定。

그는 오늘은 여기서 자고, 내일은 저기서 자니 생활이 불안정하다.

(5)는 일시적으로 거주하는 곳을 나타내므로 '住在' 형식을 취하고 있다. 이를 '在……住'의 형식으로 나타낸 (6)은 비문이다.

'出生'과 '长大'도 앞뒤에 '在'가 올 수 있는 동사이다. 다음을 보자.

老大出生在美国, 在中国长大; 老二在中国出生, 在中国长大。

첫째 아이는 미국에서 태어나 중국에서 자랐고, 둘째 아이는 중국에서 태어나 중국에서 자랐다.

위 문장에 나오는 두 아이는 중국인이다. 그러므로 첫째 아이가 태어난 미국은 임시적이고 일시적인 장소가 된다. 따라서 결과보어가 사용된 '出生在美国'의 형식으로 말하고 있다. 중국인인 그 아이가 중국에서 성장한 것은 누구나 예측 가능한 일이며, 항상적인 일이다. 그러므로 전치사가 사용된 '在中国长大'로 말하고 있다. 중국인인 둘째 아이가 중국에서 태어나 중국에서 성장했다는 것도 예측 가능한 일이며, 항상적인 일이다. 그러므로 '老二在中国出生, 在中国长大'의 형식으로 말하고 있는 것이다.

'동사 + 在' 형식이 '在……동사 + 着'로 표현되는 경우도 있다. 다음을 보자.

(7) 站在山顶上

산정에 올라섰다.

(8) 在山顶上站着

산정에 서 있다.

위의 (7,8)은 모두 산정에 서 있는 것을 나타낸다. 그러나 (7)의 '在'는 결과보어이므로, 어떤 동작의 결과로 나타난 사실을 나타낸다. 따라서 이에는 지금 산에 올라갔다는 동작성이 포함되어 있다. 그러나 (8)은 산정에 이미 서 있는 상태만을 묘사하므로 동작성을 나타내지 못한다. 그러므로 (8)에서는 언제 산에 올라갔는지를 전혀 알 수 없다. 다음도 이와 같다.

(9) 车停在马路边, 得马上走。

길가에 주차했으니 빨리 가야 해.

(10)*车在马路边停着, 得马上走。

위의 (9,10)은 모두 주차된 상황을 나타낸다. 그러나 (9)의 '在'는 동작의 결과를 나타내는 결과보어이므로, '지금 차를 세웠다'는 동작성이 나타나 있다. 따라서 '지금 차를 길가에 세워 놓았으니 빨리 가야 해'라는 문장의 연결이 자연스럽다. 그러나 (10)은 아무런 동작성 없이, 다만 길가에 이미 주차되어 있는 상태만을 나타내며, 언제 주차했는지도 나타나지 않는다. 이러한 내용은 동작성이 전제되는 말인 '빨리 가야 해'라는 말과 자연스럽게 연결되지 않는다. 이것이 (10)이 비문인 이유이다.

3.7.2.1.4 给

결과보어 '给'의 용법을 이해하기 위하여 먼저 다음을 보자.

信已经寄了。

편지는 이미 부쳤다.

报告已经交了。

보고서는 이미 제출했다.

위의 두 문장은, 편지를 부치거나 보고서를 제출하는 행위를 했다는 사실을 말하고 있을 뿐, 편지나 보고서가 누구에게 전달되는지는 알려 주지 않는다. 이러한 경우에 '给'가 결과보어로 사용되면 전달되는 대상을 나타낸다.

那封信我寄给她了。

그 편지를 나는 그녀에게 부쳤다.

(=부치는 행위를 했고, 그 결과 그녀에게 전달되었다.)

'寄'는 오직 '부치는 행위'만을 나타낸다. 그러므로 '寄'만으로는 그녀에게 전달되는 것을 나타내지 못한다. 이 동작의 결과로 편지가 그녀에게 전달되는 것을 나타내기 위해서는 전달 표시의 결과보어 '给'를 동반해야 한다.

报告我交给老师了。
보고서를 나는 선생님에게 제출하였다.
(=제출하는 동작을 했고, 그 결과 선생님에게 전달되었다.)

'交'는 오직 '제출하는 행위'만을 나타낸다. 그러므로 '交'만으로는 선생님에게 전달되는 상태를 나타내지 못한다. 이 동작의 결과로 선생님에게 보고서가 전달되는 것을 나타내기 위해서는 전달 표시의 결과보어 '给'를 동반해야 한다.

那本书我借给她了。
그 책을 나는 그녀에게 빌려 주었다.
(=빌려 주는 행위를 하였고, 그 결과 그녀에게 전달되었다.)

'借'는 오직 '빌리거나 빌려 주는 행위'만을 나타낸다. 그러므로 '借'만으로는 그녀에게 전달되는 것을 나타내지 못한다. 이를 나타내기 위해서는 전달 표시의 결과보어 '给'를 동반해야 한다.

다음을 보며 결과보어 '给'의 용법을 익혀 보자.

那本词典我送给她了。
그 사전을 나는 그녀에게 주었다.
(=주는 행위를 하였고, 그 결과 그녀에게 전달되었다.)
那本词典我卖给她了。
그 사전을 나는 그녀에게 팔았다.
(=사전을 파는 행위를 하였고, 그 결과 사전은 그녀에게 전달되었다.)

3.7.2.1.5 住

결과보어 '住'는 동작을 통하여 어떤 사람이나 사물이 확실하게 어떤 처소에 고정됨을 나타낸다.

蚊子我抓住了。
나는 모기를 잡았다.
(=잡으려는 동작을 했고, 그 결과 잡힌 모기가 손바닥에 있다.)

'抓'는 오직 '잡으려는 동작'만을 나타낸다. 예를 들어, 공중에 날아다니는 모기를 잡는 상황을 생각해 보자. '抓了蚊子'는 '손을 휙 저어서 모기를 잡기 직전까지의 동작이 발생했음'을 나타낸다. 그러므로 '抓了蚊子'는 모기를 잡았는지 놓쳤는지를 나타내지 못한다. 이 경우에 잡는 동작의 목적인 '모기가 손바닥에 있는 잡혀 상태'를 나타내기 위해서는 위와 같이 고정을 나타내는 결과보어 '住'를 동반해야 한다.

那个球我接住了。
나는 그 공을 받았다.
(=공을 받으려는 동작을 했고, 그 결과 공이 손에 고정되어 있다.)

'接'는 오직 '받으려는 동작'만을 나타낸다. 그러므로 '那个球我接了'는 '내가 공을 받으려고 손을 내밀었는데……'라는 뜻으로 이해된다. '그 공을 받아서 손에 고정적으로 쥐고 있는 결과'를 나타내기 위해서는 위와 같이 고정을 나타내는 결과보어 '住'를 동반해야 한다.

다음을 보며 결과보어 '住'의 용법을 익혀 보자.

你把住, 别摔倒了。
(버스에서 손잡이 등을) 꽉 잡아라, 넘어지지 말고.
(=잡는 행위를 하고, 그 결과 손잡이를 손에 고정시키고 있어라.)
你的地址我记住了。
너의 주소를 나는 기억한다.
(=주소를 기억하는 행위를 했고, 그 결과 주소가 머릿속에 고정되어 있다.)

3.7.2.1.6 完

결과보어 '完'은 시각으로 인지된 동작 과정이 완료되었음을 나타낸다. 이 설명은 이해하기 쉽지 않다.

다음 우리말 대화를 보자.

(1) 비누를 다 썼으면, 나에게 다오.
(2) 비누를 다 썼으니, 새로 하나 사 오너라.

(1)에는 '다 썼다'라는 말이 나왔지만 실제로 비누가 없어진 것은 아니다. 비누가 남아 있어야 나에게 줄 수 있기 때문이다. 그러므로 (1)의 '다 썼다'는 비누를 쓰는 동작 과정이 종결되었음을 나타낸다. 그러나 (2)의 '다 썼다'는 비누가 하나도 남아 있지 않음을 나타낸다. 한국어 부사 '다'는 이와 같이 대상 전체가 사라지는 소진을 나타내는 경우도 있고, 동작 과정의 종결만 나타내는 경우도 있다. 중국어 결과보어 '完'은 위의 경우 중에 오직 (1)만을 나타낸다. 다시 말하면 결과보어 '完'은 동작 과정의 종결만을 나타내는 것이다. 다음을 보며 결과보어 '完'의 용법을 이해하여 보자.

(3) 那本书看完了一半，就放下了。
저 책은 절반만 보고 던져두었다.
(4) 那本书看完了。
저 책은 다 보았다.

(3)의 '看完'은 절반을 보는 동작 과정이 종결되었음을 나타낸다. (4)의 '看完'은 책을 끝까지 모두 본 것을 나타낼 수도 있고, 절반만 본 것을 나타낼 수도 있다. 그러나 (4)가 나타내려는 의미는, 전체나 일부에 있지 않고, 책을 보는 동작 과정이 종결되었음을 나타내는 데에 있다.

(5) 信写完一半了。
편지를 절반을 썼다.
(6) 这事明天能办完。
이 일은 내일이면 다 처리 할 수 있다.

(5)의 '写完'은 절반을 쓰는 동작 과정이 종결되었음을 나타낸다. 이와 같이 결과보어 '完'은 전체의 분량과 상관없이 그 동작 과정의 종결을 나타낸다. (6)은 내일이면 처리하는 과정이 종결된다는 것을 나타낸다. 그러므로 이는 일의 전체 분량이 종결될 수도 있고, 일부가 종결될 수도 있다. 그러나 결과보어 '完'은 이러한 분량을 나타내는 것이 아니라 오직 동작 과정이 종결된다는 사실만을 나타낸다. 이러한 이유로 결과보어 '完'은 종결된 이후의 상태를 나타내지 못한다. 만약 커피를 멋지게 타 놓은 후에, 커피를 바라보고 스스로 만족하면서 '봐라, 커피를 다 탔다.'라고 말한다면, 이는 커피를 타 놓은 이후의 훌륭한 상태를

말하는 것이 된다. 이 경우를 나타내는 경우에는 결과보어 '完'을 사용할 수 없고, 결과보어 '好'를 사용해야 한다. 이와 같이 중국어 결과보어의 세계는 중국인들의 의식의 저변을 나타내므로 보다 심층적인 이해가 필요하다.

(7) 这杯咖啡冲好了。
(8)*这杯咖啡冲完了。

3.7.2.1.7 开

결과보어 '开'는 동작을 통하여 사람이나 사물이 원래의 장소로부터 분리되어 있는 상태를 나타낸다. 예를 들면 동사 '放'은 놓아 주는 행위 자체만을 나타낼 뿐, 놓아 준 결과 원래의 위치로부터 완전히 분리되었는지 아닌지를 나타내지 못한다. 놓아 준 결과, 원래의 장소로부터 분리되어 있는 상태를 나타내기 위해서는 분리를 나타내는 결과보어 '开'를 동반하여 '放开'라고 말해야 한다. 다음을 보자.

你放开我, 不然我要喊警察了!
나를 놓아 줘, 그렇지 않으면 경찰을 부를 거야!
(=놓아 주는 행위를 하여, 그 결과 나를 너로부터 떨어져 있게 해라.)

'放'은 '놓아 주는 동작' 자체만을 나타내므로 만약 '放我'라고 했다면 중국인은 '나를 놓아 주는 동작을 취하고……'라는 뜻으로 이해한다. 그러므로 이는 완전한 의미를 나타내지 못한다. '나를 놓아 주어 당신과 분리된 상태에 있는 것'을 나타내기 위해서는 분리를 나타내는 결과보어 '开'를 동반해야 한다.

他要离开北京。
그는 베이징을 떠나려고 한다.
(=베이징을 떠나는 행위를 하고, 그 결과 베이징에서 떨어져 있고자 한다.)

'离'는 '떠나는 동작' 자체만을 나타낸다. 그 결과 '베이징을 떠나 있는 상태'를 나타내기 위해서는 분리를 나타내는 결과보어 '开'를 동반해야 한다.

다음을 보며 결과보어 '开'의 용법을 익혀 보자.

快走开! 这里很危险。
빨리 저리 가라! 이곳은 위험하니까.
(=이동하는 행위를 하여, 그 결과 이곳에서 떨어져 있어라.)
请开开窗户吧!
창을 열어 놓으십시오.
(=손으로 창을 여는 행위를 하고, 그 결과 창이 벽과 떨어져 있게 하시오.)

3.7.2.1.8 成

결과보어 '成'은 동작의 결과로 발생한 변화를 나타낸다. 이 변화는 이전의 모습이 사라진 완전한 변화이다. 예를 들면 '换'은 '바꾸다'라는 뜻인데, 무엇인가를 바꾸게 되면 분명히 어떤 변화가 나타날 것이다. 그러나 중국어의 동작동사 '换'은 '바꾸는 행위' 자체만을 나타낼 뿐, 바뀐 결과로서의 변화는 나타내지 못한다. 이러한 변화를 나타내기 위해서는 결과보어 '成'을 동반하여 '换成'이라고 말해야 한다. 다음을 보자.

美元能换成人民币。
달러는 중국 화폐로 바꿀 수 있다.
(=달러를 바꾸는 동작을 하면, 그 결과 중국 화폐가 될 수 있다.)

위의 말을 만약 '*美元能换人民币'라고 한다면 이는 '달러를 중국 화폐로 바꾸는 행위를 할 수 있다'라는 이상한 의미가 된다. 그러므로 달러를 바꾸어 중국 화폐로 변화된 상태를 나타내기 위해서는 변화를 나타내는 결과보어 '成'을 동반해야 한다. 이 경우에 달러는 중국 화폐로 바뀌어 이전의 모습을 간직하지 못한다.

那本书已经翻译成中文了。
그 책은 이미 중국어로 번역되어 있다.
(=중국어로 번역하는 행위를 했고, 그 결과 중국어로 바뀌어 있다.)

'翻译'는 '번역하는 행위' 자체만을 나타낸다. 그러므로 그 행위의 결과인 '중국어로 변해 버린 상태'를 나타내지 못한다. 이러한 변화를 나타내기 위해서는 결과보어 '成'을 동반해야 한다. 이 경우에 그 책은 중국어로 바뀌어 있으므로 이전의 모습을 간직하지 못한다.

결과보어 '成'은 동작의 결과로 나타난 실현이나 완성을 나타내기도 한다. 다음을 보자.

那件事我终于办成了。
그 일을 나는 마침내 해냈다.
(=처리하는 행위를 했고, 그 결과 그 일이 실현되었다.)
这座大桥还有一个月就要建成了。
이 다리는 한 달 더 있으면 바로 완성된다.
(=한 달 동안 건설하는 행위를 하면, 그 결과 건설이 완성된다.)

다음을 보며 결과보어 '成'의 용법을 익혀 보자.

冰化成了水。
얼음이 물이 되었다.
(=얼음이 변하는 과정을 통하여, 그 결과로 물이 되었다.)
她已经变成大姑娘了。
그녀는 이미 다 큰 처녀가 되었다.
(=변하는 과정을 통하여, 그 결과 다 큰 처녀가 되었다.)
那个教室改成阅览室了。
그 교실은 열람실로 바뀌었다.
(=바꾸는 행위를 했고, 그 결과 열람실이 되었다.)

3.7.2.1.9 为

결과보어 '为'는 결과보어 '成'과 같이 동작의 결과로 발생하는 변화를 나타낸다. 그러나 '为'가 나타내는 변화는 '成'과 달리 이전의 모습을 간직하고 있는 변화이다.

他选为班长了。
그는 반장으로 선출되었다.
(=선출하는 행위를 통하여, 그 결과 반장이 되었다.)

'选'은 '선출하는 행위' 자체만을 나타낼 뿐 그 결과로 발생하는 변화를 나타내지 못한다. 이러한 변화 상태를 나타내기 위해서는 결과보어 '为'를 동반해야 한다. 이 경우에 반장은 하나의 직위일 뿐이므로 '그 사람' 자체는 변한 것이 없다. 따라서 '成'이 아닌 '为'를 사용해야 한다.

他已经成为一个大学者了。
그는 이미 대학자가 되었다.
(=이루어지는 행위가 발생했고, 그 결과 대학자가 된 상태에 있다.)

'成'은 '이루어 가는 행위' 자체만을 나타낼 뿐 그 결과로 발생하는 변화를 나타내지 못한다. 이러한 변화 상태를 나타내기 위해서는 결과보어 '为'를 동반해야 한다. 이 경우에 대학자는 그에 대한 칭호이거나 신분상의 변화일 뿐이므로 이전의 그의 모습은 여전히 간직되어 있다. 따라서 '成'이 아닌 '为'를 사용해야 한다.

다음을 보며 결과보어 '为'의 용법을 익혀 보자.

他把长裤改为短裤了。
그는 긴 바지를 짧은 바지로 고쳤다.
(=고치는 행위를 했고, 그 결과 짧은 바지가 되어 있다.)
他把公共财产变为私有财产了。
그는 공공재산을 사유재산으로 만들었다.
(=변화시키는 행위를 했고, 그 결과 사유재산이 되어 있다.)

3.7.2.1.10 死

결과보어 '死'는 극한 상황에 도달했음을 나타낸다. 이는 일종의 과장된 표현이다.

饿死了。
배가 고파 죽겠다.
渴死了。
목이 말라 죽겠다.

笑死了。
우스워 죽겠다.
累死了。

피곤해 죽겠다.

3.7.2.1.11 见

결과보어 '见'은 피동을 나타내는데 대개 '看, 听, 瞧, 遇, 碰, 闻'과 결합한다. '看见'은 '보는 행위를 하여, 그 결과 대상이 보여짐'을 나타낸다. 그러므로 '看见'의 진정한 의미는 '보이다'이다. 이와 동일한 이유로 '听见'은 '들리다', '瞧见'은 '보이다', '遇见, 碰见'은 '만나게 되다', '闻见'은 '냄새가 맡아지다'라는 의미를 갖는다.

我看见他走过来了。
나에게 그가 걸어오는 것이 보였다.
(=보려는 행위를 했고, 그 결과 그가 걸어오는 모습이 시야에 들어왔다.)

'看'은 '보려는 행위' 자체만을 나타내므로 '看了'라고 했다면 '보려고 고개나 몸을 돌리는 행위를 했다'는 정도의 의미를 가질 것이다. 그러므로 이는 위와 같은 문장에서 완전한 의미를 나타내지 못한다. 보려는 행위의 결과로 그가 걸어오는 모습이 보였다는 의미를 나타내기 위해서는 결과보어 '见'을 동반해야 한다.

我听见了钟声。
나에게 종소리가 들렸다.
(=들으려는 행위를 했고, 그 결과 종소리가 들렸다.)

'听'은 '들으려는 행위' 자체만을 나타내므로 '听了'라고 했다면 '들으려고 귀를 기울이는 행위를 했다'는 정도의 의미를 가질 것이다. 그러므로 이는 완전한 의미를 나타내지 못한다. 들으려는 행위의 결과로 종소리가 들렸다는 것을 나타내기 위해서는 결과보어 '见'을 동반해야 한다.

对不起, 我没瞧见, 踩您脚了。
죄송합니다. 제게 안 보여서, 당신의 발을 밟았습니다.

'瞧'는 '보려는 행위' 자체만을 나타내므로 '瞧了'라고 했다면 '보려는 행위를 했다'는 정도의 의미를 가질 것이다. 그러므로 이는 위와 같은 문장에서 완전한 의미를 나타내지 못한다. 보려는 행위의 결과 상대의 발이 보였다는 것을 나타내기 위해서는 결과보어 '见'을 동반해야 한다.

我闻见香味儿了。
나는 향기를 맡았다.
(=코를 내미는 것과 같은 향기 맡는 행위를 했고, 그 결과 향기가 맡아졌다.)

'闻'은 '냄새를 맡는 행위' 자체만을 나타내므로 '闻了'라고 했다면 '맡는 행위를 했다'는 의미를 가질 것이다. 그러므로 이는 완전한 의미를 나타내지 못한다. 맡는 행위의 결과 냄새가 맡아졌음을 나타내기 위해서는 결과보어 '见'을 동반해야 한다.

'看'은 동작동사로서 영어의 'look'에 해당하며, '看见'은 인지동사로서 영어의 'see'에 해당한다. '听'은 동작동사로서 영어의 'listen'에 해당하며, '听见'은 인지동사로서 영어의 'hear'에 해당한다. 그러므로 '看'과 '听'은 명령문에 사용될 수 있지만 '看见'과 '听见'은 명령문에 사용될 수 없으며, '看'과 '听'은 진행형 문장에 사용될 수 있지만 '看见'과 '听见'은 진행형 문장에 사용될 수 없다.

看一看!
한번 보세요!
*看见看见!

听一听!
한번 들어 보세요!
*听见听见!

他正在看书。
그는 책을 보고 있는 중이다.
*他正在看见书。

他正在听音乐。
그는 음악을 듣고 있는 중이다.
*他正在听见音乐。

3.7.2.1.12 懂

결과보어 '懂'은 동작을 통하여 대상을 이해하게 되었음을 나타낸다.

这本书我都看懂了。
이 책을 나는 모두 이해하였다.
(=보는 행위를 했고, 그 결과 이해하게 되었다.)
你的话我都听懂了。
너의 말은 내가 모두 알아들었다.
(=듣는 행위를 했고, 그 결과 이해하게 되었다.)

3.7.2.1.13 上

결과보어 '上'은 새로운 상태에 진입하여, 그 상태에 계속 존재함을 나타낸다.

登上了山顶
산정에 올라가 있다.
跳上舞台大方地朗诵起来
무대에 뛰어 올라가서 대담하게 낭송하기 시작했다.

위는, 산정에 오르는 행위가 발생하고 산정에 계속 존재함을 나타내며, 무대에 뛰어 올라가는 행위가 발생하고 계속 무대 위에 존재함을 나타낸다.

(1) 开上了高速公路
고속도로에 들어섰다.
(2) 开到了高速公路
고속도로에 도착했다.
(3) 开进了高速公路
고속도로에 진입했다.

위의 (1)은 자동차가 고속도로에 진입하는 새로운 상태가 발생하고, 자동차가 그곳에서 계속 달려감을 나타낸다. 결과보어 '到'가 사용된 (2)는 고속도로에 도달한 사실만을 나타낸다. 그러므로 이는 고속도로에 도착하여 쉬고 있는 상태 등을 나타낼 수 있다. (3)은 고속도로에 진입한 사실만을 나타내며, 자동차가 고속도로에서 계속 달리고 있는지의 여부를 나타내지 못한다.

(4) 他换上了一件干净的新衣服。
그는 깨끗한 새 옷으로 갈아입었다.
(=그리고 계속 갈아입은 상태에 있다.)

(5) 他戴上了眼镜。
그는 안경을 꼈다.
(=그리고 안경을 낀 상태에 있다.)

(4)의 '换'은 '옷을 갈아입는 행위' 자체만을 나타낼 뿐, 그 결과 새 옷이 계속 몸에 입혀져 있는지 아닌지의 여부는 나타내지 못한다. 이 경우에 '上'은 '换'이라는 행위의 결과로, 새 옷을 입은 새로운 상태에 계속 존재함을 나타낸다. (5)의 '戴'는 '안경을 끼는 행위' 자체만을 나타낼 뿐, 그 동작 이후에 안경이 얼굴에 끼어 있는지 아닌지의 여부는 나타내지 못한다. 이 경우에 '上'은 '戴'의 결과로 안경을 끼고 있는 새로운 상태에 계속 존재함을 나타낸다.

결과보어 '上'이 나타내는 새로운 상태는 일정한 등급일 수도 있다.

(6) 登上了事业的顶峰
사업의 정상에 오르게 되었다.
(=그리고 계속 정상에 존재한다.)

(7) 考上了大学
대학의 입학시험에 합격했다.
(=그리고 합격한 상태에 존재한다.)

(8) 当上了所长
소장이 되었다.
(=그리고 계속 소장직에 머물러 있다.)

위는 모두 '정상, 입학시험, 소장'이라는 일정한 등급에 도달하여 그곳에 계속 존재함을 나타낸다. 이제 위의 '上'을 제거하여 보자.

(6′)?登了事业的顶峰
사업의 정상에 오르는 행위를 하였다.

(=그러나 계속 정상에 존재하는지 안 하는지는 모른다.)

(7′) 考了大学

대학의 입학시험을 보았다.

(=그러나 합격을 한 상태에 있는지 아닌지는 모른다.)

(8′) 当了所长

소장으로 임명받은 사실이 발생하였다.

(=그러나 계속 소장직을 맡고 있는지 아닌지는 모른다.)

(6′)는 의미가 분명하지 않은 이상한 문장이다. 이는 정상에 오르는 행위를 나타낼 뿐, 그곳에 계속 존재하는지 안 하는지를 나타내지 못하기 때문이다. (7′)는 입학시험을 치렀다는 행위만을 나타낼 뿐, 그 결과로 합격했는지 아닌지를 나타내지 못한다. (8′)는 소장으로 임명받은 행위가 발생했음을 나타낼 뿐, 그가 소장으로 계속 근무하는지 안 하는지를 나타내지 못한다.

결과보어 '上'은 높은 수준을 나타내는 새로운 상태에 진입하여 그 상태에 계속 존재함을 나타내는 경우가 있다. 다음을 보자.

(9) 住上了新房子

새집에 살게 되었다.

(=그리고 그러한 풍족한 상태에 계속 존재한다.)

(10) 买上了电脑

컴퓨터를 사게 되었다.

(=그리고 그러한 풍족한 상태에 계속 존재한다.)

(11) 开上了汽车

자동차를 운전하고 다니게 되었다.

(=그리고 그러한 풍족한 상태에 계속 존재한다.)

(9)는 생활의 여건이 향상되어 새집에 살게 되었음과 앞으로도 계속 이러한 상태에 존재하리라는 사실을 나타낸다. (10)도 생활수준의 향상으로 컴퓨터를 사는 수준에 이르렀으며 그 수준이 계속 유지되리라는 사실을 나타낸다. (11)도 자동차를 운전하고 살 수 있는 수준에 이르렀으며, 이러한 수준에 계속 존재하리라는 사실을 나타낸다. 위에서 결과보어 '上'을 제거하여 보자.

(9′)?住了新房子

새집에 사는 행위가 발생했다.

(10′) 买了电脑

컴퓨터를 샀다.

(11′) 开了汽车

자동차를 운전했다.

(9′)는 새집에 사는 행위가 발생했으나 앞으로 이 집에 계속 살 수 있는지 아닌지를 나타내지 못한다. 그러므로 이는 이상한 말이 된다. (10′)는 컴퓨터를 사는 행위가 발생했음을 나타낸다. 그러므로 화자는 지금 컴퓨터를 가지고 있을 수도 있고, 가지고 있지 않을 수도 있다. (11′)는 자동차를 운전하는 행위가 발생했음을 나타낸다. 이는 (11)과는 전혀 다른 의미이다.

결과보어 '上'은 새로운 감정 상태에 진입하고, 그 감정 상태에 계속 존재함을 나타내기도 한다.

(12) 我爱上了你。

나는 너를 사랑하게 되었어.

(13) 我喜欢上了你。

나는 너를 좋아하게 되었어.

(12)는 이제 사랑하는 새로운 상태로 진입하여, 앞으로도 계속 사랑할 것임을 나타내며, (13)은 이제 좋아하는 새로운 상태로 진입하여, 앞으로도 계속 좋아할 것임을 나타낸다. (12,13)에서 강조되는 것은 새로운 상태에 진입한 시간이 '지금'이라는 것이며, 그러한 상태가 앞으로도 지속될 것이라는 사실이다. 위에서 결과보어 '上'을 제거하여 보자. 결과보어 '上'을 제거하면 완료태 '了'는 자동적으로 제거된다. 왜냐하면 완료태 '了'는 '爱, 喜欢'과 같은 심리동사 뒤에는 올 수 없기 때문이다.

(12′) 我爱你。

나는 너를 사랑해.

(13′) 我喜欢你。

나는 너를 좋아해.

(12′,13′)는 '현재 내가 사랑하거나 좋아하는 상태'임을 나타내지만, 그러한 감정이 언제 시작되었는지를 알려 주지 않는다. 그러므로 (12′,13′)는 예전부터 그러한 감정을 가지고 있었음을 나타낼 수도 있다. 또한 (12′,13′)에서는 지금의 감정이 그렇다는 사실만을 나타낼 뿐, 앞으로도 그 감정이 유지되리라는 사실은 나타나지 않는다.

다음을 보며 결과보어 '上'의 용법을 익혀 보자.

关上门!
문을 닫아 놓아라!
(=닫는 행위를 하고 그 새로운 상태를 유지하라!)
在工作中, 他终于用上了在大学学到的知识。
일하는 가운데, 그는 드디어 대학에서 배운 지식을 사용하게 되었다.
(=지식을 사용하는 새로운 상태로 들어가고, 앞으로도 그럴 것이다.)
再披上一件大衣吧, 外边冷。
외투를 더 입어라, 밖이 춥다.
(=외투를 입고, 그 새로운 상태를 유지하라.)

3.7.2.1.14 下

결과보어 '下'는 동작 행위가 실현된 결과로 사람이나 사물이 최종 위치에 존재하게 되는 것을 나타낸다. 이 존재는 시각적으로 감지된다.

(1) 不知道什么时候, 他坐下了。
언제 그가 앉았는지 모르겠다.
(2) 他把包放下, 从里边儿拿出了毛巾。
그는 배낭을 내려놓고, 그 안에서 수건을 꺼냈다.

결과보어 '下'가 사용된 위 문장의 진정한 의미를 살펴보기로 하자. (1)이 나타내는 것은, '앉는 동작'과 '앉아 있는 상태가 시각적으로 보이는 것'이다. (2)가 나타내는 것은, '배낭을 내려놓는 동작'과 '배낭이 놓여 있는 상태가 시각적으로 보이는 것'이다. 결과보어 '下'의 기능을 이해하기 위하여 위에서 결과보어 '下'를 제거하여 보자.

(1′)*不知道什么时候, 他坐了。
언제 그가 앉는 행위를 했는지 모르겠다.

(2′)?他把包放了，从里边儿拿出了毛巾。
그는 배낭을 내려놓는 행위를 하고, 그 안에서 수건을 꺼냈다.

(1′)의 '坐了'는 '앉는 동작'이 발생했음을 나타낼 뿐, 그 결과인 '앉아 있는 상태'를 나타내지 못한다. 그런데 '언제 앉았는지 모르겠다'라는 말을 하기 위해서는 '앉아 있는 상태'를 보아야만 한다. 그러나 '坐了'는 이러한 결과적 상태를 나타내지 못하므로 (1′)는 앞뒤가 연결되지 않는 비문이다. (2′)는 어색한 문장이다. '배낭 속에서 수건을 꺼내기 위해서는 배낭이 놓여 있는 상태'가 시각적으로 감지되어야 한다. 그러나 '放了'는 '내려놓는 동작'을 나타낼 뿐, '놓여 있는 상태'를 시각적으로 제시하지 못한다. 그러므로 앞뒤의 연결이 자연스럽지 않은 것이다. 다시 다음을 보자.

(3) 花都落了。
꽃이 이미 졌다.
(4) 花都落下了。
꽃이 모두 떨어졌구나.

(3)의 '落了'는 꽃이 떨어지는 현상이 발생했음을 나타낼 뿐, 꽃이 어디에 떨어져 있는지는 나타내지 않는다. 그러므로 이는 꽃잎이 이미 떨어져 버린 나뭇가지를 보면서 할 수 있는 말이다. (4)는 꽃이 떨어지고 그것이 최종 위치에 존재함을 나타낸다. 그러므로 (4)는 꽃잎이 떨어져 있는 땅을 보면서 할 수 있는 말이다. 중국인은 이와 같이 동작의 '발생'과 '발생의 결과 그 사물이 어디에 존재하는가'를 구분하여 사고한다. 한국인이 결과보어 '下'를 이해하기 어려운 것은, 한국인은 이러한 형식으로 사유하지 않기 때문이다. 다음 우리말을 보자.

(5) 꽃이 모두 졌구나.

위의 우리말은 꽃잎이 떨어져 버린 나무를 보면서 하는 말이기도 하고, 꽃잎이 떨어져 있는 땅을 보면서 하는 말이기도 하다. 그 이유는 한국어 '졌구나'가 나뭇가지에서 꽃잎이 떨어진 상황을 나타낼 수도 있고, 꽃잎이 지면에 떨어져 있는 상태를 나타낼 수도 있기 때문이다. 그러나 중국인은 이들을 철저하게 구분하여 사고한다는 사실에 주의하여야 한다.

결과보어 '下'는 다양한 방향으로의 이동을 나타낼 수도 있다. 이 경우에도 결과보어 '下'는 이동한 결과, 최종점에 존재하는 사물을 나타낸다.

(6) 脱下皮鞋, 换上拖鞋!
구두를 벗어 놓고, 슬리퍼로 갈아 신어라!

중국인은 (6)에서 벗어 놓은 구두의 존재를 시각적으로 감지한다. 다시 말하면 그들은 벗어 놓은 구두가 바닥이나 신발장 등에 존재함을 시각적으로 느끼는 것이다. 다음에서 이러한 현상을 확인하여 보자.

(7)*摘了眼镜擦掉灰尘。
안경을 벗어서 먼지를 닦았다.
(8) 摘下眼镜擦掉灰尘。
안경을 벗어 들고 먼지를 닦았다.

(7)의 '摘了'는 안경을 벗는 행위가 발생했다는 사실을 나타낼 뿐, 그 안경이 어디에 존재하는지는 나타내지 못한다. 따라서 어디에 있는지도 모르는 안경을 닦을 수는 없는 것이다. 이것이 (7)이 비문인 이유이다. (8)의 '摘下'는 안경을 벗는 행위와 벗은 이후의 안경의 존재를 나타낸다. 물론 (8)에 안경이 존재하는 처소가 제시되어 있지는 않다. 그러나 중국인은 (8)에서 손에 들고 있는 안경을 시각적으로 감지한다.

결과보어 '下'의 존재 표시 기능은 다음과 같이 다양하게 나타난다.

(9) 交了几个朋友
몇 명의 친구와 사귀었다.
(10) 交下了几个朋友
몇 명의 친구와 사귀어 놓았다.

(9)는 단순히 친구와 사귀는 행위가 발생했음을 나타낼 뿐, 그들이 지금도 친구로 계속 존재하는지 아닌지를 나타내지 못한다. (10)은 사귀는 행위가 발생했고, 그 결과 그들이 친구로 계속 존재함을 나타낸다. 그러므로 중국인은 (10)에서 그 친구들과 지금도 친하게 지낸다는 인상을 받는다.

(11) 他写了很好的诗篇。
그는 좋은 시를 썼다.
(12) 他写下了很好的诗篇。
그는 좋은 시를 남겼다.

(11)은 단순히 좋은 시를 쓰는 행위가 발생했음을 나타낼 뿐, 그러한 시가 지금도 존재하는지 아닌지를 나타내지 못한다. (12)는 좋은 시를 쓰는 행위가 발생했고, 그 결과 그러한 시들이 지금도 존재함을 나타낸다. 다음은 모두 이러한 경우에 속한다.

请收下吧!
받아 두시지요!
(=받는 행위를 하고, 계속 가지고 계시지요.)
你的话我记下了。
너의 말을 나는 적어 놓았다.
(=적는 행위를 했고, 계속 보관하고 있다.)

결과보어 '下'가 빈어를 취하지 않으면, 동작과 함께 그 동작이 끝난 후의 상태가 지속됨을 나타낸다.

快停下, 我要下车。
빨리 세워 주세요, 나는 내려야겠어요.

위의 '停下'는 '차가 달리다가 멈추는 동작과 멈추어 있는 상태'를 차례로 나타낸다. 그러나 지속태 '停着'는 '멈추어 있는 상태'만을 나타낼 뿐, '차가 달리다가 멈추는 동작'을 나타내지 못한다.

她在我身边站下, 看着我。
그녀는 내 옆에 멈추어 서더니 나를 계속 바라보고 있었다.

위의 '站下'는 '그녀가 가다가 멈추어 서는 동작과 멈추어 있는 상태'를 차례로 나타낸다. 이와 유사한 기능을 가질 것으로 보이는 지속태 '站着'는 '서 있는 상태'만을 나타낼 뿐, '가다가 멈추는 동작'을 나타내지 못한다.

결과보어 ‘下’ 다음에 나오는 처소사는 대개 행위의 시발점이 된다.

他走下楼。
그는 위층에서 걸어 내려왔다.
他走下讲台。
그는 단상에서 내려왔다.

他跳下床, 出去了。
그는 침대에서 뛰어 내려오더니 밖으로 나갔다.
他跳下舞台, 跟观众一一握手。
그는 무대에서 뛰어 내려오더니 관중과 일일이 악수를 했다.

위의 ‘楼, 讲台, 床, 舞台’는 모두 걷거나 뛰는 행위가 시작된 처소이다. 그러나 특수한 경우에는 결과보어 ‘下’ 다음의 처소사가, 행위의 결과로 존재하는 최종점을 나타낸다.

跳下水去救人。
물로 뛰어들어 사람을 구했다.
跳下地, 披上大衣。
바닥으로 뛰어 내려와 외투를 입었다.

宝物沉下河底。
보물이 강바닥으로 가라앉았다.
潜下水以后四周一片寂静。
물에 들어간 후에는 사방이 고요하였다.

위의 ‘水, 地, 河底’는 행위의 결과 도달한 최종점이다. 그러나 이러한 경우는 많지 않다.

3.7.2.1.15 起来

‘起来’가 방향보어인가 결과보어인가의 문제는 아직도 불분명하지만 이 책에서는 ‘起来’를 결과보어로 보기로 한다. 결과보어 ‘起来’의 특징은 시각적, 청각적, 감각적 묘사의 기능을 갖는다는 데에 있다. 이는 중국인 이외의 외국인이 이해하기 어려운 부분이다. 이러한 결과보어 '起来'의 기능을 이해하기 위해서는 결과보어 '起来'가 사용될 때마다 시각적, 청각적, 감각적인 상황을 연상해 보는 훈련이 필요하다. 결과보어 '起来'는 다음과 같은 세 가지 기능을 갖는다.

1. 결과보어 '起来'는 동작이나 상태 변화의 '시작'을 나타낸다. '시작의 시점'은, 화자가 말하는 그 시점이거나 그로부터 머지않은 조금 전이다. 그러나 이 시점은 날짜나 시계 등으로 표시되는 객관적 시점이 아니라 화자의 주관적 시점이다. 그러므로 결과보어 '起来'는 객관적 시점을 나타내는 시간사와 함께 사용되지 않는다. 또한 결과보어 '起来'는 '시작'을 나타냄과 동시에 그 이후에도 동작 행위나 상태가 계속하여 지속됨을 나타낸다. 다음을 보자.

(1) 大家全哈哈大笑起来。
모두들 하하대며 크게 웃기 시작했다.
(=웃기 시작한 것은 지금이거나 바로 조금 전이다.)
(=웃음소리가 계속 들리며, 웃는 모습이 떠오른다.)

(2) 脸红了起来。
얼굴이 붉어지기 시작했다.
(=붉어지기 시작한 것은 지금이거나 바로 조금 전이다.)
(=그리고 계속 붉어진다.)
(=붉어지는 모습이 시각적으로 떠오른다.)

(1)의 결과보어 '起来'는 행위가 시작됨을 나타내고, (2)의 결과보어 '起来'는 상태가 변화하기 시작하는 것을 나타낸다. 그리고 (1,2)에는 그 행위나 상태가 이후로도 계속 진행된다는 암시가 주어져 있다. 중국인은 (1,2)에서 웃는 모습과 얼굴이 붉어지는 모습을 시각적, 형상적으로 감지한다. 그러므로 결과보어 '起来'는 언제나 강한 묘사성을 갖는다. 결과보어 '起来'가 나타내는 '시작'의 특성을 살펴보기로 하자.

(3) 他们都唱了起来。
그들은 모두 노래를 부르기 시작했다.
(=노래하기 시작한 것은 지금이거나 바로 조금 전이다.)

(=그리고 노래를 계속 부른다.)
(=노래를 계속 부르는 모습이 떠오르며, 노랫소리도 들린다.)

(4) 十一点开始唱, 十二点吃午饭。
11시에 노래를 시작하고, 12시에 점심을 먹습니다.

(3)은 노래 부르기 시작하는 장면을 화자가 직접 보고, 그들이 노래를 계속 부르는 상황을 묘사하고 있다. 예를 들면, 9시에 만나기로 한 화자가 10시에 도착하여, 이미 한 시간 전부터 노래를 부르고 있는 상황을 이와 같이 묘사할 수는 없다. 왜냐하면 화자는 그들이 노래 부르기 시작하는 장면을 보지 못했기 때문이다. (3)은 어떠한 형식으로든 시작의 장면을 보거나 느낀 사람만이 할 수 있는 말이다. 또한 (3)에는 시작 시간이 제시되어 있지 않다는 사실에 유의하자. 이 경우에 노래를 시작한 시점은 말하는 그 시점이거나 말하기 직전이 된다. 이러한 시점은 화자의 주관적 시점이다. (4)의 '开始'는 객관적 시점을 나타낸다. 그러나 '开始'는 어느 시점에 시작함을 나타낼 뿐, 그 행위가 계속되는지 아닌지를 나타내지 못한다. 따라서 시각적, 형상적 느낌을 나타내지 못한다.

결과보어 '起来'는 시간사와 함께 사용될 수 없다.

(5)*十点唱了起来。
그들은 10시에 노래를 부르기 시작했다.

(5)가 비문인 이유는 결과보어 '起来'가 '10시'라는, 객관적 시간을 나타내는 시간사와 함께 사용되었기 때문이다.

2. 결과보어 '起来'는 상태의 발생, 변화, 지속을 나타낸다. 발생은 앞에서 다룬 '시작'에 해당하므로 여기에서는 상태의 변화와 지속의 기능을 중점적으로 다루기로 한다. 다음을 보자.

(6) 肚子一天天大了起来。
배가 하루하루 불러 온다.
(=그리고 계속 불러 갈 것이다.)
(=배가 불러 오는 모습이 떠오른다.)

(7) 肚子大了, 走路不方便。

배가 나와서 걷기에 불편하다.
(=계속 불러 갈지 그렇지 않을지는 모른다.)
(=배가 불러 오는 모습이 떠오르지 않는다.)

(6)은 임신부의 배가 하루하루 불러 오는 것을 묘사한 문장이다. 이에는 시작의 의미는 약화되고 배가 불러 오는 시각적 변화 과정이 분명하게 드러난다. 또한 이에는 앞으로도 배가 계속 불러 갈 것이라는 암시가 나타나 있다. 결과보어 '起来'가 없는 (7)에서는, 지금 배가 부르기 때문에 걷기가 불편하다는 사실을 나타낼 뿐, 배가 점차로 불러 오는 시각적 변화를 느낄 수 없다. 또한 (7)은 앞으로 배가 계속 불러 갈 것이라는 사실도 말해 주지 않는다.

결과보어 '起来'가 이상과 같이 상태의 발생, 변화, 지속을 나타낸다면, 이는 변화를 나타내는 변화태(变化态)와 어떻게 다른지를 살펴보기로 하자.

(8) 这孩子懂起事来了。
이 아이는 철이 들어가기 시작했다.
(=그리고 계속 철이 들어 갈 것이다.)
(=철이 들어가는 모습이 떠오른다.)

(9) 这孩子懂事了。
이 아이는 이제 철이 들었다.
(=이제 철이 든 상태에 있는 것이지, 앞으로도 계속 철이 들어갈지는 모른다.)
(=철이 들어가는 모습이 떠오르지 않는다.)

(8)의 결과보어 '起来'는, 아이가 철이 들어가기 시작하는 변화 상태와 앞으로도 계속 철이 들어 갈 것이라는 사실을 나타낸다. 그리고 철이 들어가는 상태가 감각적으로 떠오른다. 그러나 (9)는 변화태 문장으로서, '아이가 이제는 철이 든 상태로 변했다'는 사실만을 나타낸다. 그러므로 앞으로도 계속 철이 들어 갈 것이라는 사실은 나타나지 않는다. 그리고 철이 들어가는 상태가 감각적으로 느껴지지 않는다.

(10) 天气热了起来。
날씨가 후끈후끈하게 더워지기 시작하는구나.
(=앞으로도 계속 더워질 것이다.)

(=날씨가 후끈후끈하게 더워지는 상태가 감각적으로 느껴진다.)

(11) 天气热了。

날씨가 이제 더워졌다.

(=앞으로 계속 더워질 것인지 아닌지는 모른다.)

(=날씨가 더운 상태가 감각적으로 느껴지지 않는다.)

(10)의 결과보어 '起来'는, 날씨가 이제 더워지기 시작했으며 앞으로도 점점 더워질 것이라는 사실을 나타낸다. 그리고 '후끈후끈' 더워진다는 감각적 느낌을 전해 준다. (11)은 변화태 문장으로서 '이제 날씨가 더워진 상태로 변했다'라는 사실을 나타낼 뿐, 앞으로도 더워질 것이라는 사실을 나타내지 못하며 감각적 느낌을 전해주지도 않는다.

결과보어 '起来'가 이상과 같이 상태의 변화와 함께 지속을 나타낸다면 지속태(持续态)와 어떤 차이가 있는지를 살펴보기로 하자.

(12) 大家都议论了起来。

모두들 분분하게 의논하기 시작했다.

(=그리고 계속 의논해 간다.)

(=여기저기서 분분하게 의논하는 모습이 시각적, 청각적으로 감지된다.)

(13) 大家都议论着这件事。

모두들 이 문제를 의논하고 있다.

(12)는, 의논이 방금 시작되었다는 사실을 알려 주며, 또한 의논하는 모습을 떠오르게 하고 분분한 소리를 청각적으로 느끼게 해 준다. 그리고 의논이 계속 이어지리라는 사실이 암시되어 있다. 그러나 지속태 문장인 (13)은, 의논하고 있는 상태가 현재 지속되고 있다는 사실만을 전해 주고 있다. 그러므로 (13)에는 의논을 시작한 시점이 나타나 있지 않으며, 의논하는 모습이나 의논하는 소리도 떠오르지 않는다. 그리고 앞으로 계속 의논해갈 것이라는 사실도 나타나지 않는다.

결과보어 '起来'와 진행태를 비교하여 보자.

(14) 她唱了起来。

그녀는 노래를 부르기 시작했다.

(=그리고 계속 노래를 한다.)

(=노랫소리와 노래 부르는 모습이 시각적, 청각적으로 감지된다.)

(15) 她正在唱着呢。
그녀는 지금 노래를 부르는 중이다.
(=앞으로 계속 노래할 것인지 아닌지는 모른다.)
(=노랫소리와 노래 부르는 모습이 시각적, 청각적으로 감지되지 않는다.)

(14)는, 그녀가 지금 혹은 방금 전에 노래 부르기 시작했다는 사실을 나타내며, 노래를 부르고 있는 상태를 시각적, 청각적으로 느끼게 해 준다. 그리고 앞으로 노래는 계속된다는 사실을 나타내고 있다. 진행태 문장인 (15)는, 그녀가 지금 노래 부르는 중이라는 진행 상태만을 나타낸다. 따라서 그녀가 언제 노래를 부르기 시작했는지를 알 수 없으며, 시각적, 청각적 느낌도 전해 주지 않는다. 또한 이에는 앞으로도 계속 노래를 부를 것이라는 사실이 암시되어 있지 않다.

3. 결과보어 '起来'는 어떤 상태가 발생한 이후 그 상태가 유지되도록 일정한 힘이 가해지는 것을 나타낸다.

(16) 把那条路堵起来!
그 길을 막고 있어라!
(17) 那条路堵好了。
그 길은 잘 막았다.
(18) 几个小偷被关了起来。
몇 명의 도둑이 잘 구금되어 있다.
(19) 几个小偷被关了。
몇 명의 도둑이 구금되었다.

(16)은, 예를 들면 경찰의 상급자가 하급자에게 도로를 차단하라고 말하는 경우에 사용될 수 있는 말로서, 이에는 도로를 차단하는 행위를 할 뿐 아니라 차단 상태를 계속 엄중하게 유지해야 한다는 의미가 나타나 있다. 엄중하게 유지하기 위해서는 일정한 힘이 가해져야 한다. 결과보어 '起来'는 이와 같이 계속 부가되는 힘의 작용을 나타낸다. 결과보어 '起来'가 없는 (17)은 길을 잘 막았다는 단순한 사실만을 나타낸다. (18)은 도둑을 구금하였고, 그 구금 상태가 잘 유지되도록 어떤 힘이 계속 작용하고 있음을 나타낸다. 그러나 결과보어 '起来'가 없는 (19)는 구금되었다는 단순한 사실

만을 나타낸다. 다시 다음을 보자.

(20) 他们团结起来, 共同奋斗。
그들은 단결하여 함께 투쟁한다.
(21)*他们团结了, 共同奋斗。

(20)은, 단결하기 시작하고, 어떤 힘이 계속 작용하여 단결 상태가 잘 유지되고 있음을 나타낸다. 그리고 이렇게 단결이 유지되는 상태에서 함께 투쟁하는 것이다. (21)은 비문이다. '团结了'는 단결하는 행위가 발생했음을 나타낼 뿐 단결 상태가 유지됨을 나타내지 못하기 때문이다. 중국인은 단결 상태가 유지되지 않은 상태에서는 함께 투쟁할 수 없다고 사고한다. 다음도 이와 같은 경우에 해당한다.

(22) 锁起门来在里面干什么?
문을 꼭꼭 잠가 놓고 안에서 뭐 하는 거야?
(23)*锁好门在里面干什么?

(22)는 문을 잠갔고, 그 잠긴 상태가 어떤 힘에 의하여 엄정하게 유지됨을 나타낸다. 그리고 이러한 상태에서 무엇을 하고 있는가를 묻고 있다. (23)은 비문이다. '锁好'는 문을 잘 잠그는 행위가 발생했다는 사실만을 나타낼 뿐, 그 이후에 잠긴 상태가 엄정하게 유지되는 상태를 나타내지 못하기 때문이다.

3.7.2.1.16 好

결과보어 '好'는 어떤 행위가 성공적으로 완료되었음을 나타낸다. 예를 들면 '锁好'는 자물쇠를 이렇게 잠가 보기도 하고, 저렇게 잠가 보기도 하다가 결과적으로 확실하게 잠갔음을 나타낸다. '关好'는 바람이 들어가지 않게 문을 잘 닫았다던가, 안에서 하는 말이 밖으로 새어 나가지 않도록 문을 잘 닫았다는 것 등을 나타낸다. 다음을 보자.

报告已经写好了。
보고서는 이미 다 썼다.
(=쓰는 행위를 했고, 쓰는 행위를 성공적으로 완료했다.)

'写'는 '쓰는 행위' 자체만을 나타내므로 '报告写了'라고 했다면 '보고서를 쓰는 행위를 했다'는 정도의 의미를 가질 뿐, 쓰는 행위가 성공적으로 완료된 결과를 나타내지 못한다. 성공적 완료를 나타내기 위해서는 위와 같이 결과보어 '好'를 동반해야 한다.

那件事已经办好了。
그 일은 이미 잘 처리했다.
(=처리하는 행위를 했고, 처리하는 행위가 성공적으로 완료되었다.)

'办'은 '처리하는 행위' 자체만을 나타내므로 '那件事已经办了'라고 했다면 '그 일을 처리하는 행위를 했다'는 정도의 의미를 가진다. 그러므로 이는 처리하는 행위가 성공적으로 완료된 결과를 나타내지 못한다. 다음을 보며 결과보어 '好'의 용법을 익혀 보기로 하자.

你的车子已经修好了。
너의 자전거는 이미 수리되었다.
(=수리하는 행위를 했고, 수리하는 행위가 성공적으로 완료되었다.)
卧室已经收拾好了。
침실은 이미 잘 정리하였다.
(=정리하는 행위를 했고, 정리하는 행위가 성공적으로 완료되었다.)

3.7.2.1.17 极

결과보어 '极'는 어떤 상태가 극도에 도달했음을 나타낸다. 이 뒤에는 변화태 '了'가 온다. (변화태는 <7.2 변화태>를 참고할 것.)

我饿极了。
나는 아주 배가 고프다.
(=나는 배가 고픈데, 그 정도가 극에 달했다.)
我累极了。
나는 아주 피곤하다.
(=나는 피곤한데, 그 정도가 극에 달했다.)

극도의 정도는 일반적인 상황이 아니다. 그러므로 극도의 정도에 도달했다면 이는 일반적인 상태로부터 그 상태로 변했다고 보아야 한다. 그러므로 결과보어 '极'는 언제나 변화태 '了'를 동반한다.

3.7.2.1.18 明白, 清楚

결과보어 '明白, 清楚'는 동작을 통하여 결과가 명백해졌음을 나타낸다.

那件事他说明白了。
그 일은 그가 분명하게 말했다.
(=그가 말했는데, 말한 내용이 분명했다.)
他的话我听清楚了。
그의 말은 내가 똑똑히 알아들었다.
(=내가 들었는데, 들은 정도가 분명했다.)

3.7.2.1.19 干净

결과보어 '干净'은 동작의 결과로 깨끗하게 되었음을 나타낸다.

桌子他擦干净了。
책상은 그가 깨끗이 닦았다.
(=그가 닦았는데, 닦은 결과가 깨끗했다.)
那件衣服他洗干净了。
그 옷은 그가 깨끗이 빨았다.
(=그가 빨았는데, 빤 결과가 깨끗했다.)

3.7.2.1.20 多

결과보어 '多'가 동사 뒤에 오면, 그 동작이 이미 너무 많이 진행되었음을 나타낸다.

你已经吃多了。
너는 이미 너무 많이 먹었다.
(=먹은 것이 너무 많다.)
你已经喝多了。
너는 이미 많이 마셨다.

(=마신 것이 너무 많다.)

결과보어 '多'가 형용사 뒤에 오면, 이전의 상태와 많이 달라졌음을 나타낸다. 이 뒤에는 항상 변화태 '了'가 온다.

他的病好多了。
그의 병이 많이 좋아졌다.
(=그의 병은 좋아진 정도가 상당하다.)
这儿现在方便多了。
이곳은 이제 많이 편리해졌다.
(=편리해진 정도가 상당하다.)

많이 달라진 것은 일반적인 상황이 아니다. 그러므로 많이 다른 정도에 도달했다면 이는 일반적인 상태로부터 그러한 상태로 변했다고 보아야 한다. 그러므로 형용사 뒤에 오는 결과보어 '多'는 언제나 변화태 '了'를 동반한다.

3.7.2.1.21 光

결과보어 '光'은 행위의 결과 '조금도 남은 것이 없음'을 나타낸다.

饭都吃光了。
밥을 남김없이 먹었다.
(=밥을 먹었고, 그 결과 완전히 그릇을 비웠다.)
那些东西都卖光了。
그 물건을 남김없이 팔았다.
(=물건을 팔았고, 그 결과 남은 것이 없다.)

3.7.2.1.22 错

결과보어 '错'는 행위의 결과가 틀렸음을 나타낸다.

我说错了。
제가 잘못 말했습니다.
(=말을 했는데, 그 결과는 틀렸다.)

你坐错了公共汽车。
너는 버스를 잘못 탔다.
(=버스를 탔는데, 그 결과는 잘못되었다.)

3.7.2.2 결과보어와 빈어

결과보어와 빈어가 함께 나오는 경우에는 다음과 같은 사항에 유의하여야 한다. 밑줄 그은 부분은 빈어이다.

1. 빈어가 하나이면 그 빈어는 결과보어의 뒤에 온다.

동사 + 결과보어 + 빈어

我已经写好了报告。
나는 이미 보고서를 다 썼다.
他们现在学到第五课了。
그들은 지금 제5과까지 배웠다.
昨天晚上他们谈到十点。
어제저녁 그들은 10시까지 이야기했다.

2. 대상빈어와 시간사가 함께 나오는 경우에는 동사를 반복해야 한다. (시간사에 대하여는 ＜1.1.6 시간사＞를 참고할 것.)

동사 + 대상빈어 + 동사 + 결과보어 + 시간사

他每天看书看到十点。
그는 매일 10시까지 책을 본다.
我每天练琴练到十点。
나는 매일 10시까지 피아노를 연습합니다.

3. 대상빈어와 처소사가 함께 나오는 경우에는 '把'자문으로 말해야 한다. ('把'자문에 대하여는 ＜8.8 '把'자문＞을 참고할 것.)

请把他送到火车站!

그 사람을 기차역까지 데려다 주세요!
请把你的电话号码写在这儿。
당신의 전화번호를 여기에 써 주십시오.

대상빈어와 처소사가 함께 나오는 경우에는 동사를 반복할 수 없다. 그러므로 다음은 비문이다.

*请送他送到火车站!
그 사람을 기차역까지 데려다 주세요!
*请写电话号码写在这儿。
전화번호를 여기에 써 주십시오.

4. 대상빈어와 결과빈어가 함께 나오면 '把'자문으로 말해야 한다.

我把他当成我的老师。
나는 그를 나의 스승으로 생각한다.
我要把美元换成人民币。
나는 달러를 인민폐로 바꾸려고 한다.

5. 완료태 '了'는 결과보어와 빈어 사이에 온다.

我看懂了这篇文章。
저는 이 문장을 읽고 이해했습니다.
他写错了两个字。
그는 두 글자를 잘못 썼다.

3.7.2.3 결과보어문의 부정형

결과보어문을 부정하려면 '没(有)'를 사용한다.

这封信还没(有)写好。
이 편지는 아직 다 쓰지 못했다.
他的话我没(有)听懂。
그의 말을 나는 못 알아들었다.

결과보어가 가정문의 조건절에 사용된 경우에는 ‘不’로 부정한다.

你不说清楚，我们怎么能听懂？
네가 분명하게 말하지 않으면, 우리가 어떻게 알아들을 수 있겠니?
我不做完作业，就不去看电影。
나는 숙제를 다 하지 않으면, 영화를 보러 가지 않을 것입니다.

3.7.2.4 결과보어문의 의문형

결과보어문의 의문형에는 다음과 같은 세 종류가 있다.

1. 문장의 끝에 의문조사 ‘吗’를 첨가하여 의문문을 만들 수 있다.

这封信写好了吗？
이 편지는 다 썼습니까?
这本书你看完了吗？
이 책은 다 보셨습니까?

2. ‘没(有)’를 사용하여 선택의문형을 만들 수 있다.

这封信写好没(有)写好？
이 편지는 다 썼습니까?
这本书你看完没(有)看完？
이 책은 다 보셨습니까?

3. 문장의 끝에 ‘没有’를 첨가하여 의문문을 만들 수 있다. ‘没有’ 앞에는 ‘了’가 들어갈 수 있다.

那封信你写好(了)没有？
그 편지는 다 썼습니까?
这本书你看完(了)没有？
이 책은 다 보셨습니까?

빈어가 나오면 그 뒤에 '(了) + 没有'를 첨가하여 의문문을 만들 수 있다.

你写好那封信(了)没有?
그 편지를 다 쓰셨습니까?
你看完那本书(了)没有?
그 책을 다 읽으셨습니까?

3.7.2.5 부사어, 정도보어, 결과보어의 차이

형용사 '早, 晚, 多, 少' 등은 각각 부사어, 정도보어, 결과보어로 쓰일 수 있다.

他<u>晚</u>来了十分钟。(부사어)
그는 10분 늦게 왔다.
他来得很<u>晚</u>。(정도보어)
그는 늦게 왔다.
他来<u>晚</u>了。(결과보어)
그는 늦게 왔다.

위의 세 문장을 우리말로 번역하면 특별한 차이가 없어 보이지만 중국어에서는 다음과 같은 차이가 있으므로 주의해야 한다.

1. '早, 晚, 多, 少' 등의 형용사가 부사어로 사용되어 동사를 수식하는 경우에는 일정한 기준과의 차이를 나타낸다. 그러므로 차이를 나타내는 양이 문장에 제시되어야 한다.

(1) 他早来了十分钟。
그는 10분 일찍 왔다.
(2) 他晚来了几天。
그는 며칠 늦게 왔다.
(3) 他今天多吃了一碗饭。
그는 오늘 밥을 한 그릇 더 먹었다.
(4) 他少买了两张票。
그는 표 두 장을 덜 샀다.

위의 '早, 晚, 多, 少'는 각각 동사 '来, 吃, 买'를 수식하는 부사어이다. (1)은 어떤 기준보다 '10분' 일찍 왔음을 나타내며, (2)는 어떤 기준보다 '며칠' 늦게 왔음을 나타낸다. (3)은 어떤 기준보다 '한 그릇'을 더 먹은 것을 나타내며, (4)는 어떤 기준보다 '두 장'을 적게 산 것을 나타낸다. 이 경우에 기준과의 차이가 제시되지 않으면 다음과 같이 비문이 된다.

*他早来了。
*他晚来了。
*他今天多吃了。
*他少买了。

2. '早, 晚, 多, 少' 등의 형용사가 정도보어로 사용되면 객관적 정도를 나타낸다. 여기에는 주관적 감정이 들어가 있지 않다.

他来得很早。
그는 일찍 왔다.
他来得很晚。
그는 늦게 왔다.

他今天吃得很多。
그는 오늘 많이 먹었다.
他买得很少。
그는 조금 샀다.

위의 말은 모두 어떤 사실을 객관적으로 서술하고 있으므로, 이에는 주관적 감정이 나타나 있지 않다. 다시 말하면, 위 말의 화자는 그 사람이 일찍 오거나 늦게 온 것에 대하여, 또는 많이 먹거나 조금 산 데 대하여 불만이나 기쁜 감정을 전혀 느끼지 않고 있는 것이다.

3. '早, 晚, 多, 少, 慢, 大, 小, 贵, 便宜' 등과 같은 형용사가 결과보어로 사용되면 화자의 불만을 나타낸다.

你来晚了。
너는 너무 늦게 왔어.
(=나는 네가 늦게 온 것이 불만이다.)
他来早了。
그는 너무 일찍 왔어.
(=나는 그가 일찍 온 것이 불만이야, 음식 준비도 아직 안 했거든.)

你吃多了。
너는 너무 많이 먹었어.
(=나는 네가 많이 먹은 것이 불만이야, 배탈 나겠다.)
你穿少了。
너는 너무 적게 입었어.
(=나는 네가 적게 입은 것이 불만이야, 날이 추우니까 더 입으면 좋겠다.)

他写快了。
그는 너무 빨리 썼어.
(=나는 그가 빨리 쓴 것이 불만이야, 몇 자를 틀리게 썼잖아.)
你做大了。
너는 너무 크게 만들었어.
(=나는 네가 옷을 크게 만든 것이 불만이야, 옷이 너무 헐렁해.)

你买贵了。
너는 너무 비싸게 샀어.
(=나는 네가 비싸게 산 것이 불만이야.)
你卖便宜了。
너는 너무 싸게 팔았어.
(=나는 네가 싸게 판 것이 불만이야, 그렇게 팔면 우리가 손해 보지 않니.)

3.7.3 방향보어(方向补语)

방향보어를 중국어에서는 추향보어(趋向补语)라고 부른다. 추향보어(趋向补语)는 동작의 진행 방향을 나타내는 보어라는 뜻이다. 그러나 이 책에서는 방향보어라는 용어를 사용하기로 한다. 방향보어를 이해하기 위하여 다음 우리말을 보자.

그는 1층으로 내려왔다.
그는 1층으로 내려갔다.

이 책을 사 왔다.
이 책을 사 보냈다.

그는 이렇게 생각해 왔다.
그는 계속하여 읽어 갔다.

위의 '내려왔다'는 화자 쪽으로 온 것이며, '내려갔다'는 화자 쪽에서 다른 곳으로 간 것을 나타낸다. '사 왔다'는 책이 화자 쪽으로 온 것이며, '사 보냈다'는 책이 화자 쪽에서 다른 곳으로 간 것을 나타낸다. '생각해 왔다'나 '읽어 갔다'에는 실질적인 방향이 없다. 그러나 화자의 심리적 방향성은 분명히 느껴진다. 중국어에도 이러한 현상이 있다. 중국어에는 동사 뒤에 와서 위와 같이 동작의 진행 방향을 나타내는 말이 있는데 이를 방향보어라고 한다.

3.7.3.1 단순방향보어와 복합방향보어

방향보어에는 단순방향보어와 복합방향보어가 있다. 동사 '来, 去'는 다른 동사의 뒤에 와서 단순방향보어가 된다. '来'는 동작이 화자를 향하여 진행되는 것을 나타내며, '去'는 동작이 화자로부터 멀어지는 것을 나타낸다.

跑来 (뛰어오다)	跑去 (뛰어가다)
走来 (걸어오다)	走去 (걸어가다)
搬来 (옮겨 오다)	搬去 (옮겨 가다)
拿来 (가져오다)	拿去 (가져가다)

단순방향보어 '来, 去'는 동사 '上, 下, 进, 出, 回, 过, 起'와 결합할 수 있다. 이러한 결합형을 복합방향보어라고 한다. 다음은 모두 복합방향보어이다.

出来 (나오다)	出去 (나가다)

上来(올라오다)
下来(내려오다)
进来(들어오다)
回来(돌아오다)
过来(지나오다)
起来(일어나다)

上去(올라가다)
下去(내려가다)
进去(들어가다)
回去(돌아가다)
过去(지나가다)

위의 복합방향보어는 다른 동사의 뒤에 올 수 있다.

走上来(걸어 올라오다)
走下来(걸어 내려오다)
走进来(걸어 들어오다)
走出来(걸어 나오다)
走回来(걸어 돌아오다)
走过来(걸어오다)
跑出来(뛰어나오다)
拿上来(들고 올라오다)
掉下来(떨어져 내려오다)
开过来(운전해 오다)
搬回来(원래 있던 곳으로 옮겨 오다)
站起来(일어서다)

走上去(걸어 올라가다)
走下去(걸어 내려가다)
走进去(걸어 들어가다)
走出去(걸어 나가다)
走回去(걸어 돌아가다)
走过去(걸어 지나가다)
跑出去(뛰어나가다)
拿上去(들고 올라가다)
掉下去(떨어져 내려가다)
开过去(운전해 가다)
搬回去(원래 있던 곳으로 옮겨 가다)

3.7.3.2 방향보어와 형용사

방향보어는 형용사 뒤에 와서 상태가 시작되거나 상태가 계속됨을 나타낼 수 있다.

热起来(더워지기 시작하다)
热下去(계속 더워지다)
冷起来(추워지기 시작하다)
冷下去(계속 추워지다)

(이러한 용법에 대하여는 <3.7.3.5 방향보어의 다양한 용법>과 <3.7.2.1.15 起来>를 참고할 것.)

3.7.3.3 방향보어와 빈어의 위치

방향보어는 동사 뒤에 오며, 빈어도 동사 뒤에 온다. 그러므로 방향보어와 빈어가 동시에 나오는 경우에는 이들의 위치에 주의하여야 한다.

1. 방향보어와 처소빈어가 함께 나오면, 처소빈어는 '来, 去'의 바로 앞에 위치해야 한다. 밑줄 그은 부분은 처소빈어이다.

他搬北京来了。
그는 베이징으로 이사왔다.
他搬北京去了。
그는 베이징으로 이사갔다.
他进屋里来了。
그는 집 안으로 들어왔다.
他进屋里去了。
그는 집 안으로 들어갔다.

2. 처소빈어 이외의 다른 빈어는 '来, 去'의 앞뒤에 모두 올 수 있다.

他带来了一部照相机。
他带了一部照相机来。
그는 카메라를 한 대 가져왔다.

他拿来了一本词典。
他拿了一本词典来。
그는 사전을 한 권 가지고 왔다.

명령문에서는 빈어가 '来, 去'의 앞에 온다.

拿一本词典来!
사전을 한 권 가지고 와라!
拿一本词典去!
사전을 한 권 가지고 가라!

明天带一部照相机来!
내일 카메라를 한 대 가지고 와라!
明天带一部照相机去!
내일 카메라를 한 대 가지고 가라!

3.7.3.4 방향보어문의 부정형

방향보어가 나오는 문장은 '没(有)'나 '不'로 부정된다. '没(有)'는 과거 행위를 부정하고, '不'는 그런 행위를 할 의지가 없음을 나타낸다.

他没(有)出去。
그는 나가지 않았다.
我不回宿舍去。
나는 기숙사로 돌아가지 않을 것입니다.

3.7.3.5 방향보어의 다양한 용법

방향보어는 동작의 진행 방향 이외의 다른 의미를 나타내기도 한다. 이제 각각의 경우를 보기로 하자.

1. '来'

'来'는 '看来, 听来, 说来, 想来' 등의 형식으로 삽입어가 되어 화자의 추정이나 느낌을 나타낸다. (삽입어에 대하여는 ＜3.9 삽입어＞를 참고할 것.)

看来你身体很好啊。
보아하니 건강이 좋으신 것 같습니다.
这个故事听来很有意思。
이 이야기는 들어 보니 재미있네요.

这个人说来也没什么不好。
이 사람은 말하자면 뭐, 별로 나쁜 점은 없지요.
这件事想来也没什么不好。
이 일을 생각해 보니 별로 나쁠 것은 없습니다.

2. '下来', '下去'

'下来'는 어떤 상태가 나타나기 시작하여, 그 상태가 계속 심화되어 가는 것을 나타내는 경우가 있다.

气温降下来了。
기온이 계속 내려갔다.
声音低下来了。
소리가 계속 작아졌다.

위의 '降下来'는 기온이 한 번만 내려간 것을 나타내기도 하지만 경우에 따라서는 기온이 계속하여 더 내려가는 상태를 나타내기도 한다. '低下来'는 목소리가 한 번 내려간 것을 나타내기도 하지만, 경우에 따라서는 목소리가 계속하여 작아지는 상태를 나타내기도 한다.

'下来'는 어떤 행위가 발생하면 그 행위의 결과가 계속 보존되고 있음을 나타내는 경우가 있다.

计划已经定下来了。
계획은 이미 정해졌다.
课文我都背下来了。
본문을 나는 모두 암기했다.

위의 '定下来'는 계획이 확정되고 그 상태가 지속됨을 나타내며, '背下来'는 일단 외운 내용이 계속 보존되고 있음을 나타낸다.

'下去'는 이미 진행되고 있는 동작이 앞으로도 계속 진행되는 것을 나타낸다.

请你说下去。
계속 말씀하십시오.
这本书很好, 我还要看下去。
이 책은 참 좋습니다. 그래서 저는 계속 더 보려고 합니다.

위의 '说下去'는 이미 말을 하고 있는 사람에게 계속 말하라는 요구를 나타내며, '看

下去'는 이미 보고 있는 사람이 보는 행위를 계속 이어가는 것을 나타낸다.

'下去'는 이미 존재하는 상태가 앞으로도 계속 존재하는 것을 나타낸다.

我看, 天气还要热下去。
제가 보기에는 날씨가 더 더워질 것 같습니다.
天气要是再冷下去, 我也得买一件。
날씨가 만약 계속 추워진다면 나도 옷을 하나 더 사야겠습니다.

위의 '热下去'는 이미 더운 날씨가 앞으로도 계속 더워진다는 것을 나타내며, '冷下去'는 이미 추운 날씨가 앞으로도 계속 추워진다는 것을 나타낸다.

3. '起来'

'起来'는 결과보어에서 다루었지만 여기에서도 다시 간략하게 다루기로 한다.

'起来'는 원래 낮은 곳으로부터 높은 곳으로 이동하는 것을 나타낸다. 다음을 보자.

他站起来, 走了出去。
그는 일어서더니 걸어 나갔다.
他拿起笔来开始写信。
그는 펜을 집어 들고 편지를 쓰기 시작했다.

'起来'는 상황이 시작되고 그 상황이 계속 진행되어 가는 것을 나타내는 경우가 있다. 다음을 보자.

天气热起来了。
날씨가 후끈후끈 더워지기 시작했다.
(=날씨는 앞으로도 계속 더워질 것이다.)
天气渐渐暖和起来了。
날씨가 점점 따뜻해지기 시작했다.
(=날씨는 앞으로도 계속 따뜻해질 것이다.)

'起来'는 동작이 시작되어 계속 진행되어 가는 것을 나타낸다.

他又看起电视来了。
그는 또 텔레비전을 보기 시작했다.
(=그는 앞으로도 계속 텔레비전을 볼 것이다.)
大家都唱了起来。
모두들 노래를 부르기 시작했다.
(=모두들 앞으로도 계속 노래를 부를 것이다.)

4. '起来'와 '下去'의 차이

동사 뒤에 오는 '起来'는 동작의 시작과 그 동작이 계속 진행되는 것을 나타내지만 강조하는 것은 '동작의 시작'이다. 그러나 동사 뒤에 오는 '下去'는 동작이 계속 진행됨을 강조한다.

电话铃响起来了。
전화벨이 울리기 시작했다.
说起来容易，做起来难。
말하기는 쉽지만 실천하기는 어렵다.

위의 '响起来'는 벨이 울리기 시작하여 그 소리가 계속 들리는 것을 나타내지만 의미의 중점은 울리기 시작하는 데에 있다. '说起来'와 '做起来'의 의미의 중점도 여전히 시작에 있다. 그러나 다음을 보자.

请你说下去。
계속 말씀하십시오.
这本书很好，我还要看下去。
이 책은 참 좋습니다. 그래서 저는 계속 더 보려고 합니다.

위의 '说下去'와 '看下去'는 그 동작이 계속 진행되는 것을 강조한다. 이는 방향보어 '起来'와 '下去'의 중요한 차이이다.

형용사 뒤에 오는 '起来'는 상태가 시작되고 그 상태가 계속 발전해 가는 것을 나타내는데, 이 경우에 강조되는 것은 '상태의 시작'이다. 형용사 뒤에 오는 '下去'는 어떤 상태가 이미 존재하고 그 상태가 계속되어 가는 것을 나타내는데, 이 경우에 강조되는 것은 '상태의 계속'이다. 다음을 보자.

天冷起来了。
날이 추워지기 시작했다.
他身体最近好起来了。
그는 요즘 건강이 좋아지기 시작했다.

天气不能再坏下去了。
날씨가 더 이상 나빠지면 안 된다.
你要是再瘦下去就不好了。
너는 만약 살이 더 빠져 가면 안 좋을 것이다.

5. '出来'

'出来'는 나타나지 않았던 것을 드러내는 기능을 하는 경우가 있다. 다음을 보자.

请把你的看法说出来。
당신의 생각을 말씀하세요.
这儿有一个错字儿, 你看出来了吗?
여기 틀린 글자가 하나 있는데 찾아냈습니까?

3.7.3.6 방향보어와 정도보어의 병용

동사가 방향보어를 동반하면, 그 동사는 정도보어를 취할 수 없다.

*他把他的看法说出来得很清楚。

이러한 경우에는 그 동사를 반복한 후에 정도보어를 취한다.

他把自己的看法说出来了, 说得很清楚。
그는 그의 생각을 분명하게 말했다.
(=그는 자기의 생각을 말했는데, 그 말을 분명하게 했다.)

3.7.4 가능보어(可能补语)

결과보어나 방향보어 앞에 구조조사 '得'를 첨가하면 가능보어가 된다. 가능보어는 동작이나 상태의 실현 가능성을 나타낸다. 다음은 결과보어가 가능보어로 변한 것이다.

看懂(보고 이해하다) → 看得懂(보고 이해할 수 있다)
听懂(듣고 이해하다) → 听得懂(듣고 이해할 수 있다)

다음은 방향보어가 가능보어로 변한 것이다.

上去(올라가다) → 上得去(올라갈 수 있다)
回来(돌아오다) → 回得来(돌아올 수 있다)

결과보어나 방향보어가 아닌 성분도 가능보어가 될 수 있다. '了, 动, 来'는 '得'를 동반하여 가능보어가 될 수 있다.

去得了(갈 수 있다)
搬得动(옮겨 이동시킬 수 있다)
合得来(어울릴 수 있다)

3.7.4.1 가능보어문의 부정형

가능보어문의 구조조사 '得'를 '不'로 바꾸면 부정형이 된다.

听得懂(알아들을 수 있다)
听不懂(알아들을 수 없다)

讲得清楚(분명하게 말할 수 있다)
讲不清楚(분명하게 말할 수 없다)

吃得了(다 먹을 수 있다)
吃不了(다 먹을 수 없다)

3.7.4.2 가능보어문의 의문형

가능보어문의 끝에 의문조사 '吗'를 첨가하면 의문문이 된다.

这本书你看得懂吗?
이 책을 이해할 수 있습니까?
－看得懂。
이해할 수 있습니다.

他的话，你听得懂吗?
그의 말을 알아들을 수 있습니까?
－听得懂。
알아들을 수 있습니다.

가능보어의 긍정형과 부정형을 반복하면 선택의문형이 된다.

这本书你看得懂看不懂?
이 책을 이해할 수 있습니까?
－看得懂。
읽고 이해할 수 있습니다.

他的话，你听得懂听不懂?
그의 말을 알아들을 수 있습니까?
－听得懂。
알아들을 수 있습니다.

3.7.4.3 가능보어와 빈어의 위치

빈어는 가능보어의 뒤에 온다. 다음의 밑줄친 부분은 빈어이다.

我听不懂<u>他的话</u>。
나는 그의 말을 알아들을 수 없다.
我吃不了<u>这么多水果</u>。
나는 이렇게 많은 과일을 다 먹을 수 없다.

빈어가 화제로 변하면 문장의 앞으로 올 수 있다.

他的话我听不懂。
그의 말을 나는 알아들을 수 없다.
这么多水果我吃不了。
이렇게 많은 과일을 나는 다 먹을 수 없다.

3.7.4.4 가능보어문의 특징

가능보어를 동반하는 문장은 다음과 같은 특징을 갖는다.

진술문에 나오는 가능보어는 대개 부정형이다.

他的话我听不懂。
그의 말을 나는 알아들을 수 없다.
这本书我看不懂。
이 책을 나는 읽고 이해할 수 없다.

가능보어의 긍정형은 의문문, 혹은 의문문의 대답에 주로 사용된다.

你听得懂他的话吗?
그 사람의 말을 알아들으실 수 있습니까?
－听得懂。
알아들을 수 있습니다.

你听得懂听不懂他的话?
그 사람의 말을 알아들으실 수 있습니까?
－听得懂。
알아들을 수 있습니다.

这本书你看得懂吗?
이 책을 당신이 이해할 수 있나요?
－看得懂。
이해할 수 있습니다.

这本书你看得懂看不懂?
이 책을 당신이 이해할 수 있나요, 없나요?

－看得懂。
　이해할 수 있습니다.

위의 경우를 제외하면, 진술문에는 일반적으로 가능보어의 긍정형이 사용되지 않는다. 긍정형으로 가능성을 나타내고자 하는 경우에는 대개 '能 + 동사 + 결과보어'의 형태를 사용한다.

他的话我都能听懂。
그 사람의 말은 제가 모두 알아들을 수 있습니다.
这本书我都能看懂。
이 책은 제가 모두 이해할 수 있습니다.
报告我能写好。
보고서는 내가 잘 쓸 수 있습니다.

3.7.4.5 가능보어의 응용

일부 가능보어는 원래 의미와 관계없이 특수한 용법으로 사용된다.

가능보어 '下'는 '喝, 吃, 装, 坐' 등의 뒤에 와서 사람이나 사물을 공간적으로 받아들일 수 있음을 나타낸다.

我喝得太多了, 喝不下了。
저는 너무 많이 마셔서 더 이상 마실 수 없습니다.
我吃得太多了, 吃不下了。
저는 너무 많이 먹어서 더 이상 먹을 수 없습니다.

这个箱子装得下那些东西吗?
이 상자에 그 물건을 담을 수 있습니까?
这个教室坐得下坐不下这些学生?
이 교실에 이 학생들이 다 앉을 수 있습니까?

'了(liǎo)'는 '완료하다'라는 의미의 동사이다. '了(liǎo)'가 동사 뒤에 와서 가능보어가 되면 어떤 동작을 완료할 수 있음을 나타낸다. 그러나 이러한 용법은 점점 은유되어 대개는 어떤 동작을 실행할 수 있다는 것을 나타낸다. '不了'는 자연히 어떤 동작을 실행할 수 없음을 나타낸다.

明天我去不了。
내일 나는 갈 수 없다.
明天我来不了。
내일 나는 올 수 없다.

明天我休息不了。
내일 나는 쉴 수 없다.
这件事我办不了。
이 일은 내가 처리할 수 없다.

'了(liǎo)'가 형용사 뒤에 와서 가능보어가 되면 상황이나 정도에 대한 추정을 나타낸다.

你的病一定好得了。
당신의 병은 반드시 치유될 수 있을 것입니다.
这样的东西便宜得了吗?
이런 물건이 값이 쌀 수가 있나요?

'动'이 가능보어가 되면, 이동시킬 능력이 있음을 나타낸다.

不用坐车, 我走得动。
차를 탈 필요가 없습니다. 저는 걸어갈 수 있어요.
这张桌子我一个人搬不动。
이 책상은 저 혼자서 옮길 수 없습니다.

'来'가 가능보어가 되면 어떤 행위를 완성할 능력이 있음을 나타낸다.

这件事他们做不来。
이 일은 그들이 할 수 없습니다.
那张桌子你们搬得来吗?
그 책상을 너희들이 옮길 수 있겠니?

'着(zháo)'가 가능보어가 되면 어떤 동작을 통하여 그 대상이 화자에게 존속됨을 나타낸다.

那本书我借不着。
그 책을 나는 빌릴 수가 없네요.(→빌려서 가지고 있을 수가 없다)
我的车票找不着了。
내 차표를 찾을 수가 없네요.(→찾아서 가지고 있을 수가 없다.)

'上'이 가능보어가 되면 어떤 동작을 통하여 새로운 상태가 발생하고, 그 상태가 앞으로도 이어진다는 것을 나타낸다. 그러므로 이의 부정형은 새로운 상태가 발생하여 앞으로 이어질 수 없다는 것을 나타낸다.

现在还谈不上成功不成功。
지금은 아직 성공할 것인지 못 할 것인지를 말할 수 없다.
我没有能力，当然配不上你。
나는 능력이 없으니까, 당연히 너와 어울릴 수가 없어.

'上来'가 가능보어가 되면, 어떤 동작을 실행할 능력이 있음을 나타낸다.

那个字我忘了，写不上来了。
그 글자는 제가 잊어버려서 쓸 수가 없네요.
那些问题他都回答得上来。
그 문제들은 그가 모두 대답해 낼 수 있다.

'동사 + 不得(dé)'는 '……해서는 (절대로) 안 된다'와 같이 강한 금지를 나타낸다.

在他面前这种话说不得。
그 사람 앞에서 이런 말을 하면 (절대로) 안 된다.
这个菜已经坏了，吃不得。
이 요리는 이미 상했으니 (절대로) 먹어서는 안 된다.

3.7.4.6 가능보어와 조동사의 가능성의 차이

가능보어가 나타내는 가능성과 '能', '可以'가 나타내는 가능성의 정도는 거의 같다. 그러므로 다음 문장은 모두 가능보어문으로 바꿀 수 있다.

这篇文章不太难，你们能看懂。
=这篇文章不太难，你们看得懂。
이 글은 그다지 어렵지 않으니까, 너희가 보고 이해할 수 있어.

那座山不高，我们一定可以爬上去。
=那座山不高，我们一定爬得上去。
그 산은 높지 않으니까 우리가 꼭 올라갈 수 있을 거야.

그러나 '可以', '能'이 허가를 나타내는 경우와 '不可以', '不能'이 금지를 나타내는 경우에는 가능보어로 바꿀 수 없다.

(1) 我可以进去吗?
내가 들어가도 됩니까?
(2) 这是女生宿舍，男生不能进去。
여기는 여학생 기숙사이므로 남학생은 들어가면 안 됩니다.

(1)의 '可以'는 '허가'를 나타내므로 '进得去'로 바꿀 수 없으며, (2)의 '不能'은 금지를 나타내므로 '进不去'로 바꿀 수 없다.

가능보어를 동반한 동사 앞에 다시 '能'이나 '可以'를 첨가할 수도 있다. 이 경우에는 가능성이 더욱 강조된다.

这篇文章我能看得懂。
이 글은 내가 보고 이해할 수 있다.
他们中午以前可以回得来。
그들은 점심때 이전에 돌아올 수 있을 것이다.

조동사의 부정형과 가능보어의 부정형을 우리말로 번역하면 다음과 같이 동일한 의미를 가지는 것으로 보이는 경우가 있다.

这件事我办不了。
이 일은 내가 처리할 수 없다.
这件事我不能办。
이 일은 내가 처리할 수 없다.

위의 우리말 번역은 동일하다. 이는 우리말에서 가능성을 나타내는 형식이 '……할 수 있다'라는 하나의 형식밖에 없기 때문에 생기는 현상이다. 중국어의 가능성 표현 형식은 다양하며, 그들의 기능은 각각 다르다. ＜1.7.8 不, 没(有)＞에서 설명한 바와 같이 '不'는 자신의 바로 다음에 나오는 하나의 성분을 부정한다. 그러므로 '办不了'에서는 '办'이 부정되는 것이 아니라 '了'가 부정된다. 그러므로 위의 '办不了'는 '처리해 주고 싶지만 처리를 완료할 수는 없다'라는 의미를 갖게 된다. 이와 달리 '不能办'에서는 '能'이 부정되므로 위의 '不能办'은, 예컨대 규정이나 법률 때문에 근본적으로 '처리할 수 없다'는 의미를 나타낸다.

다음을 보며 이러한 현상을 익혀 보자.

(3) 明天我去不了。
내일 나는 갈 수 없다.
(4) 明天我不能去。
내일 나는 갈 수 없다.

(5) 明天我来不了。
내일 나는 올 수 없다.
(6) 明天我不能来。
내일 나는 올 수 없다.

중국인은 '내일 올 수 있느냐?'는 질문을 받았을 때, (4)보다는 (3)으로 대답하는 것이 부드러운 느낌을 주거나 예의에 맞는다고 생각한다. 그 이유는 (3)이 '가고 싶기는 하지만, 가는 것을 달성할 수 없다'라는 의미를 갖기 때문이다. (4)는 갈 수 있는 가능성이 전혀 존재하지 않음을 나타낸다. 따라서 (4)는 상대방에게 불쾌감을 줄 수도 있다.

(5,6)도 이와 동일한 논리로 설명된다. 그러나 실제의 대화에서 위의 두 가지 형식이 혼용되는 경우도 적지 않다.

3.7.4.7 가능보어와 정도보어의 비교

가능보어와 정도보어는 모두 '동사/형용사 + 得 + 보어' 형식을 취하기 때문에 외형상으로는 동일하게 보인다. 그러나 이들의 기능은 전혀 다르다. 이제 이들의 차이를 알아보기로 하자.

1. 가능보어는 어떠한 성분의 수식도 받을 수 없지만 정도보어는 다른 말의 수식을 받을 수 있다.

这个字这么夏杂, 他写得好吗? (가능보어)
이 글자는 이렇게 복잡한데 그 사람이 잘 쓸 수 있을까?
这个字他写得非常好。(정도보어)
이 글자는 그가 아주 잘 썼다.

2. 가능보어와 정도보어의 부정형의 구조는 다르다.

这个字这么夏杂, 他写不好。(가능보어)
이 글자는 이렇게 복잡하므로 그 사람이 잘 쓸 수 없다.
这个字他写得不好。(정도보어)
이 글자는 그가 잘 쓰지 못했다.

3. 가능보어는 단독의 형용사이거나 동사이지만 정도보어는 다양한 형식으로 표현된다.

这个字这么夏杂, 他写得好吗? (가능보어)
이 글자는 이렇게 복잡한데 그 사람이 잘 쓸 수 있을까?
他跑得满头大汗。(정도보어)
그는 얼굴이 땀투성이가 되도록 뛰었다.

4. 가능보어문에서는 일반적으로 동사를 강하게 발음하지만 정도보어문에서는 일반적으로 정도보어를 강하게 발음한다.

汉字他写得好。(가능보어 : '写'를 강하게 발음한다.)
한자는 그가 잘 쓸 수 있다.
汉字他写得非常好。(정도보어 : '非常好'를 강하게 발음한다.)
한자는 그가 아주 잘 쓴다.

5. 가능보어는 '把'자문에 사용될 수 없지만 정도보어는 '把'자문에 사용될 수 있다.

*他把这个字写得好。(가능보어문)
*他把书整理得好。(가능보어문)

他把书整理得很好。(정도보어문)
그는 책을 잘 정리했습니다.
他把那些汉字写得很好看。(정도보어문)
그는 그 한자들을 보기 좋게 썼습니다.

3.7.4.8 가능보어의 가능성의 종류

우리말에서는 '……할 수 있다'라는 한 가지 형식으로 가능성을 표현하지만, 중국어에서는 가능성의 종류를 세밀하게 구분한다. 이러한 가능성의 종류는 가능보어에 다양하게 나타난다. 몇몇 가능보어는 원래 자신의 의미를 떠나 거의 관용적으로 가능성의 종류를 나타낸다. 이러한 관용적 용법은 아직 명백하게 정리되어 있지 않다. 그러므로 각각의 상황을 암기할 수밖에 없다. 다음에 몇몇 가능보어와 그 대표적인 용법을 제시한다.

买不到(살 수 없다) : 이 말은, 그 물건을 파는 곳이 없어서 살 수 없는 경우에 사용된다. 예를 들면 겨울에 여름옷을 사려는 경우, 중국에 가지 않으면 이 물건을 살 수 없다고 하는 경우 등에 사용된다.

买不着(살 수 없다) : 이 말은, 예를 들면 새로운 상품이 나왔는데 다른 사람들이 모두 사 갔기 때문에 여기저기 찾아보아도 물건이 없어서 살 수 없는 경우 등에 사용된다.

买不起(살 수 없다) : 이 말은, 예를 들면 물건이 나에게 어울리지 않게 너무 고급이어서 살 수 없는 경우, 돈이 없어서 살 수 없는 경우 등에 사용된다.

买不下(살 수 없다) : 이 말은, 예를 들면 부동산, 증권 등을 사기 위해서는 큰돈이 필요한데 그렇게 큰돈이 없어서 살 수 없는 경우 등에 사용된다.

买不了(살 수 없다) : 이 말은, 예를 들면 내가 돈이 없어서 살 수 없거나, 몸이 아프기 때문에 살 수 없는 경우 등에 사용된다.

吃不得(먹을 수 없다) : 이 말은, 예를 들면 식품이 변질되었거나 부패해서 먹을 수 없는 경우 등에 사용된다. 이 말은 먹으면 절대 안 된다는 어감을 가진다.

吃不起(먹을 수 없다) : 이 말은, 예를 들면 음식이 너무 고급이어서, 혹은 돈이 없어서 먹을 수 없는 경우 등에 사용된다.

吃不下(먹을 수 없다) : 이 말은, 예를 들면 위장이 나빠서, 혹은 배가 너무 불러서 먹을 수 없는 경우 등에 사용된다.

吃不了(먹을 수 없다) : 이 말은, 예를 들면 음식이 너무 많아서 다 먹을 수 없는 경우 등에 사용된다.

吃不上(먹을 수 없다) : 이 말은, 예를 들면 가난하거나 혹은 돈을 못 벌어서 어떤 음식을 먹을 수 없는 경우 등에 사용된다.

用不起(쓸 수 없다) : 이 말은, 예를 들면 물건이 너무 비싸거나 고급이어서 나에게는 어울리지 않으므로 사용할 수가 없는 경우 등에 사용된다.

用不上(쓸 수 없다) : 이 말은, 예를 들면 '담배를 피우지 않으니까 라이터를 쓸 데가 없다'와 같이 어떤 물건의 용도를 찾지 못하여 사용할 수가 없는 경우 등에 사용된다.

用不完(쓸 수 없다) : 이 말은, 예를 들면 물건이 너무 많아서 다 쓸 수가 없는 경우 등에 사용된다.

用不着(……할 필요가 없다) : 이 말은, 예를 들면 '用不着你来', '用不着喝水'와 같이 동사나 동사구로 구성된 내용을 시행할 필요가 없는 경우 등에 사용된다.

用不了(쓸 수 없다) : 이 말은, 예를 들면 물건이 너무 많아서, 혹은 물건이 부패하거나 부수어져서 사용할 수 없는 경우 등에 사용된다.

看不见(볼 수 없다) : 이 말은, 예를 들면 키가 작아서, 혹은 앞이 막혀서 볼 수가 없는 경우 등에 사용된다.

看不上(볼 수 없다) : 이 말은, 예를 들면 대상이 마음에 들지 않는 경우 등에 사용된다.

看不完(볼 수 없다) : 이 말은, 예를 들면 시간이 없어서 다 볼 수 없는 경우 등에 사용된다.

看不了(볼 수 없다) : 이 말은, 예를 들면 바빠서 책이나 텔레비전을 못 본다든가, 어린이가 있어서 성인영화를 볼 수 없는 경우 등에 사용된다.

看不起(무시하다) : 이 말은, 대상을 무시하는 경우에 사용된다.

3.7.5 시량보어(时量补语)

시간의 양을 나타내는 보어를 시량보어라고 한다. 시량보어를 이해하기 위하여 다음 우리말을 보자.

> 그는 잠시 쉬었다.
> 날씨가 닷새째 덥다.

위의 '잠시'는 '쉬는' 행위가 지속되는 시간이며, '닷새째'는 '더운' 상태가 지속되는 시간이다. 이와 같이 행위나 상태가 지속되는 시간을 나타내는 말을 중국어에서는 시량보어(时量补语)라고 한다. '시량(时量)'은 '시간의 양', 즉 '시간의 길이'라는 뜻이다. 시량보어는 동사 뒤에 와서 행위가 지속되는 시간을 나타내거나, 형용사 뒤에 와서 상태가 지속되는 시간을 나타낸다.

> 汉语我要学一年。
> 중국어를 저는 1년 배우려고 합니다.
> 我要休息一个钟头。
> 저는 한 시간 쉬려고 합니다.

위의 '一年'은 동사 '学' 다음에 와서 배우는 행위가 지속되는 시간을 나타내는 시량보어이며, '一个钟头'는 동사 '休息' 다음에 와서 쉬는 행위가 지속되는 시간을 나타내는 시량보어이다.

> 天气一直热了三天。
> 날씨가 사흘 동안 줄곧 더웠다.
> 他收到孩子的信，高兴了一整天。
> 그는 아이의 편지를 받고 하루 종일 기뻤다.

위의 '三天'은 형용사 '热' 다음에 와서 날씨가 더워진 상태가 지속되는 시간을 나타내는 시량보어이며, '一整天'은 형용사 '高兴' 다음에 와서 즐거운 상태가 지속되는 시간을 나타내는 시량보어이다.

3.7.5.1 시량보어와 빈어

시량보어와 빈어가 함께 나오는 경우의 어순은 다음과 같다.

1. 동사를 반복하여, 첫 번째 동사 뒤에 빈어, 두 번째 동사 뒤에 시량보어가 오도록 한다. 이러한 문장의 구조는 다음과 같다.

주어 + 동사 + 빈어 + 동사 + 시량보어

我每天坐火车坐一个小时。
나는 매일 한 시간씩 기차를 탄다.
我每天看中文报看一个小时。
나는 매일 한 시간씩 중국어 신문을 본다.

이러한 구조에서 완료태 '了'는 두 번째 동사 뒤에 온다.

我坐火车坐了一个小时。
나는 한 시간 동안 기차를 탔다.
我看中文报看了一个小时。
나는 한 시간 동안 중국어 신문을 보았다.

완료태 '了'가 첫 번째 동사 뒤에 오면 다음과 같이 비문이 된다.

*我坐了火车坐一个小时。
*我看了小说看一个小时。

완료태 '了'가 나오면, 빈어는 시량보어 뒤에 올 수도 있다. 이 경우에는 동사가 반복되지 않는다.

我坐了一个小时火车。
나는 한 시간 동안 기차를 탔다.
他看了一个小时中文报。
나는 한 시간 동안 중국어 신문을 보았다.

시량보어와 빈어 사이에 '的'가 들어가서 화자의 감정을 나타낼 수도 있다.

我坐了一个小时的火车。
나는 한 시간 동안 기차를 탔다. (=그래서 피곤하다)
他看了一个小时的中文报。
나는 한 시간 동안 중국어 신문을 보았다.(=그래서 피곤하다)

2. 빈어가 인칭대사이거나 인명, 호칭, 계급 등과 같이 사람을 나타내는 말이면 동사를 반복한다. 이러한 구조에서 완료태 '了'는 두 번째 동사 뒤에 온다.

我教他教了一年。
나는 그를 1년 동안 가르쳤다.
我等小王等了半天。
나는 샤오왕을 한참 동안 기다렸다.

위와 같은 경우에 동사를 반복하지 않고 빈어가 시량보어 앞에 올 수도 있다. 이 문장의 구조는 다음과 같다.

주어 + 동사 + 빈어 (인칭대사, 사람) + 시량보어

我等了他半天。
나는 그를 한참 동안 기다렸다.
我教了小王一年。
나는 샤오왕을 1년 동안 가르쳤다.

3.7.5.2 시량보어의 경과 시간 표시

'来, 去, 离开, 毕业, 下(课)' 등과 같은 동사는 지속을 나타낼 수 없다. 왜냐하면 '来'는 '오는 순간'에 동사의 목적이 달성되며, '去'는 '가는 순간'에 동사의 목적이 달성되기 때문이다. 이와 마찬가지로 '离开'는 '떠나는 순간', '毕业'는 '졸업하는 순간', '下(课)'는 '수업이 끝나는 순간'에 각각 그 동사의 목적이 달성된다. 그러므로 이러한 동사는 그 행위가 지속적으로 발생할 수 없다. 이러한 종류의 동사를 순간동사라고 부른다. 순간

동사 다음에 시량보어가 나오면, 그 시량보어는 동작이 발생한 때로부터 화자가 말한 때까지 경과한 시간을 나타낸다.

他大学毕业一年了。
그가 대학을 졸업한 지 1년이 되었다.
他去一年了，还不会说一句当地土话。
그는 간 지 1년이 되었는데도, 아직 그곳의 토박이말을 한마디도 못한다.

이 경우에 동사가 빈어를 대동하면 시량보어는 빈어의 뒤에 온다.

他来中国一年了。
그가 중국에 온 지 1년이 되었다.
他离开这儿一年了。
그가 여기를 떠난 지 1년이 되었다.

순간동사와 시량보어 사이에 '有'가 나올 수도 있다.

他来已经有一年了。
그가 온 지 벌써 1년쯤 되어 간다.
他下班已经有一个小时了。
그가 퇴근한 지 벌써 한 시간쯤 된다.

위와 같이 '有'를 사용하면 시간의 정확성은 떨어지며, 대략 그 정도의 시간이 경과하였다는 것을 나타낸다.

3.7.5.3 시량보어문의 부정형

시량보어 앞에 '没(有)'를 사용하면 부정문이 된다. '没'가 사용되면 '了'는 나타나지 않는다.

他来中国没(有)一年。
그가 중국에 온 지 1년이 안 된다.

他离开这儿没(有)一年。
그가 여기를 떠난 지 1년이 안 된다.

'不到 + 시간사' 형식으로 일정한 기간이 되지 않았음을 나타낼 수 있다.

他来中国不到一年。
그가 중국에 온 지 1년이 안 된다.
他离开这儿不到一年。
그가 여기를 떠난 지 1년이 안 된다.

3.7.6 동량보어(动量补语)

동량보어(动量补语)를 이해하기 위하여 다음 우리말을 보자.

이 책을 두 번 보았다.
그곳에 두 번 가 보았다.

위의 '두 번'은 동작이 발생한 횟수를 나타낸다. 중국어에도 이와 같이 동작 발생의 횟수를 나타내는 말이 있다. 중국어에서는 이를 동량보어(动量补语)라고 한다. '동량(动量)'은 '동작이 발생한 횟수'라는 뜻이다. 모든 동량사는 동사 뒤에 와서 동량보어가 될 수 있다.

我看一下。
제가 한번 보지요.
我要去一次。
제가 한번 가려고 합니다.

我每天跑三趟。
나는 매일 세 번씩 일을 본다.
这本书我看了两遍。
이 책은 제가 두 번 보았습니다.

위의 '一下, 一次, 三趟, 两遍'은 모두 동량보어로서 동작이 발생한 횟수를 나타낸다.

3.7.6.1 동량보어와 빈어의 위치

빈어가 사물을 나타내면, 그 빈어는 동량보어의 뒤에 온다.

我看过几次电影。
나는 영화를 몇 번 본 적이 있다.
我吃过几次广东菜。
나는 광둥 요리를 몇 번 먹은 적이 있다.

빈어가 대사(代词)이면 그 빈어는 일반적으로 동량보어의 앞에 온다.

我找过他三次。
나는 그를 세 번 찾았다.
我去过那儿三次。
나는 그곳에 세 번 가 본 적이 있다.

위의 '他'는 인칭대사이고, '那儿'은 지시대사이다.

빈어가 사람을 나타내는 말이거나 지명이면, 그 빈어는 동량보어의 앞뒤에 올 수 있다.

我找过小王三次。
나는 샤오왕을 세 번 찾았다.
我找过三次小王。
나는 샤오왕을 세 번 찾았다.

我去过北海公园一次。
나는 베이하이 공원에 한 번 가 본 적이 있다.
我去过一次北海公园。
나는 베이하이 공원에 한 번 가 본 적이 있다.

3.7.6.2 '一下'와 빈어의 위치

동량보어 '下'가 사용되는 문장에서는, '下'의 용법과 빈어의 성격에 따라 그들의 위치가 달라진다. 빈어의 성격은 다음과 같은 세 가지로 구분된다.

1. 빈어가 인칭대사인 경우 : 我, 你, 他, 我们, 你们, 他们 등
2. 빈어가 사람을 나타내는 경우 : 小王, 王小姐, 科长, 孩子 등
3. 빈어가 사물인 경우 : 门, 小狗, 公园, 火车 등

'下'에는 두 가지 기능이 있다. 하나는 '한 번, 두 번'과 같이 정확한 횟수를 나타내는 기능이다. 이 경우에는 '一下(한 번), 两下(두 번), 三下(세 번), 四下(네 번)……'와 같은 말이 가능하다. 다른 하나는 오직 '一下'로만 사용되어 우리말 '좀, 한번'과 같이 어감을 부드럽게 하는 기능이다. 정확하게 횟수를 나타내는 경우를 '下1'이라 하고, '一下'로만 사용되어 우리말 '좀, 한번'과 같이 어감을 부드럽게 하는 경우를 '一下2'라고 하자.

'下1'이 나오는 문장의 빈어가 인칭대사이면, 그 빈어는 동량빈어의 앞에 온다.

我打了他三下。
나는 그를 세 번 때렸다.
他推了我三下。
그는 나를 세 번 밀었다.

'下1'이 나오는 문장의 빈어가 사람을 나타내면 그 빈어도 동량빈어의 앞에 온다.

他打了孩子三下。
그는 아이를 세 번 때렸다.
他推了孩子三下。
그는 아이를 세 번 밀었다.

'下1'이 나오는 문장의 빈어가 사물을 나타내면 그 빈어는 동량빈어의 뒤에 온다.

他敲了三下门。
그는 문을 세 번 두드렸다.
他拍了两下后脑勺。
그는 뒤통수를 몇 번 두드렸다.

이제 어감을 부드럽게 해 주는 '一下2'의 용법을 이해하기 위하여 다음 우리말을 보자.

말씀 좀 하시지요.
말씀 한번 하시지요.
식사 한번 합시다.

위의 '좀, 한번'은 꼭 한 번만 말을 하라거나, 꼭 한 번만 식사를 하자는 말이 아니라 어감을 부드럽게 해 주는 기능을 한다. 중국어의 '一下2'에도 이렇게 어감을 부드럽게 해 주는 기능이 있다. '一下2'는 항상 '一下'로만 사용될 뿐 '两下, 三下, 四下……'로 말할 수 없다.

'一下2'가 나오는 문장의 빈어가 인칭대사이면, 그 빈어는 '一下2'의 앞에 온다. 이는 '一下1'의 경우와 같다.

你去问他一下。
그 사람에게 좀 물어보세요.
你去告诉他一下。
그 사람에게 한번 알려 주세요.

위의 경우에 인칭대사가 '一下2'의 뒤에 오면 다음과 같이 비문이 된다.

*你去问一下他。
*你去告诉一下他。

'一下2'가 나오는 문장의 빈어가 사물이면, 그 빈어는 '一下2'의 뒤에 온다. 이 경우도 '下1'의 경우와 같다.

我问一下这个问题。
이 문제 좀 물어봅시다.
我打听一下这儿的情况。
이곳의 상황을 좀 물어봅시다.

'一下2'가 나오는 문장의 빈어가 사람을 나타내는 말이면 일반적으로 '一下2'의 뒤에 나온다. 이 부분이 '下1'과 다르다.

你去找一下科长。
가서 과장님을 한번 찾으십시오.
你去问一下老师。
선생님께 한번 여쭈어 보세요.

3.7.7 수량보어(数量补语)

수량보어(数量补语)를 이해하기 위하여 다음 우리말을 보자.

온도가 3도 올라갔다.
이 옷은 세 치가 길다.
그는 나보다 두 살 많다.
그의 병세가 좀 좋아졌다.

위의 '3도, 세 치, 두 살, 좀'은 각각 '온도가 올라간 양, 길이의 양, 나이가 많은 양, 병세가 좋아진 양'을 나타낸다. 중국어에도 이와 같이 수량을 나타내는 성분이 있다. 중국어에서는 이를 수량보어(数量补语)라고 한다.

수량보어는 동사나 형용사의 뒤에 온다. 다음의 밑줄 친 부분은 모두 수량보어이다.

走一步(한 걸음 걷다) 大三岁(세 살 많다)
好一百倍(백 배 좋다) 高一公分(1cm 크다)
多一公斤(1kg 많다) 重一点儿(좀 무겁다)

형용사와 수량보어 사이에 '了'가 오면 이미 실현된 사실을 나타낸다.

长了一公分(1cm 자랐다)
长了很多(많이 자랐다)
短了一公分(1cm 짧아졌다)

수량보어는 비교문에 사용되어 비교의 결과를 나타낼 수 있다.

他比我大两岁。
그는 나보다 두 살 많다.
他比我高一公分。
그는 나보다 1cm 더 크다.
这个东西比那个贵两块钱。
이 물건은 저것보다 2위안이 더 비싸다.

这个班的学生比那个班多五个。
이 반 학생은 저 반보다 다섯 명이 더 많다.
这个工厂今年的产量比去年多一倍。
이 공장은 금년도 생산량이 작년보다 배가 더 많다.

수량보어가 나타내는 수량은 부정량(不定量)일 수도 있다. 부정량이란 '조금, 약간'과 같이 '정해지지 않은 양'이라는 뜻이다.

他比我高一点儿。
그는 나보다 조금 더 크다.
这个东西比那个贵一点儿。
이 물건은 그것보다 조금 더 비싸다.

'早, 晚, 多, 少'와 같은 형용사가 부사어가 되면 그 문장의 동사는 수량보어를 동반해야 한다.

今天他早来了十分钟。
오늘 그는 10분 일찍 왔다.
今天他晚来了十分钟。
오늘 그는 10분 늦게 왔다.

今天我多吃了一碗饭。
오늘 그는 밥을 한 그릇 더 먹었다.
今天的考试我少写了几个字。
오늘 시험에서 나는 몇 글자를 덜 썼다.

이들이 수량보어를 동반하지 않으면 비문이 된다. 왜냐하면 이러한 문형에는 반드시 '이르고, 늦고, 많고, 적은' 기준이 제시되어야 하기 때문이다. 단, '早, 晚, 多, 少'와 같은 형용사가 부사어가 되어 명령문에 사용되면 수량보어가 없어도 된다. 이 경우에 '早, 晚'에는 '(一)点儿'이 첨가되며, '多, 少'는 이들이 수식하는 동사에 '(一)点儿'이 첨가된다.

明天早点儿来吧!
내일 좀 일찍 오세요!
明天晚点儿来吧!
내일 좀 늦게 오세요!

少吃点儿!
조금만 먹어라!
请多吃点儿!
많이 좀 드세요!

3.8 복지(复指)

복지(复指)를 이해하기 위하여 다음 우리말을 보자.

고향 사람인 김 선생이 왔다.
'자연보호', 우리는 이 문제를 중시해야 한다.

위에서 '고향 사람'과 '김 선생'은 동일인이며, '자연보호'와 '이 문제'도 동일한 사물이다. 중국어에도 이와 같이 동일한 사람이나 사물이 하나의 문장에 나오는 현상이 있다. 중국어에서는 두 개 혹은 그 이상의 성분이 동일인이거나 동일한 사물을 가리킬 때, 앞에 나오는 성분을 원성분(原成分)이라 하고, 뒤에 나와서 이들을 가리키는 성분을 복지(复指)라고 한다.

복지는 구성의 성격에 따라 중첩복지(重叠复指), 대사복지(代词复指), 분리복지(分离复指)의 세 종류로 구분된다.

3.8.1 중첩복지 (重叠复指)

중첩복지란, 원성분과 복지가 연이어 나오는 것을 말한다.

小伙子王平是个司机。
젊은이 왕핑은 운전기사이다.
我朋友金国是上海人。
나의 친구인 진궈는 상하이 사람이다.

위에서 '小伙子'와 '王平'은 동일인이며, '我朋友'와 '金国'도 동일인이다. 이들은 원성분과 복지가 모두 명사이다. 다음을 보자.

让我们大家唱起来吧!
우리 다 같이 노래합시다!
你们自己先研究研究。
너희들끼리 먼저 궁리를 좀 해 보아라.

위에서 '我们'과 '大家'는 동일인이고, '你们'과 '自己'도 동일인인데, 원성분과 복지가 모두 인칭대사이다.

我们俩是同学。
우리 둘은 동창입니다.
他们俩都在这儿工作。
그들 둘은 모두 여기에서 일합니다.

위에서 '我们'과 '俩'는 동일인이며, '他们'과 '俩'도 동일인인데, 원성분은 인칭대사이고 복지는 수사(数词)이다. 다음을 보자.

他们兄弟俩的性格很相似。
그들 형제 두 사람의 성격은 아주 비슷합니다.

위에서 '他们'과 '兄弟'와 '俩'는 동일인으로서, 원성분인 '他们'은 대사이고 복지인 '兄

弟'는 명사, '俩'는 수사(数词)이다.

3.8.2 대사복지(代词复指)

대사복지란, 앞에 있는 원성분을 뒤에서 대사(代词)로 지시한 것을 말한다.

成绩最好的, 我们选他当班长。
성적이 제일 좋은 사람, 우리는 그를 반장으로 선출한다.
李先生, 我跟你商量一下。
리 선생, 나는 당신과 상의 좀 하려고요.

위에서 '成绩最好的'와 '他'는 동일인이며, '李先生'과 '你'도 동일인이다. 이들의 원성분은 화제이며, 복지는 모두 대사(代词)이다. 이와 같이 대사복지가 사용되는 경우에는 대개 쉼표를 사용하여 원성분과 다음에 나오는 문장을 분리시킨다. 대사복지가 사용되는 이유는 빈어를 화제화시켜서 대화의 화제를 정확하게 제시할 수 있기 때문이며, 또한 복잡한 빈어를 대사로 바꾸어 문장을 간결하게 만들 수 있기 때문이다.

3.8.3 분리복지(分离复指)

분리복지(分离复指)란, 하나의 원성분이 두 개 이상으로 분리된 복지를 말한다.

他的父母, 一位是北京人, 一位是山东人。
그의 부모님은, 한 분은 베이징 사람이고 한 분은 산둥 사람이다.
工人们, 有的工作, 有的休息。
노동자들이, 일부는 일하고 일부는 쉰다.

위에서 원성분 '他的父母'는, '一位, 一位'라는 두 개의 복지로 분리되어 있으며, 원성분 '工人们'도 '有的, 有的'라는 두 개의 복지로 분리되어 있다.

3.9 삽입어 (插入语)

삽입어를 이해하기 위하여 다음의 우리말을 보자.

말하자면 그 사람은 성격이 좋다.
보아하니 내일은 비가 올 것 같다.
생각하기에 따라서는 이 방법도 좋겠군.
듣자니 그 사람이 아프다던데.

위의 '말하자면, 보아하니, 생각하기에 따라서는, 듣자니'와 같은 말은, 주어, 술어, 목적어와 같은 문장의 구성 성분도 아니며, 반드시 필요한 말도 아니다. 다시 말하면 이러한 말이 없어도 의미의 전달이나 문장의 구성에는 아무런 문제가 없다. 중국어에도 이와 동일한 성분이 있다. 중국어에서는 이를 삽입어라고 한다. 삽입어는 문장의 중요한 구성 성분이 아니며, 문장 내의 어떤 성분과 연결 관계를 맺지도 않는다. 이러한 삽입어가 없어도 문장의 의미에는 아무런 변화가 없다. 삽입어는 문장의 앞에 오기도 하고, 문장의 가운데 혹은 문장의 맨 뒤에 오기도 한다. 삽입어는 그 기능에 따라 다음과 같은 몇 가지 종류로 구분된다.

1. '내 생각에는……'과 같이 화자의 생각, 의견, 태도를 나타내는 삽입어가 있다. '我看', '你(您)看', '我想', '不瞒……说', '老实说' 등이 이에 속한다. '我看'은 근본적으로 '내가 보기에는, 내 생각에는'의 뜻을 갖는다. '我看'이 문장의 앞에 오는 경우에는 '依我看'으로 말하기도 한다. 상대의 생각을 묻는 경우에는 '您看'이나 '你看'을 사용한다.

我看, 她不会来。
내가 보기에, 그녀는 오지 않을 것 같습니다.
依我看, 那是个好办法。
내가 보기에, 그것이 좋은 방법일 것 같습니다.

你看, 怎么办好?
당신 보기에는, 어떻게 하면 좋겠습니까?

您看，这么做，行不行?
보세요, 이렇게 하면 되겠습니까?

'我看'은 문장 가운데에 오기도 한다.

这个消息，我看，不可靠。
이 소식은, 제가 보기에, 믿을 만하지 못합니다.
你昨天迟到，我看是故意的。
네가 어제 지각한 것은, 내가 보기에는 고의였어.

'我想'은 '我看'과 마찬가지로 '……라고 생각하다'의 뜻이다.

我想，他不会来了，咱们走吧!
내 생각에 그 사람은 올 리가 없으니, 우리끼리 갑시다!
这本书，我想，你都读过了吧。
이 책은, 내 생각에는 네가 이미 읽었을 것 같은데.

'不瞒你说'는 '당신에게 솔직히 말하면'의 뜻이다. '你'는 '你们' 등과 같이 상대에 따라 바뀔 수 있다.

不瞒你说，我不喜欢他。
네게 솔직히 말하자면, 나는 그를 싫어해.

'老实说'는 '솔직히 말하면'의 뜻으로 사용된다.

老实说，他不是个坏人。
솔직히 말하면, 그는 나쁜 사람이 아니야.
老实说，他不是那种人。
솔직히 말하면, 그는 그런 사람이 아니야.

'说实话'는 '사실대로 말하면'의 뜻으로 사용된다.

说实话，我不喜欢这件衣服。
사실대로 말하면, 나는 이 옷이 싫어요.
说实话，这人性格不好。
사실대로 말하면, 이 사람은 성격이 나빠요.

2. '보아하니'와 같이 객관적 상황에 근거한 추측이나 추정을 나타내는 삽입어가 있다. '看(起)来', '看样子', '看上去', '说(起)来' 등이 이에 속한다.

看来，他没去过那个地方。
보아하니 그는 그곳에 가 본 적이 없는 것 같아.
已经十点了，看来，他不会来了。
벌써 10시야, 보아하니 그는 올 것 같지 않은걸.

看样子，他好像病了。
보아하니 그 사람은 병이 난 것 같아.
看样子，大家都不反对这样做。
보아하니 모두들 이렇게 하는 것을 반대하지 않는 것 같군.

看上去，他顶多三十岁。
보아하니 그는 기껏해야 서른 살이야.
他看上去比一年前瘦多了。
그는 보아하니 1년 전에 비해 많이 야윈 것 같군.

说来，也巧。
말하자면 공교롭게 되었다.
这个人说来也没什么不好。
이 사람은 말하자면 뭐, 별로 나쁜 점은 없는 것 같아.

3. '듣자니'와 같이 소식, 소문의 근원을 나타내는 삽입어가 있다. '听说', '据说' 등이 이에 속한다.

听说他们去旅行了。
듣자니 그들은 여행을 갔다고 합니다.

听说那个商店八点开门。
듣자니 그 상점은 8시에 문을 연다고 하네요.

누구에게서 들었는지를 밝히려 하는 경우에는 '听 + 빈어 + 说'의 형태로 말한다.

听小王说, 下星期我们去长城。
샤오왕한테 들었는데 다음 주에 우리는 만리장성에 간다고 합니다.

'听说'는 문장의 가운데에 사용될 수도 있다.

金先生这个人, 听说很能喝酒。
김씨 이 사람은, 듣자니 술을 잘 마신다고 합니다.

'据说'도 '듣자니'와 같은 용법으로 사용된다.

据说他已经离开北京了。
듣자니 그는 이미 베이징을 떠났다고 합니다.
那个女孩据说非常聪明。
그 여자아이는, 듣자니 아주 똑똑하다던데.

4. '보세요'와 같이 상대방의 주의를 환기시키기 위한 삽입어가 있다. '你看', '你看看', '请看', '你瞧', '想想看', '你听', '你说' 등이 이에 속한다.

你看, 门开着呢。
봐요, 문이 열려 있잖아요.
你看, 他不是来了吗?
거봐요, 그 사람 왔잖아요?

你说, 他这样做对吗?
말해 봐요, 그 사람이 이렇게 하는 게 맞아요?
你说, 咱们买几个面包?
말해 보세요, 우리는 빵을 몇 개나 살까요?

5. '예를 들면'과 같이 보충 설명을 나타내는 삽입어가 있다. '例如', '比如', '(也)就是说' 등이 이에 속한다.

汉语里有很多外来词, 例如'沙发, 咖啡'等。
중국어에는 많은 외래어가 있는데, 예를 들면 '沙发, 咖啡' 등이다.
学习必须注意方法, 比如学外语, 一定要多听多说。
공부는 학습 방법에 유의해야 한다. 가령 외국어를 배울 때는, 반드시 많이 듣고 많이 말해야 한다.
李先生还在医院呢。 -就是说, 他的病还没全好。
리씨는 아직 병원에 있습니다. -말하자면 그의 병이 아직 다 낫지 않았다는 말이지요.

6. '어쩐지'와 같이 당연하다는 어감을 나타내는 삽입어가 있다. '我说呢'가 이에 속한다.

我收到家里的信了。
나는 집에서 온 편지를 받았어요.
-我说呢, 你怎么这么高兴。
어쩐지 네가 이렇게 즐거워하더라니.

小王病了。
샤오왕이 아파요.
-我说呢, 这两天没看见他。
어쩐지 이 며칠 동안 그가 보이지 않더라고.

7. '대단하네, 정말로'와 같이 가벼운 탄식을 나타내는 삽입어가 있다. '你真行', '你真成', '你可真成', '你真可以' 등이 이에 속한다. 이들은 상대방에 대한 가벼운 놀림이나 가벼운 원망을 나타내지만 결코 상대방을 비하하는 말은 아니다. 그러므로 이러한 말은, 사랑하거나 친한 사람 사이에 자주 쓰이며, 엄격하거나 상하가 분명한 관계에서는 쓸 수 없다.

你真行, 这么一大锅面都吃光了。

대단하네, 이렇게 큰 냄비의 국수를 다 먹었구먼.
你真成, 这么简单的字都写错了!
대단하네, 이렇게 간단한 글자조차도 틀리게 쓰다니!

你可真成, 饭都忘了吃了!
대단하네, 너는 밥 먹는 것도 잊어버렸잖아!
你真可以, 刚结婚就买了房子!
대단하네, 결혼하고 금방 집을 사다니!

8. '그렇고말고요, 그러게 말입니다'와 같이 동의를 나타내는 삽입어가 있다. '可不', '可不是', '可不是吗' 등이 이에 속한다. 이러한 삽입어 뒤에는 대개 이 말의 근거가 되는 상황이 나온다.

好久不见!
오랜만입니다!
－可不, 有两个月了吧。
그렇고말고요, 만난 지가 두 달이나 되었군요.

咱们该回去了。
이제 우리는 돌아가야만 합니다.
－可不是, 天都黑了。
그러게 말입니다. 날이 이미 저물었네요.

学习外语得经常用。
외국어를 공부하려면 항상 사용해야 합니다.
－可不是吗, 不用就忘了。
그러게 말이에요. 안 쓰면 바로 잊어버리지요.

9. '제가 알기로는'과 같이 화자의 겸손한 태도를 나타내는 삽입어가 있다. '据我所知'가 이에 속한다.

据我所知, 那儿没有饭店。
제가 알기로는 그곳에 호텔이 없습니다.

据我所知，词典一律不外借。
제가 알기로는 사전은 일절 대출이 안 됩니다.

10. '어쨌거나, 종합적으로 말하자면'과 같이 앞의 말을 총괄하기 위하여 사용되는 삽입어가 있다. '总之', '总而言之' 등이 이에 속한다.

那件事你别问了，总之，和你没关系。
그 일은 너는 묻지 마라, 어쨌거나 너와는 상관없으니까.
总而言之，我觉得这是对的。
결론적으로 말하자면 저는 이것이 옳다고 생각합니다.

제 4 장

표현 기능에 따른 문장의 종류

문장은 표현 기능에 따라 진술문(陈述文), 의문문(疑问文), 명령문(命令文), 감탄문(感叹文)으로 구분된다.

4.1 진술문(陈述文)

진술문은 어떤 사실이나 상태를 서술하는 문장이다. 진술문의 끝에는 구호(句号: 。)가 나온다. 다음은 진술문이다.

这是我的书。
이것은 내 책이다.
她个子很高。
그녀는 키가 크다.

4.2 의문문(疑问文)

의문문은 의문을 나타내는 문장이다. 의문문에는 판단의문문(判断疑问文), 특수의문문(特殊疑问文), 선택의문문(选择疑问文), 친절의문문(亲切疑问文), 반어문(反语文), 내포의문문(内包疑问文), 어조 및 '呢'에 의한 의문문, 전제의문문(前提疑问文)이 있다.

4.2.1 판단의문문(判断疑问文)

판단의문문은 주어진 내용에 대한 청자의 판단을 묻는 의문문이다. 진술문에 '吗'를 첨가하면 판단의문문이 된다.

他是中国人。
그는 중국 사람이다.
→ 他是中国人吗?
　그는 중국 사람입니까?

他在家。
그는 집에 있다.
→ 他在家吗?
　그 사람 집에 있습니까?

4.2.2 특수의문문(特殊疑问文)

특수의문문은 사람, 장소, 시간, 상태, 방법, 성질 등과 같은 특수한 사항을 묻는 의문문이다. 지적된 사항은 의문대사로 표시된다. 의문대사가 이미 의문을 나타내기 때문에 특수의문문에는 의문조사 '吗'가 올 수 없다. 다음은 특수의문문이다.

谁是你的老师?
누가 너희 선생님이시니?
你去哪儿?
당신은 어디 가십니까?

他什么时候回来?
그는 언제 돌아옵니까?
你们学校怎么样?
당신들의 학교는 어떻습니까?

车站怎么走?
정류장은 어떻게 갑니까?
那是什么书?
그것은 무슨 책인가요?

4.2.3 선택의문문 (选择疑问文)

선택의문문은 몇 가지 항목을 제시하고, 청자로 하여금 그중의 하나를 선택하게 하는 의문문이다. 선택의문문에는 의문조사 '吗'가 올 수 없다.

1. '(是)……, 还是……'로 선택의문문을 만들 수 있다.

今天是星期一, 还是星期二?
오늘은 월요일입니까, 아니면 화요일입니까?
你喜欢吃甜的, 还是辣的?
당신은 단것을 좋아합니까, 아니면 매운 것을 좋아합니까?

2. 술어나 보어의 긍정형과 부정형을 병렬시켜도 선택의문문이 된다.

那个电影好不好? (형용사 술어)
그 영화는 좋아요, 안 좋아요?
明天你来不来? (동사 술어)
당신은 내일 옵니까, 안 옵니까?

他来得早不早? (정도보어)
그 사람 일찍 옵니까, 늦게 옵니까?
这个消息靠得住靠不住? (가능보어)
이 소식은 믿을 수 있나요, 없나요?
这本书, 你看完没看完? (결과보어)
이 책 다 봤니, 안 봤니?

동사가 빈어를 가지는 경우에도 동사의 긍정형과 부정형을 병렬시킨다.

你抽不抽烟?
담배를 피우세요, 안 피우세요?
你去不去公园?
당신은 공원에 갑니까, 안 갑니까?

他是不是韩国人?
그 사람은 한국인이 아닌가요?
今天有没有汉语课?
오늘 중국어 수업이 있나요, 없나요?

동사가 '是' 혹은 '有'이면, 동사의 부정형이 문장의 끝에 올 수도 있다.

他是不是韩国人?
=他是韩国人不是?
그는 한국인이 맞지요?

今天有没有汉语课?
=今天有汉语课没有?
오늘 중국어 수업이 있나요 없나요?

빈어가 있는 문장은 '동사 + 빈어 + 不 + 동사 + 빈어'의 형식으로 말할 수도 있다.

你抽不抽烟?
당신은 담배를 피우십니까, 안 피우십니까?
=你抽烟不抽烟?
당신은 담배를 피우십니까, 안 피우십니까?

他喝不喝酒?
그분은 술을 드십니까, 안 드십니까?
=他喝酒不喝酒?
그분은 술을 드십니까, 안 드십니까?

문장이 '了'로 끝나면 그 뒤에 '没有'가 와서 선택의문문이 될 수 있다.

他回来了。
그분이 돌아오셨습니다.
→他回来了没有?
그분이 돌아오셨습니까, 안 돌아오셨습니까?

他吃饭了。
그는 식사를 했다.
→ 他吃饭了没有?
그는 식사를 했습니까, 안 했습니까?

4.2.4 친절의문문(亲切疑问文)

진술문의 뒤에 '好吗', '行吗', '可以吗', '是吗', '好不好', '行不行', '可(以)不可以', '是不是' 등을 첨가하면 의문문이 된다. 이러한 의문문을 친절의문문이라고 한다. 이러한 의문문은 상대방에게 상의하거나 상대의 의견을 구하는 느낌을 주며, 전체적으로 친절한 어감을 나타내기 때문에 대화에 많이 사용된다.

咱们去看排球比赛, 好吗?
우리 배구 경기 보러 가는 거, 어때요?
我们去看排球比赛, 行吗?
우리가 배구 경기 보러 가는 거, 괜찮습니까?
我们去看排球比赛, 可以吗?
우리가 배구 경기 보러 가도 될까요?

你去帮他一下, 好不好?
네가 가서 그를 좀 도와주는 거, 어때요?
你去帮他一下, 行不行?
당신이 가서 그를 좀 도와주는 거, 어때요?

你去帮他一下, 可不可以?
당신이 가서 그를 좀 도와주면 안 될까요?
今天很冷, 是不是?
오늘은 춥습니다, 그렇지요?

4.2.5 반어문(反语文)

반어문을 이해하기 위하여 다음의 우리말을 보자.

야! 이거 김 선생 아니야?
내가 그 사람을 어떻게 모를 수가 있겠니?

위와 같은 우리말 의문문은 화자가 이미 답을 알고 하는 말이다. 중국어에도 이러한 의문문이 있다. 중국어에서는 이를 반어문(反语文)이라고 한다. 반어문에는 언제나 반드시 대답을 해야 하는 것은 아니다.

반어문의 형식은 다양하다. 부정형의 반어문은 긍정적 내용을 강조하며, 긍정형의 반어문은 부정적 내용을 강조한다.

1. '不是……吗?'는 '……이 아닌가?'라고 묻는 형식을 사용하여 사실상 '그렇다'는 사실을 강조한다.

你不是小王吗?
이거 샤오왕 아니야?
(=너 샤오왕이구나!)
这不是你的表吗?
이거 네 시계 아냐?
(=이것은 네 시계야!)

2. '怎么不……?'는 '어찌 ……하지 않겠는가?'라는 의미로서 실제로는 '……이다'라는 사실을 강조한다.

我怎么不认识他?
제가 어떻게 그 사람을 모르겠어요?
(=나는 그 사람을 알고 있다.)
这件事他怎么不知道呢?
이 일을 그 사람이 어떻게 모르겠어요?
(=그는 이 일을 알고 있다.)

3. '怎么会(能)……?'은 '어찌 ……일 수가 있겠는가?'라는 의미로서 실제로는 '……일 수 없다'라는 사실을 강조한다.

这怎么会是假的呢?
이것이 어떻게 가짜일 수가 있습니까?
(=이것은 가짜가 아니다.)
你怎么能这样说呢?
네가 어떻게 이렇게 말할 수 있니?
(=너는 이렇게 말해서는 안 된다.)

4. 주술구 뒤에 '怎么行呢?', '怎么可以呢?', '怎么可能呢?' 등이 와서 반어문이 될 수 있다.

他去, 怎么行呢?
어떻게 그 사람이 갈 수 있습니까?
(=그가 가는 것은 안 됩니다. 반대합니다.)
他去, 怎么可以呢?
어떻게 그 사람이 갈 수 있어요?
(=그가 가는 것은 안 됩니다. 반대합니다.)
他去, 怎么可能呢?
그 사람이 가는 것이 어떻게 가능합니까?
(=나는 믿을 수가 없어요.)

5. '哪(儿)……?'도 반어문으로서 강조를 나타낸다. 이 형식의 문장 끝에는 대개 '啊'가 와서 강조의 어감을 증가시킨다.

这么忙, 哪有时间啊?
이렇게 바쁜데 어떻게 시간이 나겠습니까?
(=시간이 없어요.)
我哪知道这件事啊?
제가 이 일을 어떻게 알겠습니까?
(=나는 이 일을 모릅니다.)

6. '什么'도 동사나 형용사 뒤에 와서 반어문이 될 수 있다. '什么'가 반어문에 사용되면 화자가 동의하지 않는다든가, 그럴 필요가 없다든가, 그래서는 안 된다는 생각을

나타낸다.

小孩子知道什么?
애들이 뭘 알겠습니까?
(=애들은 모릅니다.)
你忙什么, 坐一会儿再走嘛。
뭐가 그렇게 바빠요, 잠깐 앉았다 가세요.
(=바쁠 것 없잖아요.)
一点钱也没有了, 还买什么衣服?
한 푼도 없는데 무슨 옷을 사겠습니까?
(=옷을 안 살 겁니다.)

7. '不, 没'가 사용되면 반어문이 되는 경우가 있다.

那么好的电影, 谁不想看呢?
그렇게 좋은 영화를 누가 보고 싶어 하지 않겠습니까?
(=나는 보고 싶다.)
我没告诉你吗?
내가 너에게 얘기 안 했니?
(=나는 얘기했었다.)

4.2.6 내포의문문(内包疑问文)

빈어가 의문형이면 전체 문장이 의문문으로 바뀌는 경우가 있다. 다음을 보자.

你觉得冷不冷?
당신은 춥습니까?

위 문장은 다음과 같이 구성되어 있다.

你 (주어) + 觉得 (동사) + 冷不冷 (빈어)

위 문장은 빈어가 의문형이므로 문장 전체가 의문문이 된 경우이다. 이와 같이 빈어가 의문형인 의문문을 내포의문문이라고 한다. 다음은 모두 이러한 경우에 속한다. 밑줄 친 부분은 빈어이다.

你们想选谁当主席?
여러분은 누구를 의장으로 선출하고 싶습니까?
你准备写什么文章?
당신은 무슨 글을 쓰려고 준비하고 있습니까?

你打算什么时候去北京?
당신은 언제 베이징에 갈 계획입니까?
你认为这个消息靠得住靠不住?
당신은 이 소식이 믿을 만하다고 생각합니까?

4.2.7 어조 및 '呢'에 의한 의문문

어조나 강세에 의한 의문문이 있으며, 어조조사 '呢'에 의한 의문문도 있다.

1. '知道' 뒤에 의문형의 빈어가 오면, 내포의문문이 될 수도 있고 진술문이 될 수도 있다. 이것이 의문문인지 진술문인지는 어조와 강세의 위치에 의해서 구별된다. 다음에서 밑줄 친 글자를 강하게 발음해 보자.

你知道他是谁?
당신은 그 사람이 누구인지 아십니까?
你知道他是谁。
당신은 그 사람이 누구인지를 알고 있습니다.

위에서 '谁'를 강조하여 발음하면 내포의문문이 되며, '知道'를 강조하여 읽으면 진술문이 된다.

2. 진술문을 의문의 어조, 즉 문장의 끝을 약간 올리는 기분으로 읽으면 의문문이 되는 경우가 있다. 이 경우에는 문장의 내용을 반신반의하는 화자의 심정을 나타낸다.

你是韩国人?
당신이 한국 사람인가요?
你二十岁?
당신이 스무 살인가요?

3. 의문대사가 나오는 의문문의 끝에 어조조사 '呢'가 첨가되면 의문의 어조가 상당히 부드러워진다.

他为什么不来?
그는 왜 안 오지?
他为什么不来呢?
그는 왜 안 오는 걸까요?

这是什么?
이것은 무엇입니까?
这是什么呢?
이것은 무엇인가요?

명사, 대사, 혹은 명사구에 '呢'가 오면 어조가 부드러운 의문문이 된다. 이러한 의문문은 대화에 많이 사용된다.

阿里呢?
아리는요?
(=아리는 어디 있지요?)
我的书呢?
내 책은요?
(=내 책은 어디 있나요?)

我去买书, 你呢?
나는 책 사러 갈 텐데 당신은요?
今天很忙, 明天呢?
오늘은 바쁩니다, 내일은 어때요?

'呢'는 그 앞에 나오는 의문의 내용에 따라 의문의 어조를 강하게 하는 경우가 있다.

你怎么不知道呢?
네가 어떻게 모르고 있지?
他到底是哪儿不舒服呢?
그 사람은 도대체 어디가 아픈 겁니까?

4.2.8 전제의문문(前提疑问文)

전제의문문은 진술문과 동일한 의미를 갖는 의문문이다. 이러한 의문문에는 의문부호 '?'를 붙여도 되고, 붙이지 않아도 된다. 이러한 의문문은 해답이 이미 전제되어 있기 때문에 전제의문문이라고 한다. 다음을 보자.

你这么说, 他可能不高兴吧?
당신이 이렇게 말하면 그가 아마 기분이 나쁘겠지요?
=你这么说, 他可能不高兴吧。
당신이 이렇게 말하면 그가 아마 기분이 나쁘겠지요.

这么一点儿饭两个人吃, 可能不够吧?
요만큼의 밥을 둘이 먹기에는 아마도 부족하겠지요?
=这么一点儿饭两个人吃, 可能不够吧。
요만큼의 밥을 둘이 먹기에는 아마도 부족하겠지요.

4.3 명령문(命令文)

중국에서는 명령문을 기사구(祈使句)라고 한다. '祈使句'는 '어떤 행위를 하기를 희망하거나 요구하는 문장'이라는 뜻이다. 그러나 이 책에서는 명령문(命令文)이라는 용어를 사용하기로 한다.

명령문은 상대방에게 어떤 행위를 하거나 하지 말 것을 명령, 요구, 재촉, 권유하는 문형이다. 행위를 나타내는 동사나 동사구, 그리고 동사화된 일부 형용사는 명령문의 술어가 될 수 있다.

4.3.1 동사 명령문

단독의 동사는 명령문이 될 수 있다.

说!
말해!
听!
들어!
坐!
앉아!
看!
봐!

위와 같은 명령문은 강압적인 느낌을 주기 때문에 군대의 명령과 같은 특수한 경우를 제외하면 거의 사용되지 않는다. 명령의 어감을 부드럽게 하기 위해서는 대개 동사를 중첩시킨다.

说说!
한번 말씀해 보세요!
听听!
한번 들어 보세요!

坐坐!
좀 앉으세요!
看看!
좀 보세요!

중첩된 동사 사이에는 '一'가 들어갈 수도 있다.

说一说!
한번 말씀해 보세요!
听一听!
한번 들어 보세요!

坐一坐!
좀 앉으세요!
看一看!
좀 보세요!

쌍음절 동사도 중첩되면 명령문이 된다.

我们考虑考虑吧!
우리, 생각해 봅시다!
我们活动活动吧!
우리, 몸을 좀 움직입시다!

你们研究研究吧!
여러분이 생각 좀 해 보십시오!
你们讨论讨论吧!
여러분이 의논 좀 해 보십시오!

쌍음절 동사 사이에는 '一'를 넣을 수 없다. 그러므로 다음은 비문이다.

*散步一散步!
*活动一活动!
*研究一研究!
*讨论一讨论!

예의를 갖춘 명령, 요구, 권고를 나타내기 위해서는 동사 앞에 '请'을 붙여야 한다.

请等(一)等!
좀 기다려 주십시오!
请讲(一)讲!
말씀 좀 해 주십시오!

请坐(一)坐!
좀 앉으시지요!

请看(一)看!
좀 보시지요!

어조조사 '吧'를 문장의 끝에 첨가하면 명령, 요구, 권고의 어감이 부드러워진다.

坐吧!
앉으세요!
进来吧!
들어오세요!

告诉我吧!
말씀해 주세요!
我们现在开始吧!
우리, 지금 시작하지요!

명령문의 동사는 부사의 수식을 받을 수 있다.

快跑!
빨리 뛰어!
慢走!
살펴 가십시오!

위와 같이 동사가 부사의 수식을 받으면 수식어에 '点儿'이 첨가될 수 있다. '点儿'이 첨가되면 명령의 어감이 더욱 부드러워진다.

快点儿跑!
좀 빨리 뛰어라!
快点儿说!
좀 빨리 말하거라!

慢点儿跑!
좀 천천히 뛰어라!
慢点儿说!

좀 천천히 말하거라!

동사 뒤에 '着'가 첨가되어도 명령문이 될 수 있다.

听着!
들어 봐라!
(=잘 듣고 있어라!)
把着!
잡아라!
(=잘 잡고 있어라!)

看(kān)着!
(짐을) 지켜라!
(=잘 지키고 있어라!)
忍着!
참아라!
(=잘 참고 견뎌라!)

위는 그 동작을 실행할 것을 요구하거나 그 동작을 잘 유지하고 있을 것을 요구하는 명령문이다. 이러한 '着' 뒤에는 '点儿'이 첨가될 수 있다. 이러한 형식은 대개 화자의 불만을 나타낸다. 그러므로 윗사람에게 이런 말을 해서는 안 된다.

听着点儿!
들어라!
잘 듣고 있어라!
(=다른 짓 하지 말고.)

把着点儿!
잡아라!
잘 잡고 있어라!
(=한눈팔지 말고.)

看(kān)着点儿!

(짐을) 지켜라!
(짐을) 잘 지키고 있어라!
(=한눈팔지 말고.)

忍着点儿!
참아라!
잘 참고 견뎌라!
(=화내지 말고.)

위와 같은 '동사 + 着点儿' 형식은 '동사 + 着' 형식이 갖는 의미와 함께 '다른 행위를 하지 말고 요구하는 행위에 집중하라'는 의미를 추가로 갖게 된다. 그러므로 '동사 + 着点儿' 형식은 '듣다가 한눈을 파는 경우, 잡고 있다가 한눈을 파는 경우, 짐을 보고 있다가 한눈을 파는 경우, 참고 있다가 참지 못하는 경우'에 사용되며, 대부분 야단을 치거나, 윗사람이 아랫사람에게 경고하는 경우 등에 사용된다.

4.3.2 형용사 명령문

단독의 형용사는 특별한 경우에만 명령문이 될 수 있다. 다음을 보자.

快!
빨리!
慢!
천천히!
小心!
조심하세요!
安静!
조용히 하세요!

위의 명령문은 대단히 급박한 상황에서 윗사람이 아랫사람에게 혹은 친한 동료들 사이에만 사용할 수 있는 명령문이다. 급박한 상황일지라도 위와 같은 명령문을 윗사람에게 말해서는 안 된다. 그러므로 단독의 형용사는 일반적으로 명령문이 될 수 없다고 알아 두는 것이 좋다. 그러나 형용사에 '(一)点儿'이 첨가되면 정식의 명령문이 될 수 있다. 다음을 보자.

快点儿!
서둘러라!
慢点儿!
천천히 하세요!
小心点儿!
조심하세요!

安静点儿!
조용히 하세요!
冷静点儿!
진정하세요!

형용사 명령문에도 '请'을 사용하여 예의를 표시할 수 있다.

请快点儿!
좀 서두르시지요!
请慢点儿!
좀 천천히 하십시오!
请小心点儿!
조심하십시오!

请安静点儿!
조용히 해 주십시오!
请冷静点儿!
진정하십시오!

'多, 少, 再' 등의 수식을 받은 동사에 '(一)点儿'이 첨가되면 명령, 요구, 재촉, 권고의 어감이 더욱 부드러워진다.

再吃点儿吧!
좀 더 먹어라!
좀 더 드십시오!
再喝点儿吧!

좀 더 마셔라!
좀 더 드십시오!

多吃点儿吧!
좀 많이 먹어라!
좀 많이 드십시오!
多喝点儿吧!
좀 많이 마셔라!
좀 많이 드십시오!

少吃点儿吧!
조금만 먹어라!
조금만 드시지요!
少喝点儿吧!
조금만 마셔라!
조금만 드시지요!

형용사 결과보어 뒤에 '(一)点儿'이 오면 명령문이 될 수 있다. 이러한 명령문은 이미 발생하고 있는 행위에 대하여 화자가 불만의 감정을 가지고 있는 경우에 사용된다.

走慢点儿!
좀 천천히 걸어라!
(=지금처럼 너무 빨리 걷지 말고.)
写大点儿!
크게 좀 써라!
(=지금처럼 너무 작게 쓰지 말고.)

위의 '走慢点儿!'은 이미 걷고 있는 사람에게 '천천히 걸을 것'을 요구하는 명령이다. 이 명령을 받은 사람은 빨리 걷고 있고, 화자는 그가 빨리 걷는 것에 대하여 불만을 느끼고 있다. '写大点儿!'은 이미 글씨를 쓰고 있는 사람에게 '크게 쓸 것'을 요구하는 명령이다. 이 명령을 받은 사람은 글씨를 작게 쓰고 있고, 화자는 그가 작게 쓰는 것에 대하여 불만을 느끼고 있다. 다음은 이에 해당하는 명령문이다.

开慢点儿!
좀 천천히 운전해라!
(=지금처럼 빨리 운전하지 말고.)
吃多点儿!
많이 좀 먹어라!
(=지금처럼 너무 조금 먹지 말고.)

일부 동빈이합동사는 '(一)点儿'과 결합하여 명령문이 될 수 있다. '(一)点儿'은 동빈이합동사의 내부빈어 앞에 올 수도 있고, 뒤에 올 수도 있다.

请大点儿声!
请大声点儿!
좀 크게 말씀하십시오!

请小点儿声!
请小声点儿!
좀 작게 말씀하십시오!

以后注点儿意!
以后注意点儿!
앞으로 조심하세요!

你用点儿心!
你用心点儿!
신경 좀 써 주세요!

'…해야 하다'와 같이 당위를 나타내는 '要'와 형용사가 함께 쓰이면 명령문이 된다.

要小心!
조심하십시오!
要冷静!
침착하십시오!
要安静!

조용히 하십시오!

4.3.3 명령문의 주어

명령문의 주어는 대개 생략된다. 그러나 다음과 같이 주어를 사용할 수도 있다. '你, 你们'은 명령문의 주어가 될 수 있다.

你说!
네가 말해라!
你来!
네가 오너라!

你们看!
여러분 보세요!
你们都出去!
너희들은 모두 나가거라!

예의를 갖추어야 하는 경우에는 '请您'으로 시작해야 한다.

请您喝茶!
차를 드시지요!
请您用饭!
식사를 하십시오!

'咱们'도 명령문의 주어로 쓰일 수 있다.

咱们走!
우리, 갑시다!
咱们去吃饭!
우리, 식사하러 갑시다!

'我们'은 원래 청자를 포함하지 않지만, 근래에는 청자를 포함하여 사용하는 경우도 있기 때문에 역시 명령문의 주어로 쓰일 수 있다.

我们走!
우리, 갑시다!
我们去吃饭!
우리, 식사하러 갑시다!

경우에 따라 명령문의 앞에 청자의 이름이 나올 수도 있다.

小王, 进来!
샤오왕아, 들어오너라!
小王, 快点儿走吧!
샤오왕아, 우리 좀 빨리 떠나자!

복문도 강하게 발음하면 명령문이 될 수 있다. 이 경우에도 자연스럽게 주어가 사용된다.

我念, 你们听!
내가 읽을 테니, 여러분은 들으십시오!
我出去, 你们看书!
나는 나갈 테니, 너희들은 책을 보아라!

4.3.4 명령문의 감정 표현

친절의문문의 일부는, 상대에게 친절하고 부드러운 느낌을 주는 명령문이 되는 경우가 있다. 다음을 보자.

你一个人去, 好吗?
너 혼자 가는 것이 어때?
咱们一起去, 可以吗?
우리, 함께 가도 될까요?

咱们一起吃, 好不好?
우리, 함께 식사하는 거 어때요?

咱们一起去散散步，行不行?
우리, 함께 산책하는 거 어때요?

위와 같은 말은 외형상으로는 의문문이지만 실제적으로는 청유나 권고를 나타내는 명령문에 가깝다. 왜냐하면 이러한 말은 상대에게 무엇인가를 묻는다기보다는 그렇게 행동하자는 권고의 의도를 더욱 강하게 나타내기 때문이다.

명령문 가운데는 화자가 화가 났을 때만 사용하거나, 윗사람이 아랫사람에게만 사용할 수 있는 불손한 명령문이 있다. 다음은 이러한 명령문이다.

你给我回来!
돌아오지 못해!
你给我拿来!
가져오지 못해!

你给我找回来!
찾아오지 못해!
你给我滚!
꺼져 버려!

위의 '给我'는 상대가 어떤 행위를 하는 것이 화자인 '나'에게 이익이 된다는 사실을 나타낸다. 따라서 위와 같은 명령문은 정중한 사이 혹은 윗사람에게는 사용할 수 없는 특수한 명령문이다.

다음의 명령문도 정중한 사이나 윗사람에게는 사용할 수 없는 특수한 명령문이다.

听着点儿!
잘 듣고 있어라!
(=다른 짓 하지 말고!)
看(kān)着点儿!
잘 지키고 있어라!
(=한눈팔지 말고!)

위와 같은 명령문에 '给我'가 들어가면 부모가 아이에게 야단을 치는 경우에나 사용할 수 있는 특수한 명령문이 된다. 다음을 보자.

你给我听着点儿!
잘 듣고 있지 못해!
你给我看着点儿!
잘 보고 있지 못해!

다음의 경우도 흔히 부모가 아이에게 하는 말로서, 정중한 사이에서는 사용할 수 없는 특수한 명령문이다.

好好儿(地)睡!
똑바로 자!
(=엎치락뒤치락하지 말고.)
好好儿(地)说!
말 똑바로 해!
(=우물쭈물하지 말고, 장난치지 말고, 코맹맹이 소리 내지 말고.)
好好儿(地)吃!
잘 좀 먹어라!
(=장난치지 말고, 왔다 갔다 하지 말고.)

好好儿(地)坐着!
똑바로 앉아 있어!
(=장난치지 말고, 왔다 갔다 하지 말고.)
好好儿(地)做!
제대로 해!
(=장난치지 말고, 수선 떨지 말고.)

위와 같은 명령문을 정중하게 표현하려면 다음과 같이 결과보어를 사용하여 말해야 한다.

你要睡好!
당신은 잘 주무셔야 합니다!
你应该休息好!
당신은 잘 휴식을 취하셔야 합니다!

大家都坐好!
모두들 착석하여 주십시오!
走好!
편히 가십시오!

4.3.5 명령문의 부정형

'别, 甭, 不要, 不用, 不必'는 '……하지 마라'와 같이 부정적 명령을 나타낸다.

1. '别'와 '甭'

'别'와 '甭'은 명령문의 앞에 나와서 '……하지 마라'와 같이 금지를 나타낸다.

别走!
가지 마라!
别动!
움직이지 마라!

'别'가 사용된 명령문에 '了'가 나오면 부드러운 명령이 된다.

别客气了!
사양하지 마세요!
别误会了!
오해하지 마세요!

'甭'은 그 행위를 실행하면 안 되는 객관적 이유가 있는 경우에 사용된다. '甭'이 사용된 명령문에는 일반적으로 '了, 啦'가 나온다.

家里还有, 甭买了!
집에 아직 있으니, 사지 마세요!
他最近身体不好, 甭叫他了!
그는 요즈음 건강이 나쁘니까 부르지 마세요!

위의 '甭买了'에는 이 물건을 사지 말아야 하는 객관적인 이유가 있으며, '甭叫他了'

에도 그를 부르면 안 되는 객관적인 이유가 있다. 객관적인 이유가 없이 화자가 개인적으로 요구하는 경우에는 '甭'을 사용해서는 안 된다.

别摔着!
넘어지지 마라!
(=다칠라.)
*甭摔着!

위의 '别摔着'는 화자의 개인적 요구 사항이다. 그러므로 이 말에는 '甭'을 사용해서는 안 된다.

'别'나 '甭'이 사용된 명령문에는 명령을 나타내는 어조조사 '吧'가 올 수 없다.

*别走吧!
*别客气吧!
*甭说吧!
*甭看吧!

2. '不要', '不用', '不必'

명령문에 '不要'가 나오면 '……해서는 안 된다'라는 금지나 부정적 권고를 나타낸다.

不要喝酒!
술을 마시면 안 됩니다!
不要抽烟!
담배를 피우면 안 됩니다!
不要客气!
사양하지 마세요!

명령문에 나오는 '不用'이나 '不必'는 '……할 필요가 없다'라는 부정적 권고를 나타낸다.

不用再谈!
다시 얘기할 필요 없습니다!
不用说, 我都知道!

말할 필요 없어요, 나는 다 알고 있으니까!

明天不必来!
내일은 올 필요 없어요!
这个东西不必送了!
이 물건은 보낼 필요 없습니다!

4.3.6 명령문의 강조

명령문에 나오는 '可(要)'는 '반드시 그래야 한다'는 권고를 나타내며, '可不(要)'는 '그래서는 안 된다'는 권고를 나타낸다.

下次再来, 可要早一点儿啊!
다음에 올 때는, 꼭 좀 일찍 오너라!
骑自行车可要小心点儿!
자전거를 탈 때는 반드시 조심해야 한다!

你可不要怕疼啊!
아픈 것을 절대 겁내지 마라!
睡觉的时候可不能开窗户!
잠잘 때는 창을 열어 놓으면 안 됩니다!

명령문에 '千万, 万万'이 사용되면 권고나 금지를 강조한다. '千万' 뒤에는 긍정형과 부정형이 모두 올 수 있다.

你千万要记住!
너는 반드시 기억하고 있어야 한다!
你千万要打电话!
너는 반드시 전화해야 한다!

你千万别去!
너는 절대로 가지 마라!
你千万别告诉他!

너는 절대로 그에게 말해서는 안 된다!

'万万' 뒤에는 대개 부정형이 나온다. 다음을 보자.

那种事万万做不得!
그런 일은 절대로 해서는 안 됩니다!
那个会你万万不能参加!
그 모임에 절대로 참석해서는 안 됩니다!

4.3.7 명령문에 대한 응답

명령문에 대한 응답은 다양하다. 한국인은 흔히 '是' 혹은 '是的'로 대답하지만 이는 옳은 대답이 아니다.

去吃饭吧!
식사하러 갑시다!
－好啊。
　좋습니다.

위와 같이 일반적인 명령문에 대한 대답은 '好啊'가 자주 사용된다. 그러나 '好吧'가 사용되는 경우도 있다. '好吧'는 기꺼이 동의한다는 어감과 겸손의 어감을 나타낸다. 다음을 보자.

别走!
가지 마라!
－好吧!
　네! 좋습니다.

이 이외에도 다음과 같이 다양한 형식으로 명령문에 대답할 수 있다.

别去那儿!
거기에는 가지 마라!

－知道了。
　알았습니다.
－行。
　그렇게 하겠습니다.

别着急!
조급해 하지 마라!
－你放心。
　걱정 마세요.

4.4 감탄문(感叹文)

감탄문은 감정을 나타내는 문장이다. 감탄문의 형식은 다양하다.

1. '多(么) + 형용사 + **啊**' 형식으로 감탄문을 만들 수 있다.

天气多(么)好**啊**!
날씨가 얼마나 좋아요!
这些花多(么)好看**哪**!
이 꽃들이 얼마나 예쁩니까!
他们多(么)亲切**啊**!
그들은 정말 친절하군요!

정도보어가 '多(么) + 형용사 + **啊**' 형식이면 문장 전체가 감탄문이 된다.

汉字他写得多(么)漂亮**啊**!
한자를 그는 얼마나 예쁘게 씁니까!

'多(么)' 앞에 '该'가 오는 경우도 있다.

如果我也能去, 那该多么好**啊**!
나도 갈 수 있다면 얼마나 좋겠어요!

2. 내용 자체가 감탄을 나타내는 경우가 있다.

好极了!
대단히 좋습니다!
中华人民共和国万岁!
중화인민공화국 만세!
祝您健康长寿!
건강하게 오래 사시기를 기원합니다!

祝你生日快乐!
너의 생일을 축하한다!
旅行快乐!
여행이 즐겁기를 빕니다!

3. 감탄사를 사용하여 감탄문을 만들 수 있다.

哎呀, 这楼可真高!
아이고, 이 건물은 정말 높구나!
啊! 这个地方真美!
아! 여기는 정말 아름답군요!

唉, 他怎么又病了!
나 참, 그 사람이 왜 또 병이 났을까!
哦, 我明白你的意思了!
아, 무슨 말씀인지 알겠습니다!

4. 어조조사 '啦'를 사용하여 감탄문을 만들 수 있다.

快把我们急死啦!
우리는 애가 타서 죽을 뻔했습니다!
她汉语说得可好啦!
그녀는 중국어를 정말 잘하는군요!

5. '太……了'를 사용하여 감탄문을 만들 수 있다. ('太'에 대하여는 ＜1.7.2 最, 太, 挺, 很, 非常, 相当＞를 참고할 것.)

太好了!
너무나 좋아요!
太快了!
너무나 빨라요!
太干净了!
너무나 깨끗해요!

6. '好 + 형용사'나 '真 + 형용사'가 단독으로 사용되면 감탄문이 된다.

好热!
정말 덥습니다!
好漂亮啊!
정말 예쁩니다!

真好吃!
정말 맛있군요!
真能干!
정말 유능하구나!

'好 + 형용사'나 '真 + 형용사'가 술어로 사용되어도 그 문장은 감탄문이 된다.

天气好热!
날씨가 정말 더운데요!
这件衣服好漂亮!
이 옷은 정말 예쁘군요!

这办法真好!
이 방법이 정말 좋군요!
这东西真不错!
이 물건은 정말 좋은데요!

'好 + 형용사'와 '真 + 형용사'가 정도보어로 사용되어도 그 문장은 감탄문이 된다.

她穿得好漂亮啊!
그녀는 정말 예쁘게 입었군요!
你说得好流利啊!
당신은 정말 유창하게 말씀하십니다!

他演得真好!
그는 정말 연기를 잘하는구나!
你今天来得真早!
너는 오늘 정말 일찍 왔구나!

'好 + 형용사'가 관형어인 단독의 명사구는 감탄문이다.

好大的雨!
비가 정말 많이 오는군요!
好漂亮的衣服!
옷이 정말 예쁘군요!

'真 + 형용사'는 관형어로 쓰이지 않는다. 그러므로 다음은 비문이다.

*真大的雨!
*真漂亮的衣服!

제5장

구조에 따른 문장의 종류

문장은 구조에 따라 단문(单文), 복문(复文), 도치문(倒置文)으로 구분된다.

5.1 단문(单文)

단문이란 확실한 의미를 나타내고, 독립적으로 존재할 수 있는 가장 간단한 문장을 말한다. 단문은 주술문(主述文)과 비주술문(非主述文)으로 구분된다.

5.1.1 주술문(主述文)

주술문(主述文)이란 주어와 술어로 구성된 문장을 말한다.

我懂。
나는 이해한다.
他来。
그가 온다.

春天很暖和。
봄은 따뜻하다.
小王很用功。
샤오왕은 열심히 공부한다.

위에서 '我, 他, 春天, 小王'은 주어이고, '懂, 来, 很暖和, 很用功'은 술어이다. 이와 같이

주어와 술어로 구성되어 있고, 독립적으로 분명한 의미를 나타내고 있으므로 이들은 모두 주술문이다. 빈어는 술어에 포함된다.

我知道他。
나는 그를 안다.
我知道他来。
나는 그가 온다는 것을 안다.
我知道他明天来。
나는 그가 내일 온다는 것을 안다.

위는 모두 주어 '我'와 술어 '知道他, 知道他来, 知道他明天来'로 구성되어 있다. 그러므로 이들도 모두 주술문인 단문이다.

(1) 他来了没有?
그 사람 왔습니까?
(2) －来了。
왔습니다.
(3) －没有。
아니요.

위의 (2,3)은 (1)에 대한 대답이다. (2)에는 주어가 없고, (3)에는 주어 및 동사 '来'가 없다. 그러나 (2)의 주어는 '他'이며, (3)의 주어는 '他', 동사는 '来'인데 이들이 생략되었을 뿐이다. 그러므로 (2,3)도 모두 주술문이다.

5.1.2 비주술문(非主述文)

비주술문은 주어나 동사 중의 하나가 없는 문장이다. 주어가 없는 문장을 무주어문(無主语文)이라고 부르기도 한다. 다음을 보자.

下雨了。
비가 온다.
下雪了。

눈이 온다.

刮风了。
바람이 분다.
出太阳了。
해가 났다.
(=비가 그친 후에, 혹은 구름 사이로 해가 나타났다.)

'雨, 雪, 风, 太阳'은 모두 동사 뒤에 있다. 그러므로 이들은 빈어이지 주어가 아니다. 위와 같이 자연현상을 표현하는 문장에는 대개 주어가 나오지 않는다. 이러한 문장의 주어는 생략된 것이 아니라 원래 존재하지 않는 것으로 본다. 다음의 은현문(隐现文)을 보자. (은현문에 대하여는 <8.7 은현문>을 참고할 것.)

来客人了。
손님이 왔다.
死了一个人。
한 사람이 죽었다.

위에서 '来'는 사람이 출현한 것을 나타내며, '死'는 사람이 소실된 것을 나타낸다. 이와 같이 출현이나 소실을 나타내는 문장에는 대개 주어가 없다. '客人, 一个人'은 동사 뒤에 나오므로 빈어이다. 그러므로 이러한 문장도 비주술문이다.

다음은 모두 어떤 상황이나 의문에 대한 응답이다.

对。
맞습니다.
行。
좋습니다.

谢谢!
감사합니다!
好啊!
좋습니다!

위의 문장에는 주어가 없다. 그러므로 이들은 무주어문이다.

다음은 누군가를 부르는 말인데, 이러한 말에는 술어가 없다.

妈妈!
어머니!
爸爸!
아버지!
同学们!
급우 여러분!

위의 문장에는 술어가 없으므로 이들도 비주술문이다.

5.2 복문(复文)

복문을 이해하기 위하여 다음의 우리말을 보자.

조 과장이 가고, 김 과장이 왔다.
조 과장이 간 후에, 김 과장이 왔다.
조 과장이 가니까, 김 과장이 왔다.
조 과장이 갔지만, 김 과장이 왔다.

위의 우리말은 '조 과장이 가다'와 '김 과장이 오다'라는 두 문장을 연결해 놓은 것이다. 이와 같이 두 개 이상의 문장이 모여 하나의 전체 문장을 이루고 있는 경우에, 이 전체 문장을 복문이라고 한다. 전체 문장 속의 작은 문장인 '조 과장이 가다'와 '김 과장이 오다'를 각각 분문(分文)이라고 한다. 그러므로 위의 복문은 두 개의 분문으로 구성되었다고 말할 수 있다. 중국어에도 이와 같은 복문이 있다.

중국어의 복문도 두 개 이상의 분문으로 구성된다. 중국어에서 분문과 분문 사이에는 쉼표가 온다. 어떤 복문은 분문과 분문 사이의 관계를 접속사로 표시하지만, 접속사가 나오지 않는 경우도 있다. 복문에는 평등복문(平等复文)과 불평등복문(不平等复文)이 있다.

5.2.1 평등복문(平等复文)

분문과 분문 사이의 의미 관계가 대등한 복문을 평등복문이라고 한다.

我二十岁，他二十二岁。
나는 스무 살이고, 그는 스물두 살이다.

위 문장은 '我二十岁'와 '他二十二岁'라는 두 개의 분문으로 구성되어 있다. 이 두 개의 분문의 의미는 대등하다. 그러므로 이는 평등복문이다. 다음은 이러한 경우에 속하는 평등복문이다.

这是新杂志，那也是新杂志。
이것은 새 잡지이고, 저것도 새 잡지이다.
我会说汉语，他也会说汉语。
나는 중국어를 할 줄 알고, 그 사람도 중국어를 할 줄 안다.

분문이 동작의 선후 관계를 나타내어도 평등복문이라고 한다. 다음을 보자.

他忽然站起来，走了出去。
그는 갑자기 일어서더니 걸어 나갔다.
咱们休息一会儿，再讨论吧!
우리, 잠깐 쉬고 토론합시다!

위 문장의 두 개의 분문은 행위의 발생 순서대로 배열되어 있다.
하나의 분문의 내용이 다음 분문의 내용에 첨가되는 평등복문도 있다. 다음을 보자.

他不但会说英语，而且也会说法语。
그는 영어를 할 수 있을 뿐 아니라 프랑스어도 할 수 있다.
他不但会说汉语，而且说得很流利。
그는 중국어를 할 수 있을 뿐 아니라 아주 유창하게 한다.

위에서 '也会说法语'에는 '会说英语'라는 내용이 포함되어 있으며, '说得很流利'에는 '会

说汉语'가 포함되어 있다.

5.2.2 불평등복문(不平等复文)

하나의 분문의 내용이 전체 문장의 핵심을 이루는 문장을 불평등복문이라고 한다. 불평등복문에는 분문과 분문의 의미가 반대 관계인 복문, 분문과 분문의 의미가 인과(因果) 관계인 복문, 분문과 분문의 의미가 가정(假定) 관계인 복문, 분문과 분문의 의미가 조건 관계인 복문이 있다.

다음은 분문과 분문의 의미가 반대 관계인 불평등복문이다.

他虽然年纪大, 但是身体很好。
그분은 나이는 많지만 그러나 건강은 좋다.

위 문장은 '他年纪大'와 '身体很好'라는 두 개의 분문으로 구성되어 있다. 이 두 분문의 내용은 의미상 서로 반대이며 전체 문장의 핵심 내용은 '身体很好'이다. 그러므로 이는 불평등복문이다. 다음은 이러한 경우에 속하는 불평등복문이다.

虽然开会的时间不长, 但是讨论的问题不少。
회의 시간이 길지는 않았지만 논의한 문제는 많았다.
虽然我看过这本书, 但是内容都忘了。
내가 이 책을 본 적은 있지만 내용은 이미 잊어버렸다.

다음은 분문과 분문의 의미가 인과관계인 불평등복문이다.

他天天锻炼, 所以身体越来越好。
그는 매일 운동을 하기 때문에 건강이 갈수록 좋아진다.

위 문장은 '他天天锻炼'과 '身体越来越好'라는 두 개의 분문으로 구성되어 있다. 앞 분문은 원인을 나타내며, 뒤 분문은 결과를 나타낸다. 전체 문장의 핵심 내용은 '身体越来越好'이다. 따라서 위 문장은 불평등복문이다. 다음은 이러한 경우에 속하는 불평등복문이다.

因为下雨，所以我们不去公园了。
비가 오기 때문에 우리는 공원에 가지 않기로 했다.
因为时间太晚了，所以今天就不去你那儿了。
시간이 너무 늦어서 오늘은 너한테 가지 않기로 했다.

다음은 분문과 분문의 의미가 가정(假定) 관계인 불평등복문이다.

如果有什么事，请给我打电话。
무슨 일이 있으면 제게 전화해 주십시오.

위 문장은 '有什么事'와 '请给我打电话'라는 두 개의 분문으로 구성되어 있다. 앞 분문은 가정을 나타내며, 뒤 분문은 가정이 이루어진 후에 실행될 내용이다. 전체 문장의 핵심 내용은 '请给我打电话'이다. 따라서 위 문장은 불평등복문이다. 다음은 이러한 경우에 속하는 불평등복문이다.

要是太贵，你就不要买了。
만약 너무 비싸면 사지 마십시오.
如果有时间，请你帮我复习语法。
만약 시간 있으시면 제가 어법을 복습하는 것을 도와주세요.

다음은 분문과 분문의 의미가 조건 관계인 불평등복문이다.

他一着急，就说不出话来。
그 사람은 급하기만 하면 말을 못 한다.

위 문장은 '他一着急'와 '就说不出话来'라는 두 개의 분문으로 구성되어 있다. 앞 분문은 조건을 나타내며, 뒤 분문은 앞의 조건에 따라 나타나는 내용이다. 전체 문장의 핵심 내용은 '说不出话来'이다. 따라서 위 문장은 불평등복문이다. 다음은 이러한 경우에 속하는 불평등복문이다.

只要有时间，一定去。
시간이 있으면 반드시 간다.

只有努力，才会成功。
노력해야만 비로소 성공할 것입니다.

5.2.3 복문과 주어

복문에 나오는 각 분문의 주어가 다른 경우가 있다. 주어가 없어도 내용을 분명히 알 수 있으면 그 주어는 생략할 수 있다. 다음을 보자.

要是太贵，你就不要买了。
만약 너무 비싸면 사지 마십시오.

위 문장의 앞 분문에는 주어가 없다. '太贵'의 주어는 아마도 화자나 청자가 모두 이미 알고 있는 어떤 물건일 것이다. 이와 같이 오해의 여지가 없는 경우에는 각 분문의 주어가 다를지라도 그중의 하나를 생략할 수 있다.

두 분문의 주어가 같은 경우에 하나는 생략할 수 있다.

他又会汉语，又会日语。
그는 중국어도 할 줄 알고 일본어도 할 줄 안다.

위의 두 분문의 주어는 '他'인데, 뒷 분문의 주어는 생략되어 있다. 이와 반대로 앞 분문의 주어가 생략될 수도 있다. 다음을 보자.

如果有时间，请你帮我做练习。
만약 시간이 있으시면 제가 숙제하는 것을 도와주세요.

위의 두 분문의 주어는 모두 '你'인데, 앞 분문의 주어가 생략되어 있다.

주어가 없어도 문장의 의미에 혼란이 없는 경우에는 주어를 모두 생략할 수 있다.

只要有时间，一定去。
시간이 있으면 반드시 간다.

위의 분문에는 주어가 모두 생략되어 있다. 이는 청자가 주어를 이미 알고 있기 때문이다.

5.3 도치문(倒置文)

정상적인 상황이라면 주어는 언제나 술어의 앞에 나오며, 수식어는 중심어의 앞에 나오고, 빈어와 보어는 동사나 형용사의 뒤에 나와야 한다. 그러나 경우에 따라 이와 같은 순서가 바뀌는 경우도 있다. 이러한 문장을 도치문이라고 한다. 다음을 보자.

1. 주어가 술어의 뒤에 오는 경우

快出来吧, 你。
빨리 나와, 너.
(=나는 네가 숨은 곳을 알고 있어.)
真有意思, 这本小说!
정말 재미있군요, 이 소설은!

2. 수식어가 중심어 뒤에 오는 경우

写完了吧, 大概。
다 썼겠지요, 아마도.
十点半了, 已经。
10시 반입니다, 이미.

3. 빈어가 앞에 오는 경우

他出国了, 听说。
그는 출국했다던데요, 듣기에는.
他喜欢你, 我觉得。
그는 너를 좋아해, 내 느낌에는.

4. 보어가 앞에 오는 경우

吓死人了, 说得。
사람 놀라 죽겠다, 네 말 듣다가.

气都喘不过来了，跑得。
숨도 쉬지 못할 정도였어, 뛰다 보니까.

5. 술어의 순서가 바뀐 경우

快结婚了，跟他。
곧 결혼할 거야, 그 사람하고.
快回去吧，叫他。
빨리 돌아가게 해라, 그 사람을.

이러한 도치문은 대화에만 사용되며 문장에는 거의 사용되지 않는다. 근래에 와서는 이러한 형식의 말이 점점 많이 사용되고 있다. 이 경우에 앞부분은 화자가 다급한 상태에서 먼저 말한 것이며, 뒷부분은 앞의 말을 보충하는 느낌을 준다. 도치된 뒷부분은 반드시 가볍고 낮은 소리로 발음해야 한다. 이는 도치문의 가장 뚜렷한 특징이다.

제 6 장

술어의 성격에 따른 문장의 종류

중국어 문장은 주어와 술어로 구분된다. 주어는 술어의 진술 대상이 된다. 술어는 주어에 대하여 진술하거나, 주어를 묘사하거나, 주어에 대하여 판단하는 성분이다. 중국어에서는 술어의 성격에 따라 문장의 구성방법이 달라진다.

중국어 문장은 술어의 성격에 따라 명사술어문(名词述语文), 동사술어문(动词述语文), 형용사술어문(形容词述语文), 주술술어문(主述述语文)으로 구분된다.

6.1 명사술어문(名词述语文)

술어가 명사이거나 명사구인 문장을 명사술어문이라고 한다. 시간사, 수량사, 의문대사는 모두 명사에 속한다.

명사술어는 출신지, 날짜, 나이, 수량, 시간, 상황 등을 나타낸다. 다음을 보자.

他哪儿人?
그는 어디 출신입니까?
－他上海人。
  그는 상하이 사람입니다.

你哪国人?
당신은 어느 나라 사람입니까?
－我韩国人。
  저는 한국 사람입니다.

위의 '他', '你', '我'는 주어이고, '哪儿人', '上海人', '哪国人', '韩国人'은 술어이다. 이 술어는 모두 명사구이다. 출신지를 나타낼 때는 이와 같이 명사술어문의 형식을 취한다. 이 경우에는 주어와 술어 사이에 '是'를 넣을 수도 있으나 일반적으로는 '是'를 넣지 않고 말한다.

今天几月几号?
오늘 몇 월 며칠입니까?
今天九月三号。
오늘은 9월 3일입니다.

现在几点?
지금 몇 시입니까?
现在一点。
지금은 1시입니다.

위에서 '今天'과 '现在'는 주어이고, '几月几号', '九月三号', '几点', '一点'은 술어이다. 이 술어는 모두 시간사이다. 날짜나 시간을 나타낼 때는 이와 같이 명사술어문의 형식으로 말해야 한다.

他多大?
그 사람 나이가 몇입니까?
他二十九岁。
그 사람은 스물아홉입니다.

위의 '他'는 주어이고, '多大', '二十九岁'는 술어이다. 이 술어는 모두 수량사로서 나이를 나타낸다. 나이를 나타낼 때는 이와 같이 명사술어문의 형식으로 말해야 한다.

这本书多少钱?
이 책 얼마입니까?
这本书三十块。
이 책은 30위안입니다.

위의 '这本书'는 주어이고, '多少钱', '三十块钱'은 술어이다. 이 술어는 모두 수량사로서 가격을 나타낸다. 가격을 나타낼 때는 이와 같이 명사술어문의 형식으로 말해야 한다.

의문대사는 명사술어문의 술어가 될 수 있다. 다음을 보자.

他谁?
그는 누구입니까?
这什么?
이것은 무엇입니까?

위의 '谁'와 '什么'는 의문대사로서, 단독으로 술어가 되어 있다. 이 경우에는 '是'가 들어갈 수 있다.

명사술어문은 일반적으로 부정형을 취하지 않는다. 그러나 상대의 견해를 반박하거나 자기의 견해를 분명하게 밝혀 둘 필요가 있을 때는, 술어 앞에 '不是'를 넣는다. 이 경우에 문장은 동사술어문(动词述语文)으로 바뀐다.

现在不是九点, 现在八点。
지금은 9시가 아니라 8시입니다.
他不是中国人, 日本人。
그는 중국 사람이 아니라 일본 사람입니다.

他不是二十九岁, 二十八岁。
그는 스물아홉 살이 아니라 스물여덟 살입니다.
这件衣服不是三十块, 二十块。
이 옷은 30위안이 아니라 20위안입니다.

명사술어문에 '吗'를 첨가하면 판단의문문이 된다.

今天星期六吗?
오늘이 토요일입니까?
你今年二十岁吗?
당신은 올해 스무 살입니까?

명사술어문을 선택의문문으로 만들기 위해서는 명사술어 앞에 '是不是'를 첨가해야 한다.

他是不是中国人?
그 사람은 중국인 아닌가요?
他是不是三十岁?
그 사람은 서른 살 아닌가요?

今天是不是星期一?
오늘이 월요일이지요?
这件衣服是不是三十块?
이 옷은 30위안이지요?

명사술어는 부사어의 수식을 받을 수 있다.

今天已经九月八号了。
오늘이 벌써 9월 8일입니다.
他今年二十岁了。
그 사람은 올해 스무 살이 됐습니다.
三斤苹果一共十块。
사과 세 근이 모두 10위안입니다.

위의 '已经, 今年, 一共'은 모두 부사어이다.
명사술어문에 변화태 '了'가 와서 사태의 변화를 나타낼 수 있다.

现在五点了。
이제 5시가 되었습니다.
今天星期五了。
오늘이 금요일이 되었습니다.

6.2 동사술어문(动词述语文)

술어가 동사인 문장을 동사술어문이라고 한다. 동사술어문의 종류는 다양하다.

다음은 술어가 하나의 동사인 문장이다.

他去。
그 사람이 갑니다.
我们学习。
우리는 공부합니다.

다음은 술어가 하나의 동사와 빈어로 구성된 문장이다.

他是留学生。
그는 유학생이다.
明天有课。
내일 수업이 있다.

小王学习汉语。
샤오왕은 중국어를 배운다.
他们在十楼。
그들은 10층에 있다.

다음은 술어가 하나의 동사와 두 개의 빈어로 구성된 문장이다.

他教我们汉语。
그분은 우리에게 중국어를 가르친다.
她给我一本书。
그녀는 나에게 책 한 권을 주었다.

我送他一件礼物。
나는 그에게 선물을 하나 보냈다.
他问老师一个问题。
그는 선생님에게 문제를 하나 물었다.

다음은 술어가 두 개의 동사와 하나 또는 두 개의 빈어로 구성된 문장이다.

你来找我。
나를 찾아오십시오.
我买东西去。
나는 물건을 사러 간다.
我们坐火车去上海。
우리는 기차를 타고 상하이에 간다.

동사술어문의 동사 앞에 '不'를 첨가하면 부정문이 된다.

他不在家。
그는 집에 있지 않습니다.
王老师不教英文。
왕 선생님은 영어를 가르치지 않는다.

下午我们不看电影。
오후에 우리는 영화를 보지 않는다.
王老师不教我们汉语。
왕 선생님은 우리에게 중국어를 가르치지 않는다.

동사 '有'는 '没有'로 부정된다.

明天我没有课。
내일 나는 수업이 없다.
他没有中文画报。
그는 중국어 화보가 없다.

과거의 동작 행위를 부정하는 경우에는 '没(有)'를 사용한다.

他没(有)回国。
그는 귀국하지 않았다.
昨天我没(有)打电话。
어제 나는 전화를 하지 않았다.

他昨天没(有)去公园。
그는 어제 공원에 가지 않았다.
上午他没(有)上课, 去看朋友了。
오전에 그는 수업에 가지 않고 친구를 만났다.

동사술어문의 끝에 '吗'를 첨가하면 의문문이 된다.

明天你来吗?
내일은 당신이 오십니까?
他在家吗?
그 사람은 집에 있습니까?

他是留学生吗?
그 사람은 유학생입니까?
他教英语吗?
그 사람은 영어를 가르칩니까?

동사를 반복하고 그 사이에 '不'를 첨가해도 의문문이 된다.

明天你来不来?
내일은 당신이 오십니까?
他在不在家?
그 사람은 집에 있습니까?

他是不是学生?
그 사람은 학생입니까?
他教不教英语?
그 사람은 영어를 가르칩니까?

이러한 의문문에는 다시 의문조사 '吗'를 첨가할 수 없다.

*你来不来吗?
*他在不在家吗?

완료태 '了'가 있는 동사술어문의 끝에 '吗'를 첨가하거나, 문장의 끝에 '没有'를 첨가하면 그 문장은 의문문이 된다.

你吃了吗?
너는 먹었니?
你写了吗?
너는 썼니?

你吃了没有?
너는 먹었니, 안 먹었니?
你写了没有?
너는 썼니, 안 썼니?

변화태 '了'가 있는 동사술어문의 끝에 '吗'나 '没有'를 첨가하면 의문문이 된다.

他吃饭了吗?
그 사람은 밥을 먹었습니까?
他写信了吗?
그 사람은 편지를 썼습니까?

他吃饭了没有?
그 사람은 밥을 먹었습니까, 안 먹었습니까?
他写信了没有?
그 사람은 편지를 썼습니까, 안 썼습니까?

경험태 '过'가 있는 동사술어문의 끝에 '吗'나 '没有'를 첨가하면 의문문이 된다.

你喝过中国茶吗?
당신은 중국차를 마셔 본 적이 있습니까?
你写过小说吗?
당신은 소설을 써 본 적이 있습니까?

你喝过中国茶没有?

당신은 중국차를 마셔 본 적이 있습니까, 없습니까?
你写过小说没有?
당신은 소설을 써 본 적이 있습니까, 없습니까?

문장의 끝에 경험태 '过'와 변화태 '了'가 있는 동사술어문의 끝에 '吗'나 '没有'를 첨가하면 의문문이 된다.

中国你去过了吗?
중국에 당신은 가 본 적이 있습니까?
中国你去过了没有?
중국에 당신은 가 본 적이 있습니까, 없습니까?

那部电影你看过了吗?
그 영화를 당신은 본 적이 있습니까?
那部电影你看过了没有?
그 영화를 당신은 본 적이 있습니까, 없습니까?

6.3 형용사술어문(形容词述语文)

술어가 형용사인 문장을 형용사술어문이라고 한다. 형용사술어를 이해하기 위하여 성질형용사와 상태형용사, 그리고 절대형용사(绝对形容词)를 알아 보기로 하자.

6.3.1 성질형용사(性质形容词)와 상태형용사(状态形容词)

형용사에는 성질형용사와 상태형용사가 있다. 원래의 형용사, 즉 단음절 형용사와 쌍음절 형용사를 성질형용사라고 하며, 중첩된 형용사 및 부사의 수식을 받은 형용사를 상태형용사라고 한다.

성질형용사
大, 小, 老, 少, 快, 好, 高
清楚, 明白, 干净, 安静, 伟大

상태형용사
중첩 형용사 : 小小儿, 高高儿, 热乎乎
부사의 수식을 받은 형용사 : 不大, 很大, 非常热, 相当冷, 挺好, 太大

성질형용사는 사물의 대표적 속성을 표시하고, 상태형용사는 사물에 대한 묘사적 성격을 갖는다. 성질형용사의 속성 표시 기능을 이해하기 위하여 다음을 보자.

白纸 (백지)
蓝墨水 (파란 잉크)

위의 '白, 蓝'은 모두 성질형용사로서 다음에 나오는 명사를 수식하고 있다. 그런데 '白纸, 蓝墨水'는 하나의 단어처럼 사용된다. 이 경우에 '白纸'는 '흰 종이'를 뜻하는 것으로서, 조금 희거나 아주 희거나에 상관없이 '흰색 종이'이면 '白纸'라고 한다. '蓝墨水'는 약간 파란색이거나 아주 파란색이거나에 관계없이 '파란색 잉크'이면 모두 '蓝墨水'라고 한다. 다시 말하면 이 경우의 '白, 蓝'은 모두 종이나 잉크의 대표적 속성을 나타내는 것이다. 이와 같이 어떤 사물의 대표적 속성을 나타내는 경우에는 성질형용사를 사용해야 한다. 그러나 다음을 보자.

雪白的手 (새하얀 손)
蓝蓝的天空 (새파란 하늘)

위의 '雪白'는 '흰 정도'를, '蓝蓝'은 '푸른 정도'를 나타내는 상태형용사로서, 각각 어떤 사람의 '손'과 어떤 특정한 날의 '하늘'의 상태를 나타내고 있다. 이와 같이 어떤 상태를 나타내는 것을 '묘사'라고 말한다. 사물을 묘사하는 경우에는 상태형용사를 사용해야 한다.

성질형용사, 즉 단독의 형용사는 다음의 두 가지 경우에 술어가 될 수 있다.

첫째는 두 가지 이상의 사물의 대표적 속성을 비교하는 경우이다.

昨天热, 今天凉快。
어제는 더웠는데, 오늘은 시원하다.
这个贵, 那个便宜。
이것은 비싸고, 저것은 싸다.

위에서는 '昨天'과 '今天', '这个'와 '那个'가 비교되어 있다. 이러한 경우에는 성질형용사가 단독으로 술어가 된다.

둘째는 의문문과 그 의문문에 대답하는 경우이다.

这个贵吗?
이것은 비쌉니까?
－贵。
　비쌉니다.

那本书容易不容易?
그 책은 쉽습니까?
－容易。
　쉽지요.

위의 성질형용사 '贵, 容易'는 의문문과 이에 대한 대답으로 사용되었으므로 단독으로 술어가 될 수 있다.

위의 두 가지 경우 이외에는, 성질형용사는 단독의 술어로 사용되지 않는다. 그러므로 다음은 비문이다.

*今天热。
　오늘은 덥다.
*这个东西贵。
　이 물건은 비싸다.

위 말의 의도는 '오늘 날씨가 어떠한지'를 묘사하려는 것이며, '이 물건의 가격'이 어떠한지를 묘사하려는 것이다. 이와 같이 어떤 사물에 대한 구체적 묘사를 하는 경우에는 반드시 상태형용사를 사용해야 한다. 성질형용사를 그와 동일한 의미를 갖는 상태형용사로 바꾸려면, 그 성질형용사 앞에 '很'을 첨가해야 한다. 그러므로 위와 같은 내용을 나타내기 위해서는 다음과 같이 말해야 한다.

今天很热。
오늘은 덥다.

这个东西很贵。
이 물건은 비싸다.

성질형용사를 수식하는 '很'은 약하게 발음한다. 이 '很'은 '대단히'라는 의미를 갖지 않으며 오직 성질형용사를 상태형용사로 바꾸어 주는 기능만 한다. 그러므로 이러한 '很'은 해석할 필요가 없다. '대단히'와 같은 의미를 나타내기 위해서는 '非常, 相当' 등과 같은 다른 정도부사를 사용해야 한다.

今天非常热。
오늘은 대단히 덥다.
这个东西相当贵。
이 물건은 상당히 비싸다.

상태형용사는 언제나 술어가 될 수 있다.

今天不热。
오늘은 덥지 않다.
这个东西非常好。
이 물건은 대단히 좋다.

위의 '不热, 非常好'는 부사의 수식을 받은 상태형용사이므로 언제나 술어가 될 수 있다.

6.3.2 절대형용사(绝对形容词)

'真, 必然, 假, 基本, 初级, 上等, 现成' 등과 같은 일부 형용사는 그 의미가 절대적인 가치를 나타낸다. 예를 들면 '真'은 '진실하다'라는 의미인데, 이는 절대적으로 진실한 것만을 나타낸다. 그러므로 엄밀하게 말하면 '더욱 진실하다, 아주 진실하다, 덜 진실하다'라는 말은 논리상 존재할 수 없다. 왜냐하면 '더욱 진실하다'는 말이 존재한다면 이 경우의 '진실하다'는 이미 '진실한' 것이 아니며, '덜 진실하다'는 말이 있다면 이 경우의 '진실하다'도 이미 '진실한' 것이 아니기 때문이다. 이와 동일한 이유로 절대형용사는 모두 정도부사의 수식을 받을 수 없다.

*很真
*很假
*很必然
*很基本

*非常真
*非常假
*非常必然
*非常基本

위와 같이 절대형용사는 정도부사의 수식을 받을 수 없으므로 상태형용사가 될 수 없다. 최근에 '最真, 最基本, 最上等'과 같은 어휘가 사용되는 경향이 있지만, 이는 정확한 사용법이 아니다.

절대형용사는 단독으로 술어가 될 수 없다. 그러므로 다음은 모두 비문이다.

*他的话真。
그의 말은 진실이다.
*他的话假。
그의 말은 거짓이다.
*小王的话真, 小李的话假。
샤오왕의 말은 정말이고, 샤오리의 말은 거짓이다.

절대형용사는 정도부사의 수식을 받지 않는다. 그러므로 다음은 모두 비문이다.

*他的话很真。
그의 말은 매우 정말이다.
*他的话非常假。
그의 말은 대단히 거짓이다.

위와 같은 의도를 나타내려면, 즉 절대형용사를 술어로 사용하려면 '是……的'문으로 말해야 한다. ('是……的'문은 ＜8.2 '是……的'문＞을 참고할 것.)

他的话是真的。
그의 말은 진실이다.
他的话是假的。
그의 말은 거짓이다.

절대형용사와 '是……的'문에 대하여는 <8.2.5 '是……的'문에 자주 사용되는 어휘>에서 다시 다루기로 한다.

6.3.3 형용사술어문의 긍정형, 부정형, 의문형

술어의 중요한 성분이 형용사인 문장을 형용사술어문이라고 한다. 앞에서 설명한 바와 같이 성질형용사는 일반적으로 술어가 되지 않는다. 그러므로 다음은 비문이다.

*今天热。
오늘은 덥다.
*这本书贵。
이 책은 비싸다.

*他个子高。
그는 키가 크다.
*我们的宿舍干净。
우리들의 기숙사는 깨끗하다.

위의 중국어가 비문인 이유는 위 문장의 술어인 형용사 '热, 贵, 高, 干净'이 모두 성질형용사이기 때문이다. 위의 우리말과 같은 의도를 나타내기 위해서는 위 문장의 형용사가 '很'의 수식을 받아야 한다. 이렇게 되면 위의 성질형용사는 모두 상태형용사가 된다. 상태형용사는 언제나 술어가 될 수 있다. 상태형용사를 만들기 위하여 사용되는 '很'은 아무런 의미가 없다. 그러므로 이러한 '很'은 해석할 필요가 없으며 약하게 발음한다. 이러한 '很'을 '상태형용사를 만드는 很'이라고 한다. '상태형용사를 만드는 很'이 사용된 다음은 모두 성립하는 문장이다.

今天很热。

오늘은 덥다.
这本书很贵。
이 책은 비싸다.

他个子很高。
그는 키가 크다.
我们的宿舍很干净。
우리들의 기숙사는 깨끗하다.

그러나 두 가지 이상의 사물의 속성을 비교하는 경우에는 성질형용사가 술어가 될 수 있다.

飞机快, 火车慢。
비행기는 빠르고, 기차는 느리다.
我们班男生多, 女生少。
우리 반은 남학생이 많고 여학생이 적다.

这个绳子长, 那个绳子短。
이 끈은 길고, 저 끈은 짧다.
我这个人啊, 冬天胖, 夏天瘦。
나는 말이지, 겨울에는 살이 찌고 여름에는 빠진다.

의문문과 이에 대한 대답에는 성질형용사가 사용될 수 있다. 다음을 보자.

哪个东西好?
어느 것이 좋은가요?
－这个东西好。
　이 책이 좋습니다.

你们的教室干净还是他们的教室干净?
너희들의 교실이 깨끗하니, 아니면 그들의 교실이 깨끗하니?
－我们的教室干净。
　우리 교실이 깨끗합니다.

형용사 앞에 '不'가 오면 부정문이 된다.

他个子不高。
그는 키가 크지 않다.
这间屋子不大。
이 방은 크지 않다.

那个东西不贵。
저 물건은 비싸지 않다.
这个星期他不忙。
이번 주에는 그는 바쁘지 않다.

형용사술어문의 뒤에 '吗'를 첨가하면 판단의문문이 된다.

你的宿舍干净吗?
너의 기숙사는 깨끗하니?
北京的夏天热吗?
베이징의 여름은 덥습니까?

형용사술어문이 판단의문문이 되면 일반적으로 성질형용사만 사용되며, 상태형용사는 사용될 수 없다. 그러므로 다음은 모두 비문이다.

*你的宿舍很干净吗?
너의 기숙사는 아주 깨끗하니?
*你的宿舍非常干净吗?
너의 기숙사는 대단히 깨끗하니?
*你的宿舍挺干净吗?
너의 기숙사는 대단히 깨끗하니?

위와 같은 의미를 나타내기 위해서는 다음과 같은 형식으로 물어야 한다.

你的宿舍是不是很干净?

你的宿舍是不是非常干净?
你的宿舍是不是挺干净?

형용사의 긍정형과 부정형을 반복하면 선택의문문이 된다.

北京的夏天热不热?
베이징의 여름은 덥나요, 안 덥나요?
你的宿舍干净不干净?
너의 기숙사는 깨끗하니, 안 깨끗하니?

형용사술어문이 선택의문문이 되면 일반적으로 성질형용사만 사용되며 상태형용사는 사용될 수 없다. 그러므로 다음은 모두 비문이다.

*你的宿舍太干净不太干净?
*北京的夏天非常热不非常热?

6.4 주술술어문(主述述语文)

술어의 중요한 성분이 주술구인 문장을 주술술어문이라고 한다.

他身体很好。
그는 건강이 좋다.

위에서 화제는 '他'이며 술어는 '身体很好'이다. 그런데 술어 '身体很好'는 다시 주어 '身体'와 술어 '很好'로 구성된 주술구이다. 다음의 경우도 이와 같다.

老师工作很忙。
선생님은 일이 바쁘다.
他个子很高。
그는 키가 크다.

위의 술어 '工作很忙'은, 주어 '工作'와 술어 '很忙'으로 구성된 주술구이며, 술어 '个子很高'

는 다시 주어 '个子'와 술어 '很高'로 구성된 주술구이다. 그러므로 이들은 모두 주술술어문이다.

주술구 내부의 술어 앞에 '不'를 첨가하면 부정을 나타낼 수 있다.

老师工作不忙。
선생님은 일이 바쁘지 않다.
他个子不高。
그는 키가 크지 않다.

주술술어문에 '吗'를 첨가하면 판단의문문이 된다. '상태형용사를 만드는 很'은 판단의문문에 사용되지 않는다.

他个子高吗?
그는 키가 큽니까?
老师工作忙吗?
선생님은 일이 바쁘십니까?

주술술어문은, 주술구 내부의 술어를 반복하여 선택의문문을 만들 수 있다. 상태형용사는 선택의문문에 사용되지 않는다.

老师工作忙不忙?
선생님은 일이 바쁘십니까, 안 바쁘십니까?
他个子高不高?
그는 키가 큽니까, 안 큽니까?

제 7 장

태(态)

일정한 시점에 나타나는 동작의 상태를 태(态)라고 한다. 이를 이해하기 위하여 다음 우리말을 보자.

(1) (내가 들어갔을 때) 그는 갑자기 일어섰다.
(2) (내가 들어갔을 때) 창은 열려 있었다.
(3) (내가 들어갔을 때) 그는 책을 보고 있었다.
(4) 나는 이 책을 본 적이 있다.
(5) 그는 이제야 건강을 회복하였다.

(1)은, 내가 들어간 시점에서 보면, 그가 일어서는 동작이 완료된 상태에 있음을 묘사한 문장이다. (2)는, 내가 들어간 시점에서 보면, 언제 열었는지는 모르지만 창이 이미 열린 상태에 있음을 묘사한 문장이다. (3)은, 내가 들어간 시점에서 보면, 언제 읽기 시작했는지는 모르지만 책을 읽는 행위가 진행 중인 상태를 묘사한 문장이다. (4)는, 현재의 입장에서 보았을 때 이 책을 읽은 경험이 있는 상태임을 묘사한 문장이다. (5)는, 현재의 입장에서 보았을 때, 건강이 회복된 상태로 변했다는 것을 묘사한 문장이다. 이와 같이 일정한 시점에서 관찰된 상태를 태라고 한다.

중국어에도 이러한 태가 있다. 중국어의 태에는 완료태(完了态), 변화태(变化态), 진행태(进行态), 경험태(经验态), 지속태(持续态), 임박태(临迫态), 현장과거진행태(现场过去进行态)가 있다.

7.1 완료태(完了态)

완료태는 특정한 동작이 구체적으로 발생한 상태를 말한다. 완료태는 '了'로 표시하며,

언제나 동작동사의 바로 뒤에 나온다. 만약 동사가 결과보어를 동반하면 결과보어의 바로 뒤에 나온다. 그러므로 비동작동사, 형용사, 명사의 뒤에 나온 '了'는 완료태가 아니다.

汉语他学了两年。
중국어를 그는 2년 배웠다.

위의 '了'는 동작동사 '学' 다음에 나왔으므로 완료태 '了'이다. 위 문장은 '그가 언제인지는 모르지만 중국어를 2년 동안 배운 행위가 발생했다'는 사실을 나타낸다. 완료태 '了'는 이와 같이 행위의 발생만을 나타내므로 그 행위의 결과, 예를 들면 그가 지금 중국어를 할 수 있는지 없는지는 나타내지 못한다. 따라서 위 문장에는 다음과 같은 문장이 연이어 나올 수 있다.

汉语他学了两年，可是已经都忘了。
그는 중국어를 2년 배웠지만, 이미 모두 잊어버렸다.

다시 다음을 보자.

今天他又喝了高度酒。
오늘 그는 또 독한 술을 마셨다.

위의 '了'는 동작동사 '喝'의 다음에 나왔으므로 완료태 '了'이다. 완료태 '了'는 행위의 발생만을 나타내므로, 위 문장은 그가 독한 술을 마신 행위가 발생했다는 사실을 나타낼 뿐 그 결과를 나타내지는 못한다. 따라서 위의 문장만으로는 그가 취한 상태인지 아닌지는 알 수 없다. 그러므로 위 문장에는 다음과 같은 문장이 연이어 나올 수 있다.

今天他又喝了高度酒，可是一点儿也没醉。
오늘 그는 또 독한 술을 마셨지만, 조금도 취하지 않았다.

다음을 보며 완료태 '了'의 기능을 익혀 두자.

我喝了一杯酒。

나는 술을 한 잔 마셨다.
我写了一封信。
나는 편지를 한 통 썼다.

我学了两种外语。
나는 두 종류의 외국어를 배웠다.
我们看了这部电影。
우리는 이 영화를 보았다.

완료태 '了'는 행위의 구체적 발생을 나타내므로, 과거 표시의 시간사가 나오는 말과 함께 사용되는 경우가 많다.

上午我喝了一杯酒。
오전에 나는 술을 한 잔 마셨다.
昨天我写了一封信。
어제 나는 편지를 한 통 썼다.

去年我学了两种外语。
작년에 나는 두 종류의 외국어를 배웠다.
昨天我们看了这部电影。
어제 우리는 이 영화를 보았다.

7.1.1 완료태와 빈어

화자와 청자가 모두 알고 있는 사물, 혹은 최소한 화자가 알고 있는 사물을 지칭하는 명사(구)를 한정적(限定的) 명사(구)라고 하며, 화자나 청자가 모두 알지 못하는 사물을 지칭하는 명사(구)를 비한정적(非限定的) 명사(구)라고 한다. 따라서 고유명사나 인칭대사는 한정적 명사이며, 지량사나 다른 관형어의 수식을 받고 있는 명사도 대개 한정적 명사구이다. 반면에 관형어의 수식을 받지 않은 명사는 일반적으로 비한정적 명사가 된다.

완료태 '了'가 사용된 문장의 빈어는 일반적으로 한정적 명사(구)이다. 비한정적 명사(구)는 원칙적으로 완료태 '了'가 사용된 문장의 빈어가 될 수 없다. 그 이유는, 어떤 행위가 구체적으로 발생했다면 그 행위의 대상인 빈어도 한정적일 수밖에 없기 때문이다.

다음에서 완료태 '了'가 사용된 문장의 빈어를 살펴보기로 하자.

他去了北京。
그는 베이징으로 갔다.
我看了那本小说。
나는 그 소설을 보았다.
他回答了老师的问题。
그는 선생님의 물음에 답했다.

위의 '北京'은 고유명사, '那本小说'는 지량사의 수식을 받은 명사구, '老师的问题'는 관형어의 수식을 받고 있는 명사구이다. 그러므로 이러한 빈어는 모두 한정적 명사(구)이다. 만약 완료태 '了'가 사용된 문장에 다음과 같이 비한정적 명사가 빈어로 사용되었다면 그 문장은 완전한 문장이 아니다. 다음의 '饭, 课'는 모두 비한정적 명사이다.

咱们吃了饭
우리는 밥을 먹고…….
他们下了课
그들은 수업이 끝나고…….

위 문장은 다른 말이 이어져야만 완전한 문장이 된다. 다음을 보자.

我们吃了饭再谈吧。
우리 밥을 먹고 얘기합시다.
他们下了课常踢足球。
그들은 수업이 끝나면 자주 축구를 했다.

완료태 '了'가 사용된 문장에 비한정적 빈어가 나온 다음 문장들은 모두 비문이다.

*我们吃了饭。
*他们下了课。
*我们打了球。
*他们写了信。

그러나 다음과 같은 경우에는 완료태 '了'가 나온 문장이라도 비한정적 명사가 빈어로 사용될 수 있다.

1. 복잡한 형태의 부사어가 동사를 수식하고 있으면 비한정적 명사가 빈어로 사용될 수 있다.

(1)*我说了内容。
(2) 我已经跟小王说了内容。
나는 이미 샤오왕에게 내용을 얘기했다.
(3)*我去了商店。
(4) 我昨天和小王一起去了商店。
나는 어제 샤오왕과 함께 상점에 갔다.

위의 (1)과 (3)은 완료태 '了'가 사용된 문장에 비한정적 빈어 '内容, 商店'이 나왔으므로 비문이다. 그러나 (2)와 (4)는 성립한다. 그 이유를 살펴보자. (2)의 '已经跟小王'은 동사 '说'를 수식하는 부사어이며, (4)의 '昨天和小王一起'는 동사 '去'를 수식하는 부사어이다. 이러한 복잡한 형태의 부사어는, 동작의 발생 상황이 그만큼 구체적이라는 사실을 말해 준다. 그러므로 그 동작의 빈어도 그만큼 구체적일 수밖에 없다. 이러한 이유로 (2)와 (4)의 빈어는 외형상으로는 비한정적 명사이지만 실제로는 이미 화자와 청자가 알고 있거나, 최소한 화자가 이미 알고 있는 한정적 빈어가 된다. 따라서 동사가 복잡한 형태의 부사어의 수식을 받고 있으면 빈어가 비한정적 명사(구)일지라도 완료태 '了'를 동반할 수 있다.

2. 변화태 '了'가 나오면 빈어가 비한정적 명사일지라도 동사는 완료태 '了'를 동반할 수 있다. (변화태에 대하여는 <7.2 변화태>를 참고할 것.)

他吃了饭了。
그 사람은 식사를 했습니다.
他下了课了。
그 사람은 수업이 끝났습니다.

위의 밑줄 친 '了'는 변화태 '了'이다. 변화태 '了'는 이미 변화된 상태를 나타내므로 그 행위는 이미 발생한 것이고, 따라서 그 행위의 대상인 빈어는 이미 한정적 성격을 가지게 된다.

3. 동사가 결과보어를 동반하면 빈어가 비한정적 명사(구)일지라도 완료태 '了'를 동반할 수 있다. 완료태 '了'는 결과보어 바로 뒤에 온다.

我抓住了蚊子。
나는 모기를 잡았다.
他学会了开车。
그는 운전을 다 배웠다.

위의 '蚊子'는 비한정적 명사이고, '开车'는 비한정적 명사구이다. 그러나 동사가 결과보어를 동반했다는 것은 그 행위의 결과가 있다는 것을 의미하므로, 그 행위의 대상인 빈어는 이미 한정적 성격을 가지게 된다.

7.1.2 완료태와 미래 동작

두 개 이상의 동사가 나오는 연동문(连动文)에도 완료태 '了'가 사용될 수 있다. 이 경우에 완료태 '了'는 미래 행위의 발생을 나타낼 수 있다.

咱们吃了饭去看电影吧!
우리, 식사하고 영화 보러 갑시다!

위는 '식사하는 행위'가 실현된 이후에 '영화 보러 가는' 행위를 하자는 것이다. 이와 같이 연속되는 행위 중에 선행 동작이 일단 발생해야만 후행 동작이 이루어질 수 있는 경우에는, 선행 동작을 나타내는 동작동사가 완료태 '了'를 동반해야 한다. 이러한 완료태 '了'는 미래 행위의 발생을 나타낸다. 다음을 보며 이러한 용법을 익혀 보자.

吃了饭再谈吧!
밥 먹고 얘기합시다!
下了课踢足球吧!
수업 끝내고 축구를 하자!

위에서는 후행 동작 '谈, 踢'가 발생하기 위해서는 선행 동작 '吃, 下'가 먼저 발생해야만 한다. 그러므로 선행 동작인 '吃, 下'는 완료태 '了'를 동반해야 한다. 만약 두 가지 행위가 모두 발생했다면 완료태 '了'는 한 문장에 두 번 이상 나올 수도 있다. 다음을 보자.

> 刚才他打了电话叫了一辆车。
> 방금 그는 전화를 걸어서 차를 한 대 불렀다.

위 문장은 '打'와 '叫'라는 두 행위가 실제로 발생했음을 나타낸다. 이와 같이 두 가지 동작이 모두 발생한 경우에는 선행 동작을 나타내는 동작동사의 완료태 '了'가 생략될 수도 있다.

> 刚才他打电话叫了一辆车。
> 방금 그는 전화를 걸어서 차를 한 대 불렀다.

위에서는 '叫了'가 실제로 발생한 행위이기 때문에 그 선행 동작 '打'는 당연히 발생한 것으로 인정된다. 따라서 '打了'의 '了'가 생략될 수 있다. 그러나 실제로 발생한 후행 동작인 '叫了'의 '了'는 생략될 수 없다. '叫了'의 '了'가 생략되면 다음과 같이 의미가 변한다.

> 刚才他打了电话叫一辆车。
> 방금 그는 차를 부르려고 전화를 걸었다.
> (=전화를 건 행위는 발생했지만 차를 불러오는 행위는 실행되지 않았다.)
> (=전화는 걸었지만 그 전화를 받는 사람이 없어서 차를 불러오지는 못했다.)

위 문장은 '전화를 거는 동작'은 발생했지만 '차를 불러오는 동작'은 발생하지 않았음을 나타낸다.

7.1.3 완료태와 비동작동사

완료태 '了'는 원칙적으로 동작동사의 뒤에 온다. 그러나 특별한 경우에는 비동작동사 뒤에 나오기도 한다.

(1) 他知道这件事。
그는 이 일을 알고 있다.
(2) 他知道了这件事。
그는 이 일을 알게 되었다.
(3) 我相信他的话。
나는 그의 말을 믿는다.
(4) 我相信了他的话。
나는 그의 말을 믿게 되었다.

(1)은 '알고 있는' 상태만을 나타내지만, (2)는 '아는 상태가 시작되었다'라는 뜻으로서 '知道'에 동작성이 들어갔다고 보아야 하며, (3)은 '믿고 있는' 상태만을 나타내지만, (4)는 '믿는 상태가 시작되었다'라는 뜻으로서 역시 '相信'에 동작성이 들어갔다고 보아야 한다. 그러나 이러한 경우는 많지 않다.

7.1.4 완료태와 방향보어

방향보어문에 완료태 '了'가 나오는 경우에, 완료태 '了'는 동작동사 뒤에 올 수도 있고, 방향보어 '来, 去' 뒤에 올 수도 있다.

他带了一部照相机来。
그는 사진기 한 대를 **가지고** 왔다.
他带来了一部照相机。
그는 사진기 한 대를 가지고 **왔다**.

위의 경우에 '带了'는 '带'의 동작 발생에 중점을 두기 때문에 '가지고'라는 의미가 강조되며, '带来了'는 '来'의 실현에 중점을 두기 때문에 '왔다'라는 의미가 강조된다. 동사가 복합방향보어를 동반하는 경우에도 이와 같다. 다음을 보자.

他跑了进来。
그가 **뛰어서** 들어왔다.
他跑进来了。
그가 뛰어 **들어왔다**.

완료태 '了'가 동작동사 뒤에 오면 동작이 강조되고, 복합방향보어 뒤에 오면 방향성이 강조된다. 즉, '跑了进来'에서는 뛰는 동작이 강조되며, '跑进来了'에서는 뛰는 방향이 강조된다. 이와 같은 이유로 다음과 같은 대화가 가능하다.

他脚痛怎么样了?
그 친구 다리 아픈 거 어때요?
－已经好多了, 你看看吧, 他跑了进来。
이미 많이 좋아졌어요. 좀 보세요, 그 친구 **뛰어서** 들어오잖아요.

동사가 복합방향보어와 빈어를 동반하면 완료태 '了'는 대개 문장의 끝에 오지만 경우에 따라 빈어 앞에 올 수도 있다.

他买回水果来了。
그는 과일을 사 가지고 돌아왔다.
他买回来了水果。
그는 과일을 사 가지고 돌아왔다.

'他买回来了水果'와 같이 완료태 '了'가 빈어 앞에 나오는 경우에 빈어가 관형어를 동반하고 있으면 완료태 '了'는 생략될 수 있다. 다음을 보자.

他买回来(了)一斤水果。
그는 과일 한 근을 사가지고 돌아왔다.
他借来(了)一本新小说。
그는 새 소설 한 권을 빌려 왔다.

7.1.5 완료태문의 부정형

완료태 '了'는 '没(有)'로 부정된다.

他学了汉语。
그는 중국어를 배웠다.
他没(有)学汉语。
그는 중국어를 배우지 않았다.

我写了那封信。
나는 그 편지를 썼다.
我没(有)写那封信。
나는 그 편지를 쓰지 않았다.

완료태 '了'는 부정문에는 나타나지 않는다. 그러므로 부정문에 나오는 '了'는 완료태가 아니라 변화태 '了'이다.

7.1.6 완료태문의 의문형

완료태문의 끝에 '吗'를 첨가하면 의문형이 된다.

他学了汉语吗?
그는 중국어를 배웠습니까?
他写了那封信吗?
그는 그 편지를 썼나요?

완료태문의 끝에 '没有'를 첨가해도 의문형이 된다.

你吃了饭没有?
너는 밥을 먹었니?
他交了报告没有?
그는 보고서를 제출했나요?

위의 빈어는 외형상 비한정적 명사이지만 화자와 청자가 이미 알고 있는 것이므로 실제적으로는 한정적 성격을 갖는다.

7.1.7 완료태를 사용할 수 없는 경우

완료태 '了'는 습관적, 반복적으로 발생하는 동작에는 사용되지 않는다. 그러므로 다음과 같이 '매년, 매일, 매번' 일어나는 행위에는 '了'가 사용될 수 없다. 그 이유는, 완료태 '了'는 한정적 행위의 구체적 발생을 나타내는데, 습관적, 반복적으로 발생하는 행위는 어느 날의 어떤 행위와 같이 한정적 행위를 지적하지 않기 때문이다.

(1) 他每年去北京。
그는 매년 베이징에 간다.
(2) 他每天抽一盒烟。
그는 매일 담배 한 갑을 피운다.
(3) 他来这儿的时候, 每次喝两杯咖啡。
그가 여기 올 때면 매번 커피 두 잔을 마신다.
(4) 他常常看中国电影。
그는 자주 중국 영화를 본다.

위와 같은 문장에 완료태 '了'를 사용하면 다음과 같이 비문이 된다.

(1′)*他每年去了北京。
그는 매년 베이징에 갔다.
(2′)*他每天抽了一盒烟。
그는 매일 담배 한 갑을 피웠다.
(3′)*他来这儿的时候, 每次喝了两杯咖啡。
그가 여기 올 때면 매번 커피 두 잔을 마셨다.
(4′)*他常常看了中国电影。
그는 자주 중국 영화를 보았다.

(1′-4′)가 비문이라면 (1′-4′)의 우리말 번역과 동일한 의미를 갖는 중국어는 무엇인가가 문제된다. 그러나 중국인은 (1′-4′)의 우리말 번역과 같은 사유 형태를 갖지 않는다. 왜냐하면 중국어에는 시제(時制, Tense)가 없기 때문이다. 그러므로 중국인은 (1′-4′)의 우리말 번역을 (1-4)로 표현한다.

7.2 변화태(变化态)

변화태를 이해하기 위하여 다음 우리말을 보자.

(1) 날씨가 춥다.

(2) 날씨가 추워졌다.

(3) 어제부터 날씨가 추워졌다.

위의 (1)은 단순히 '날씨가 춥다'는 사실을 말해 준다. 그러나 (2)는 '이전에는 날씨가 춥지 않았는데, 이제 추운 상태로 변했다'는 사실을 말해 준다. 물론 (2)에는 '이제'라는 말이 없지만, 화자가 말하는 시점이 날씨 변화의 기준이 될 것이다. (3)에는 '어제'라는 시간사가 나와 있다. 따라서 이는 '어제부터 날씨가 추운 상태로 변했다'는 사실을 말해 준다. 위의 (2,3)과 같이 변한 상태를 나타내는 용법이 중국어에도 있다. 중국어에서는 이를 변화태라고 한다.

중국어에서 변화태는 '了'로 표시된다. 변화태 '了'는 언제나 문장의 끝에 온다. 변화태 '了'가 들어간 문장은 다음과 같이 분석된다.

[A] + [了]
A가 의미하는 상태로 이제 변하다.
(=이전에는 그렇지 않았다.)

위를 참고하여 다음을 살펴보자.

天冷了。
[天冷] + [了]
[날씨가 춥다] + [이제 이러한 상황으로 변했다]
이제 날씨가 추워졌다.
(=이전에는 춥지 않았는데 이제는 추운 상태로 변했다.)

위의 '이제'라는 시점은 화자가 말을 하는 시점이다. 다음을 보며 변화태 '了'의 기능을 익혀 두자.

雪大了。
[雪大] + [了]
[눈이 많이 내리다] + [이제 이러한 상황으로 변했다]
이제 눈이 많이 내리기 시작했다.
(=아까는 이렇게 많이 내리지 않았는데, 이제 많이 내리는 상태로 변했다.)

他是大学生了。
[他是大学生] + [了]
[그는 대학생이다] + [이제 이러한 상황으로 변했다]
그는 이제 대학생이 되었다.
(=이전에 그는 대학생이 아니었는데, 이제 대학생인 상태로 변했다.)

변화태 '了'는 부정문에도 나올 수 있다.

我不去了。
[我不去] + [了]
[나는 가지 않는다] + [이제 이러한 상황으로 변했다]
나는 이제 못 가게 되었어.
(=원래 나는 가려고 했는데, 이제 못 가는 상태로 변했다.)

다음을 보며 변화태 '了'의 용법을 익혀보자.

天热了。
날씨가 이제 더워졌다.
(=이전에는 덥지 않았다.)
他没钱了。
그는 이제 돈이 없다.
(=이전에는 돈이 있었다.)

他是科长了。
그는 이제 과장이 되었다.
(=이전에는 과장이 아니었다.)
明天他不能来了。
내일 그는 올 수 없게 되었다.
(=조금 전까지는 올 수 있는 상황이었다.)

정도부사 '太'가 나오는 문장에는 일반적으로 변화태 '了'가 나온다.

天气太好了。
날씨가 너무 좋아요.

这件衣服太贵了。
이 옷은 너무 비싸군요.

그러나 '太' 이외의 정도부사 '很, 非常, 相当, 十分, 挺, 真, 最' 등이 나오는 문장에는 변화태 '了'가 오지 않는다.

*天气很好了。
天气很好。
날씨가 좋다.

*他非常用功了。
他非常用功。
그는 대단히 열심이다.

*这儿相当热了。
这儿相当热。
여기는 상당히 덥다.

*我觉得十分满意了。
我觉得十分满意。
나는 충분히 만족한다.

*今天挺冷了。
今天挺冷。
오늘은 매우 춥군요.

*她穿的衣服真漂亮了。
她穿的衣服真漂亮。
그녀가 입은 옷은 정말 예쁘네요.

*他的成绩最高了。
他的成绩最高。
그의 성적이 가장 높다.

정도부사의 수식을 받더라도 부사 '已经'이 오는 경우에는 변화태 '了'가 올 수 있다. '已经'은 사태가 이미 변한 것을 나타내기 때문이다. 다음을 보자.

他的病已经很好了。
그의 병은 이미 아주 좋아졌다.
他已经十分满意了。
그는 이미 대단히 만족한다.

他的成绩已经相当好了。
그의 성적은 이미 상당히 좋아졌다.
时间已经非常晚了, 咱们该回去了。
시간이 이미 대단히 늦었으니, 우리는 이제 돌아가야 합니다.

변화태의 기능으로 인하여 다음 문장은 두 가지의 의미를 나타낼 수 있다.

(1) 他去学校了。
  a. 그는 학교에 가 있다.
  b. 그는 학교에 갔다 왔다.

만약 밤새 감기로 고생하던 아이가 아침에 보이지 않자, 남편이 아내에게 '아이가 어디 있지요?'라고 물었다고 하자. 이때 아내가 (1)로 대답했다면, 이는 (a)의 의미가 된다. (a)는 '학교에 간 것으로 이제 변해 있는 상태'라는 의미에서 나온 것이다. 그러나 저녁에 그 아이가 집에 있는 것을 보고, 남편이 아내에게 '아이가 학교에 갔었나요?'라고 물었다고 하자. 이때 아내가 (1)과 같이 대답했다면, 이는 (b)의 의미가 된다. (b)는 '학교에 가게 된 상태로 이제 변했다'는 의미에서 나온 것이다. 다음을 보자.

他去中国了。
그는 중국에 가 있다.
그는 중국에 갔다 왔다.
他上班了。
그는 출근해서 직장에 있다.
그는 직장에 갔다 왔다.

7.2.1 변화태의 변화 시점

변화태 '了'가 과거 표시 시간사와 함께 나오면, 시간사가 표시하는 시점이 변화가 발생한 시점이다.

他昨天去上海了。
[他昨天去上海] + [了]
[그는 어제 상하이에 갔다] + [이러한 상황으로 어제 변했다]
그는 어제 상하이로 갔다.
(=그가 상하이에 간 상태로 변한 것은 어제이다.)

다음을 보며 이러한 용법을 익혀 두자.

昨天晚上下雨了。
어제 저녁에 비가 내렸다.
(=어제 저녁 이전에는 비가 내리지 않았다.)
我昨天才知道他去韩国了。
나는 어제야 그가 한국에 갔다는 것을 알았다.
(=어제 이전까지는 몰랐다.)

변화태 '了'가 나오는 말에 시간사가 없으면, 상태가 변한 시점은 화자가 말하는 시점이다. 다음을 보자.

他去上海了。
그는 이제 상하이로 갔다.
我会游泳了。
나는 이제 수영을 할 수 있게 되었다.

미래를 나타내는 시간사가 오더라도 변화의 시점은 화자가 말하는 시점이다.

我明天不去了。
[我明天不去] + [了]
[나는 내일 가지 않는다] + [이러한 상황으로 이제 변했다]

나는 내일 가지 않을 거야.
(=원래는 내일 가려고 했으나, 내일 가지 않기로 이제 마음을 먹었다.)

다음을 보며 이러한 용법을 익혀 두자.

我明天就没有课了。
나는 내일 수업이 없어졌다.
(=내일 수업이 없는 사태로 변한 것은 지금이다.)
我明天就开始上班了。
나는 내일부터 출근을 시작하게 되었다.
(=내일 출근하게 되는 상태로 변한 것은 지금이다.)

7.2.2 변화태가 사용되는 문형

변화태 '了'는 다음과 같은 문형에 사용된다.

1. 변화태 '了'는 명사술어문에 사용될 수 있다.

现在三点了。
이제 3시가 되었습니다.
现在一斤十块钱了。
한 근이 이제 10위안이 되었네요.

2. 변화태 '了'는 형용사술어문에 사용될 수 있다.

校园里的花儿红了。
교정의 꽃이 이제 붉어졌습니다.
现在我不忙了。
이제 나는 바쁘지 않게 되었습니다.

3. 변화태 '了'는 동사술어문에 사용될 수 있다.

我有钱了。

나는 이제 돈이 생겼습니다.
他会说汉语了。
그는 이제 중국어를 말할 수 있게 되었습니다.

4. 변화태 '了'는 주술술어문에 사용될 수 있다.

他年龄已经不小了。
그는 나이가 이미 많습니다.
他中文水平已经很高了。
그는 중국어 수준이 이미 높아졌습니다.

5. 변화태 '了'는 부정문에 사용될 수 있다.

我没钱了。
나는 이제 돈이 없는 상태입니다.
他不能喝酒了。
그는 이제 술을 마실 수 없게 되었습니다.

6. '极'가 결과보어로 사용되는 문장에는 변화태 '了'가 나온다. 그 이유는, 최고의 정도는 언제나 존재하는 상태가 아니므로, 최고의 상태가 되었다는 것은 곧 그렇지 않은 상태에서 그러한 상태로 변한 것이기 때문이다.

我饿极了。
나는 몹시 배가 고프다.
最近她忙极了。
요즈음 그녀는 대단히 바빠졌다.

7. '多'가 결과보어로 사용되는 문장에는 변화태 '了'가 나온다. 그 이유는 결과보어 '多'는 상대적으로 차이가 크다는 것을 나타내기 때문이다. 상대적으로 차이가 큰 상태는 곧 그렇지 않은 상태에서 그러한 상태로 변한 것을 의미하므로 변화태 '了'를 동반한다.

他的病好多了。
그의 병은 훨씬 좋아졌다.
这儿方便多了。
이곳은 많이 편리해졌다.

8. '死'가 결과보어로 사용되는 문장에는 변화태 '了'가 나온다. 그 이유는, 극한적인 정도는 언제나 존재하는 상태가 아니므로 극한적 상태가 되었다는 것은 곧, 그렇지 않은 상태에서 그러한 상태로 변화했다고 중국인들은 생각하기 때문이다.

我饿死了。
나는 배가 고파 죽겠다.
笑死了。
우스워 죽겠다.

7.2.3 변화태와 완료태의 병용

하나의 문장에 변화태 '了'와 완료태 '了'가 함께 나올 수 있다. 이런 경우에는 '과거에 어떤 동작 행위가 발생했고, 그 결과 지금 어떠한 상태에 있다'는 것을 나타낸다. 다음을 보자.

汉语他学了两年。
그는 중국어를 2년 동안 배웠다.

앞장에서 설명한 바와 같이 '学了两年'의 '了'는 동작동사 다음에 나왔으므로 완료태이다. 이 말은 '그가 언제인지는 모르지만 2년 동안 중국어를 배운 행위가 발생했음'을 의미한다. 그러므로 그는 중학교 시절에 2년 동안 중국어를 배웠을 수도 있고, 아니면 고등학교 시절에 중국어를 2년 동안 배웠을 수도 있다. 그러나 다음을 보자.

汉语他学了两年了。
중국어를 그는 2년째 배우고 있다.
(=이제 2년이 된 상태로 변했다.)

위의 '学了'의 '了'는 동작동사 다음에 나왔으므로 완료태이고, 문장 끝의 '了'는 변화태이다. 이 문장은 '중국어를 배운 행위가 발생했고, 그 행위는 2년 동안 계속되었는데, 지금 바로 2년이 되는 상태로 변했다는 사실'을 나타낸다. 따라서 이는 '지금 2년째 중국어를 배우고 있다'는 의미가 된다. 다시 다음을 보자.

他到了上海了。
그는 상하이에 도착했다.

위의 '到了'의 '了'는 동작동사 다음에 나왔으므로 완료태이고, 문장 끝의 '了'는 변화태이다. 이 문장은 '상하이에 도착했고, 지금 그러한 상태로 변해 있음'을 나타낸다. 따라서 '그는 상하이에 도착하여 지금 상하이에 있다'는 사실을 나타낸다. 이와 달리 '他到了上海'는 도착한 행위만을 나타내기 때문에, 그는 지금 상하이에 있을 수도 있지만, 상하이에 도착한 후에 이미 다른 곳으로 갔을 수도 있음을 나타낸다. 다음을 보며 이러한 용법을 익혀 두자.

他去了一年了。
그가 간 지 이제 1년이 되었다.
他哭了一整天了。
그는 하루 종일 울고 있다.

我吃了两碗饭了。
나는 밥을 두 그릇째 먹고 있다.
我等了他一个小时了。
나는 지금 그를 한 시간째 기다리고 있다.

완료태 '了'의 빈어는 원칙적으로 한정적 명사여야 한다. 그러나 완료태 '了'와 변화태 '了'가 함께 나오는 문장에는 비한정적 빈어가 올 수 있다.

我吃了饭了。
나는 식사를 했어요.
我洗了澡了。

나는 목욕을 했습니다.

我交了钱了。
나는 돈을 냈습니다.
我投了票了。
나는 투표를 했습니다.

위의 빈어는 모두 비한정적 빈어이다. 그러나 변화태는 이미 변화된 상태를 나타내므로 그 문장의 빈어는 한정적 표시만 없을 뿐, 이미 한정적인 것일 수밖에 없다.

7.2.4 변화태와 완료태의 합용(合用)

형용사로 끝나는 문장에 '了'가 왔다면 이는 당연히 변화태 '了'이다. 왜냐하면 완료태 '了'는 동작동사의 뒤에만 나오고 형용사 뒤에는 나올 수 없기 때문이다. 그러므로 다음의 '了'는 당연히 변화태 '了'이다.

他胖了。
그는 살이 쪘다.
他瘦了。
그는 살이 빠졌다.

그러나 문장이 동작동사로 끝나고 그 뒤에 '了'가 나왔다면, 그것이 동작동사의 뒤에 나온 완료태 '了'인지 아니면 문장의 끝에 나온 변화태 '了'인지를 알 수 없게 된다. 다음을 보자.

他去了。
그가 갔다.
他到了。
그가 도착했다.

위의 '了'는 문장 끝에 왔으므로 변화태 '了'일 수도 있고, 동작동사 다음에 왔으므로 완료태 '了'일 수도 있다. 이러한 '了'는 완료태이거나, 완료태와 변화태의 두 가지 기능이 합쳐진 '了'이다.

我的家乡变了。
나의 고향은 변했다. (완료태)
나의 고향은 변했고, 지금 그러한 상태에 있다. (완료태 + 변화태)
练习我做完了。
숙제를 나는 다 했다. (완료태)
숙제를 나는 다 했고, 이제 그러한 상태에 있다. (완료태 + 변화태)

위의 '了'가 완료태인지 '완료태 + 변화태' 형식인지는 문맥에 따라 결정된다. 그러나 이를 부정형으로 바꾸면 이 가운데의 어느 용법으로 사용되었는지가 분명하게 드러난다.

7.2.5 변화태문의 부정형

변화태 '了'는 '이제 어떠한 상태로 변했다'라는 의미를 나타낸다. 그러므로 이의 부정형은 '아직 어떤 상태가 아니다'일 것이다. 이러한 이유로 변화태 '了'는 '还不'로 부정된다. 이 부정문에는 변화태 '了'가 나타나지 않는다. 다음을 보자.

天气热了。
날씨가 이제 더워졌다.
天气还不热。
날씨가 아직 덥지 않다.

他是大学生了。
그는 이제 대학생이 되었다.
他还不是大学生。
그는 아직 대학생이 아니다.

완료태의 '了'와 변화태의 '了'가 모두 나오면 '还没(有)'로 부정된다. 이 부정문에도 '了'는 나타나지 않는다. 다음을 보자.

他吃了饭了。

그는 식사를 한 상태이다.
他还没(有)吃饭。
그는 아직 밥을 먹지 않았다.

他听了新闻了。
그는 뉴스를 들은 상태이다.
他还没(有)听新闻。
그는 아직 뉴스를 듣지 못했다.

동작동사로 끝난 문장 끝에 '了'가 오는 경우, 이 '了'가 완료태 '了'와 변화태 '了'가 합쳐진 경우라면 '还没(有)'로 부정된다. '还没(有)'는 변화태의 부정형인 '还不'의 '还'와 완료태의 부정형인 '没(有)'가 합쳐진 것이다. 이 부정문에도 '了'는 나오지 않는다. 다음을 보자.

他们走了。
그들은 갔다.
他们还没(有)走。
그들은 아직 가지 않았다.

我的家乡变了。
나의 고향은 변했다.
我的家乡还没(有)变。
나의 고향은 아직 변하지 않았다.

만약 위 문장의 '了'가 완료태 '了'로 사용되었다면 당연히 '没(有)'로 부정된다. 이 부정문에도 '了'는 나오지 않는다. 다음을 보자.

他们走了。
그들은 갔다.
他们没(有)走。
그들은 가지 않았다.

我的家乡变了。

나의 고향은 변했다.
我的家乡没(有)变。
나의 고향은 변하지 않았다.

완료태 '了'는 부정문에 나오지 않으므로, 부정문에 '了'가 나왔다면 이 '了'는 언제나 변화태 '了'이다. 다음을 보자.

他不是学生了。
그는 이제 학생이 아니다.
我不喜欢电脑了。
나는 이제 컴퓨터를 싫어하게 되었다.

7.2.6 변화태문의 의문형

변화태 '了'가 있는 문장의 끝에 '吗'를 첨가하면 의문문이 된다.

你吃饭了吗?
너는 밥을 먹었니?
你打电话了吗?
너는 전화를 했니?

변화태 '了'가 있는 문장의 끝에 '没有'를 첨가해도 의문문이 된다.

你吃饭了没有?
너는 밥을 먹었니, 안 먹었니?
你打电话了没有?
너는 전화를 했니, 안 했니?

완료태의 '了'와 변화태의 '了'가 합쳐진 '了'가 나오는 문장에도 '吗', '没有'를 첨가하면 의문문이 된다.

他们到了。
그들이 지금 도착했다.

他们到了吗?
그들이 도착했습니까?
他们到了没有?
그들이 도착했습니까, 안 했습니까?

他们走了。
그들은 갔다.
他们走了吗?
그들은 갔습니까?
他们走了没有?
그들은 갔습니까, 안 갔습니까?

변화태의 기능으로 인하여 다음의 의문문은 두 가지의 의미를 나타낼 수 있다.

他去学校了吗?
그는 학교에 가 있습니까?
그는 학교에 갔다 왔습니까?

他上班了吗?
그는 출근해서 직장에 있습니까?
그는 직장에 갔다 왔습니까?

위 문장의 의미는 앞뒤의 상황에 따라 결정된다.

7.2.7 변화태의 감정 표현 기능

'别'가 사용된 명령문에 변화태 '了'가 나오면 부드러운 명령이 된다.

别走!
가지 마라!
别走了!
가지 마세요!

'别走'는 단순한 명령을 나타낸다. 그러나 '别走了'는 '이제 가지 말아야 하는 상태로 변했으니 가지 마세요'라는 의미를 나타낸다. 그러므로 '别走了'는 '别走'보다 훨씬 부드러운 어감을 나타낸다. 다음을 보며 이러한 용법을 익혀 보자.

别哭了!
울지 마라!
别客气了, 收下吧!
사양하지 말고 받아 두시지요!

'甭'이 사용된 명령문에는 일반적으로 변화태 '了, 啦'가 나온다. 이 경우에도 변화태 '了, 啦'는 부드러운 어감을 나타낸다. '啦'는 '了'와 '啊'가 합쳐진 형태이다.

下次你甭来啦!
다음에는 오지 마십시오!
这个问题甭提了!
이 문제는 거론하지 마십시오!

진술문에서도 변화태 '了'는 부드러운 어감을 나타내는 경우가 있다.

我先走。
나 먼저 간다.
我先走了。
나 먼저 갈게.
(=나는 먼저 가야 하는 상태로 변했어.)
(=나는 먼저 가야겠다고 마음먹게 되었어.)

위의 '我先走'는 화가 났거나 이곳이 못마땅해서 먼저 간다는 느낌을 줄 수 있는 말이다. 그러나 '我先走了'는 '내가 이제 가야 하는 상황으로 변했다'라는 의미에서 출발한 것이므로 부드러운 표현이 된다.

7.3 경험태(经验态)

중국어의 경험태를 이해하기 위하여 다음 우리말을 보자.

(1) 나는 그 영화를 보았다.
(2) 나는 그 영화를 본 적이 있다.

(1)은 '영화를 보았다'는 행위의 발생을 나타내고 있지만, (2)는 '영화를 본 경험이 있다'라는 사실을 나타낸다. 중국어에도 이렇게 경험을 나타내는 용법이 있다. 중국어에서는 이를 경험태라고 한다. 중국어의 경험태는, 동작동사 바로 뒤에 '过'를 첨가하여 표시한다. 빈어는 '过'의 뒤에 온다.

我去过上海。
나는 상하이에 가 본 적이 있다.
我看过那部电影。
나는 그 영화를 본 적이 있다.

我学过汉语。
나는 중국어를 배운 적이 있다.
这本书我读过一遍。
이 책은 내가 한 번 읽은 적이 있다.

경험태 '过'는 원칙적으로 동작동사의 뒤에 나오지만, 경우에 따라 일부 형용사 뒤에도 올 수 있다. 이러한 형식은 부정형에 많이 나온다.

他从来没有闲过。
그는 지금까지 한가해 본 적이 없다.
上海从来没有这么冷过。
상하이는 지금까지 이렇게 추워 본 적이 없다.

경험태 '过'와 변화태 '了'가 함께 나올 수도 있다. 이 경우에는 '过了'의 형식을 취하며, '어떠한 경험이 있고, 지금도 그 경험의 효력이 남아 있는 상태임'을 나타낸다. 다음을 비교해 보자.

汉语我学过, 但是现在都忘了。
중국어를 나는 배운 적이 있지만 지금은 이미 잊어버렸다.

위의 '学过'는 단순히 '배운 경험'이 있다는 사실만을 말해 주므로, 그 경험의 결과가 지금도 남아 있는지 아닌지는 알 수 없다. 그러므로 이 말 다음에는 위와 같이 '배웠지만 지금은 잊었다'와 같은 말이 연이어 나올 수 있는 것이다. 그러나 다음을 보자.

汉语我学过了，不想再学了。
중국어를 나는 배웠으므로 다시 배우고 싶지 않다.

위의 '学过了'는 경험태 '过'와 변화태 '了'가 함께 나왔으므로, '배운 경험이 있고, 그 경험이 지금도 남아 있는 상태'임을 나타낸다. 그러므로 이 말 다음에는 위와 같이 '다시 배우고 싶지 않다'라는 말이 연이어 나올 수 있는 것이다. 다음을 보며 이러한 용법을 익혀두자.

那部电影我看过，可是现在记不清主角是谁了。
나는 그 영화를 본 적이 있지만 주연배우가 누구였는지는 기억이 분명치 않다.
那部电影我看过了，不想再看了。
나는 그 영화를 보았으므로 다시 보고 싶지는 않다.

7.3.1 경험태문의 부정형

경험태 '过'는 '没(有)……过'의 형식으로 부정된다.

我去过上海。
나는 상하이에 가 본 적이 있다.
我没(有)去过上海。
나는 상하이에 가 본 적이 없다.

我看过那部电影。
나는 그 영화를 본 적이 있다.
我没(有)看过那部电影。
나는 그 영화를 본 적이 없다.

경험태 '过'와 변화태 '了'가 함께 나온 경우에는 '还没(有)……过'의 형식으로 부정된다.

汉语我学过了。
중국어를 나는 배웠다.
(=중국어를 배운 적이 있고, 그 경험이 지금 남아 있는 상태이다.)
汉语我还没(有)学过。
중국어를 나는 아직 배운 적이 없다.

那部电影我看过了。
나는 그 영화를 보았다.
(=그 영화를 본 적이 있고, 그 경험이 지금 남아 있는 상태이다.)
那部电影我还没(有)看过。
나는 그 영화를 아직 본 적이 없다.

7.3.2 경험태문의 의문형

경험태 '过'가 나오는 문장의 끝에 '吗'나 '没有'를 첨가하면 의문문이 된다.

你去过上海吗?
당신은 상하이에 가 본 적이 있습니까?
你看过那部电影吗?
당신은 그 영화를 본 적이 있습니까?

汉语你学过没有?
중국어를 배운 적이 있습니까, 없습니까?
这本书你读过没有?
이 책을 본 적이 있습니까, 없습니까?

경험태 '过'와 변화태 '了'가 함께 나온 경우에는 '……过了吗?'와 '……过了没有?'의 형식으로 의문형을 만들 수 있다.

汉语你学过了吗?
중국어를 배웠습니까?
(=중국어를 배운 적이 있고, 그 경험이 지금도 남아 있습니까?)
那部电影你看过了吗?

그 영화를 보았습니까?
(=그 영화를 본 적이 있고, 그 경험이 지금도 남아 있습니까?)

汉语你学过了没有?
중국어를 배운 적이 있습니까, 없습니까?
那部电影你看过了没有?
그 영화를 본 적이 있습니까, 없습니까?

7.4 진행태(进行态)

우리말에도 '……하는 중이다'와 같이 동작의 진행을 나타내는 형식이 있다. 이를 중국어에서는 진행태라고 한다. 중국어에서는 문장의 끝에 '呢'를 첨가하거나 동사 앞에 '在, 正在, 正'을 첨가하면 진행태가 된다. 다음을 보자.

他画画儿呢。
그는 그림을 그리고 있습니다.
我看电视呢。
나는 TV를 보고 있습니다.

위의 '呢'는 동작의 진행을 나타낸다. 그러나 이러한 용법은 많이 사용되지 않는다. 동사 앞에 '在, 正在'를 첨가하여 동작의 진행을 나타낼 수 있다.

他在听音乐。
그는 음악을 듣고 있습니다.
他在看书。
그는 책을 보고 있다.

他正在听音乐。
그는 지금 음악을 듣고 있네요.
他正在看书。
그는 지금 책을 보고 있군요.

'在, 正在'가 사용된 문장 끝에는 '呢'를 첨가할 수 있다.

他在写信呢。
그는 편지를 쓰고 있습니다.
他们在打球呢。
그들은 공을 치고 있습니다.

他正吃饭呢。
그는 지금 밥을 먹고 있습니다.
他正听音乐呢。
그는 지금 음악을 듣고 있습니다.

他正在看书呢。
그는 지금 책을 보고 있습니다.
他正在吃饭呢。
그는 지금 식사 중입니다.

'在, 正在'가 사용된 문장의 동사에는 '着', 그리고 문장의 끝에는 '呢'가 동시에 사용될 수도 있다.

他在等着你呢。
그 사람이 당신을 기다리고 있습니다.
他正在等着你呢。
그 사람이 지금 당신을 기다리고 있습니다.

'正'은 단독의 동사 앞에 나올 수 없다. 그러므로 다음은 비문이다.

*他们正听。
그들은 지금 듣고 있다.
*他们正打。
그들은 한창 공을 치고 있다.
*他们正讨论。
그들은 한창 토론 중이다.

'正'이 사용된 문장의 동사는 빈어를 동반하며, 문장의 끝에는 '呢'가 나온다.

他正做作业呢。
그는 지금 숙제를 하고 있습니다.
外边儿正下雨呢。
밖에는 지금 비가 내리고 있습니다.

'正'이 사용된 문장의 동사는 빈어와 함께 '着'를 동반하기도 한다.

现在正上着课。
지금 수업을 하고 있습니다.
外边儿正下着雨。
밖에는 지금 비가 내리고 있습니다.

'正'이 사용된 문장의 동사가 빈어와 함께 '着'를 동반하고 있어도, 문장의 끝에 '呢'가 나올 수 있다.

正下着雪呢。
지금 눈이 내리고 있습니다.
他正等着你呢。
그 사람이 지금 당신을 기다리고 있습니다.

'正'과 결합하는 동사가 빈어를 동반하지도 않고, 문장의 끝에 '呢'가 나오지도 않는 경우에는 부사어가 나와야 한다. 다음을 보자.

去年这会儿我正在中国学习。
작년 이맘때 나는 중국에서 공부를 하고 있었다.
昨天这会儿我正在图书馆看书。
어제 이맘때 나는 도서관에서 책을 보고 있었다.

위의 '在中国', '在图书馆'은 처소를 나타내는 부사어이다.

7.4.1 현재진행태, 과거진행태, 미래진행태

진행태는 현재, 과거, 미래 동작의 진행을 나타낸다.

你在做什么呢?
당신은 지금 무엇을 하고 있습니까?
他正在跟李老师谈话呢。
그는 지금 리 선생님과 대화하고 있습니다.

위의 문장에는 특정한 시점이 제시되어 있지 않다. 이와 같이 특정한 시점이 제시되어 있지 않는 진행태는, 화자가 말하는 시점에서 동작이 진행되는 현재진행태가 된다. 문장에 과거 시점을 나타내는 말이 나오면 과거진행태가 된다. 다음을 보자.

昨天我去他家的时候, 他在看书。
어제 내가 그의 집에 갔을 때, 그는 책을 보고 있었다.
那天我去找他的时候, 他正在吃饭呢。
그날 내가 그를 찾아갔을 때, 그는 마침 식사 중이었다.

문장에 미래 시점을 나타내는 말이 나오면 미래진행태가 된다. 다음을 보자.

明天下了班别给他打电话, 那时候他正开会呢。
내일 퇴근하고 그에게 전화 걸지 마십시오, 그때 그는 회의 중일 것입니다.
要是你明天去他家, 他也许在弹钢琴呢。
만약 네가 내일 그의 집에 가면, 그는 아마도 피아노를 치고 있을 거야.

7.4.2 진행태문의 부정형

진행태는 '没有'로 부정된다. 진행태가 부정되면 '正在, 在, 呢'는 제거된다.

你正在看课本吗?
너는 지금 교과서를 보는 중이니?
－没(有)看课本, 看小说呢。
교과서를 보지 않고, 소설을 보는 중이야.

你在看小说吗?
너는 소설을 보고 있니?
－没(有)看小说, 看报呢。
소설을 보지 않고, 신문을 보는 중이야.

你看小说呢?
너는 소설을 보고 있니?
－没(有)看小说, 看报呢。
소설을 보지 않고, 신문을 보는 중입니다.

위에 나온 진행태의 부정형 '没(有)看小说'에는 '正在, 在, 呢'가 모두 나타나지 않는다. 진행태 의문문에 대한 부정적 대답은 '没有'이다.

你画画儿呢, 是吗?
너는 그림을 그리고 있는 거지?
－没有, 我写字呢。
아닙니다, 저는 글씨를 쓰고 있어요.

你在听音乐吗 ?
너는 음악을 듣고 있니?
－没有, 我看电视呢。
아니요, 저는 TV를 보고 있습니다.

你正在看小说吗?
너는 소설을 보고 있니?
－没有, 我看报呢。
아니요, 저는 신문을 보는 중입니다.

'没(有)'는 '어떤 동작을 진행한 사실이 없음'을 나타낸다. 그러므로 '没有'는 진정한 진행태의 부정이 아니다. 진행태의 진정한 부정은 '그러한 동작을 하는 중이 아니다'이다. 이러한 부정은 '不是……是……' 형식으로 나타낸다.

你在看小说吗?
너 소설을 읽고 있니?
－不是在看小说, 是在看报。
　소설을 보는 중이 아니라 신문을 보는 중이야.

你在听音乐吗?
너 음악 듣고 있니?
－不是在听音乐, 是在想别的事儿。
　음악을 듣는 것이 아니라 다른 일을 생각하는 중이야.

7.4.3 '在, 正, 正在'의 차이

'在, 正, 正在'에는 다음과 같은 차이가 있다. '在'는 주로 동작이 진행 중임을 강조한다.

他在做练习。
그는 숙제를 하고 있다.
他在看小说。
그는 소설을 읽고 있다.

위의 '在'는 각각 '做练习, 看小说'의 동작이 진행 중임을 강조한다.

'正'은 '呢'를 동반하여 진행되는 시간을 강조한다. 그러므로 '正'은 대개 특정한 시간을 나타내는 말과 함께 사용된다.

你来了, 我正找你呢。
네가 왔구나, 내가 마침 너를 찾고 있는데.
我去他家的时候, 他正洗衣服呢。
내가 그의 집에 갔을 때, 그는 마침 빨래를 하는 중이었다.

위에서는 '네가 온 때'와 '갔을 때'라는 특정한 시간이 제시되어 있다. 만약 '正'이 사용된 문장에 특정한 시간이 제시되지 않았다면, 이는 '现在'가 생략된 것으로 보아야 한다. 다음을 보자.

他正吃饭呢。
그는 지금 밥을 먹고 있습니다.
他正听音乐呢。
그는 지금 음악을 듣고 있습니다.

'正在'는 동작이 진행되는 시간과 동작의 진행 상태를 모두 강조한다. 그러므로 '正在'는 대개 특정한 시간을 나타내는 말과 함께 사용된다.

我去找他的时候, 他正在上课。
내가 그를 찾아갔을 때, 그는 마침 수업 중이었다.
我去找他的时候, 他正在跟老师谈话。
내가 그를 찾아갔을 때, 그는 마침 선생님과 대화 중이었다.

만약 '正在'가 사용된 문장에 특정한 시간이 제시되지 않았다면 '现在'가 생략된 것으로 보아야 한다.

他正在上课。
그는 지금 수업 중이다.
他正在跟老师谈话。
그는 지금 선생님과 대화 중이다.

7.5 지속태(持续态)

한국인은 중국어의 지속태를 이해하기가 쉽지 않다. 한국어에서는 중국어의 완료태와 지속태가 좀처럼 구분되지 않기 때문이다. 그러나 중국인은 이들을 명백히 구분하는 사유 형태를 가지고 있다. 중국어의 지속태를 이해하기 위하여 먼저 다음 우리말을 보자.

(1) 창문을 열었다.
(2) 창문이 열려 있다.

(1)은 '창문을 여는 동작'이 실현되었음을 나타낸다. 중국어에서는 이를 완료태로 나타낸다. (2)는, '창문을 여는 동작'은 이미 끝났고, 그 결과로 '창문이 열려 있는 상태'가 지속되고 있

음을 나타낸다. 중국어에서는 이를 지속태로 나타낸다.

중국어의 지속태는, 하나의 동작이 끝난 후에 그 동작의 결과로 나타난 상태가 지속되는 것을 표시한다. 다음 우리말을 보며 중국어의 지속태를 익혀 보자.

(3) 그는 두루마기를 입었다.
a. 그는 (방금) 두루마기를 입었다.
b. 그는 (종일) 두루마기를 입었다.

위의 (3)은 (a,b)와 같은 두 가지 의미를 갖는다. 만약 (3)이 (a)와 같은 의미라면, 이는 동작을 방금 완료한 것이므로 중국어로는 완료태가 된다. 만약 (3)이 (b)와 같은 의미라면, 두루마기를 입는 동작은 이미 끝났고 그 결과 두루마기가 몸에 입혀져 있는 상태가 지속됨을 나타내므로, 중국어로는 지속태가 된다. 다시 다음을 보자.

(4) 그는 빨간 넥타이를 맸다.
a. 그는 (방금) 빨간 넥타이를 맸다.
b. 그는 (종일) 빨간 넥타이를 맸다.

위의 우리말 (4)는 (a,b)와 같은 두 가지 의미를 갖는다. 만약 이것이 (a)와 같은 의미라면, 이는 동작을 방금 완료했으므로 중국어로는 완료태가 된다. 만약 이것이 (b)와 같은 의미라면, 넥타이를 매는 동작은 이미 끝났고 그 결과 빨간 넥타이가 매어져 있는 상태가 지속됨을 나타내므로, 중국어로는 지속태가 된다.

중국어의 지속태는 동사나 형용사 뒤에 '着'를 첨가하여 나타낸다. 다음을 보자.

教室的门开着。
교실 문이 열려 있다.
他拿着很多花。
그는 많은 꽃을 들고 있다.

他在椅子上坐着。
그는 의자에 앉아 있다.
他穿着一件新衣服。
그는 새 옷을 입고 있다.

'开着'는 문을 여는 동작이 끝나고 그 결과로 문이 열려 있는 상태를 나타내며, '拿着'는 드는 동작이 끝나고 그 결과로 들려 있는 상태를 나타낸다. '坐着'는 앉는 동작이 끝나고 그 결과 앉아 있는 상태를 나타내며, '穿着'는 입는 동작이 끝나고 그 결과 입고 있는 상태를 나타낸다. 지속태는 이와 같이 동작이 끝나고 그 동작의 결과로 나타난 상태가 지속되고 있음을 나타낸다. 중요한 것은 지속태는 동작이 언제 시작되었는지를 나타내지 않고, 결과의 상태만을 나타낸다는 점이다. 형용사 뒤에 '着'가 와서 지속태가 될 수도 있다. 다음을 보자.

她红着脸。
그녀의 얼굴이 빨개져 있다.
那个房间空着。
그 방은 비어 있다.
教室里的电灯亮着。
교실의 전등이 환하게 켜져 있다.

'红着'는 '빨간 상태', '空着'는 '비어 있는 상태', '亮着'는 '환하게 켜 있는 상태'를 나타낸다. 그러나 이런 상태가 언제 시작되었는지는 나타나 있지 않다.

7.5.1 지속태와 연동문(连动文)

지속태가 다른 동사 앞에 오면 행위의 방식을 나타낸다. 이러한 문장은 두 개 이상의 동사가 나오므로 연동문이다. (연동문은 ＜8.4 연동문＞을 참고할 것.)

他站着看书。
그는 서서 책을 본다.
我们笑着说"再见"。
우리는 웃으며 "안녕" 하고 말했다.

他走着去学校。
그는 걸어서 학교에 간다.
他戴着眼镜看报。
그는 안경을 끼고 신문을 본다.

위에서 '站着'는 '看书'의 방식, '笑着'는 '说'의 방식, '走着'는 '去学校'의 방식, '戴着'는 '看报'의 방식을 나타낸다. 이와 같이 지속태가 행위의 방식을 나타내는 경우에는 다음과 같은 조건이 충족되어야 한다. 즉, 지속태 다음에 나오는 동사의 동작 행위가 진행되는 동안 지속 상태가 끊임없이 유지되고 있어야 한다. 다시 위의 내용을 살펴보자.

'서 있는 상태'는 책을 보는 동안 끊이지 않고 유지되며, '웃는 상태'는 '안녕'이라고 말하는 동안 끊이지 않고 유지된다. '걷는 상태'는 학교에 가는 동안 끊이지 않고 유지되며, '안경을 낀 상태'는 신문을 보는 동안 끊이지 않고 유지된다. 이러한 조건에 유의하며 다음을 보자.

(1) 他站着看书。
그는 서서 책을 본다.
(2)*他喝着茶看报。
(3) 그는 차를 마시며 신문을 본다.

(1)은 책을 보는 동안 끊임없이 서 있는 상태가 유지됨을 나타낸다. 그러나 (2)는 비문이다. 왜냐하면 중국인은, 신문을 보는 동안 끊임없이 차를 마시는 상태가 유지되는 것은 불가능하다고 생각하기 때문이다. 중국인은, 신문을 보면서 끊임없이 차를 마시면, 차를 흘리든가 차를 신문에 쏟게 되므로 이러한 상황이 발생할 수 없다고 생각한다.

그렇다면 우리말 (3)의 의미를 살펴보기로 하자. 우리말 (3)은, 차를 마시다가 찻잔을 내려놓고 신문을 보며, 신문을 보다가 다시 찻잔을 들고 차를 마시는 행위 등을 나타낸다. 경우에 따라 찻잔을 든 채로 신문을 보는 상태를 나타낼 수도 있다. 우리말에서는 이러한 상황을 (3)과 같이 나타낸다. 그러나 중국인은 이러한 상황을 '한편으로는 차를 마시고, 한편으로는 신문을 본다'라고 표현한다. 이는 근본적으로 사유 형태의 차이이다. 이에 따라 우리말 (3)을 중국인은 다음과 같은 형식으로 말한다.

他一边喝茶, 一边看报。
그는 한편으로 차를 마시며, 다른 한편으로 신문을 본다.
(=그는 차를 마시며 신문을 본다.)

'一边……, 一边……'은 일정한 시간 내에 두 가지 동작 행위가 각각 발생하는 것을 나타내므로 우리말 (3)과 같은 어형은 모두 이러한 형식으로 말해야 한다. 이러한 이유로 다음은 모두 비문이 된다.

(4)*他每天笑着做生意。
그는 매일 웃으며 장사를 한다.
(5)*他每次笑着接待客人。
그는 매번 웃으며 손님을 접대한다.
(6)*他看着报吃饭。
그는 신문을 보며 식사를 한다.
(7)*他看着电视做练习。
그는 TV를 보며 숙제를 한다.

위의 우리말 해석은 자연스럽다. 그러나 이를 나타내려는 중국어는 모두 비문이다.

(4)가 비문인 이유를 살펴보자. 중국인은, 장사를 하면서 잠깐 동안은 웃을 수 있지만, 장사를 하는 동안 끊임없이 웃을 수는 없다고 생각한다. 그러므로 (4)는 비문이다. 그러나 '他笑着说了几句。'라고 하면 성립하는 문장이 된다. 왜냐하면 중국인은, 몇 마디 정도는 웃으며 말할 수 있다고 생각하기 때문이다.

(5)가 비문인 이유를 살펴보자. 중국인은, 손님을 접대하는 것은 상당히 긴 시간일 수도 있는데, 매번 접대하는 동안 끊임없이 웃는 것은 불가능하다고 생각한다. 그러므로 중국인은 (5)와 같이 말하지 않는다. (5)의 우리말과 동일한 의도를 나타내고자 하는 경우에 중국인은 '他接待客人很热情。'이라고 말한다.

(6)이 비문인 이유를 살펴보자. 중국인은, 식사를 하는 동안 끊임없이 신문을 볼 수는 없다고 생각한다. 그러므로 (6)과 같이 말하지 않는다. 그들은 이러한 상황을 '한편으로 신문을 보고, 한편으로 식사를 한다'라고 인식한다. 따라서 (6)의 우리말과 같은 의도를 나타내고자 하는 경우에는 '他一边看报, 一边吃饭。'이라고 말한다.

(7)이 비문인 이유를 살펴보자. 중국인은, 숙제를 하는 동안 끊임없이 텔레비전을 볼 수는 없다고 생각한다. 그러므로 (7)은 비문이다. 그들은 이러한 상황을 '한편으로 텔레비전을 보고, 한편으로 숙제를 한다'라고 인식한다. 따라서 (7)의 우리말과 같은 의도를 나타내고자 하는 경우에는 '他一边看电视, 一边做练习。'라고 말한다.

7.5.2 현재지속태, 과거지속태, 미래지속태

지속태는 과거, 현재, 미래에 모두 사용된다.

跟着我来吧!
나를 따라오너라!
你看, 门开着呢。
봐라, 문이 열려 있구나.
他躺着看了一整天的书。
그는 누워서 하루 종일 책을 보았다.

위의 '跟着'는 미래지속태이고, '开着'는 현재지속태이며, '躺着'는 과거지속태이다.

7.5.3 지속태문의 부정형과 의문형

지속태는 '没(有)'로 부정되며, 부정된 후에도 '着'는 없어지지 않는다.

窗户没(有)开着。
창이 열려 있지 않다.
门没关着, 你进去吧。
문이 닫혀 있지 않으니까, 들어가세요.

지속태를 선택의문문으로 바꾸기 위해서는 문장의 끝에 '没有'를 붙인다. 빈어가 있는 경우에도 '没有'는 문장의 끝에 온다.

门开着没有?
문은 열려 있습니까?
楼上住着人没有?
위층에 사람이 살고 있습니까?

7.5.4 지속태와 명령문

지속태는 명령문에 사용될 수 있다.(명령문에 지속태가 사용되는 경우는 <4.3 명령

문>을 참고할 것.)

你替我拿着吧!
네가 나 대신 들고 있거라!
别站着, 快坐下!
서 있지 말고 빨리 앉아라!

别躺着, 快起来吧!
누워 있지 말고 빨리 일어나거라!
慢着点儿!
좀 천천히 해라!

7.5.5 지속태의 관용적 용법

지속태가 반복하여 나오면, 동작이 지속되는 상태에서 다른 동작이나 상황이 발생하는 것을 나타낸다.

他听着听着, 忽然大笑了起来。
그는 듣다가 갑자기 큰 소리로 웃기 시작했다.
我们谈着谈着, 天就黑了下来。
우리가 이야기를 나누다 보니, 하늘이 이미 어두워졌다.

'冒着'는 '……를 무릅쓰고'라는 의미로 사용된다.

他冒着大雨, 来到了学校。
그는 비를 무릅쓰고 학교에 왔다.
他冒着寒风, 走了二十里路。
그는 찬 바람을 무릅쓰고 20리를 걸었다.

'等着'는 '곧 ……(해야) 하다'의 의미로 사용된다.

等着瞧吧!

두고 보자!
这件衣服不用洗, 我等着穿呢。
이 옷을 빨지 마세요, 곧 입어야 해요.

'接着'는 '이어서'라는 의미로 사용된다.

接着又讨论了明年的计划。
이어서 내년 계획도 논의했다.
我给他寄了一封信, 接着又发了一个传真。
나는 그에게 편지를 한 통 보내고, 이어서 팩스를 한 통 보냈다.

'争着'는 '앞다투어'의 뜻으로 사용된다.

学生们都争着提问。
학생들이 모두 앞다투어 물었다.
他们都争着参加比赛。
그들은 모두 앞다투어 경기에 참가했다.

'急着'는 '급하게', '看着'는 '보아 가며 ……하다'라는 의미로 사용된다.

这照片我急着用。
이 사진은 내가 급하게 필요하다.
这件事你看着办吧!
이 일은 네가 사정을 보아 가며 처리해라!

'忙着'는 '……(으)로 바쁘다'라는 의미로 사용된다.

最近我们忙着考试。
요즈음 우리는 시험으로 바쁘다.
他忙着准备旅行呢。
그는 지금 여행 준비로 바쁘다.

7.5.6 지속태와 진행태의 병용

지속태 '着'가 사용된 문장 끝에 진행태를 나타내는 조사 '呢'가 오면, 상태의 지속과 동작의 진행을 동시에 나타낸다.

他们都吃着饭呢。
그들은 모두 밥을 먹고 있다.
他们都看着书呢。
그들은 모두 책을 보고 있다.
他们在公园等着我们呢。
그들은 공원에서 우리를 기다리고 있다.

위의 문장은 모두 현재의 상황을 나타낸다. 위에서 '呢'를 제거하면 완전한 문장이 되지 않는다. 다음을 보자.

他们都吃着饭
그들은 모두 밥을 먹으며…….
他们都看着书
그들은 모두 책을 보며…….

위의 두 문장은 완전하지 않다. 이 경우에는 다른 말이 이어져야 완전한 문장이 된다. 다음을 보자.

他们都吃着饭听音乐。
그들은 모두 밥을 먹으며 음악을 듣는다.
他们都看着书听音乐。
그들은 모두 책을 보며 음악을 듣는다.

위의 문장에는 '呢'가 없기 때문에 현재의 상태를 나타내지 않고, 원칙이나 습관 등을 나타낸다. 그러므로 위의 문장은, 예를 들면, 매번 밥을 먹으며 음악을 듣는다거나 매번 책을 보며 음악을 듣는다는 것을 의미한다.

다음 문장은 '呢'가 없어도 비문이 아니다. 그 이유는 '在公园'과 같은 부사어가 있기 때문이다. 그러나 '呢'가 없으면 현재 상태를 나타내지 못하고, 과거 사실이나 미래 사실을 나타낸다. 다음 문장의 정확한 의미는 언어 환경에 따라 결정된다.

他们在公园等着我们。
(우리가 도착하면) 그들은 공원에서 우리를 기다릴 것이다.
(그때) 그들은 공원에서 우리를 기다리고 있었다.

지속태는 '在, 正, 正在'와 함께 사용되어 지속과 상태의 진행을 동시에 나타낼 수 있다. 이와 같은 문장에는 약간의 감탄적 어감이 들어 있다.

他在等着你呢。
그 사람이 당신을 기다리고 있어요.
他正等着你呢。
그 사람이 지금 당신을 기다리고 있어요.
他正在等着你呢。
그 사람이 지금 당신을 기다리고 있어요.

7.6 임박태(临迫态)

임박태란 어떤 동작이나 상황이 곧 발생하려는 상태를 말한다. 임박태는 '要……了'의 형식으로 표현된다. '要'는 '장래'를 나타내며, '了'는 변화태 '了'이다.

要下雨了。
곧 비가 오려고 합니다.
(=곧 비가 오려는 사태로 이제 변했다.)
汽车要开了。
차가 막 떠나려고 합니다.
(=곧 차가 떠나려는 사태로 이제 변했다.)

'要' 앞에 '快, 就'를 첨가하여 '快要……了', '就要……了' 형식이 될 수 있다. '快要……了', '就要……了' 형식은 '要……了'보다 더 빠른 시간 내에 어떤 상황이 발생할 것임을 나타낸다.

快要上课了。
곧 수업이 시작되려고 합니다.
就要上课了。
수업이 지금 막 시작되려고 합니다.

'快要……了'는 심리적으로 임박한 시간을 나타내고, '就要……了'는 객관적으로 임박한 시간을 나타낸다. 따라서 '快要……了'는 심리적으로 임박한 것이라고 판단되기만 한다면, 다음 달에 발생하는 사실도 나타낼 수 있다. 예를 들면 '다음 달에는 곧 비가 오기 시작하니까 지금부터 준비를 서둘러야만 합니다'와 같은 말에는, 비록 다음 달에 비가 오지만 화자는 그것을 임박한 사실로 판단하고 있다는 것이 드러난다. 그러나 '就要……了'는 객관적으로 임박한 사실의 발생을 나타낸다. 그러므로 '就要……了'는 곧 발생하는 사실이거나 내일 혹은 다음 주에 발생하는 사실 등을 나타낼 수 있다. '快要……了'는 심리적 임박성을 나타내므로 그 앞에 시간사가 나올 수 없다. 시간사는 객관적 시간을 나타내기 때문이다. '就要……了'는 객관적 임박성을 나타내므로 그 앞에 시간사가 나올 수 있다. 다음을 보자.

*火车五点钟快要开了。
기차가 5시에 곧 떠납니다.
*我们明天快要回国了。
우리는 내일 곧 귀국합니다.

위는 '快要……了'가 나온 문장에 '五点钟, 明天'과 같은 시간사가 사용되었으므로 비문이다. 이러한 문장은 다음과 같이 '就要……了'를 사용해야 한다.

火车五点钟就要开了。
기차가 5시에 곧 떠납니다.
我们明天就要回国了。
우리는 내일 곧 귀국합니다.

7.7 현장과거진행태(现场过去进行态)

우리는 <7.4.1 현재진행태, 과거진행태, 미래진행태>에서 과거진행태를 보았다. 과거진행태란, 화자가 과거의 시점으로 이동하여 그 시점에 진행되는 행위를 묘사하는 것이다. 다음을 보자.

昨天我去他家的时候, 他在看书。
어제 내가 그의 집에 갔을 때, 그는 책을 보고 있었다.
那天我去找他的时候, 他正在吃饭呢。
그날 내가 그를 찾아갔을 때, 그는 마침 식사 중이었다.

위는 모두 과거의 어느 시점에 진행되는 행위를 나타낸다. 이 경우에 화자의 시선은 과거로 돌아가서 그 상태를 관찰한다. 그러나 이와 달리 현재의 시점에서 과거에 진행된 행위를 바라보는 경우가 있다. 이를 현장과거진행태라고 한다. 현장과거진행태는 현재의 시점에서 바라보는 과거진행태라는 뜻이다. 현장과거진행태는 문장의 끝에 '来着'를 첨가하여 나타낸다. 현장과거진행태는 대개 대화에 사용되며 문장에는 잘 사용되지 않는다. 다음을 보자.

那时候你干什么来着?
그때 너는 무엇을 하고 있었댔지?
－那时候我上课来着。
그때 나는 강의를 듣고 있었댔어.

위의 질문은 과거 사실을 묻고 있지만, 화자의 인식에는 '그가 교실에서 하고 있는 어떤 행위의 진행'이 현재의 상황처럼 그려지고 있다. '上课来着'도 물론 과거 행위이다. 그러나 화자의 인식에는 이 행위가 현재의 사실처럼 떠오르고 있다. 다음을 보자.

昨天你忙什么来着?
어제 너는 뭐가 그리 바빴댔니?

위의 말을 하는 화자에게는 '상대가 바쁘게 왔다 갔다 하는 모습'이 눈앞에 떠오른다. 화자는 어제 상대방이 바쁘게 오가는 모습을 보았기 때문이다. 이제 다음을 보며 이러한 사유 형태를 익혀 보자.

我刚才洗头发来着。
나는 방금 머리를 감고 있었댔어.
他刚才说什么来着?
그 사람이 방금 무슨 말을 했댔지?

위의 두 문장은 모두 현장과거진행태이다. 현장과거진행태를 이해하기 위해서는 위의 문장에서 머리를 감고 있는 모습, 무엇인가를 말하고 있는 모습이 머리에 떠오르도록 훈련해야 한다.

위의 예문에는 모두 '那时候, 昨天, 刚才'와 같은 시간사가 나와 있다. 이와 같이 현장과거진행태 문장은 언제나 과거를 나타내는 시간사와 함께 사용된다. 그러나 시간사가 사용되지 않는 경우도 있다. 이러한 경우에는 '조금 전'에 발생한 행위의 진행을 나타낸다. 다음을 보자.

小王找你来着。
샤오왕이 (조금 전에) 너를 찾고 있었댔어.
我洗澡来着。
(네가 전화했을 때) 나는 목욕하고 있었댔어.

위의 문장에는 과거를 나타내는 시간사가 없다. 이런 경우에는 청자가 이미 알고 있는 조금 전의 상황을 나타낸다.

현장과거진행태가 나오는 의문문은, '谁, 什么' 등으로 구성되는 특수의문문이거나 '是不是'와 같은 선택의문문이다.

谁发言来着?
방금 누가 발언했댔지요?
(=누군가가 발언하는 소리를 나는 들었다.)
刚才谁敲门来着?
방금 누가 문을 두드렸댔지?
(=누군가가 문을 두드리는 소리를 나는 들었다.)

他说什么来着?
그 사람이 방금 무슨 말을 했댔지?

(=그가 말하는 소리를 나는 들었다.)
我打电话的时候, 你干什么来着?
내가 전화했을 때 너는 무얼 하고 있었댔지?
(=전화를 안 받기에 네가 무엇인가를 하고 있었다는 것을 나는 안다.)

현장과거진행태가 '是不是' 형식의 선택의문문에 사용되면 화자의 확신이 나타난다. 다음을 보자.

昨天你是不是去看电影来着?
어제 너는 영화 보러 갔댔지?
(=내가 너를 극장에서 보았거든.)
昨天你是不是去接小王来着?
어제 너는 샤오왕을 마중하러 갔댔지?
(=내가 역에서 너를 보았거든.)

위의 '是不是' 선택의문문은 화자가 보았던 사실에 근거하여 물은 것이다. 이 경우에 부정적인 대답을 하려면 '来着'를 제거해야 한다.

我没去看电影。
나는 영화 보러 가지 않았어.
我没去接妈妈。
나는 어머니를 마중하러 가지 않았어.

위에서 '来着'를 제거해야 하는 이유는, 현장과거진행태는 부정문에 사용되지 않기 때문이다. 현장과거진행태는 언제나 사실의 발생을 전제로 한다. 그러나 부정문은 사실의 발생을 부정한다. 그러므로 현장과거진행태는 부정문에 사용되지 않는다. 따라서 다음은 모두 비문이다.

*我没去看电影来着。
*我没去接妈妈来着。

현장과거진행태는 '吗'로 끝나는 판단의문문에 사용될 수 없다. 따라서 다음은 모두 비문이다.

*他敲门来着吗?
그가 조금 전에 노크를 했었나요?
*他喝酒来着吗?
그 사람이 조금 전에 술을 마시고 있었나요?
*他吃饭来着吗?
그는 조금 전에 식사 중이었나요?
*小王找我来着吗?
샤오왕이 (조금 전에) 나를 찾고 있었나요?

위와 같이 현장과거진행태가 '吗'로 끝나는 판단의문문에 사용될 수 없는 이유는 다음과 같다. 판단의문문은 사실의 발생 여부를 묻는 문형이다. 그러나 현장과거진행태는 사실의 발생을 전제로 하는 문형이다. 따라서 사실의 발생을 전제로 하는 현장과거진행태가 사실의 발생 여부를 묻는 판단의문문에 사용될 수는 없는 것이다.

제8장

특수 문형

특수한 의미나 상황을 나타내는 문형, 혹은 특수한 어법적 성격을 갖는 문형을 특수 문형이라고 한다. '是'자문[是字句], '是……的'문['是……的'句], '有'자문[有字句], 연동문[连动句], 겸어문[兼语句], 존재문[存在句], 은현문[隐现句], '把'자문[把字句], 피동문[被动句], 비교문[比较句], '来去'문[来去句] 등은 모두 특수 문형에 속한다.

8.1 '是'자문[是字句]

주요 술어가 '是'인 문장을 '是'자문이라고 한다. 이 문형의 기본형은 'A是B'이며, 'A'는 주어이고 'B'는 빈어이다. 주어와 빈어의 관계는 다양하다.

주어와 빈어는 동일한 사물인 경우가 있다. 다음을 보자.

我是金国。
제가 진궈입니다.
这本书是《三国志》。
이 책은《삼국지》이다.

위에서 '我'는 곧 '金国'이며, '这本书'는 곧 '三国志'이다.

주어가 빈어에 소속되는 경우가 있다. 다음을 보자.

我是韩国人。
저는 한국 사람입니다.

他是北京大学的。
그는 베이징 대학 소속입니다.

위에서 '我'는 '韩国人'에 소속된 사람이며, '他'는 '北京大学'에 소속된 사람이다.

'是'의 빈어는 주어의 성질이나 특성인 경우가 있다. 이 경우에 주어와 빈어는 동일한 사물이 아니다. 다음을 보자.

时间就是生命。
시간이 곧 생명이다.
小华是黑头发、黑眼睛。
샤오화는 검은 머리에 검은 눈입니다.

위에서 '生命'은 '时间'의 성질이며, '黑头发、黑眼睛'은 '小华'의 특성이다.

'是'의 빈어는 주어를 설명하거나 주어가 발생하게 된 원인을 나타내는 경우가 있다. 이 경우에 빈어는 대개 동사(구)이다.

他不是不想来, 是不能来。
그는 오려고 하지 않는 것이 아니라 올 수 없는 것입니다.
我来中国是学习汉语, 不是来玩。
내가 중국에 온 것은, 중국어를 배우기 위한 것이지 놀러 온 것이 아닙니다.

위에서 '不想来, 不能来'는 '他'에 대한 설명이며, '学习汉语, 来玩'은 '我来中国'가 발생한 원인이다.

'是'자문을 부정하기 위해서는 '是' 앞에 부정부사 '不'를 첨가한다.

他不是中国人。
그는 중국인이 아니다.
他不是汉语老师。
그분은 중국어 선생님이 아니다.

'是'자문의 끝에는 변화태 '了'가 올 수 있다.

他是老师了。
그는 이제 선생님이 되었다.
现在是冬天了。
이제 겨울이 되었다.

'是'자문의 끝에 '吗'를 첨가하면 판단의문문이 된다. 이 경우에 화자는 사실 여부를 전혀 모르고 묻고 있다.

他是中国人吗?
그는 중국 사람입니까?
他是你的老师吗?
그분이 네 선생님이시니?

'是不是'로 판단의문문을 만들 수 있다. 이 경우에 화자는 묻는 내용이 사실이라는 것을 어느 정도 이미 알고 있다.

他是不是中国人?
그는 중국 사람이지요?
他是不是汉语老师?
그분이 중국어 선생님이지요?

他是中国人不是?
그는 중국 사람이지요?
他是汉语老师不是?
그분이 중국어 선생님이지요?

他是不是上北京大学了?
그는 베이징대학에 가게 되었지요?
我们是不是明天去电影院?
우리는 내일 영화관에 가지요?

'不'는 자신의 바로 다음에 나오는 하나의 성분만을 부정한다. (이 부분은 ＜1.7.8 不, 没

(有)>를 참고할 것.) 그러나 '不是……而是……' 형식에서는 '不是' 뒤의 임의의 성분을 부정할 수 있다.

不是他在美国念书，而是我在美国念书。('他'를 부정)
그가 미국에서 공부한 것이 아니라, 제가 미국에서 공부했습니다.
不是他在美国念书，而是在英国念书。('在美国'를 부정)
그는 미국에서 공부한 것이 아니라, 영국에서 공부했습니다.

不是他在美国念书，而是在美国工作。('念书'를 부정)
그는 미국에서 공부하지 않고, 미국에서 일했습니다.
不是他在美国念书，而是她在英国念书。('他'와 '在美国'를 부정)
그가 미국에서 공부한 것이 아니라, 그녀가 영국에서 공부했습니다.

'是' 다음의 성분이 강조되는 경우가 있다.

都是我不好。
모두 (다른 사람이 아닌) **내가** 나쁜 탓이다.
是我送来的那封信。
제가 그 편지를 보낸 것입니다.

위와 같은 어형에서는 '是' 바로 다음의 명사 '我'가 강조된다. 이런 경우에 '是' 앞에는 일반적으로 주어가 오지 않는다. 그러나 '是' 앞에 형식상 주어인 '这, 那'를 첨가할 수도 있다.

这都是我不好。
모두 (다른 사람이 아닌) **내가** 나쁜 탓이다.
那是谁告诉你的?
누가 너에게 알려 주었지?

'A是A'와 같이 '是' 앞뒤의 요소가 동일한 문형이 있다. 이러한 문형은 상대의 의견에 일단 동의하면서도 곧이어 이와 다른 견해나 이를 실행할 수 없는 상황을 제시하는 경우에 사용된다. 다음 문장에는 대개 '不过, 可是, 但是, 就是, 可'가 나온다.

你喜欢骑自行车吗？
자전거 타는 것을 좋아하십니까?
－喜欢是喜欢, 不过现在我没有自行车。
좋아하긴 하지만, 지금 제게는 자전거가 없습니다.

你看, 这件衣服漂亮吗？
당신 보기에, 이 옷이 예쁘지요?
－漂亮是漂亮, 可是你穿有点儿短。
예쁘기는 예쁜데, 네가 입으면 길이가 좀 짧을 것 같다.

'A是A' 형식의 'A'에는 동사, 형용사가 모두 사용될 수 있다.

有是有, 可是不多。(有: 동사)
있기는 있지만 많지는 않습니다.
这东西, 好是好, 就是太贵。(好: 형용사)
이 물건은 좋기는 좋은데 너무 비쌉니다.

'A是A, B是B' 형식은 'A'와 'B'는 별개의 사물이라는 사실을 강조한다.

你是你, 我是我。
너는 너고, 나는 나야.
你哥是你哥, 你是你。
네 형은 네 형이고, 너는 너야.

8.2 '是……的'문['是……的'句]

'주어 + 是 + 술어 + 的' 형식으로 구성되어 있는 문장을 '是……的'문이라고 한다. '是……的'문은 문장 가운데의 일부를 강조하거나 화자의 감정을 나타낸다. 다음은 모두 '是……的'문이다.

你是几点来的?
너는 몇 시에 왔지?

我是昨天来的。
나는 어제 왔습니다.

他是会同意的。
그는 동의할 것입니다.
这样做是对的。
이렇게 하는 것이 맞습니다.

이제 '是……的'문이 강조를 나타내는 경우와 화자의 감정을 나타내는 경우를 나누어 살펴보기로 하자.

8.2.1 강조 기능

강조를 나타내는 '是……的'문은 과거 행위를 나타내는 경우에만 사용되어, 행위의 시간・처소・방식・대상・목적・도구를 강조하거나, 술어 내부의 주어 혹은 빈어를 강조한다. '是……的'문에서는 '是' 바로 다음에 나오는 성분이 강조된다. 강조를 나타내는 '是……的'문의 구조는 다음과 같다. 다음에서 밑줄 친 부분은 강조되는 내용이다.

주어 + 是 + 부사어 + 동사 + 的

他是几点来的?
그는 몇 시에 왔습니까?
他是昨天来的。
그는 어제 왔습니다.

위에서는 '몇 시'에 왔는가와 '어제' 왔다는 사실이 강조되고 있다.

강조를 나타내는 '是……的'문에 빈어가 나오고 그 빈어가 명사이면, '的'는 일반적으로 빈어의 앞에 온다. 그러나 빈어의 뒤에 올 수도 있다.

我是八点来的学校。
我是八点来学校的。
나는 8시에 학교에 왔다.

위의 '来'의 빈어는 명사 '学校'이다. 따라서 '学校'의 앞뒤에 '的'가 올 수 있다. 그러나 빈어가 인칭대사이면, 그 빈어는 '的'의 앞에 온다.

我是昨天看见他的。
저는 어제 그를 보았습니다.
那件事你是什么时候告诉他的?
그 일을 당신은 언제 그에게 말해 주었습니까?

위에서는 빈어인 '他'가 인칭대사이므로 '的'의 앞에 와 있다.

강조를 나타내는 '是……的'문에 방향보어 '来, 去'가 나오고, 빈어가 '来, 去' 뒤에 있는 경우에는 '的'가 빈어 앞에 오며, 빈어가 '来, 去' 앞에 있는 경우에는 '的'가 '来, 去' 뒤에 온다.

他是昨天打来的电话。
그 사람은 어제 전화를 걸어왔습니다.
他是十点回家去的。
그 사람은 10시에 집으로 돌아갔습니다.

위에서는 '打来' 뒤에 빈어 '电话'가 왔으므로, '的'는 '电话'의 앞에 온다. 그러나 '回家去'에서는 빈어가 '去'의 앞에 있으므로 '的'가 '去'의 뒤에 와 있다.

강조를 나타내는 '是……的'문의 '是'는 언제나 생략될 수 있다. '是……的'문의 부정형은 '不是……的'이다. '不是……的'의 형식에서는 '是'를 생략할 수 없다.

이제 '是……的'문이 강조를 나타내는 각각의 경우를 살펴보기로 하자.

8.2.1.1 시간 강조

다음 문장은 행위의 발생 시간을 묻고 있다.

小王几点来?
a. 샤오왕은 (습관상, 항상) 몇 시에 왔습니까?
b. 샤오왕은 (내일) 몇 시에 옵니까?

위 문장은 최소한 (a,b)와 같은 두 가지 의미를 갖는다. (a)는 과거 행위의 발생 시간을 묻고 있으며, (b)는 미래 행위의 발생 시간을 묻고 있다. 그러므로 다음은 모두 위의 질문에 대한 대답이 될 수 있다.

－已经来了。
　벌써 왔는데요.
－下午三点来。
　오후 3시에 옵니다.

－每天上午九点来。
　매일 오전 9시에 옵니다.
－不知道。
　모르겠는데요.

위와 같이 다양한 대답이 나올 수 있는 이유는, '小王几点来?'가 묻는 내용이 명확하지 않기 때문이다. 그러나 다음을 보자.

小王是几点来的?
샤오왕은 몇 시에 왔나요?

위는 '是……的'문이다. 이 질문은 '小王'이 이미 왔다는 사실을 화자와 청자가 알고 있는 상태에서, 그가 '몇 시'에 왔는가를 강조하여 묻는 말이다. 그러므로 다음은 이 질문에 대한 대답이 된다.

他是三点来的。
그는 3시에 왔습니다.

위 문장은 그가 왔다는 사실을 화자와 청자가 모두 알고 있는 상태에서 그가 온 시점이 '3시'임을 강조하고 있다. 다시 다음을 보자.

你晚上几点睡?
당신은 저녁 몇 시에 잠을 잡니까?

위 문장은 상대방이 몇 시에 자는가를 묻는 질문으로서, 예를 들면 지금까지 매일 저녁 몇 시에 잤는가를 묻는 것일 수도 있으며, 오늘 저녁에는 몇 시에 잘 것인가를 묻는 것일 수도 있다. 다시 말하면 위 문장은 과거와 미래 행위를 모두 물을 수 있는 질문이다. 그러므로 다음과 같이 대답할 수 있다.

我每天十点睡, 不过昨天是九点睡的。
저는 매일 10시에 자는데, 어제는 9시에 잤습니다.

위의 대답에는 '是……的'가 없는 문장과 '是……的'문이 동시에 사용되고 있다. '我每天十点睡'는 매일 10시에 잔다는 의미이다. 그러므로 이는 내일도 10시에 잔다는 의미를 나타낼 수 있다. 따라서 습관을 나타내는 이 문장에는 과거 행위만을 나타내는 '是……的'문이 사용될 수 없다. '不过昨天是九点睡的'는 '是……的'문으로서 어제 잠을 잔 시간이 '9시'라는 사실을 강조하고 있다.

다음을 보며 '是……的'문이 과거 행위의 발생 시간을 강조하는 용법을 익혀 두자.

我是去年来的。
나는 작년에 왔습니다.
那封信你是什么时候寄给他的?
그 편지를 너는 언제 그에게 우송했지?

他是十点回家来的。
그는 10시에 집으로 돌아왔어요.
这封信是前天寄来的。
이 편지는 그저께 우송되어 왔습니다.

8.2.1.2 처소 강조

다음 문장은 행위 발생의 처소를 묻고 있다.

会议在哪儿开?
a. 회의는 (항상, 이전에는) 어디에서 열렸나요?
b. 회의는 지금 어디에서 열리고 있나요?
c. 회의는 어디에서 열 예정입니까?

위 문장은 최소한 (a-c)와 같은 세 가지 의미를 갖는다. (a)는 과거 행위의 처소, (b)는 현재 행위의 처소, (c)는 미래 행위의 처소를 묻고 있다. 그러므로 다음은 모두 위의 질문에 대한 대답이 될 수 있다.

－在礼堂开。
강당에서요.
－昨天已经开始了。
어제 이미 시작되었습니다.
－不知道。
모르겠는데요.

이렇게 다양한 대답이 나올 수 있는 이유는 '会议在哪儿开?'가 묻는 내용이 명확하지 않기 때문이다. 그러나 다음을 보자.

会议是在哪儿开的?
회의가 어디에서 열렸습니까?

위는 '是……的'문이다. 그러므로 화자와 청자가 회의가 이미 개최되었다는 사실을 알고 있는 상황에서, 그 '처소'가 어디였는지를 강조하여 묻는 질문이 된다. 다음은 이 질문에 대한 대답이다.

是在礼堂开的。
강당에서 열렸습니다.

위는 회의가 열렸던 처소가 '강당'이었다는 사실을 강조하고 있다. 이와 같이 '是……的'문은 과거 행위가 발생한 처소를 강조하는 기능이 있다.

다음을 보자.

会议在哪儿开?
회의는 어디에서 열리나요?
－以前是在图书馆开的, 这次在礼堂开。
예전에는 도서관에서 열렸는데, 이번에는 강당에서 열립니다.

'以前是在图书馆开的'는 '是……的'문이다. 이는 이전에 회의가 열렸던 처소를 강조하여 알려 준다. 그러나 '这次在礼堂开'는 과거 사실이 아니다. 그러므로 '这次在礼堂开'는 '是……的'문으로 말할 수 없다. 다음을 보며 '是……的'문이 과거 행위의 발생 처소를 강조하는 용법을 익혀 두자.

你是从哪儿来的?
당신은 어디에서 오셨습니까?
－我是从韩国来的。
　저는 한국에서 왔습니다.

汉语你是在哪儿学的?
중국어를 당신은 어디에서 배웠습니까?
－我是在大学学的。
　저는 대학에서 배웠습니다.

8.2.1.3 방식 강조

다음 문장은 행위의 방식을 나타낸다.

他坐飞机去。
a. 그는 (항상) 비행기를 타고 갑니다.
b. 그는 비행기를 타고 갈 것입니다.

위 문장은 최소한 (a,b)의 두 가지 의미를 갖는다. (a)는 이제까지 비행기를 타고 다녔다는 사실을 뜻하므로 과거 행위의 방식을 나타낸다. 그러나 (b)는 미래 행위의 방식을 나타낸다. 그런데 그가 이미 갔다는 사실을 알고 있는 상황에서 그가 무엇을 타고 갔는지를 강조하여 묻고자 한다면, 이는 과거 행위의 방식을 묻는 것이 된다. 이러한 물음에는 다음과 같이 '是……的'문으로 대답해야 한다.

他是坐飞机去的。
그는 비행기를 타고 갔습니다.

이와 같이 '是……的'문은 과거 행위의 방식을 강조하는 기능이 있다. 다음을 보자.

你跟谁一起学习?
너는 누구와 함께 공부하지?
－以前我是跟小李一起学的, 明天我要跟小王一起学。
이전에는 샤오리와 함께 공부했는데, 내일은 샤오왕과 함께 공부하려고요.

'以前我是跟小李一起学的'는 '是……的'문이므로 이전에는 '小李'와 함께 공부했다는 사실을 강조한다. 그러나 '明天我要跟小王一起学'는 미래 사실이므로 '是……的'문으로 말할 수 없다.

다음을 보며 '是……的'문이 과거 행위의 방식을 강조하는 용법을 익혀 두자.

他是坐火车去的上海。
그는 기차로 상하이에 갔습니다.
他是怎么去北京的?
그는 무엇을 타고 베이징에 갔지?

你们三个人是怎么认识的?
당신들 세 사람은 어떻게 알게 되었습니까?
我是跟他一起到中国来的。
나는 그와 함께 중국에 왔습니다.

8.2.1.4 도구 강조

다음 문장은 행위의 도구를 묻고 있다.

你用什么写?
a. 당신은 평소에 무엇으로 쓰십니까?
b. 당신은 무엇으로 쓰실 겁니까?

위 문장은 최소한 (a,b)와 같은 두 가지 의미를 갖는다. (a)는 평소 행위의 도구를 묻고 있고, (b)는 미래 행위의 도구를 묻고 있다. 그러므로 다음은 위의 질문에 대한 대답이 될 수 있다.

我用钢笔写。

만년필로 씁니다.

위 문장은 평소에 만년필로 글씨를 써 왔다거나 앞으로 그렇게 할 것이라는 대답이다. 그러나 이미 글씨를 쓴 사람에게 '무엇으로' 썼느냐고 묻는 경우라면 다음과 같이 '是……的'문으로 말해야 한다.

你是用什么写的?
당신은 무엇으로 쓰셨습니까?

위 문장은 '是……的'문이므로, 이미 글씨를 쓴 사람에게 어떤 도구로 썼는지를 강조하여 묻는 질문이 된다. 이에 대한 대답은 다음과 같다.

我是用毛笔写的。
나는 붓으로 썼습니다.

위는 '붓'으로 썼다는 사실을 강조하고 있다. 이와 같이 '是……的'문은 과거 행위의 도구를 강조하는 기능이 있다. 다음을 보며 '是……的'문이 과거 행위의 도구를 강조하는 용법을 익혀 두자.

他是用筷子吃的饭。
그는 젓가락으로 밥을 먹었다.
我是用洗衣机洗的衣服。
나는 세탁기로 옷을 빨았다.

8.2.1.5 대상 강조

다음 문장은 행위의 대상을 묻고 있다.

你向谁报告?
a. 당신은 평소에 누구에게 보고합니까?
b. 당신은 누구에게 보고할 것입니까?

위 문장은 최소한 (a,b)와 같은 두 가지 의미를 갖는다. (a)는 일상적 행위의 대상을 묻고 있고, (b)는 미래 행위의 대상을 묻고 있다. 그러므로 다음은 위의 질문에 대한 대답이 될 수 있다.

我向班长报告。
저는 반장에게 보고합니다.

위 문장은 평소에 반장에게 보고해 왔다거나 앞으로 그렇게 하리라는 대답이다. 그러나 이미 보고했다는 사실을 알고 있는 상태에서, 보고한 대상이 '누구'였는가를 강조하여 묻는 경우라면 다음과 같이 '是……的'문으로 말해야 한다.

你是向谁报告的?
당신은 누구에게 보고했습니까?

위 문장은 '是……的'문이므로, 청자가 이미 누군가에게 보고했다는 것을 화자가 알고 있는 상태에서, 보고한 '대상'이 과연 누구인가를 강조하는 질문이다. 그러므로 이 질문에는 다음과 같이 대답해야 한다.

我是向班长报告的。
저는 반장에게 보고했습니다.

위는 보고한 대상이 '반장'이었다는 사실을 강조하고 있다. 이와 같이 '是……的'문은 과거 행위의 대상을 강조하는 기능이 있다.
다음을 보며 이러한 용법을 익혀 두자.

这是为你买来的。
이건 너를 위해서 사 온 거야.
她是为我弹的钢琴。
그녀는 나를 위해 피아노를 쳤다.

他是朝我打的招呼。
그는 나를 보고 인사를 했어.

那话儿是让你听的。
그 말은 네가 들으라고 한 것이야.

8.2.1.6 행위자 강조

'是……的'문은 과거 동작의 행위자를 강조할 수 있다. 이 경우에는 '是……的' 사이에 주술구가 나오며, 이 주술구의 주어가 강조된다. 이 경우의 '是'는 생략할 수 없다. 다음을 보자.

这首诗是谁写的?
이 시는 누가 쓴 것입니까?
这首诗是李太白写的。
이 시는 이태백이 쓴 것입니다.

위의 '谁/写'와 '李太白/写'는 모두 주술구인데, 이 가운데 행위자인 '谁'와 '李太白'가 강조된다. 다음을 보자.

这个报告谁写呢?
이 보고서는 누가 쓸까요?

위 문장은 '是……的'문이 아니다. 그러므로 이는 이번 보고서를 누가 쓸 것인지를 묻는 말이다. 그러므로 다음은 이 질문에 대한 대답이 된다.

我写。
제가 씁니다.

위 문장은 내가 앞으로 보고서를 쓸 것이라는 대답이다. 그러나 이미 쓰인 보고서를 보고 이 보고서를 '누가' 썼는지를 묻는다면, 다음과 같이 '是……的'문으로 말해야 한다.

这个报告是谁写的?
이번 보고서는 누가 썼습니까?

위 문장은 '是……的'문이므로, 이미 쓰인 보고서를 보고, 이 보고서를 쓴 사람이 '누구'인가를 강조하여 묻는 질문이 된다. 이에 대한 대답은 다음과 같다.

这个报告是我写的。
이번 보고서는 제가 썼습니다.

위 문장은 보고서를 쓴 사람이 '我'라는 사실을 강조하고 있다. '是……的'문은 이와 같이 과거 행위의 행위자를 강조하는 기능이 있다.

다음을 보며 이러한 용법을 익혀 두자.

信是谁寄来的?
편지는 누가 보내왔나요?
信是小王寄来的。
편지는 샤오왕이 보내왔습니다.

这方案是小王提的。
이 방안은 샤오왕이 제기한 것입니다.
这小说是鲁迅写的。
이 소설은 루쉰이 썼습니다.

8.2.1.7 빈어 강조

'是……的'문은 과거 행위의 빈어를 강조할 수 있다. 이러한 경우의 '是……的' 사이에는 언제나 동사가 오며, '的'는 빈어 앞에 온다. 이 빈어는 강하게 발음해야 한다. 이러한 문장 구조는 다음과 같다. 이 경우의 '是'는 생략될 수 있다.

주어 + (是) + 동사 + 的 + 빈어

午饭(是)吃的什么?
점심에는 무엇을 드셨나요?
午饭(是)吃的面包。
점심에는 빵을 먹었습니다.

위에서는 빈어인 '什么'와 '面包'가 강조되어 있다.

다음은 일반적인 의문문이다.

早上你吃什么?

a. 평소에 아침에는 무엇을 드십니까?

b. 아침에는 무엇을 드시렵니까?

위 문장은 (a,b)와 같이 평소에는 무엇을 먹었는지를 묻는 것일 수도 있고, 앞으로 무엇을 먹을 것인지를 묻는 것일 수도 있다. 그러므로 다음은 이 질문에 대한 대답이 된다.

吃面包。

빵을 먹지요.

위 문장은 평소에 빵을 먹었다거나 앞으로 그렇게 하리라는 대답이다. 그러나 이미 발생한 행위이고, '무엇을' 먹었는가를 강조하여 묻는 경우라면 다음과 같이 '是……的'문으로 말해야 한다.

早上你(是)吃的什么?

아침에 당신은 무엇을 드셨습니까?

위 문장은 '是……的'문이므로, 이미 식사한 것을 알고 나서 '무엇'을 먹었는지를 강조하여 묻는 질문이 된다. 이에 대한 대답은 다음과 같다.

我(是)吃的面包。

저는 빵을 먹었습니다.

위는 '빵'이라는 빈어를 강조하고 있다. 이와 같이 '是……的'문은 과거 행위의 빈어를 강조하는 기능이 있다. 다음을 보고 이러한 용법을 익혀 두자.

他(是)坐的地铁。

그는 지하철을 탔어.
他(是)画的什么?
너는 무엇을 그렸니?

我(是)做的面包。
저는 빵을 만들었습니다.
大家都(是)吃的饭, 只有他(是)吃的面包。
모두들 밥을 먹었는데, 그 사람만 빵을 먹었습니다.

8.2.1.8 원인 강조

'是……的'문은 과거 행위의 원인을 강조할 수 있다. 이러한 형식의 '是……的' 사이에는 동사가 오는데, 이 동사가 원인이 된다. 원인을 나타내는 동사는 강하게 발음해야 한다. 이 경우의 '是'는 생략되지 않는다. 이러한 형식의 문장구조는 다음과 같다.

주어 + 是 + 원인 표시 동사 + 的

他头疼是哭的。
그가 머리가 아픈 것은 울었기 때문이다.
他生病是气的。
그가 병이 난 것은 화를 냈기 때문이다.

이 경우에 원인 표시 동사의 빈어가 오면, 그 빈어 뒤에 동사가 중첩되어 나온다. 중첩된 동사는 강하게 발음해야 한다. 이 경우의 문장구조는 다음과 같다.

주어 + 是 + 동사 + 빈어 + 동사 + 的

他头疼是喝酒喝的。
그가 머리가 아픈 것은 술을 마셨기 때문이다.
他腿疼是爬山爬的。
그가 다리가 아픈 것은 등산을 했기 때문이다.
嗓子哑是唱歌唱的。
목이 쉰 것은 노래를 했기 때문이다.
眼睛红是看书看的。
눈이 빨개진 것은 책을 읽었기 때문이다.

8.2.2 '是……的'문의 부정형

강조를 나타내는 '是……的'문의 부정형은 '不是……的'이다. 부정형에서는 '是'가 생략되지 않는다. '是……的'문에서 부정되는 대상은 긍정형에서 강조되는 그 대상이다.

我们不是九点上的课。
우리는 9시에 수업하지 않았습니다.
我不是骑车来的。
저는 자전거로 오지 않았습니다.
我不是从韩国来的。
저는 한국에서 온 것이 아닙니다.

我不是要的面包。
저는 빵을 주문하지 않았는데요.
他头疼不是哭的。
그가 머리가 아픈 것은 울었기 때문이 아닙니다.

8.2.3 '是……的'문의 의문형

강조를 나타내는 '是……的'문의 선택의문형은 '是不是……的'이다.

他是不是昨天进的城?
그는 어제 시내에 갔습니까?
－不, 他是前天进的城。
　아닙니다, 그는 그저께 시내에 갔습니다.

他是不是坐汽车来的?
그 사람은 자동차를 타고 왔나요?
－不, 他是坐火车来的。
　아닙니다, 기차를 타고 왔습니다.

8.2.4 '是……的'문의 감정 표현 기능

'是……的'문의 감정 표현 기능을 이해하기 위하여 다음 우리말을 비교하여 보자.

(1) 내일은 그 사람이 온다.
(2) 내일은 그 사람이 온다니까요.

(1)은 '내일은 그 사람이 온다'는 단순한 사실을 나타낸다. 이 말에는 화자의 감정이 들어있지 않다. 그러나 (2)는 사실의 전달과 함께 화자가 그러한 사실을 확신하고 있다는 감정을 나타낸다. 이와 같이 말의 내용을 확신하거나, 상대에게 믿을 것을 강조하는 어감을 나타내려는 경우에 중국어에서는 '是……的'문을 사용한다. 다음을 보자.

(3) 他会同意。
그는 동의할 것이다.
(4) 他是会同意的。
그는 동의할 거라고요.

(3)은 '그가 동의할 것'이라는 단순한 사실을 나타낸다. 그러므로 여기에는 그가 동의할 것이라고 믿는지 아닌지에 대한 화자의 감정이 나타나 있지 않다. (4)는 '是……的'문이므로 이에는 그가 동의할 것이라는 화자의 확신이 나타나 있다.

감정 표현의 '是……的'문에서는 '的'가 언제나 문장의 끝에 온다. 감정 표현의 '是……的'문에 단독의 동사나 단독의 형용사 혹은 조동사가 사용된 경우에는 '是'가 동사, 형용사, 조동사의 앞에 온다. 이 경우에는 동사, 형용사, 조동사를 강하게 발음한다.

주어 + 是 + 동사/형용사/조동사 + 的

我是知道的。(知道: 동사)
저는 알고 있다고요.
我是清楚的。(清楚: 형용사)
저는 확실히 알고 있다고요.
我是愿意帮助他们的。(愿意: 조동사)
저는 기꺼이 그들을 도와주고 싶다고요.

동사가 빈어를 동반하는 경우에도 '是'는 동사 앞에 오며, 동사를 강하게 발음한다.

주어 + 是 + 동사 + 빈어 + 的

他是找你的。
그 사람은 당신을 찾고 있다고요.
大家是知道这个消息的。
다들 이 소식을 알고 있다고요.

동사나 형용사 앞에 정도부사가 오면, 정도부사 앞에 '是'가 온다.

我是十分清楚的。
저는 충분히 이해한다니까요.
我身体是很结实的。
제 몸은 아주 튼튼하다니까요.

'都'와 같은 범위부사나 '一定'과 같이 술어 전체를 수식하는 부사는 '是' 앞에 온다.

大家都是知道这个消息的。
모두가 다 이 소식을 알고 있다니까요.
钢笔一定是他自己弄丢的。
만년필은 분명히 자기가 잃어버린 것이라니까요.

가능보어가 나오면 '是'는 동사 앞에 온다. 이 경우에는 동사와 가능보어 전체를 강하게 발음한다.

这件事他是做不到的。
이 일을 그 사람은 해낼 수 없다니까요.
今天的练习我是做不完的。
오늘의 숙제를 저는 다 끝낼 수 없다니까요.

술어가 주술구이면 '是'는 주술구 내부의 술어 앞에 온다.

这个消息大家是知道的。
이 소식은 다들 알고 있다니까요.

这些道理我们是懂的。
그런 이치를 우리는 알고 있다니까요.

감정 표현의 '是……的'문을 부정하고자 할 때는 '是……的' 사이의 술어를 부정해야 한다.

他是不会说英语的。
그는 영어로 말할 리가 없다니까요.
(=그가 영어를 알기는 하지만.)
这样做是不对的。
이렇게 하는 것이 옳지 않다니까요.

他是不愿意去的。
그 사람은 가기 싫어한다고요.
我是从来不抽烟的。
저는 여태껏 담배를 안 피웠다고요.

'是……的' 사이에 부정형이 나오고, '是' 앞에 다시 '不'를 부가하면 이중부정이 되어 동사의 내용을 강하게 긍정한다.

午餐不是不要钱的。
점심은 돈을 안 내도 되는 게 아니라니까요.
这件事他不是做不到的。
이 일은 그가 해낼 수 없는 것이 아니라니까요.

8.2.5 '是……的'문에 자주 사용되는 어휘

습관적으로 '是……的'문에 자주 사용되는 어휘가 있다.

'还是'가 '그래도 ……해야 하다'라는 의미로 사용되는 경우에는 '是……的'문에 사용된다. 이는 그 내용에 대한 화자의 확신을 나타낸다.

虽然困难很多, 但任务还是要完成的。
어려움이 많기는 하지만, 주어진 일은 그래도 완료해야만 합니다.

最近我身体不太好，但旅行还是要去的。
요즘 저는 건강이 별로 좋지 않지만, 여행은 그래도 가야만 합니다.

'偶然，难免，故意'가 단독 술어로 사용되면 '是……的'문으로 말해야 한다.

这不是偶然的。
이는 우연한 일이 아닙니다.
他缺少经验，做错事是难免的。
그는 경험이 부족해서 일을 잘못하는 것을 피할 수 없습니다.
你昨天迟到，我看是故意的。
네가 어제 지각한 것은, 내가 보기에는 고의였어.

절대형용사 '必然，真，假，初级，上等，现成' 등이 단독 술어로 사용되면 '是……的'문으로 말해야 한다.

这是必然的。
이것은 필연적이다.
他的话是真的。
그의 말은 사실이다.

他的话是假的。
그의 말은 거짓이다.
这课程是初级的。
이 과정은 초보적이다.

这种商品是上等的。
이 상품은 상등품이다.
这件衣服是现成的。
이 옷은 기성품이다.

8.3 '有'자문[有字句]

'有'가 주요 술어인 문장을 '有'자문이라고 한다. '有'자문은 기본적으로 소유를 나타낸다.

'有'자문의 부정형은 '没有'이다.

你有钢笔吗?
만년필 있으십니까?
－有。
  있습니다.

你有钱吗?
너 돈 있니?
－没有。
  없어.

그러나 '有'자문에는 소유 표시의 기능 이외에도 다음과 같은 몇 가지 기능이 있다.

8.3.1 기간, 나이, 도량형의 표시

'有'자문은 기간이나 나이를 나타낼 수 있다. 다음을 보자.

一星期有七天。
일주일은 7일이다.
一年有十二个月。
1년은 열두 달이다.

你有三十?
당신은 서른 살 되었습니까?
他大约有三十多岁。
그는 대략 서른 살 남짓 된다.

'有'자문은 도량형을 나타내는 경우가 있다. '有'자문이 도량형을 나타내는 경우에 그 도량형은 대략적인 수량을 나타낸다. 다음을 보자.

他的身高有一米七。
그의 신장은 170cm 정도이다.

他的腰围有八十多公分。
그의 허리둘레는 80cm 정도이다.

위와 같이 '身高, 腰围'와 같은 측량의 대상을 나타내는 말은 문장의 앞에 온다. 그러나 '高, 重, 厚, 远, 宽'과 같이 측량의 결과를 나타내는 말은 문장의 끝에 온다.

围墙有三米高。
담장이 대략 3m 정도 된다.
这笔记本电脑只有一公斤重。
이 노트북 컴퓨터는 단지 1kg 정도이다.
这本书有三公分厚。
이 책은 두께가 3cm 정도이다.

学校离这儿有十公里远。
학교는 여기에서 10km 정도 된다.
这条马路有十多米宽。
이 길은 넓이가 10여 m이다.

도량형을 나타내는 '有'자문은 대략적인 수량을 나타내므로, 이에는 '大概'나 '差不多'와 같이 '대략'을 뜻하는 부사가 자주 사용된다.

围墙大概有三米高。
담장이 대략 3m 정도 된다.
这笔记本电脑差不多有一公斤重。
이 노트북 컴퓨터는 대략 1kg 정도이다.

'A是B' 형식도 도량형을 나타낼 수 있다. 이 형식은 정확한 도량형을 나타낸다. 도량형을 나타내는 'A是B' 문형의 '是'는 생략할 수 있다.

他的体重(是)六十五点五公斤。
그의 체중은 65.5kg이다.
他的腰围(是)四十四公分。
그의 허리둘레는 44cm이다.

'没有'문에 '多 + 형용사'가 오면 '대단히(얼마)……하지는 않다'라는 의미를 갖는다.

这本书没有多贵。
이 책 얼마 안 비쌉니다.
我家离学校没有多远。
우리 집은 학교에서 얼마 멀지 않습니다.

8.3.2 존재 표시

'有'자문은 어떤 처소에 사람이나 사물이 존재하는 것을 나타낸다. 이 경우에는 처소가 화제가 된다. 이러한 문장구조는 다음과 같다.

화제 + 有 + 존재하는 사람이나 사물

이 경우의 화제는 언제나 처소를 나타내는 명사이다.

这儿有座儿。
여기에 자리가 있어요.
教室里有几个学生。
교실에는 학생이 몇 명 있습니다.
桌子上有几本杂志。
책상 위에 잡지가 몇 권 있습니다.

'有'의 존재 표시 기능에 대하여는 <8.6 존재문>에서 상세하게 다루기로 한다.

8.3.3 비교 표시

'有'자문은 비교를 나타내는 경우가 있다. 이 문형의 부정형은 '没有'이다. 이러한 비교문의 구조는 다음과 같다.

주어 + (没)有 + 비교 대상 + (这么/那么) + 비교 내용

다음을 보자.

弟弟有哥哥高。
동생이 형만큼 키가 크다.
这棵树有三层楼那么高。
이 나무는 3층 건물만큼이나 크다.

'有'자문이 비교를 나타내는 경우에는, 주어가 비교 대상인 다른 사물의 정도에 도달했음을 나타낸다. 이의 부정형은 '没有'이다.

我没有你那么勇敢。
나는 너만큼 그렇게 용감하지 못해.
我没有他那么认真。
나는 그 사람만큼 그렇게 꼼꼼하지 못합니다.

비교 내용은 위와 같은 형용사 이외에도, 동사나 동사구 혹은 조동사가 사용될 수 있다.

我没有你这么会唱歌。
나는 당신만큼 그렇게 노래를 잘하지 못해요.
我没有他那么喜欢听音乐。
나는 그 사람만큼 그렇게 음악 듣는 것을 좋아하지 않아요.

'有'자문의 비교 기능과 '比' 비교문의 비교 기능에는 약간의 차이가 있다. 이에 대하여는 ＜8.10 비교문＞에서 다루기로 한다.

8.3.4 관계구문

중국어에서 모든 관형어는 명사 앞에 나온다.

他送给我	的	书
↓	↓	↓
관형어	구조조사	피수식어

(그가 내게 보내온 책)

위의 '他送给我'는 관형어로서 '书'를 수식한다. 그러나 '有'자문에서는 '有'의 빈어를 수식하는 말이 빈어 뒤에 나오는 경우가 있다.

我没有衣服穿。
저는 입을 옷이 없습니다.

위의 '穿'은 '衣服'를 수식한다. 이와 같이 수식어가 피수식어의 뒤에 오는 문장을 관계구문이라고 한다. 다음 문장에서 '有'의 빈어 뒤에 오는 말은 모두 빈어를 수식하는 말이다.

我没有话说。
나는 할 말이 없습니다.
外边儿有人找你。
밖에 당신을 찾는 사람이 있어요.

위에서 '说'는 '话', '找你'는 '人'를 각각 수식하고 있다. '有'의 빈어를 수식할 수 있는 형태는 다양하다. 다음의 밑줄 그은 부분은 모두 '有'의 빈어를 수식하는 말이다.

我有车票给你。
내가 당신에게 줄 차표를 가지고 있습니다.
我有朋友是护士。
저에게는 간호사인 친구가 있습니다.

我没有时间看电视。
저는 텔레비전을 볼 시간이 없습니다.
你还有话对他说吗?
아직도 그 사람에게 할 말이 있습니까?

위 문장에 나오는 '有'의 빈어 '车票, 朋友, 时间, 话'는 모두 비한정적 명사이다. 이와 같이 관계구문으로 사용되는 '有'자문의 빈어는 언제나 비한정적 명사이어야 한다. 이러한 문장의 빈어가 한정적 명사이면 다음과 같이 비문이 된다.

*我有那张车票给你。
당신께 드릴 그 차표가 있어요.
*外边儿有那个人找你。
밖에 당신을 찾는 그 사람이 있어요.

위의 '有'의 빈어는 '那张车票, 那个人'이다. 이들은 '그 차표, 그 사람'과 같이 특별한 사물이나 사람을 지시하므로 한정적 명사이다. 따라서 위 문장은 모두 비문이다. '有'의 빈어가 관형어의 수식을 받는 경우에도, 그 빈어는 한정적 성격을 갖지 않는다. 다음을 보자.

我有几个问题要问你。
네게 물어볼 몇 가지 문제가 있어.
北京有个公园叫颐和园。
베이징에는 이화원이라고 하는 하나의 공원이 있다.

위의 '几个'는 '몇 가지', '一个'는 영어의 'a'와 같이 '한, 하나의, 어떤'과 같은 의미로서 그다음에 나오는 말이 비한정적 사물임을 표시한다. 이와 같이 '有'자문이 관계구문으로 사용되면, '有'의 빈어는 언제나 비한정적 명사이다.

'有'자문에는 주어가 없는 경우도 있다. 다음을 보자.

有人找你。
당신을 찾는 사람이 있어요.
没有人去银行。
은행에 갈 사람이 없습니다.

'有'자문의 부정형은 '没有'이고, 선택의문형은 '有没有……'이다.

我没有话跟你说。
나는 네게 할 말이 없다.
你有没有时间帮我忙?
나를 도와줄 시간이 있니?

'没有'문의 빈어 앞에 '一 + 양사'가 나오고, 빈어 뒤에 부정형이 오면 이중부정이 되어 예외 없는 전체를 나타낸다. 다음을 보자.

> 没有一个人不认识他。
> 그를 모르는 사람은 없다.
> 没有一个中国人不知道他的名字。
> 그의 이름을 모르는 중국인은 없습니다.

8.4 연동문[连动句]

두 개 이상의 동사나 동사구로 구성된 문장을 연동문이라고 한다. '연동(连动)'은 동사가 연이어 나온다는 뜻이다. 연동문에 나오는 두 개 이상의 동사나 동사구는 하나의 주어를 가지며, 이들 동사나 동사구의 순서는 서로 바뀔 수 없다. 다음을 보자.

> 我下午到邮局去寄信。
> 저는 오후에 우체국에 가서 편지를 부칠 것입니다.

위의 연동문은 동사구 '到邮局去'와 동사구 '寄信'으로 구성되어 있으며, 그들의 주어는 모두 '我'이다.

8.4.1 연동문의 기능

연동문에 나오는 제1동사와 제2동사의 관계는 다음의 세 가지이다.

제1동사와 제2동사의 순서는 동작의 발생 순서를 나타내는 경우가 있다.

> 咱们吃了饭再谈! (吃 → 제1동작, 谈 → 제2동작)
> 우리 밥 먹고 이야기합시다!
> 我带学生们去图书馆。(带 → 제1동작, 去 → 제2동작)
> 나는 학생들을 데리고 도서관에 간다.

제1동사는 제2동사의 목적을 나타내는 경우가 있다.

我买东西去。(제1동사 '买'는 제2동사 '去'의 목적)
나는 물건을 사기 위하여 간다.
我看去了。(제1동사 '看'은 제2동사 '去'의 목적)
나는 구경하기 위하여 갔다.

제1동사는 제2동사의 진행 방식인 경우가 있다.

不要躺着看书! (제1동사 '躺着'는 제2동사 '看'의 진행 방식)
누워서 책을 보지 마라!
他开车去学校。(제1동사 '开车'는 제2동사 '去'의 진행 방식)
그는 차를 운전하여 학교에 간다.

8.4.2 연동문과 동태조사

연동문에는 두 개 이상의 동사가 나온다. 이 경우에 동태조사 '了, 着, 过'가 어느 동사에 첨가되는지를 알아 두기로 하자.

완료태 '了'는 제1동사와 제2동사 뒤에 모두 올 수 있다.

咱们吃了饭再谈!
우리, 밥 먹고 이야기합시다!
我去市场买了很多东西。
나는 시장에 가서 많은 물건을 샀다.

지속태 '着'는 제1동사 뒤에 온다.

不要躺着看书!
누워서 책을 보지 마라!
他走着去学校。
그는 걸어서 학교에 간다.

경험태 '过'는 제2동사 뒤에 온다.

他用法语写过信。

그는 프랑스어로 편지를 쓴 적이 있다.
他去医院看过病。
그는 병원에 가서 진찰을 받은 적이 있다.

8.4.3 연동문의 부정형

연동문을 부정형으로 바꾸기 위해서는 제1동사 앞에 '不'나 '没(有)'를 놓아야 한다.

他不坐汽车去学校。
그는 차를 타고 학교에 가지 않는다.
他没坐汽车去学校。
그는 차를 타고 학교에 가지 않았다.

我今天不去图书馆看书。
나는 오늘 공부하러 도서관에 가지 않는다.
我昨天没去图书馆看书。
나는 어제 공부하러 도서관에 가지 않았다.

만약 제2동사 앞에 '不'나 '没(有)'가 오면 다음과 같이 비문이 된다.

*他坐汽车不去学校。
*他坐汽车没去学校。
*我今天去图书馆不看书。
*他昨天去图书馆没看书。

위와 같은 말이 성립하기 위해서는 다른 말이 이어 나와야 한다.

他坐汽车不去学校, 去火车站。
그는 차를 타고 학교에 가지 않고, 기차역으로 간다.
他坐汽车没去学校, 去火车站。
그는 차를 타고 학교에 가지 않고, 기차역으로 갔다.

我今天去图书馆不看书, 看电影。

나는 오늘 도서관에 가서 공부를 하지 않고, 영화를 본다.
我昨天去图书馆没看书，看了电影。
나는 어제 도서관에 가서 공부를 하지 않고, 영화를 보았다.

8.5 겸어문[兼语句]

동사의 빈어가 자신의 뒤에 나오는 술어의 주어로 사용되는 경우가 있다. 이러한 어휘는 빈어와 주어의 역할을 겸하게 된다. 이러한 어휘를 겸어라고 하며, 겸어가 나오는 문장을 겸어문이라고 한다. 겸어는 두 가지 기능을 겸한 말이라는 뜻이다. 다음을 보자.

他让我通知你。
그가 나로 하여금 너에게 알려 주라고 했다.

위에서 '我'는 '让'의 빈어이지만, 또한 '通知'의 행위를 실행하므로 '通知'의 주어가 되기도 한다. 따라서 '我'는 빈어와 주어의 기능을 겸하는 겸어이고, 이러한 겸어가 나오는 위 문장은 겸어문이다.

他叫我写报告。
그가 나에게 보고서를 쓰라고 했다.

위에서 '他'는 '我'에게 무엇인가를 시키고 있으므로 '我'는 '叫'의 빈어이다. 그리고 '我'는 또한 뒤에 나오는 동사 '写'의 행위를 실행하므로 '写'의 주어가 된다. 따라서 '我'는 겸어이고, 이 겸어를 가진 위 문장은 겸어문이다.

8.5.1 겸어문에 사용되는 동사

겸어문에 사용되는 대표적인 동사는 '请, 让, 劝, 派, 使, 叫, 帮, 要求, 选' 등이다. 다음의 밑줄 친 부분은 겸어이다.

我请他来。
저는 그가 오도록 초청했습니다.
他让我学外语。

그는 나에게 외국어를 배우게 했습니다.
大夫劝我多吃素菜。
의사는 나에게 채소를 많이 먹도록 권고했습니다.

公司派他到这儿来。
회사에서 그 사람을 여기로 파견했습니다.
这件事使我很感动。
이 일은 저를 감동시켰습니다.

他叫我告诉你这件事。
그가 저에게 이 일을 당신에게 알려 드리라고 했습니다.
你帮他做那件事。
너는 그가 그 일을 하도록 도와주어라.

他要求我们认真学习。
그는 우리에게 열심히 공부할 것을 요구했습니다.
我们选她当班长。
우리는 그녀를 반장으로 선출했습니다.

겸어문에 사용되는 동사 '让, 使'의 용법을 살펴보자.

谁让你来的?
누가 너를 오게 했지?
大夫让小王休息几天。
의사가 샤오왕을 며칠 쉬게 했어.
他让我告诉你。
그가 나한테 네게 알려 주라고 했어.

위에 사용된 '让'은 모두 '……로 하여금 ……하게 하다'라는 사역을 나타낸다. 그러나 '让'의 주어가 나오지 않고, 겸어가 '我, 我们'이면 '让'의 사역성은 현저하게 약화된다. 이러한 형식은 주로 상대의 허락을 구함과 동시에 화자의 희망을 나타낸다. 다음을 보자.

让我挑一挑。

내가 직접 한번 골라 보겠습니다.
(=나로 하여금 한번 고르게 해 주세요.)

위는, 예를 들면 상점에서 점원이 물건을 골라 주려고 할 때, 내가 직접 고르겠다는 의사를 나타내는 말이다. 이 말은 근본적으로 '나로 하여금 한번 고르게 해 달라'로서 상대의 허락을 구하고 있다. 이러한 의미에는 '让'의 사역 기능이 살아 있다. 그러나 이 말의 실제적 의미는 '내가 직접 한번 골라 보겠다'라는 것으로서, 화자의 희망을 나타낸다. 다음을 보며 이러한 용법을 익혀 보자. 이 용법은 대단히 중요하므로 반드시 익혀 두어야 한다.

让我们一起走吧。
우리, 함께 갑시다.
(=우리로 하여금 함께 가도록 해 주십시오.)
让我们讨论讨论!
우리 토론 좀 해 봅시다!
(=우리로 하여금 토론하게 해 주십시오.)
请让我看看您的护照。
여권 좀 보여 주십시오.
(=나로 하여금 당신의 여권을 보도록 해 주십시오.)

위의 '让'은 상대방에 대한 겸손의 표현이다. 그러므로 형제나 부부와 같은 친숙한 사이에서 위와 같은 '让'을 사용하면 거리감이 들어서 오히려 어색한 표현이 될 수 있다.

'让'이 '人'을 빈어로 취하면, 화자 자신의 생각이 일반화될 수 있다는 자신감, 즉 다른 사람도 그렇게 인정할 것이라는 화자의 무의식을 나타낸다. 이 경우에 '让' 앞에는 대개 '真'과 같은 수식어가 온다.

这消息真让人高兴。
이건 정말 기분 좋은 소식이야.
(=이 소식은 정말 사람을 기분 좋게 하는군.)
这孩子真让人头疼。
이 아이는 정말 귀찮아!
(=이 아이는 정말 사람을 골치 아프게 하는군.)

위의 '人'은 화자 자신, 혹은 자신을 포함하는 일반적인 사람을 가리키지만, 일반적으로는 해석을 하지 않는 것이 더욱 자연스럽다. '让' 앞에 '不'가 오면 부정형이 된다.

我不让他去旅行。
나는 그에게 여행 가지 말라고 했다.
大夫不让他喝酒。
의사는 그에게 술을 마시지 말라고 했다.

금지를 나타내는 '不要'나 '别'도 '让'의 앞에 온다.

不要让孩子随便出去玩。
아이가 함부로 나가 놀게 하면 안 됩니다.
别让他喝了, 再喝就醉了。
그 사람 마시게 하지 마세요, 더 마시면 취하게 됩니다.

'让' 뒤에 '不'가 오는 것으로 보이는 경우가 있다.

听了你的话, 真让人不舒服。
네 말을 들으니 마음이 정말 편치 않구나.
听了你的话, 真让人不愉快。
네 말을 들으니 정말 불쾌하구나.

위의 '不舒服', '不愉快'는 부정접두형용사로서 하나의 단어이다. 여기에 나오는 '不'는 부정부사가 아니라 '舒服'와 '愉快'의 접두사일 뿐이다. 그러므로 이러한 경우를 보고 '让' 뒤에 부정형이 온다고 생각해서는 안 된다.

'使'도 사역을 나타낸다. '使'가 나오면 겸어 뒤에는 대개 형용사 혹은 동작성이 없는 비동작동사가 나온다.

这个消息使我们很高兴。
이 소식 때문에 우리는 기뻤다.
(=이 소식은 우리를 기쁘게 했다.)
父母的鼓励使孩子更有信心。

부모의 격려로 아이는 더욱 자신감을 갖는다.
(=부모의 격려는 아이가 더욱 자신감을 갖도록 한다.)

这次旅行使我学到了很多知识。
이번 여행으로 나는 많은 것을 배웠다.
(=이번 여행은 나에게 많은 것을 배우게 했다.)
虚心使人进步, 骄傲使人落后。
겸손은 사람을 발전시키고, 교만은 사람을 낙후시킨다.

위의 '高兴'은 형용사이며, '更有, 学到, 进步, 落后'는 추상적 행위를 나타내는 비동작동사이다.

'叫'도 사역을 나타낸다. '叫'가 나오면 겸어 뒤에는 대개 동작동사가 나온다.

他叫小王立刻去接电话。
그는 샤오왕에게 즉시 가서 전화를 받도록 했다.
他叫我们到外边去。
그가 우리를 밖으로 나가게 했다.

他不叫我跟小王学习汉语。
그는 내가 샤오왕한테서 중국어를 배우지 못하게 했다.
我不叫她去洗衣服。
나는 그녀가 빨래를 하지 않도록 했다.

8.5.2 겸어문의 휴지(休止)

휴지(休止)는 문장 가운데에서 잠깐 끊어 읽는 것을 뜻한다. 중국어에서는, 문장의 어느 부분에서 끊어 읽을 것인가의 문제가 중요하다. 겸어문에서는 반드시 겸어 뒤에서 끊어 읽어야 한다. 다음을 보자.

我请他/来。
나는 그가 오도록 청했습니다.

위에서 겸어인 '他' 다음에 끊어 읽는 이유는, '他'가 '来'의 주어로서의 성격보다는

'请'의 빈어로서의 성격이 훨씬 강하기 때문이다. 그러므로 '请' 다음에 끊어 읽어서는 안 된다. 다음을 비교하여 보자.

(1) 我叫他/明天来。
저는 그 사람에게 내일 오라고 했습니다.
(2) 我知道/他明天来。
저는 그 사람이 내일 온다는 것을 알고 있습니다.

(1)은 '叫'가 사용된 겸어문이므로 '他' 뒤에서 끊어 읽는다. 그러나 (2)는 '他明天来'가 '知道'의 빈어이다. 이렇게 빈어가 주술구인 문장에서는 동사 다음에 끊어 읽는다.

8.5.3 겸어문의 부정형

겸어문에서 '不, 没(有)'는 일반적으로 첫 번째 동사 앞에 온다.

他不叫我去外国。
그가 나를 외국에 가지 못하게 한다.
他不让我参加比赛。
그는 나를 경기에 참가하지 못하게 한다.

我没请他来。
나는 그가 오도록 초청하지 않았다.
我们没选她当班长。
우리는 그녀를 반장으로 선출하지 않았다.

'금지'나 '만류'를 나타내는 '不要', '别' 등은 두 번째 동사 앞에 온다.

他劝我不要抽烟。
그는 나에게 담배를 피우지 말 것을 권했다.
他要求我们不要懒惰。
그는 우리에게 게으름 피우지 말 것을 요구했다.

我求你别做那件事。

나는 네가 그 일을 하지 않기를 간절히 원한다.
他叫我别告诉你这件事。
그는 내가 너에게 이 일을 알려 주지 말라고 했다.

8.6 존재문[存在句]

존재문은 존재하는 처소, 존재하는 사람, 존재하는 사물을 화제로 삼는 문장이다. 존재문에는 '有'를 사용하는 존재문과 '在'를 사용하는 존재문, '是'를 사용하는 존재문, 그리고 존재의 상태를 나타내는 존재문이 있다. 이제 각 존재문의 특성을 살펴보기로 하자.

8.6.1 '有' 존재문과 '在' 존재문

'有' 존재문은 존재하는 처소를 화제로 삼는 문장이다. 그러므로 '有' 존재문에서는 처소를 나타내는 처소사가 문장의 맨 앞에 온다. '有'의 빈어는 언제나 비한정적이며, 한정적 빈어가 올 수 없다. '有' 존재문의 구조는 다음과 같다.

처소사 + 有 + 빈어(존재하는 사람, 사물)

'有' 존재문은 화제가 처소이다. 이 화제는 일반적으로 처소사이어야 한다.

家里有客人。
집에 손님이 있어요.
教室里有两个人。
교실에 두 사람이 있어요.

书架上有几本书。
서가에 책이 몇 권 있습니다.
桌子上有一本中文杂志。
책상에 중국어 잡지가 한 권 있습니다.

위의 화제는 모두 방위사 '里, 上'을 동반하는 처소사이다. 그러나 화제가 지명인 경우에는 방위사를 동반하지 않는다.

首尔有二十五个区。
서울에는 25개의 구가 있다.
美国有五十个州。
미국에는 50개의 주가 있다.

화제가 기관이나 단체인 경우에는 대개 방위사를 생략한다.

我们大学(里)有十个学院。
우리 대학에는 10개의 단과대학이 있다.
我们公司(里)有很多外国人。
우리 회사에는 많은 외국인이 있다.

我们班(里)有几个外国人。
우리 반에는 외국인이 몇 명 있다.
我们协会(里)有几个外国人。
우리 협회에는 외국인이 몇 명 있다.

위의 '大学, 公司'는 기관이며, '班, 协会'는 단체이다. 이러한 어휘에는 방위사 '里'가 올 수도 있지만 대개는 생략한다.

家里有客人。
집에 손님이 있어요.
桌子上有一本中文杂志。
책상에 중국어 잡지가 한 권 있습니다.

위의 빈어인 '客人'은 청자가 어떤 손님인지 알 수 없는 손님이고, '中文杂志'도 청자가 알 수 없는 중국어 잡지이다. 이러한 명사를 비한정적 명사라고 한다. '有' 존재문에서 한정적 명사는 빈어가 될 수 없다. 그러므로 다음은 모두 비문이다.

*家里有李小姐。
집에 리 양이 있습니다.
*教室里有金老师。

교실에 김 선생님이 계십니다.

*书架上有那本书。
서가에 그 책이 있습니다.
*桌子上有那本杂志。
책상에 그 잡지가 있습니다.

위에 나오는 빈어 '李小姐, 金老师, 那本书, 那本杂志'는 모두 일정한 사람이나 사물을 지정하는 한정적 명사이므로 위의 존재문은 모두 비문이다. 이러한 한정적 명사의 존재를 나타내고자 하는 경우에는 '在' 존재문으로 말해야 한다. '在' 존재문의 구조는 다음과 같다.

존재하는 사람, 사물 + 在 + 처소사

李小姐在家里。
리 양은 집에 있습니다.
金老师在教室里。
김 선생님은 교실에 계십니다.

那本书在书架上。
그 책은 서가에 있습니다.
那本杂志在桌子上。
그 잡지는 책상 위에 있습니다.

'有' 존재문과 '在' 존재문의 차이는 다음과 같다.
'有' 존재문의 화제는 존재의 처소이다.

教室里有几个学生?
교실에는 학생이 몇 명이나 있나요?
－教室里有三个学生。
교실에는 학생이 세 명 있습니다.

위의 대화에서는 '教室里'라는 처소가 화제이다. 그러나 '在' 존재문의 화제는 존재하는 사람이나 사물이다.

他在哪儿?
그 사람이 어디에 있나요?
－他在教室里。
그 사람은 교실에 있는데요.

那本书在哪儿?
그 책은 어디에 있나요?
－那本书在桌子上。
그 책은 책상 위에 있습니다.

위의 대화에서는 '他, 那本书'가 화제이다.

8.6.2 '是' 존재문

'是' 존재문도 존재를 나타낸다. '是' 존재문의 구조는 다음과 같다.

처소사＋是＋빈어(존재하는 사물)

다음은 모두 '是' 존재문이다.

后边是工厂。
뒤쪽은 공장입니다.
(＝뒤에는 공장이 있습니다.)
前边儿是海。
앞쪽은 바다입니다.
(＝앞에는 바다가 있습니다.)

'是' 존재문과 '有' 존재문에는 다음과 같은 차이가 있다.

'A有B' 형식의 '有' 존재문은, 'A'라는 공간의 일부에 'B'가 존재함을 나타낸다. 그러므로 'A'에는 'B' 이외의 다른 사물이 존재할 수도 있다. 따라서 'A'는 'B'보다 큰 공간이 된다. ‘A是B’ 형식의 ‘是’ 존재문에서는 ‘A’와 ‘B’의 공간의 크기가 같거나 ‘A’ 공간보다 ‘B’ 공간이 큰 경우에 사용된다. 이러한 현상은 물리적 현상이지만 경우에 따라서는 심리적으로 그렇게 느끼는 경우도 있다. 다음을 보자.

前边儿有图书馆。
앞에는 도서관이 있다.
(=앞 공간에는 도서관이 있고, 도서관 이외의 다른 건물이 있을 수도 있다.)
前边儿是图书馆。
앞은 도서관이다.
(=앞 공간에는 도서관만 있고 다른 건물은 없다.)

东边儿有农田。
동쪽에는 밭이 있다.
(=동쪽 공간에는 밭이 있고, 또 다른 것이 있을 수 있다.)
东边儿是农田。
동쪽은 온통 밭이다.
(=동쪽 공간에는 밭만 있다.)

다음은 모두 비문이다.

*我家门前有海。
우리 집 앞에는 바다가 있다.
*东边儿有海。
동쪽에는 바다가 있다.

위의 말이 틀린 이유는, ‘집 앞’이나 ‘동쪽’이 ‘바다’보다 더 클 수는 없기 때문이다. 그러나 지형적 특성에 따라서는 ‘집 앞’이 ‘바다’보다 클 수 있고, ‘동쪽’이 ‘바다’보다 클 수도 있다. 그렇지만 중국인은 언제나 ‘바다’는 크다고 생각하기 때문에 위와 같이 말하지 않는다. 위와 같은 문장은 다음과 같이 ‘是’ 존재문으로 말해야 한다.

我家门前是海。
우리 집 앞은 바다이다.

东边儿是海。
동쪽은 바다이다.

'是' 존재문의 빈어는 한정적일 수도 있다.

学校后边儿是北京站。
학교 뒤편은 베이징 역이다.
学校门前是国家图书馆。
학교 앞은 국가도서관이다.

위의 '北京站, 国家图书馆'은 한정적 명사이다.
다음을 보자.

我家门前有座山。
우리 집 앞에는 산이 하나 있다.

위 문장에서는 '집 앞'보다 '산'이 더 크다고 생각할 수 있다. 그러나 이 문장이 성립하는 이유는, '집 앞'에는 '산' 이외에 밭이나 들과 같은 다른 사물이 존재한다는 것을 암시적으로 나타내기 때문이다.

8.6.3 상태존재문

'有' 존재문이나 '在' 존재문, 그리고 '是' 존재문은 사물이나 사람이 어떤 처소에 존재한다는 사실을 나타낸다. 그러나 존재에는 존재의 양식이 있기 마련이다. 이에 따라 사람이나 사물이 존재하되 '어떠한 상태'로 존재하는가를 나타내려는 문형이 있다. 이러한 문형을 상태존재문이라고 한다. 상태존재문에서는 처소사가 화제가 된다. 상태존재문의 구조는 다음과 같다.

처소사 + 동사 + 着 + 빈어 (존재하는 사람, 사물)

다음은 상태존재문이다.

外边停着一辆车。
밖에는 차가 한 대 서 있다.
外边站着一个女人。
밖에는 어떤 여자가 서 있다.

椅子上坐着一位老人。
의자에는 노인이 한 분 앉아 있다.
墙上挂着一张地图。
벽에는 지도가 한 장 걸려 있다.

위의 상태존재문은 어떤 처소에 어떤 사람이나 사물이 어떤 상태로 존재하는지를 나타내고 있다. 상태존재문에 나오는 빈어는 비한정적이다. 그러므로 한정적 명사가 쓰인 다음은 모두 비문이다.

*外边停着我的车。
밖에는 나의 차가 서 있다.
*外边站着她。
밖에는 그녀가 서 있다.
*椅子上坐着李老师。
의자에는 리 선생님이 앉아 계신다.
*墙上挂着那幅画。
벽에는 그 그림이 걸려 있다.

위와 같은 내용을 나타내기 위해서는 다음과 같이 말해야 한다.

我的车在外边停着。
제 차는 바깥에 세워져 있습니다.
她在外边站着。
그녀는 바깥에 서 있습니다.

李老师在椅子上坐着。
리 선생님은 의자에 앉아 계십니다.

那幅画在墙上挂着。
그 그림은 벽에 걸려 있습니다.

다음 상태존재문의 빈어를 보자.

墙上挂着毕加索的画。
벽에는 피카소의 그림이 걸려 있다.

위의 '毕加索的画'는 한정적 명사처럼 보인다. 그러나 이 그림은, 수많은 피카소의 그림 중 하나일 뿐 피카소의 어떤 그림인지를 알려 주지 않는다. 그러므로 이도 역시 비한정적 명사이다. 위의 문장이 성립하는 것은 이러한 이유 때문이다.

8.7 은현문[隐现句]

은현문은 어떤 사람이나 사물이 사라지거나 출현하는 처소, 혹은 그러한 시간을 화제로 삼는 문형이다. 은(隐)은 '숨다'라는 뜻이고, 현(现)은 '출현하다'라는 뜻이다. 은현문의 문장 구조는 다음과 같다.

처소사/시간사 + 동사 + 빈어(출현하거나 사라지는 사람, 사물)

다음은 모두 은현문이다.

家里来了一位客人。
집에 손님이 한 분 오셨어요.
昨天来了一位客人。
어제는 손님이 한 분 오셨어요.

위의 은현문에는 처소사 '家里'와 시간사 '昨天'이 화제가 되어 있다. 동사는 일반적으로 방향을 나타내는 동사 혹은 출현이나 소실을 나타내는 동사가 사용된다. 빈어는 다른 존재문의 경우와 같이 비한정적 명사이며, 일반적으로 수량사의 수식을 받는다.

家里来了一个外国人。

집에 외국인이 한 명 왔어요.
门口出现了一个陌生人。
입구에 낯선 사람 하나가 나타났어요.

위는 출현을 나타내는 경우로서, 빈어는 모두 수량사 '一个'의 수식을 받고 있다. 그러나 다음을 보자.

村里死了一只羊。
마을에서 양 한 마리가 죽었다.
家里跑了一头牛。
집에서 소 한 마리가 도망갔다.

위는 소실을 나타내는 경우로서, 빈어는 모두 수량사의 수식을 받고 있다.

은현문의 빈어는 비한정적 명사이어야 하며 한정적 명사가 나올 수 없다. 따라서 다음은 모두 비문이다.

*家里来了那个人。
집에 그 사람이 왔다.
*门口出现了小王。
현관에 샤오왕이 나타났다.
*村里死了那只羊。
마을에서 그 양이 죽었다.
*家里跑了那头牛。
집에서 그 소가 도망갔다.

은현문의 동사가 단독으로 사용되는 경우에는 일반적으로 '了'를 동반한다. '了'를 동반하지 않는 동사는 다음과 같이 방향보어를 동반한다.

车上下来几个人。
차에서 몇 명이 내렸다.
大路上走过来两个人。
큰길에 두 사람이 걸어온다.

은현문의 동사는 방향보어를 동반한 이후에도 다시 '了'를 동반할 수 있다.

后边走来了一个人。
뒤에서 어떤 사람이 걸어왔다.
车上下来了几个人。
차에서 몇 명이 내렸다.

后边开来了一辆汽车。
뒤에서 차 한 대가 달려왔다.
树上飞来了一只鸟儿。
나무에 새 한 마리가 날아왔다.

은현문의 처소는 동작이 끝나는 종점일 수도 있고, 동작이 시작되는 출발점일 수도 있다. 다음을 보자.

家里来了一位客人。
a. 집에 손님이 한 분 오셨다.
b. 집에서 손님이 한 분 오셨다.

树上飞来了一只鸟儿。
a. 나무에 새가 한 마리 날아왔다.
b. 나무에서 새가 한 마리 날아왔다.

那个地方搬来了两个人。
a. 그곳에 두 사람이 이사 왔다.
b. 그곳에서 두 사람이 이사 왔다.

위에서 '家里'를 종점으로 보면 '집에' 손님이 오셨다가 되지만, '家里'를 출발점으로 보면 '집에서' 손님이 온 것이 된다. '树上'과 '那个地方'의 경우도 이와 같다. 이러한 혼란을 피하기 위하여 처소사가 출발점인 경우에는 전치사 '从'을 사용하기도 한다. 그러나 일반적으로는 '从'을 사용하지 않는다.

(从)家里来了一个电话。
집에서 전화가 왔다.
(从)那边搬来了一个人。
그곳에서 한 사람이 이사 왔다.

화제가 종점을 나타낸다고 하여 '到'를 사용하는 경우는 없다. 그러므로 다음은 모두 비문이다.

*到家里来了一位客人。
집에 손님이 한 분 오셨다.
*到树上飞来了一只鸟儿。
나무에 새가 한 마리 날아왔다.
*到这个地方搬来了两个人。
이곳에 두 사람이 이사 왔다.

시간사가 은현문의 화제로 사용되는 경우가 있다.

昨天来了一个人。
어제는 (이곳에) 사람이 하나 왔어요.
那时过去了一个警察。
그때 (여기에서) 경찰이 한 명 지나갔지요.
四点钟来了两个人。
4시에 (이곳에) 두 사람이 왔습니다.

위에서는 시간이 화제이다. 시간이 화제가 되는 문장에 처소사가 없으면 그 처소는 언제나 '在这儿'이거나 '从这儿'이다. 이것은 중국인의 의식에 잠재하는 하나의 약속이다. 그러므로 시간이 화제인 경우에 '在这儿'이나 '从这儿'은 대개 생략된다.

8.8 '把'자문[把字句]

'주어 + 把 + 빈어 + 술어' 형식의 문장을 '把'자문이라고 한다. '把'자문이 형성되는 과정을 보자.

请大家打开书!
모두들 책을 펴십시오!
→ 请大家把书打开! ('把'자문)
모두들 책을 펴십시오!

我做完了今天的作业。
나는 오늘의 숙제를 다 했다.
→ 我把今天的作业做完了。('把'자문)
나는 오늘의 숙제를 다 했다.

위를 보면 '把'가 빈어 '书'와 '今天的作业'를 동반하여 동사 앞에 나와 있다. 다음은 모두 '把'자문이다.

你把门开开!
너는 문을 열어 두거라!
他把那些书整理得很好。
그는 그 책들을 잘 정리했다.

我把那封信写完了。
나는 그 편지를 다 썼다.
他把这件事告诉她了。
그는 그녀에게 이 일을 말해 주었다.

8.8.1 '把'자문의 사용 환경

'把'자문과 '주어 + 술어 + 빈어' 형식의 문장을 우리말로 옮기면 두 문형의 차이가 느껴지지 않는다. 그러나 중국어에서 '把'자문은 '주어 + 술어 + 빈어' 형식의 문장과 엄격하게 구분된다. 이제 어떠한 경우에 '把'자문이 사용되는가를 알아보기로 하자.

중국어에서 가장 강조되는 말은 문장의 맨 앞에 나오며, 두 번째 강조되는 말은 그 다음에 나온다. 다음을 보자.

(1) 这本书我看完了。
이 책은 내가 다 읽었다.

(2) 我这本书看完了。
나는 이 책을 다 읽었다.

(1)에서 강조된 것은 '这本书'이다. 다시 말하면, '这本书'가 화제이다. 이 말은, 예를 들면 '이 책은 누가 다 읽었나요?'라는 말의 대답이 된다. (2)에서 강조된 것은 '我'이다. 다시 말하면 '我'가 화제이다. 이 말은, 예를 들면 '누가 이 책을 다 읽었나요?'에 대한 대답이 된다. 그런데 경우에 따라 동작인 '看完'을 강조해야 할 필요가 있다. 예를 들면 '너는 이 책을 다 안 읽었지?'라는 물음에 대하여 '천만에요, 이미 다 읽었다고요'라고 대답한다면 이에서는 '看完'이라는 행위가 강조된다. 이와 같이 행위를 강조하는 경우에는 다음과 같이 '把'자문으로 말해야 한다.

(3) 我把这本书看完了。
나는 이 책을 다 읽었다.

다시 다음을 보자.

(4) 那些书我整理得很好。
그 책은 내가 잘 정리했다.
(5) 我那些书整理得很好。
나는 그 책을 잘 정리했다.

위의 (4)에서 강조된 것은 '那些书'이며, (5)에서 강조된 것은 '我'이다. 그런데 경우에 따라 처리 결과인 '整理得很好'를 강조해야 할 필요가 있다. 예를 들면 '너는 그 책을 아무렇게나 쌓아 두었겠지?'라는 물음에 대하여 '천만에요, 잘 정리해 놓았는데요'라고 대답한다면, 이 대답에서는 그 책을 처리한 결과가 강조된다. 이렇게 처리의 결과를 강조하고자 할 때는 다음과 같이 '把'자문으로 말해야 한다.

(6) 我把那些书整理得很好。
나는 그 책을 잘 정리했다.

(3)에서 강조된 것은 '看完'이며, (6)에서 강조된 것은 '整理得很好'이다. '把'자문은 이

와 같이 행위를 강조하거나 처리 결과를 강조하기 위하여 사용된다.

'把'자문은 중국어에서 대단히 많이 사용되는 문형이지만 어느 경우에 이 문형을 사용해야 하는지를 외국인이 이해하기는 쉽지 않다. 이는 '把'자문의 사용 환경이 아직 충분하게 연구되지 않았기 때문이다. 이제 '把'자문이 사용되는 환경을 하나하나 살펴 가며 '把'자문을 사용하는 중국인의 의식에 접근해 가기로 하자. 먼저 다음의 우리말을 보자.

(7) (닫혀 있는) 문을 좀 열어 주세요.
(8) (못 들은 체하지 말고) 문을 좀 열어 주세요.

(7)은 문을 열어 달라는 단순한 요구이다. 그러나 (8)은 화자의 요구를 잘 들어주지 않는 청자에게 약간의 불만을 표시하며 문을 열어 달라는 행위를 강조하고 있다.

(9) (어느 날인가) 그는 그녀에게 이 일을 말해 주었다.
(10) (말해서는 안 되는데) 그는 그녀에게 이 일을 말해 주었다.

(9)는 말했다는 사실을 전달해 주는 단순한 문장이다. 그러나 (10)은 해서는 안 되는 행위를 하고 말았다는 행위가 강조되어 있다. 위의 (8)과 (10)을 중국어에서는 '把'자문으로 표현한다. 다음을 보자.

(11) 请打开窗户!
창문 좀 열어 주세요!
(12) 请把窗户打开!
창문 좀 열어 주세요!

(11)은 창문을 열어 달라는 단순한 요구를 나타낸다. 그러나 (12)는 자꾸만 창문을 닫으려는 사람, 혹은 창문을 열어 달라고 이미 말했는데도 못 들었거나, 못 들은 척하는 사람 등에게 할 수 있는 말이다.

(13) 他告诉了她这件事。
그는 그녀에게 이 일을 말해 주었다.
(14) 他把这件事告诉她了。

그가 그녀에게 이 일을 말해 주었다.

(13)은 '누가 그녀에게 이 일을 알려 주었지?'와 같은 질문에 대한 대답이다. 그러나 (14)는 '그녀가 이 일을 알고 있다니 어떻게 된 거야?'라든가 '그녀가 어떻게 알고 있지?'와 같은 질문에 대한 대답이다. 그러므로 (14)에서는 말해 주었다는 행위가 강조되어 있다.

(15) 我喝了那瓶汽水。
내가 그 사이다를 마셨어.
(16) 我把那瓶汽水喝了。
내가 그 사이다를 마셔 버렸어.

(15)는 '누가 사이다를 마셨지?'와 같은 질문에 대한 대답일 수 있다. 그러나 (16)은 '여기 있던 사이다가 어디 갔지?'와 같은 질문에 대한 대답이 될 수 있다. 그러므로 (16)에서는 사이다를 처리한 행위가 강조되어 있다.

(17) 我给你车票。
내가 너에게 차표를 줄게.
(18) 我把车票给你。
내가 너에게 차표를 줄게.

(17)은 '누가 나에게 차표를 줄 거야?'와 같은 질문에 대한 대답일 수 있다. 그러나 (18)은 '나에게 차표를 준다더니 왜 안 주지?' 등과 같은 질문에 대한 대답일 수 있다. 그러므로 (18)에서는 차표를 주는 행위가 강조되어 있다.

(19) 这小孩儿洗那件衣服洗得很干净。
이 아이가 그 옷을 깨끗하게 빨았습니다.
(20) 这小孩儿把那件衣服洗得很干净。
이 아이가 그 옷을 깨끗하게 빨았습니다.

(19)는 '누가 그 옷을 깨끗하게 빨았습니까?'와 같은 질문에 대한 대답일 수 있다.

그러나 (20)은 '이 아이는 아직 어리니까 옷을 깨끗하게 빨 수는 없었겠지요?'라는 말에 대한 대답일 수 있다. 그러므로 (20)에서는 아이가 옷을 처리한 행위가 강조되어 있다.

(21) 把花瓶放在这儿, 把书放在那儿。
꽃병은 여기 놓고, 책은 저기에 놓자.

위는 집을 정리하는 사람이 혼자 중얼거리는 말일 수 있다. 이 경우에는 '왜 꽃병과 책이 아무 데나 있는 거야. 잘 처리하자'라는 의식이 나타나 있다.

'把'자문은 이상과 같이 화자의 의도와 다른 행위가 발생하는 경우에 그 행위를 강조하기 위하여 사용되거나, 화자의 의도와 다른 상황이 발생한 경우에 그 상황을 강조하기 위하여 사용된다. 그리고 현 상황에 대한 불만을 나타내며 자신의 행위를 강조하기 위한 경우, 또는 행위의 처리를 강하게 요구하는 경우에 사용된다.

다시 말하면 '把'자문은 화자의 불만이나 청자에 대한 이견의 제시 등을 나타내는 경우에 많이 사용된다. 따라서 특수한 경우를 제외하면 중국인은 윗사람에게 '把'자문 형식의 명령문을 좀처럼 사용하지 않는다. 그러나 문형의 구조상 '把'자문을 사용하지 않으면 안 되는 경우도 있다. 이 경우의 '把'자문에는 화자의 불만이나 이견의 제시 등이 나타나지 않는다.

8.8.2 '把'자문의 어순

조동사, 부정부사 '不, 没(有)', 시간사는 일반적으로 '把'의 앞에 온다.

我想把桌子搬到学校去。(想: 조동사)
저는 책상을 학교로 옮겨 가고 싶습니다.
(=당신은 반대하지만.)
我不把你当外人看。(不: 부정부사)
나는 너를 남으로 보지 않아.
(=너는 나를 남으로 보지만.)

他没把照相机带来。(没: 부정부사)
그는 사진기를 가지고 오지 않았다.

(=가지고 올 줄 알았는데.)
我上午把那本书还给图书馆了。(上午: 시간사)
저는 오전에 그 책을 도서관에 반납했습니다.
(=당신이 보겠다고 했지만.)

8.8.3 '把'의 빈어

'把'의 빈어는 한정적이어야 한다. 한정적이란, 화자와 청자가 그것이 무엇인지를 알고 있는 것을 가리킨다. 그러므로 '把'의 빈어는 대개 한정을 나타내는 관형어의 수식을 받는다. 다음 문장의 밑줄 친 부분은 한정을 나타내는 관형어이다.

他把那本书借走了。
그 사람이 그 책을 빌려 갔다.
(=원래 너에게 빌려 주려고 했는데.)
我把这个消息告诉了老王。
내가 이 소식을 라오왕에게 말해 주었다.
(=말해 주면 안 되는데.)

我把你的信放在桌子上了。
내가 당신 편지를 책상 위에 놓아 두었다.
(=당신은 갖다 달라고 했지만.)
我把今天的作业做完了。
나는 오늘의 숙제를 끝냈다.
(=너는 끝낼 수 없다고 말했지만.)

만약 이러한 '把'의 빈어를 비한정적 명사로 바꾸면 다음과 같이 비문이 된다.

*他把一本书借走了。
그는 책 한 권을 빌려 갔다.
*我把几个消息告诉了老王。
내가 몇 가지 소식을 라오왕에게 말해 주었다.
*我把几封信放在桌子上了。
내가 편지 몇 통을 책상 위에 놓아두었다.

*我把有些作业做完了。
나는 몇 가지 숙제를 끝냈다.

위의 관형어 '一本, 几个, 几封, 有些'는 모두 비한정적이다. 그러므로 위의 '把'자문은 모두 비문이다. 그러나 다음과 같은 경우가 있다.

他把书丢了。
그는 책을 잃어버렸다.
他把小说看完了。
그는 소설을 다 보았다.
他把大夫请来了。
그는 의사를 초청해 왔다.

위의 빈어 '书, 小说, 大夫'는 한정적 관형어의 수식을 받고 있지 않지만, 대화 과정에서 화자와 청자가 이미 어떤 책인지, 어떤 소설인지, 어떤 의사인지를 이미 알고 있기 때문에 '把'자문에 사용된 것이다. 비한정적 명사는 절대로 '把'의 빈어가 될 수 없다. 다음을 보자.

(1) 他上了年纪, 经常坐错车。
　　그는 나이가 들자 곧잘 버스를 잘못 탄다.
(2)*他上了年纪, 经常把车坐错。
　　그는 나이가 들자 곧잘 버스를 잘못 탄다.

(1)에서 '곧잘 잘못 타는 버스'는 일정한 차일 수 없고, 그때마다 다른 버스일 것이므로 비한정적이다. 그러므로 이러한 명사가 '把'의 빈어로 사용된 (2)는 비문이다.

'把'의 빈어는 동사의 빈어가 아니라 동사구 전체의 빈어인 경우가 있다.

他把铅笔写秃了。
그는 연필이 무디어지도록 썼다.
(=그는 연필을 써서 무디게 만들었다.)
他把嗓子哭哑了。
그는 목이 쉬도록 울었다.

(=그는 울어서 목이 쉬었다.)

위에서 '铅笔'는 동사 '写'의 빈어가 아니라 '写秃'의 빈어이며, '嗓子'도 동사 '哭'의 빈어가 아니라 '哭哑'의 빈어이다.

8.8.4 '把'자문의 동사

'把'자문에는 단독의 동사가 나올 수 없다. 그러므로 다음은 모두 비문이다.

*我把他打。
나는 그를 때린다.
*我把那本书卖。
나는 그 책을 판다.

위의 말이 틀린 이유는 '打'와 '买'가 단독으로 사용된 동사이기 때문이다. '把'자문의 동사는 다음 조건 중의 하나 이상을 갖추고 있어야 한다. 밑줄 친 부분은 해당되는 조건이다. 다음을 보자.

1. 동사 뒤에 빈어가 있는 경우

请把表给<u>我</u>。
시계를 제게 주십시오.
请把这本书给<u>他</u>。
이 책을 그에게 주십시오.

2. 동사가 중첩된 경우

请把事情的经过<u>说说</u>。
일의 경과를 한번 말해 주세요.
你把情况<u>介绍介绍</u>。
상황을 좀 설명해 주세요.

3. 동사에 '了'가 부가된 경우

我把电影票丢了。
나는 영화표를 잃어버렸다.
她把窗户开了。
그녀는 창문을 열었다.

4. 동사가 동량사를 동반하고 있는 경우

我想把那本书再看一遍。
나는 그 책을 다시 한 번 읽고 싶다.
你把这个句子分析一下。
네가 이 문장을 한번 분석해 보아라.

5. 동사가 결과보어를 동반하고 있는 경우

大家把书打开。
모두 책을 펴십시오.
我今天得把这些衣服都洗完。
나는 오늘 이 옷을 모두 빨아야 한다.

6. 동사가 방향보어를 동반하고 있는 경우

请各位把护照拿出来。
각자 여권을 꺼내십시오.
明天别忘了把那本书带来。
내일 그 책을 가지고 오는 것을 잊지 마십시오.

7. 동사가 정도보어를 동반하고 있는 경우

他把地板擦得很干净。
그는 바닥을 깨끗하게 닦았다.

她把房间布置得很漂亮。
그녀는 방을 예쁘게 장식했다.

8. 동사 앞에 수사 '一'가 있는 경우

他把那本书一扔就走了。
그는 그 책을 휙 던지고는 사라져 버렸다.
他把头一抬瞪了我一眼。
그는 고개를 척 들더니 나를 한 번 뚫어지게 보았다.

9. 동사 앞에 '当, 往' 등의 전치사구가 있는 경우

他把酒当水喝。
그는 술을 물처럼 마신다.
你把手往上抬。
손을 위로 드세요.

8.8.5 '把'자문을 사용해야 하는 문형

중국어에는 '주어 + 동사 + 빈어' 형식으로는 말할 수 없고, 오직 '把'자문으로 말할 수 밖에 없는 문형이 있다. 다음은 이러한 문형이다.

1. 동사가 결과보어 '到'를 동반하고, '到' 다음에 처소사가 나오는 문형이 있다. 이러한 문장에 대상빈어가 함께 나오면 반드시 '把'자문으로 말해야 한다. 다음을 보자.

(1) 他把车开到火车站去了。
그는 차를 기차역까지 운전해 갔다.

(1)에는 대상빈어 '车'와 처소사 '火车站'이 나와 있다. 이를 '주어 + 동사 + 빈어' 구조로 바꾸어 보자.

(2) 他开到火车站去了。

그는 기차역까지 운전해 갔다.

위의 (2)는 (1)을 '동사 + 到 + 처소사' 구조로 바꾼 문장이다. 그런데 (2)에는 대상빈어 '车'가 들어갈 자리가 없다. 그 이유는 다음과 같다.

첫째, 동사와 결과보어 사이에는 어떠한 성분도 들어갈 수 없으므로 당연히 대상빈어 '车'도 들어갈 수 없다. 그러므로 다음은 비문이다.

*他开车到火车站去了。

둘째, 결과보어 '到' 뒤에는 처소사가 나와야 하며 대상빈어가 들어갈 수 없다. 그러므로 다음은 비문이다.

*他开到车火车站去了。

셋째, 대상빈어는 처소사 뒤에 올 수 없다. 그러므로 다음은 비문이다.

*他开到火车站车去了。

넷째, 대상빈어와 처소사가 동시에 나오는 경우에는 동사를 중첩시킬 수 없기 때문에 다음은 비문이다.

*他开车开到火车站去了。

이상과 같이 '동사 + 到 + 처소사' 형식의 문장에 대상빈어가 나오는 경우에는, 대상빈어가 위치할 곳이 없기 때문에 반드시 '把'자문으로 말해야 한다. 다음은 이러한 경우에 해당한다.

你把他送到火车站。
당신이 그분을 역까지 데려다 주세요.
我把那些东西搬到学校去了。
나는 그 물건들을 학교로 옮겼습니다.

2. 동사가 결과보어 '在'를 동반하고, '在' 다음에 처소사가 나오는 문형이 있다. 이러한 문장에 대상빈어가 나오면 반드시 '把'자문으로 말해야 한다. 다음을 보자.

(1) 他把那本书放在桌子上了。
그는 그 책을 책상 위에 놓았다.

(1)에는 대상빈어 '那本书'와 처소사 '桌子上'이 있다. 이를 '주어 + 동사 + 빈어' 구조로 바꾸어 보자.

(2) 他放在桌子上了。

(2)는 (1)을 '동사 + 在 + 처소사' 구조로 바꾼 문장이다. 그런데 (2)에는 대상빈어 '那本书'가 들어갈 자리가 없다. 그 이유는 다음과 같다.

첫째, 동사와 결과보어 사이에는 빈어가 들어갈 수 없다. 그러므로 다음은 비문이다.

*他放那本书在桌子上了。

둘째, 결과보어 '在' 뒤에는 처소사가 나와야 한다. 그러므로 '在' 뒤에 대상빈어 '那本书'가 나오면 다음과 같이 비문이 된다.

*他放在那本书桌子上了。

셋째, 대상빈어는 처소사 뒤에 올 수 없다. 그러므로 다음은 비문이다.

*他放在桌子上那本书了。

넷째, 대상빈어와 처소사가 동시에 나오는 경우에는 동사를 중첩시킬 수 없기 때문에 다음은 비문이다.

*他放那本书放在桌子上了。

이상과 같이 '동사 + 在 + 처소사' 형식의 문장에 대상빈어가 함께 나오는 경우에는 대상빈어가 위치할 곳이 없기 때문에 반드시 '把'자문으로 말해야 한다.

다음은 모두 이러한 경우에 해당한다.

我把皮包忘在教室里了。
나는 가방을 교실에 두고 왔다.
您把皮包丢在哪儿了?
당신은 가방을 어디에서 잃었습니까?
(=당신은 가방을 어디에 떨어뜨렸습니까?)

他把汽车停在公园里了。
그는 차를 공원에 세워 놓았다.
你把这个花瓶摆在桌子上。
너는 이 화병을 책상 위에 놓아라.

3. 대상빈어가 있고, 동사가 결과보어 '成, 做'를 취하여 결과빈어를 이끄는 경우에는 '把'자문으로 말해야 한다. 그 이유는 위의 경우와 같다.

请你把这个句子翻译成英文!
이 문장을 영어로 번역하십시오!
在中国把coca-cola叫做可口可乐。
중국에서는 코카콜라를 '可口可乐'라고 부른다.

4. '都, 全, 全部'와 같은 범위부사가 빈어의 범위를 나타내는 경우에는 '把'자문을 사용한다. 다음 문장의 '都'의 위치를 보자.

(1) 他们<u>都</u>花光了钱。
그들은 모두 돈을 다 써 버렸다.

(1)의 '都'는 '그들 모두'가 돈을 써 버렸다는 것을 나타낸다. 따라서 '都'는 주어 '他们'의 범위를 나타낸다. 이 문장은 다음과 같이 '把'자문으로 바꾸어 쓸 수도 있다.

(2) 他们都把钱花光了。
그들은 모두 돈을 다 써 버렸다.

(2)에서도 '都'는 '他们'의 범위를 나타낸다. 그러나 '돈을 모두' 써 버렸다는 의미를 나타내고자 하는 경우가 있을 것이다. 이러한 경우에는 오직 '把'자문으로 말해야 하며 '都'는 '把 + 빈어'의 뒤에 와야 한다. 다음을 보자.

(3) 他们把钱都花光了。
그들은 돈을 모두 써 버렸다.

(3)은 그들이 '돈을 모두' 써 버렸다는 것을 나타낸다. '全', '全部'가 사용된 다음도 이러한 경우에 속한다.

他把那些水果全吃了。
그는 그 과일들을 전부 먹어 버렸다.
我把那些东西全部卖给了他们。
나는 그 물건을 전부 그들에게 팔았다.

8.8.6 '把'자문에 사용될 수 없는 술어

'把'자문은 대상에 대한 처리를 강조하므로, 처리하는 행위를 나타낼 수 없는 술어는 '把'자문에 사용될 수 없다. 다음을 보자.

1. '是'와 같이 판단을 나타내는 동사나, '有, 在, 像' 등과 같이 상태를 나타내는 동사는 '把'자문에 사용될 수 없다. 판단이나 상태는 처리하는 행위가 아니기 때문이다.

2. '喜欢, 知道, 同意, 赞成, 觉得, 怕, 恨, 希望, 要求, 信任, 想像' 등과 같은 심리동사나 '看见, 听见'과 같은 인지동사는 '把'자문에 사용될 수 없다. 심리동사나 인지동사는 처리하는 행위를 나타낼 수 없기 때문이다.

3. '上, 下, 进, 出, 回, 到, 过, 起' 등과 같은 방향동사는 '把'자문에 사용될 수 없다.

어떤 처소로 이동하는 것은 대상을 처리하는 행위가 아니기 때문이다.

4. 가능보어는 '把'자문에 나올 수 없다. 가능보어는 가능성만을 제시하는 것이지 대상을 처리하는 행위가 아니기 때문이다. 다음을 보자.

*我把这件事做不完。
→ 我做不完这件事。
나는 이 일을 해낼 수 없다.

*我把那个电影的内容记不住。
→ 我记不住那个电影的内容。
나는 그 영화의 내용을 기억할 수 없다.

5. '把'자문의 동사는 경험태 '过'를 동반할 수 없다. 경험태는 경험한 상태를 나타내는 것이지 대상을 처리하는 행위가 아니기 때문이다.

*我把汉语学过。
→ 我学过汉语。
나는 중국어를 배운 적이 있다.

*我把那封信看过。
→ 我看过那封信。
나는 그 편지를 본 적이 있다.

8.9 피동문[被动句]

피동문을 이해하기 위하여 다음 우리말을 보자.

(1) 개가 어린이를 물었다.
(2) 어린이가 개에게 물렸다.

(1)에서 '무는' 행위를 한 것은 '개'이고, 그 '개'가 주어이다. 그러나 (2)에서는 '무는' 행위를 당한 '어린이'가 주어이다. (1)과 같이 행위자가 주어인 문장을 능동문(能动文)이라 하고, (2)와 같이 행위를 당하는 사물이 주어인 문장을 피동문이라고 한다. 중국어에도 이와 같은 피동문이 있다. 피동문에는, '被, 让, 叫, 给' 등이 사용되는 피동문이 있고, 이러한 표지는 없지만 내용적으로 피동을 나타내는 의미상 피동문이 있다.

8.9.1 '被'자문[被字句]

'被'를 사용하여 피동을 나타내는 문장을 특별히 '被'자문이라고 한다. '被'자문은 피동문의 대표적인 문형이다. '被'자문의 구조는 다음과 같다.

주어 + 被 + 빈어 + 동사 + 기타 성분

다음 '被'자문을 분석해 보자.

那个孩子被小狗咬了。
그 아이는 강아지에게 물렸다.

위의 '那个孩子'는 주어, '被'는 피동 표지, '小狗'는 '被'의 빈어, '咬'는 동사, '了'는 기타 성분이다. 다음은 모두 '被'자문이다.

门被风刮开了。
문이 바람에 열렸다.
他被大家选为班长。
그는 모두에 의하여 반장으로 선출되었다.

我们都被这个话剧感动了。
우리는 모두 이 연극에 감동을 받았다.
那个病人被小王送到医院去了。
그 환자는 샤오왕에 의하여 병원으로 보내졌다.

'被'자문은 다음과 같은 특성을 가진다.

1. '被'자문의 주어는 대개 한정적 명사이다.

他被大家选为班长了。
그는 모두에 의하여 반장으로 선출되었다.
那个病人被小王送到医院去了。
그 환자는 샤오왕에 의하여 병원으로 보내졌다.

위에서 '他'와 '那个病人'은 화자나 청자가 모두 알고 있는 한정적 명사이다.

门被风刮开了。
문이 바람에 열렸다.
窗户被风吹开了。
창이 바람에 열렸다.

위에서 '门', '窗户'에는 '这个, 那些' 등과 같은 한정을 나타내는 표시가 없지만 청자나 화자가 이미 알고 있는 한정적 사물이라고 보아야 한다. 왜냐하면 이미 바람에 불려 열린 문과 창은, 화자에 의하여 이미 확인된 문이나 창일 것이기 때문이다.

2. '被'자문의 동사는 단독의 동사가 아니라, 동태조사 '了, 过'나 보어 등의 기타 성분을 동반한다.

那个孩子被小王打了。
그 아이가 샤오왕한테 맞았다.
他从来没被妈妈打过。
그는 여태껏 어머니한테 맞아 본 적이 없다.
那本书被人借走了。
그 책은 누가 빌려 갔다.

'被……所……'는 문장에 사용되는 '被'자문이다. '所' 다음에 오는 동사는 기타 성분을 동반하지 않는다. 쌍음절 동사 앞의 '所'는 생략이 가능하지만 단음절 동사 앞의 '所'는 생략할 수 없다.

车队被洪水所阻。
차량들이 홍수로 인하여 멈추었다.
他们被美丽的景色(所)吸引。
그들은 아름다운 풍경에 빨려 들어갔다.

3. '被'의 빈어를 밝힐 필요가 없거나, 지적할 수 없는 경우에는 '人'으로 대체할 수 있다.

那本书被人借走了。
그 책은 누가 빌려 갔다.
那个东西被人买走了。
그 물건은 누가 사 갔다.

4. '被'의 빈어를 밝힐 필요가 없는 경우에는 빈어를 생략할 수 있다.

杯子被打碎了。
컵이 깨졌다.
那本书被借走了。
그 책은 대출되었다.

5. 부정부사는 '被'의 앞에 온다.

他从来没被打过。
그는 여태껏 맞아 본 적이 없다.
那本书没被借走。
그 책은 대출되지 않았다.

6. 능원동사는 '被'의 앞에 온다.

不懂就说不懂，不会被人耻笑。
모르는 것을 모른다고 말하면, 사람들에게 비웃음당하지는 않을 것이다.
我不能被他看扁。
내가 그에게 무시당할 수는 없지.

7. '被'자문은 일반적으로 여의치 않거나 좋지 않은 상황을 나타낸다. 만약 좋은 상황이라면 능동형으로 말하거나 의미상 피동문을 사용해야 한다.

(1)*他是被学会派来的学生。
그는 학회에 의하여 파견된 학생이다.
(2) 他是学会派来的学生。
그는 학회가 파견한 학생이다.

학회에서 파견되었다는 것은 일반적으로 좋은 일에 속한다. 그러므로 이러한 사실을 말할 때는 (1)과 같은 피동형으로 말하지 않고 (2)와 같은 능동형으로 말해야 한다.

(3)*大部分产品被出口了。
대부분의 생산품이 수출되었다.
(4) 大部分产品出口了。
대부분의 생산품이 수출되었다.

일반적으로 생산품이 수출되었다는 것은 좋은 일이다. 그러므로 이러한 사실을 말할 때는 (3)과 같은 피동형으로 말하지 않고 (4)와 같은 의미상 피동형으로 말해야 한다. '被'자문은 과거에는 많이 쓰이지 않았다. 그러나 현대에 오면서 점점 많이 사용되고 있으며, 심지어 좋은 일에도 '被'자문이 사용되는 경우가 늘어나고 있다.

他被我们选为班长。
그는 우리들에 의하여 반장으로 선출되었다.

위는 좋은 일에 해당하지만 '被'자문으로 표현된다.

8. 가능보어는 '被'자문에 사용될 수 없다. 왜냐하면 '被'자문은 행위를 당한 이후의 결과나 경험을 나타내는데, 가능보어는 발생의 가능성만을 나타낼 뿐 행위의 결과를 나타내지 못하기 때문이다.

*门被撞得开。
문이 부딪쳐 열릴 수 있다.
*这窗户被风吹得开。
이 창문은 바람에 불려 열릴 수 있다.

9. '被'를 제거해도 의미의 변화가 일어나지 않는 경우가 있다. 다음을 보자.

(5) 帽子我扔了。
모자는 제가 버렸습니다.
(6) 帽子被我扔了。
모자는 제가 버렸습니다.
(=모자는 나에 의하여 버려졌습니다.)

위의 (5,6)에는 의미의 차이가 없는 것으로 보인다. 그러나 이들이 사용되는 환경은 다르다. 예를 들면 (5)는 객관적 서술로서 화자가 모자를 버렸다는 단순한 사실을 나타내고 있다. 그러나 (6)은 이와 달리 모자가 예쁘지 않아서 버렸다던가, 상대는 버리기를 원하지 않았지만 내가 버렸다는 사실 등을 나타낸다.

(7) 他拿走了。
그 사람이 가지고 갔습니다.
(8) 被他拿走了。
그 사람이 가지고 갔습니다.
(=그 사람에 의하여 가져가졌습니다.)

(7)은 객관적 서술로서, 예를 들면 그 사람이 가지고 가는 것에 화자가 동의했음을 나타낼 수 있다. 그러나 (8)은 화자가 동의하지 않았는데도 그 사람이 억지로 가지고 간 사실 등을 나타낸다.

8.9.2 '让, 叫, 给'의 피동 기능

'被' 이외에 '让, 叫, 给'를 사용하여 피동문을 만들 수도 있다. '让, 叫, 给'의 피동 기능은 일반적으로 '被'와 동일하지만, '被'는 문장에 많이 쓰이고 '让, 叫, 给'는 대화에 많이 쓰인다는 점이 다르다. '让, 叫, 给' 중에서 가장 많이 사용되는 것은 '让'이다.

那本书让人拿走了。
그 책은 어떤 사람이 가져갔다.
(=그 책은 어떤 사람에 의하여 가져가졌다.)

위에서 '让'의 빈어인 '人'은 '拿走'를 실행한 사람이다. '让' 피동문은 화자가 원하지 않는 상황이 발생했음을 나타낸다. 다음을 보자.

自行车让小王骑走了。
자전거는 샤오왕이 타고 갔다.
(=그래서 나는 속이 상했다.)
那本小说让人借走了。
그 소설은 어떤 사람이 빌려 갔다.
(=내가 더 보려고 했는데 어떤 사람이 빌려 갔다.)
那本书让他还回去了。
그 책은 그가 반납했다.
(=그 책은 내가 필요한데도 그가 반납해 버렸다.)

위의 '让'을 없애도 문장은 성립한다. 이러한 문장은 화자의 불만의 감정을 나타내지 않으며, 그러한 사실이 있다는 것을 객관적으로 서술한다.

自行车小王骑走了。
자전거는 샤오왕이 타고 갔다.
那本小说有人借走了。
그 소설은 어떤 사람이 빌려 갔다.
那本书他还回去了。
그 책은 그가 반납했다.

'叫'의 용법도 일반적으로 '被, 让'과 같이 화자가 원하지 않는 상황이 발생했음을 나타낸다. 다음은 '叫' 피동문이다.

自行车叫小王骑走了。
자전거는 샤오왕이 타고 갔어.
(=그래서 나는 속상하다.)
我的自行车叫小王借走了。
내 자전거는 샤오왕이 빌려 갔어.
(=내가 타야 할 일이 있는데 말이야.)
他叫车撞了, 快去看看吧。
그가 차에 치었으니 빨리 가 보자.
(=그런 일이 발생하면 안 되는데.)

위에서 '叫'의 빈어인 '小王, 车'는 그들 다음에 나오는 동사 '骑走, 借走, 撞'의 행위를 한 사람이거나 사물이다. 위에서 '叫'가 생략되어도 문장은 성립한다. 이러한 문장은 화자의 불만의 감정을 나타내지 않으며, 그러한 사실이 있다는 것을 객관적으로 서술한다.

'给'의 용법도 일반적으로 '被, 让, 叫'와 같다. 다음은 '给' 피동문이다.

我给他骗了。
나는 그에게 속았다.
门给风刮开了。
문이 바람에 열렸다.
他给公司派到国外去了。
그는 회사에 의하여 외국으로 파견되어 갔다.

위에서 '给'의 빈어인 '他, 风, 公司'는 그 다음에 나오는 동사 '骗, 刮开, 派到'의 행위를 한 사람이거나 사물이며, 주어인 '我, 门, 他'는 이러한 행위의 영향을 받은 사람이거나 사물이다.

'给'는 '被'와 함께 사용될 수 있다. 이 경우에도 의미상의 차이는 없다.

那本书被他拿走了。
그 책은 그 사람이 가지고 갔습니다.
=那本书被他给拿走了。
그 책은 그 사람이 가지고 갔습니다.

那瓶酒被他喝光了。
그 술은 그 사람이 다 마셨습니다.
=那瓶酒被他给喝光了。
그 술은 그 사람이 다 마셨습니다.

피동문에서 '被, 给'의 빈어는 생략될 수 있다.

门被(风)刮开了。
문이 (바람에 불려) 열렸다.
门给(风)刮开了。
문이 (바람에 불려) 열렸다.

他被派到农村去了。
그는 농촌으로 파견되어 갔다.
他给派到农村去了。
그는 농촌으로 파견되어 갔다.

위에서 '被, 给'의 빈어는 생략되어 있다. 이러한 말은, 화자나 청자가 빈어가 무엇인지를 이미 알고 있거나 '门'이나 '他'가 어떻게 되었다는 사실이 중요할 뿐, '被, 给'의 빈어가 무엇인지는 중요하게 여기지 않는 경우에 사용된다. 다음은 '被'의 빈어가 생략된 경우이다.

他已经被说服了。
그는 이미 설득되었다.
他被选为班长了。
그는 반장으로 선출되었다.

다음은 '给'의 빈어가 생략된 경우이다.

床单给弄脏了。
침대보가 더러워졌다.
教室给打扫干净了。
교실이 깨끗하게 청소되었다.

그러나 '叫, 让'의 빈어는 일반적으로 생략될 수 없다.

他叫车撞了, 快去看看吧。
그가 차에 치었으니 빨리 가 보자.
他让小王叫走了。
그는 샤오왕이 불러 갔다.
(=그는 샤오왕에 의하여 불려져 갔다.)

8.9.3 의미상 피동문

일반적으로 행위를 실행하는 사람이나 사물을 주어라고 한다. 주어는 문장의 앞에 나온다.

我吃苹果。
나는 사과를 먹는다.

위에서 '吃'의 행위를 실행하는 것은 '我'이다. 이와 같이 행위를 실행하는 사람이나 사물을 시사자(施事者)라고 한다. 시사자는 '행위를 시행하는 사람이나 사물'이라는 뜻이다. 이와 달리 행위의 대상이 되어, 행위의 영향을 받는 사람이나 사물을 수사자(受事者)라고 한다. 수사자는 '행위를 받는 사람이나 사물'이라는 뜻이다. 위에서는 '吃'라는 행위를 하는 '我'가 시사자이며, '吃'라는 행위의 영향을 받는 '苹果'가 수사자이다.

수사자가 주어이면서도 '被, 让, 叫, 给'가 사용되지 않은 문장을 의미상 피동문이라고 한다.

我的申请批准了。

나의 신청이 승인되었다.

위 문장에는 '批准'이라는 행위를 한 사람이 나타나 있지 않다. 화자에게는 이 행위를 누가 했는지는 중요하지 않으며, 다만 신청의 승인 여부만이 중요하기 때문이다. 이 문장에서는 '승인하는 사람'이 시사자이며, '나의 신청'이 수사자이다. 그런데 수사자가 주어 위치에 나오고, '被, 让, 叫, 给'가 사용되지 않았으므로 위 문장은 의미상 피동문이다. 다음은 모두 의미상 피동문이다.

钱带来了。
돈은 가지고 왔다.
票已经卖完了。
표는 이미 다 팔렸다.
菜已经做好了。
요리는 이미 다 만들어졌다.
入学通知书寄来了。
입학 통지서가 우송되어 왔다.

의미상 피동문은 다음과 같은 특징을 가진다.

1. 주어는 대개 한정적 성격의 무생물로서 사람이 아니다. 무생물 주어는 동작 행위를 실행할 수 없으므로 이들이 시사자로 오해될 가능성은 거의 없다.

那封信已经写好了。
그 편지는 이미 다 쓰였다.
那个问题已经解决了。
그 문제는 이미 해결되었다.

2. 오해의 가능성이 없는 경우에는 사람도 주어가 될 수 있다.

工程师还没派来。
기술자가 아직 파견되어 오지 않았다.

3. 동사는 일반적으로 단독으로 사용되지 않으며, 대개 부사어, 보어, 조동사 혹은 동태조사 '了', '过'를 동반한다.

那个问题一定要解决。(一定: 부사어, 要: 조동사)
그 문제는 반드시 해결되어야 한다.
黑板擦得很干净。(很干净: 정도보어)
칠판이 깨끗이 닦였다.
那封信已经写好了。(已经: 부사어, 好: 결과보어)
그 편지는 이미 다 쓰였다.

包裹寄去了。(去: 방향보어)
소포가 우송되었다.
那个问题可能会解决的。(可能: 부사어, 会: 조동사)
그 문제는 아마도 해결될 것이다.

那个问题已经解决了。(已经: 부사어, 了: 동태조사)
그 문제는 이미 해결되었다.
这个问题已经谈过了。(过: 동태조사)
이 문제는 이미 논의된 적이 있다.

8.10 비교문[比较句]

비교를 나타내는 문형을 비교문이라고 한다. 비교를 나타내는 문형은 다양하다. 비교의 정도를 분명하게 나타내고자 하는 경우에는 정도부사 '更, 最' 등을 사용할 수 있다.

정도부사 '更'은 '더욱'이라는 의미로서 상대 비교를 나타낸다.

那种方法更好。
그 방법이 더 좋네요.
我更喜欢这个地方。
저는 이곳을 더 좋아합니다.

정도부사 '最'는 최상급 비교를 나타낸다.

这些天来，今天最冷。
요즈음 들어 오늘이 가장 춥다.
我最喜欢游泳。
저는 수영을 가장 좋아합니다.

他今天来得最早。
그 사람은 오늘 가장 일찍 왔습니다.
这是最重要的问题。
이것이 가장 중요한 문제이다.

위와 같은 문장에는 비교의 기준이 없다. 그러므로 이러한 문장을 비교문이라고 하지는 않는다. 중국어의 비교문에는 반드시 비교의 기준이 나온다. 중국어의 비교문에는 '比' 비교문, '有' 비교문, '跟……一样' 비교문, '像' 비교문, '不如' 비교문이 있다.

8.10.1 '比' 비교문

'比'는 사람이나 사물의 성질이나 상태를 비교한다. '比'가 사용된 문장을 '比' 비교문이라고 한다. '比' 비교문의 구조는 다음과 같다.

주어 + '比' + 비교의 기준 + 비교 내용

비교의 내용은 형용사로 표현되는 경우가 많다.

他比我大。
그 사람이 나보다 나이가 많다.
这个比那个贵。
이것이 저것보다 비싸다.

这棵树比那棵树高。
이 나무가 저 나무보다 키가 크다.
这个班的学生比那个班的学生多。
이 반 학생들이 저 반 학생들보다 많다.

비교 내용을 나타내는 형용사는 '更, 还, 还要'의 수식을 받는 경우가 많다. '更, 还, 还要'에는 특별한 의미상의 차이가 없다.

(1) 他比我更大。
그 사람이 저보다 나이가 더욱 많아요.
(2) 他比我还高。
그가 나보다 키가 더 크지요.
(3) 今天比昨天还要热。
오늘이 어제보다도 더 덥네요.

위의 (1)에는 '나도 나이가 많지만, 그는 나보다 더욱 많다'라는 의미가 포함되어 있으며, (2)에는 '나도 키가 크지만 그는 더욱 크다'라는 의미가 포함되어 있고, (3)에는 '어제도 더웠지만 오늘은 더욱 덥다'라는 의미가 포함되어 있다. 이는 정도부사 '更, 还, 还要'가 있기 때문이다.

'比' 비교문에는 '很, 太, 非常, 挺' 등과 같은 정도부사가 올 수 없다. 그 이유는 '更, 还, 还要'만이 구체적 비교를 통한 정도를 나타내기 때문이다. '很'은 화자의 주관적 판단에 의한 정도를 나타낼 뿐 비교를 통한 정도를 나타내지 못하고, '非常, 相当, 最' 등은 객관적·절대적 정도를 나타낼 뿐 비교를 통한 정도를 나타내지 못하므로 비교문의 술어에 사용될 수 없다. 그러므로 다음은 비문이다.

*他比我很大。
*今天比昨天太热。
*妹妹比弟弟非常高。
*妹妹比弟弟挺高。

비교 내용은 형용사 이외에, 동빈구(动宾句), 정도보어, 결과보어 등의 다양한 형식으로 표현될 수 있다.

我比他更喜欢打排球。(喜欢打排球: 동빈구)
제가 그 사람보다 배구하는 것을 더 좋아합니다.
他今天比昨天来得早。(早: 정도보어)

그 사람은 어제보다 오늘 더 일찍 왔습니다.
他唱歌唱得比我好多了。(多: 결과보어)
그 사람은 노래를 저보다 훨씬 더 잘합니다.

비교 내용이 정도보어로 표현되는 경우에 정도보어는 정도부사 '很, 非常, 相当, 最' 등의 수식을 받을 수 없다. 이 경우에 정도보어가 취할 수 있는 정도부사는 '更'이 유일하다. 다음을 보자.

他今天比昨天来得更早。
그 사람은 어제보다 오늘 더 일찍 왔습니다.
*他今天比昨天来得很早。
*他今天比昨天来得非常早。
*他今天比昨天来得相当早。
*他今天比昨天来得最早。

술어가 정도보어이면 '比 + 빈어'는 동사의 앞 혹은 정도보어 내부에 모두 올 수 있다.

他比我学得更好。
그 사람은 저보다 더욱 잘 배웠습니다.
他学得比我更好。
그 사람은 저보다 더욱 잘 배웠습니다.

汉语他比我说得更流利。
중국어는 그가 저보다 더욱 유창하게 말합니다.
汉语他说得比我更流利。
중국어는 그가 저보다 더욱 유창하게 말합니다.

你比我吃得多。
너는 나보다 많이 먹었다.
你吃得比我多。
너는 나보다 많이 먹었다.

수량을 비교하는 경우에는, 형용사나 동사 뒤에 수량사가 나온다. 다음의 밑줄 친 부분은 수량사이다.

他比我大三岁。
그 사람은 나보다 세 살 많습니다.
他比我高三公分。
그 사람은 저보다 3cm 큽니다.

我比他多呆了一天。
제가 그 사람보다 하루 더 머물렀지요.
你比我少喝了一杯。
네가 나보다 한 잔 덜 마셨어.

비교한 결과의 수량이 확정되지 않은 경우에는 '一点儿, 一些', 혹은 정도보어 '多'가 사용된다.

他比我大一点儿。
그 사람이 저보다 나이가 조금 많습니다.
天气比前几天暖和一些。
날씨가 며칠 전보다 좀 따뜻해졌습니다.
我比他重得多。
제가 그 사람보다 체중이 많이 무겁습니다.

'比' 앞에 '不'를 첨가하면 부정형이 된다.

小王不比小李高。
샤오왕은 샤오리보다 크지는 않다.

위의 진정한 의미는 다음과 같다.

'샤오왕은 샤오리보다 크지는 않다. 그러므로 샤오왕의 키는 샤오리와 같거나 작다.'

그러나 우리말 '크지는 않다'가 대개 '크지 않을 뿐 거의 같다'는 의미로 사용되는 것과 같이 중국어에서도 '不比'는 '……하지 않을 뿐 거의 같다'는 의미로 사용된다. '不比'는 이와 같이 명백한 차이를 나타내지 못하기 때문에 자주 사용되지 않는다.

今天不比昨天冷。
오늘이 어제보다 춥지는 않다.
这本书不比那本书难。
이 책이 그 책보다 어렵지는 않다.

위와 같은 부정문에서 '不'를 술어 앞에 놓으면 다음과 같이 비문이 된다.

*今天比昨天不冷。
*这本书比那本书不难。

그러나 다음과 같은 경우가 있다.

这把椅子比那把椅子不舒服。
이 의자는 저 의자보다 불편하다.

위 문장은 마치 '不'가 '比'의 뒤에 와서 '舒服'를 부정하고 있는 것처럼 보인다. 그러나 이는 비문이 아니다. 그 이유는 '不舒服'는 부정접두형용사로서 하나의 단어이기 때문이다. '比' 뒤에 하나의 단어가 나오는 것은 당연한 현상이다.(부정접두형용사에 대해서는 ＜2.1.9 부정접두형용사＞를 참고할 것.)

'比' 비교문의 부정형으로 자주 사용되는 것은 '没有'이다. '没有'는 두 가지 비교 대상의 차이를 분명하게 나타낸다.(이에 대해서는 다음에 나오는 ＜8.10.2 '有' 비교문＞를 참고할 것.)

小王没有小李高。
샤오왕은 샤오리보다 크지 않다.
小王没有小李大。

샤오왕은 샤오리보다 나이가 많지 않다.

'比' 앞뒤의 명사가 동일하면 '比' 뒤의 명사는 생략될 수 있다.

这本书比那本(书)更便宜。
이 책이 저 책보다 더 쌉니다.
我的书比你的(书)贵两块。
내 책이 당신 것보다 2위안 비쌉니다.

오해의 가능성이 없다면, '比' 앞뒤의 비교 대상과 비교 기준은 전혀 다른 내용일 수 있다.

他的病比以前好多了。
그의 병이 이전보다 훨씬 좋아졌다.
天气比前几天暖和了一些。
날씨가 며칠 전보다 좀 따뜻해졌다.

위의 '他的病'과 '以前', '天气'와 '前几天'은 서로 비교할 수 없는 전혀 다른 개념이다. 그러나 중국어에서는 이러한 비교가 곧잘 사용된다. 이는 우리말의 현상과 동일하다.

8.10.2 '有' 비교문

'有'자문은 비교를 나타내는 경우가 있다. 이러한 문형을 '有' 비교문이라고 한다. '有' 비교문은 비교 대상인 주어가 비교 기준인 '有'의 빈어의 정도에 도달했음을 나타낸다. '有' 비교문의 구조는 다음과 같다.

주어 + 有 + 비교 기준 + (这么, 那么) + 비교 내용

다음은 '有' 비교문이다.

弟弟有哥哥高了。

동생이 형만큼 키가 컸습니다.
这棵树有那座楼那么高了。
이 나무는 그 건물만큼 자랐습니다.

위는 '有' 비교문의 긍정형이다. 그러나 '有' 비교문은 주로 의문문이나 부정문으로 사용된다. 다음은 의문문이다.

他有你高吗?
그 애가 너만큼 키가 크니?
他有你这么好吗?
그 사람이 너만큼 이렇게 착하니?
小王有没有小李那么高?
샤오왕은 샤오리만큼 그렇게 키가 크니?

'有' 비교문의 부정형은 '没有'이다. 다음은 '有' 비교문의 부정문이다.

他没有你高。
그 사람은 너만큼 키가 크지 않아.
他没有你这么高。
그 사람은 너만큼 이렇게 키가 크지 않아.
我没有他那么认真。
저는 그 사람만큼 그렇게 진지하지 못합니다.

'有' 비교문의 비교 내용은 다음과 같이 동사구로 표현될 수도 있다.

你有他那么喜欢音乐吗?
너는 그 사람만큼 그렇게 음악을 좋아하니?
我没有你这么会唱歌。
나는 너만큼 이렇게 노래를 잘하지 못해.

'有' 비교문은 '比' 비교문과 다음과 같은 차이가 있다.

我不比他高。
나는 그보다 크지는 않다.

위의 의미는 '나의 키가 그와 같거나 작다'이다. 그러므로 이 말에는 '나의 키가 그와 같을 수도 있다'는 의미가 포함되어 있다. 만약 '나의 키가 그보다 작다'라는 의미만을 나타내려 한다면 다음과 같이 말해야 한다.

我没有他那么高。
나는 키가 그처럼 그렇게 크지 않다.

이러한 이유로 많은 어법서에서는 '比' 비교문의 부정형을 '没有……这么(那么)' 형식으로 설명하고 있다.
'(没)有……这么(那么)……'는 정도보어의 일부가 될 수 있다.

我起得没有他那么早。
저는 그 사람만큼 그렇게 일찍 일어나지 못합니다.
我说汉语说得没有你这么流利。
나는 중국어를 너만큼 이렇게 유창하게 말하지 못해.

비교 내용이 정도보어인 경우에 '(没)有'는 비교 기준의 앞에 나올 수도 있다. 이 경우에 '(没)有' 다음에 나오는 부분은 '(没)有'의 빈어가 된다.

汉字你有他写得那么好吗?
한자를 너는 그 사람만큼 그렇게 잘 쓰니?
(=한자를 너는 [그 사람이 그렇게 잘 쓰는 수준을] 가지고 있니?)
我没有他说得那么流利。
저는 그 사람만큼 그렇게 유창하게 말하지 못합니다.
(=저는 [그 사람이 그렇게 유창하게 말하는 수준을] 가지고 있지 못합니다.)

8.10.3 '跟……一样' 비교문

다음 우리말의 '와'를 주의하여 보자.

(1) 영희와 철수는 같은 반이다.
(2) 영희는 철수와 다투었다.

위 (1)에서는 '영희와 철수'가 주어이다. 그러나 (2)에서는 '영희'만이 주어이고, '철수'는 다툰 대상이다. '와'가 이와 같이 다른 의미를 나타내는 이유는, (1)의 '와'는 앞뒤의 말을 이어주는 접속사이며, (2)의 '와'는 대상을 나타내는 조사이기 때문이다. 이와 같이 우리말 '와'는 접속사로 사용되기도 하며, 대상을 나타내는 조사로 사용되기도 한다. 중국어의 '跟'도 우리말 '와'와 같이 접속사로 사용되기도 하며, 전치사로 사용되기도 한다.

다음을 보자.

我跟他一样高。
a. 나와 그는 똑같이 크다.
b. 나는 그와 키가 같다.

위는 (a,b)의 두 가지 의미를 갖는다. (a)에서는 '我跟他'가 주어로서, '跟'은 접속사이고, (b)에서는 '我'만이 주어이며, '跟他'는 전치사구이다. '跟'이 접속사나 전치사 중에 어떤 용법으로 사용되었는지는 말할 때의 언어 환경에 따라 결정된다. 먼저 '跟'이 전치사로 사용되는 경우를 보기로 하자.

'A跟B一样' 형식은 사람이나 사물의 동일성을 나타낸다.

这个杯子跟那个杯子一样。
이 컵은 그 컵과 같다.
这把椅子跟那把椅子一样。
이 의자는 그 의자와 같다.

'A跟B一样C' 형식에서 'C'는 동일한 내용을 나타낸다.

我跟他一样高。
나는 그와 키가 같습니다.
这本书跟那本书一样贵。
이 책은 그 책과 똑같이 비싸다.

‘C’에는 일반적으로 형용사가 오지만 경우에 따라 동사구가 오는 경우도 있다. 다음의 밑줄 친 부분은 동사구이다.

他跟我一样喜欢打球。
그 사람은 나처럼 공 치는 것을 좋아합니다.
爷爷跟奶奶一样爱孙子。
할아버지는 할머니와 마찬가지로 손자를 사랑합니다.

‘跟B一样(C)’ 형식은 정도보어가 될 수 있다. 다음의 밑줄 친 부분은 정도보어이다.

汉语他说得跟北京人一样。
중국어를 그는 베이징 사람과 똑같이 말한다.
这个问题他回答得跟你一样正确。
이 문제에 대하여 그는 너처럼 정확하게 대답했다.

‘跟B一样(C)’ 형식은 이상과 같이 대개 부사어나 정도보어로 사용되지만 경우에 따라 관형어로 사용될 수도 있다. 다음의 밑줄 친 부분은 관형어이다.

我想买一件跟你这件一样的衣服。
나는 너의 이 옷과 똑같은 옷을 한 벌 사고 싶다.
我要借一本跟他那本一样的词典。
나는 그의 저 사전과 똑같은 사전을 한 권 빌려야겠다.

‘跟’이 전치사로 쓰였다면 ‘A跟B一样(C)’의 부정형은 ‘A不跟B一样(C)’이다.

她不跟他一样高。
그녀는 그 사람과 키가 같지 않습니다.

这本书不跟那本书一样贵。
이 책은 그 책처럼 비싸지 않습니다.

'跟'이 전치사이고, 'A,B'가 동일한 사람이나 사물을 지칭한다면 'B'의 명사는 생략될 수 있다.

这只花瓶跟那只(花瓶)一样。
이 화병은 저것과 똑같다.
他的西服跟我的(西服)一样。
그의 양복은 내 것과 똑같다.

이제 '跟'이 접속사로 쓰인 경우를 보기로 하자.
'跟'이 접속사로 쓰였다면 'A跟B一样(C)'의 부정형은 'A跟B不一样(C)'이다.

这方面我跟他不一样。
이 부분은 나와 그는 같지 않다.
他的意见跟我的意见不一样。
그의 의견과 나의 의견은 같지 않다.

他跟我不一样高。
그와 나는 키가 같지 않다.
这本书跟那本书不一样厚。
이 책과 그 책은 두께가 같지 않다.

그러나 다음과 같은 경우가 있다. '不'의 위치에 주의하자.

这把椅子跟那把椅子一样不舒服。
이 의자와 저 의자는 똑같이 불편하다.
这里的天气跟那里的天气一样不好。
이곳의 날씨와 저곳의 날씨는 똑같이 나쁘다.

위의 '跟'도 접속사로 사용되었지만 외형상 'A跟B一样不C'의 형식을 취하고 있다. 그러나 여기에 나온 '不舒服, 不好'는 부정접두형용사이므로 하나의 단어이지 부정형이 아니다. 그러므로 실제로는 'A跟B一样C'의 형식과 동일하다.

'跟'이 접속사이고, 'A,B'가 동일한 사람이나 사물을 지칭한다면 'A'의 명사는 생략될 수 있다.

这件衣服(的颜色)跟那件衣服的颜色一样。
이 옷과 저 옷의 색깔은 같습니다.
这个东西(的价格)跟那个东西的价格一样。
이 물건과 저 물건의 가격은 같습니다.

8.10.4 '像' 비교문

'像'은 '像……这么(那么)……' 형식으로 대상이 유사함을 나타낸다.

他像小王那么爱开玩笑。
그는 샤오왕처럼 그렇게 농담하는 것을 좋아한다.
他像小王那么喜欢看电视。
그는 샤오왕처럼 그렇게 텔레비전 보는 것을 좋아합니다.

'像……这么(那么)……'의 부정형은 '不像……这么(那么)……'이다.

他不像你这么瘦。
그 사람은 너처럼 이렇게 마르지 않았어.
他不像你这么爱开玩笑。
그 사람은 너처럼 이렇게 농담하는 것을 좋아하지 않아.

'像'의 긍정형과 부정형을 반복하여 선택의문형을 만들 수 있다.

北京像不像南京那么热?
베이징은 난징처럼 그렇게 덥습니까?
他像不像你这么会利用时间?
그가 너처럼 이렇게 시간을 잘 활용할 수 있을까?

8.10.5 ‘不如’ 비교문

‘A不如B’는 ‘A는 B만 못하다’라는 의미로 사용된다.

这个不如那个。
이것이 그것만 못합니다.
在学习方面，我不如他。
공부에 있어서는 저는 그 사람만 못합니다.

‘B’에는 비교의 내용이 포함될 수 있다.

走路不如骑车快。
걷는 것은 자전거를 타는 것만큼 빠르지 못합니다.
我的汉语水平不如他高。
저의 중국어 수준은 그 사람만큼 높지 못합니다.

‘A,B’는 동사구일 수도 있다.

你来不如我去。
네가 오는 것이 내가 가는 것만 못하다.
坐车去不如骑车去。
차를 타고 가는 것이 자전거를 타고 가는 것만 못하다.

‘A不如B’는 동일한 사물의 변화 상태를 비교할 수 있다.

他的身体不如从前了。
그의 몸이 예전만 못합니다.
他不如前几年健康了。
그는 몇 년 전만큼 건강하지 못합니다.

‘不如B’는 정도보어가 될 수 있다. 다음의 밑줄 친 부분은 정도보어이다.

这张照片照得不如那张好。
이 사진은 저 사진만큼 잘 찍지 못했습니다.
我说汉语说得不如他流利。
저는 중국어를 그 사람만큼 유창하게 하지 못합니다.

'A,B'에 동일한 내용이 나오면 'B'의 내용을 생략할 수 있다.

我的汉语水平不如他的汉语水平高。
→ 我的汉语水平不如他高。
저의 중국어 수준은 그 사람만큼 높지 못합니다.
我写汉字不如他写汉字写得好。
→ 我写汉字不如他写得好。
저는 한자를 그 사람만큼 잘 쓰지 못합니다.

8.11 '来去'문[来去句]

'来去'문은 연동문(连动文)의 하나로서, 다른 동사 앞에 '来, 去'가 오는 문형을 말한다. 다음은 모두 '来去'문이다.

你来做饭吧!
네가 (와서) 밥을 해라!
你来帮我吧!
당신이 (와서) 나를 도와주세요!

我去买些东西。
저는 (가서) 물건을 좀 사려고요.
明天我去看电影。
내일 저는 (가서) 영화를 봅니다.

위의 예문에서 '来, 去'를 우리말로 번역하면 그 문장이 자연스럽지 않다. 그러나 우리말에서는 필요 없는 '来, 去'가, 중국어에서는 사용되어야 하는 경우가 있다. 이제 '来, 去'는 무슨 기능을 하는지를 살펴보기로 하자. 이에 대한 중국인의 사유 형태를 이해하기 위하여 다음 우리말을 보자.

(1) 네가 와서 청소 좀 해라.
(2) 네가 가서 청소 좀 해라.
(3) 네가 청소 좀 해라.

위의 (1)은 화자가 있는 곳으로 이동해 와서 청소하라는 것이고, (2)는 다른 곳으로 이동해 가서 청소하라는 것을 나타낸다. 그러나 이러한 경우에 한국인은 흔히 (3)과 같이 말하기도 한다. (3)에는 어디로 이동하라는 요구가 없다. (3)을 이해하기 위하여 다시 다음을 보자.

(4) (너는 거기서 뭐하지? 이곳이 더럽잖아,) 네가 청소 좀 해라.
(5) (너는 여기서 뭐하지? 저곳이 더럽잖아,) 네가 청소 좀 해라.

위의 (4)는 화자가 있는 곳으로 이동해 와서 청소하라는 것이고, (5)는 화자로부터 떨어져 있는 다른 곳으로 이동해 가서 청소하라는 것을 나타낸다. 이를 보면 (3)은 오거나 가는 이동을 모두 나타낸다는 것을 알 수 있다. 실제의 대화에서 한국인은 (1,2)보다는 (3)의 형식을 더욱 선호한다. 다음 우리말을 보자.

(6) 내일은 축구나 해야겠어.

위의 (6)을 '내일은 가서 축구나 해야겠어'라고 말하면 오히려 이상하다. 그러나 중국인은, 행위가 발생하기 위해서는, 행위가 발생하는 처소에 행위자가 존재하고 있어야 한다는 사유 형태를 가지고 있다. 그러므로 행위자가 행위 발생의 처소에 있지 않는 경우에는 '来, 去'를 사용하여 행위 발생의 처소로 먼저 이동하는 것을 나타내 주어야 한다. 다음은 우리말을 중국어식으로 나타낸 것이다. 이를 보며 중국인의 사유 형태를 익혀 보자.

우리말 1 : 내가 그를 전송하겠습니다.
중국어 1 : 내가 <u>가서</u> 그를 전송하겠습니다.

(='가서'는, 기차역 등의 전송하는 처소로 이동해 가는 것을 표시)

위의 우리말 (1)에는 존재하지 않는 '가서'가 중국어 (1)에는 존재한다. 그 이유는, 중국인은 전송하기 위해서는 전송하는 행위가 발생하는 기차역 등으로 먼저 가 있어야 한다고 생각하기 때문이다.

우리말2 : 내가 당신을 돕겠습니다.
중국어2 : 내가 와서 당신을 돕겠습니다.
(='와서'는, 돕는 행위를 하는 처소로 이동해 오는 것을 표시)

위의 우리말 (2)에 존재하지 않는 '와서'가 중국어 (2)에는 존재한다. 그 이유는, 중국인은 돕는 행위를 하기 위해서는 돕는 행위가 발생하는 처소로 먼저 이동해 있어야 한다고 생각하기 때문이다.

위와 같은 사유 형태를 바탕으로 하여 다음 중국어를 살펴보자.

(7) 你来帮我, 太谢谢了。
네가 (와서) 도와주니 정말 고맙구나.

(8) 如果你来打扫, 那就谢谢你了。
당신이 (와서) 청소해 준다면 고맙겠습니다.

위의 (7)은 다른 곳에 있던 사람이, 도와주는 곳으로 이동해 와서 돕는 행위를 하는 것을 나타낸다. (7)의 '来'는 이러한 이동을 나타낸다. 우리말 번역을 보면 '와서'는 반드시 필요한 것은 아니다. 우리말에서는 이러한 이동이 필수적으로 요구되지는 않기 때문이다. (8)의 '来'도 다른 곳에 있는 사람이 청소를 하는 곳으로 이동해 와서 청소를 하는 것을 나타낸다. 다음을 보자.

(9) 你来做饭吧!
네가 (와서) 밥 좀 해라!

(10) 你来看一下吧!
당신이 (와서) 한번 보세요!

(9)는 다른 곳에 있는 상대방에게 이곳으로 와서 밥을 해 달라는 말이며, (10)은 역시 다른 곳에 있는 사람이 이곳으로 와서 보기를 요구하는 말이다. 이와 같이 청자가 행위의 발생 처소에 있지 않으면 '来'는 필수적으로 요구된다. 만약 청자가 바로 옆에 있다면 다음과 같이 말해도 된다.

你做饭吧!
네가 밥을 좀 해라!
你看一下吧!
당신이 한번 보세요!

다음을 보며 '来'의 용법을 익혀 보자.

你来尝尝!
(와서) 맛 좀 보세요!
你来说说!
(와서) 말씀 한번 하세요!
他每天都来教我汉语。
그는 매일 (와서) 나에게 중국어를 가르친다.
他每天都来跟我一起吃饭。
그는 매일 (와서) 나와 함께 식사한다.

이제 '去'가 사용되는 경우를 보기로 하자.

(11) 去吃饭吧!
(가서) 식사합시다!
(12) 明天咱们去看电影吧!
내일은 우리 (가서) 영화를 봅시다!

(11)은 화자나 청자가 식당 이외의 처소에 있으면서, 식당으로 이동해 가서 식사하자는 것을 나타내는 말이다. 만약 두 사람이 식당에서 '(자, 식사가 나왔으니) 식사합시다'라는 경우라면 '咱们吃饭吧!'라고 말한다. 이 경우에는 행위자가 이미 행위 발생의 처소에 있으므로

'去'가 필요 없기 때문이다. (12)에서 화자가 영화를 보기 위해서는 극장에 있어야만 한다. '去'는 극장으로 이동해 가는 것을 표시한다. 만약 극장 안에서 '(영화가 시작되었으니) 영화를 봅시다'라는 경우라면 '咱们看电影吧!'라고 말한다. 이 경우에는 처소의 이동이 필요 없기 때문이다. 다음을 보자.

(13) 我们先去买票，然后去吃饭好吗?
우리 먼저 (가서) 표를 사고 나서 (가서) 식사해도 좋겠지요?

(13)에는 두 개의 '去'가 나와 있다. 첫 번째 '去'는 '买票'라는 행위를 하기 위하여 표를 살 수 있는 매표구로 이동해 가는 것을 나타내며, 두 번째 '去'는 표를 사고 난 이후에 '吃饭'이라는 행위를 하기 위하여 다시 식사를 할 수 있는 처소로 이동해 가는 것을 나타낸다. 이와 같이 다수의 행위가 실행되더라도 행위자가 그 동작이 실행되는 처소에 있지 않으면 행위자는 반드시 실행의 처소로 먼저 이동해야 한다. 이것이 중국인의 사유 형태이다.

다음을 보며 '去'의 용법을 익혀 보자.

你去喝茶吧。
당신은 (가서) 차를 드시지요.
你去休息休息。
당신은 (가서) 좀 쉬십시오.
你去接电话吧。
당신이 (가서) 전화를 받으시지요.

我每天都去教他汉语。
나는 매일 (가서) 그에게 중국어를 가르친다.
我每天都去跟他一起吃饭。
나는 매일 (가서) 그와 함께 식사한다.

다음 영어를 보자.

May I come in?
들어가도 좋습니까?
Can I come to your party?
당신네 파티에 가도 될까요?
I'm coming.
제가 지금 가고 있습니다.

'come'은 '오다'라는 뜻이지만 위에서는 모두 '가다'라는 의미로 사용되어 있다. 이러한 말은 모두 상대방의 입장에서 하는 말이다. 내가 상대방에게 '가는 행위'는 상대의 입장에서 보면 '자기에게로 오는 행위'가 되기 때문이다. 이와 같은 현상이 중국어에도 있다.

중국인은 언어 생활에서 상대를 존중하여 말하는 습관이 있다. 이 경우에는 화자가 스스로 청자의 입장에 있다고 생각한다. 따라서 '상대방에게 가는 것'이 상대방의 입장에서 보면 '자기에게 오는 것'이 된다. 이러한 이유로 '상대방에게 가는 행위'를 '去'가 아니라 '来'로 나타내는 경우가 있다. 다음을 보자.

(11) 我来帮你吧。
내가 (네가 있는 곳으로 와서) 너를 도와줄게.

(11)은 화자가 돕는 행위를 하는 처소로 이동해 가서 청자를 돕는 것을 나타낸다. 이러한 경우에는 논리적으로 '去'를 사용해야 한다. 그러나 이런 경우에 중국인은 '去'보다 '来'를 선호한다. 그 이유는, 자신을 상대방의 입장에 놓고 사유하기 때문이다. 그러므로 '去'가 사용되어야 할 곳에 '来'가 사용되면, 이 '来'는 상대방에 대한 존중의 감정을 나타내게 된다. 다음을 보자.

(12) 我来接电话。
제가 전화를 받지요.
(13) 晚饭我来做。
저녁은 제가 할게요.

(12)는 상대방 쪽으로 이동해 와서 전화를 받겠다는 말이며, (13)은 자녀가, 집에 있거나 혹은 밖에 있는 부모에게 저녁밥은 자기가 집에 와서 하겠다는 것을 나타내는 말이다. 이

경우에도 '来'는 상대방의 입장을 존중하여 상대방이 있는 곳으로 이동함을 나타낸다.

이러한 '来'는 상대방의 심리적 공간으로 이동하는 것을 나타내기도 한다.

(14) 我来介绍一下!
　　제가 소개하겠습니다!

(15) 我来说明一下!
　　제가 설명하겠습니다!

상대방이 멀리 떨어진 곳에 있다면 (14,15)의 '来'는 상대방에게 실제적으로 이동해 오는 것을 나타낸다. 그러나 (14,15)는 상대방이 바로 옆에 있는 경우에도 사용된다. 이때의 '来'는 상대방을 존중하는 입장에서 상대방의 심리적 공간으로 이동해 오는 것을 나타낸다. 그러므로 이러한 '来'는 상대방에게 친근감이나 부드러운 어감을 주는 표현이 된다. 그러므로 (14,15)에서 '来'를 제거하고 말하면 중국인은 상대가 불손하다는 느낌을 받는다.

중국어에서는 이와 같이 행위가 발생하는 처소가 생길 때마다 처소 이동을 나타내는 '来, 去'가 동사 앞에 나와야 한다. 이러한 문장을 '来去文'이라고 한다.

8.11.1 '来去'문의 특성

'来去'문의 '来, 去'는 '了, 过'와 같은 조사를 취할 수 없다.

*昨天他来了做中国菜。
→昨天他来做了中国菜。
　어제 그가 와서 중국 요리를 했다.
*去年他来过做中国菜。
→去年他来做过中国菜。
　작년에 그 사람이 와서 중국 요리를 한 적이 있습니다.

'来去'문의 '来, 去'는 전치사구의 앞에 나온다.

*他向我来报告。
→他来向我报告。

그 사람이 제게 보고를 합니다.

*你跟他来谈吧。

→你来跟他谈吧。

네가 그 사람과 얘기해 보렴.

'来去'문에서 부정을 나타내는 '不, 没(有)'는 '来, 去' 앞에 온다. 이동이 부정되면 행위는 자동적으로 발생하지 않기 때문이다.

你为什么不去找她?

너는 왜 그녀를 찾아가지 않지?

这两天, 我没去看他。

이 며칠 나는 그를 보러 가지 않았다.

'来去'문을 선택의문문으로 바꿀 때에는 '来, 去'를 반복하여 이동 여부를 묻는다. 이동 여부가 결정되지 않으면 행위가 실현될 수 없기 때문이다.

*你去送不送他?

→你去不去送他?

그 사람 배웅하러 가실 겁니까?

*你去看不看电影?

→你去不去看电影?

영화 보러 갈 겁니까?

'来去'문에는 정도보어가 나올 수 없다. 왜냐하면 정도보어문에서는 행위 결과로서의 정도만이 강조될 뿐 행위의 실현이 문제되지 않으므로, 행위 실현의 전제 조건인 처소 이동이 필요하지 않기 때문이다.

*他来把那件衣服洗得很干净。

*他去把那件衣服洗得很干净。

'来去'문에는 가능보어가 나올 수 없다. 왜냐하면 가능보어문에서는 행위의 가능성만이 강조될 뿐 행위의 실현 여부가 문제되지 않으므로, 행위 실현의 전제 조건인 처소 이동이 필요하지 않기 때문이다.

*那件事我来做得完。
*那件事我去做得完。

8.11.2 '来, 去'의 대동사(代动词) 기능

'来, 去'에는 대동사(代动词)의 기능이 있다. 대동사는 영어의 'do'와 같이 다른 동사의 의미를 대신 나타내는 동사를 뜻한다. 다음을 보자.

(1) 谁做饭?
누가 밥을 하지?
－我来。
제가 할게요.

(2) 谁能处理这件事?
누가 이 일을 할 수 있지?
－我来。
제가 할 수 있습니다.

(3) 今天我请客。
오늘은 식사는 제가 삽니다.
－不, 我来。
아닙니다. 제가 사겠습니다.

위의 (1)의 '来'는 '做饭'을 대신하며, (2)의 '来'는 '能处理这件事'를 대신하고, (3)의 '来'는 '请客'를 대신한다. '去'도 대동사의 기능을 할 수 있다. 다음을 보자.

(4) 明天打篮球, 小王来不了。
내일 농구를 하려는데 샤오왕이 올 수 없다는군.
－我去。
내가 갈게.

(5) 那边儿正在搬东西, 要几个人帮忙。
저기서 물건을 나르고 있는데, 몇 사람이 도와주어야겠어요.
－我去。

제가 가지요.

위의 (4)의 '去'는 '去打篮球'를 대신하며, (5)의 '去'는 '去帮忙'을 대신한다.

부록

<한어병음자모(汉语拼音字母) 쓰는 법과 표점 부호의 사용법>

한어병음자모(汉语拼音字母)는 한자의 발음 표시 부호이다. 중국 정부는 이의 사용법을 규정하여 공포하였다.

다음은 1988년에 중국의 국가교육위원회와 국가어언문자공작위원회가 발표한 <한어병음정서법기본규칙(汉语拼音正写法基本规则)>이다. 한어병음자모의 표기는 이 규칙을 따르게 되어 있다.

一. 한어병음자모(汉语拼音字母)의 표기법

0. 총원칙

0.1 중국어를 한어병음자모로 표기할 때는 기본적으로 단어를 단위로 한다.

rén（人）	pǎo（跑）
hǎo（好）	hé（和）
hěn（很）	fúróng（芙蓉）
qiǎokèlì（巧克力）	péngyou（朋友）
yuèdú（阅读）	dìzhèn（地震）
niánqīng（年经）	zhòngshì（重视）
wǎnhuì（晚会）	qiānmíng（签名）

shìwēi（示威）　　niǔzhuǎn（扭转）
chuánzhī（船只）　　dànshì（但是）
fēicháng（非常）　　diànshìjī（电视机）
túshūguǎn（图书馆）

0.2 완전한 하나의 개념을 나타내는 쌍음절이나 3음절 구조는 이어 쓴다.

gāngtiě（钢铁）　　wèndá（问答）
hǎifēng（海风）　　hóngqí（红旗）
dàhuì（大会）　　quánguó（全国）
zhòngtián（种田）　　kāihuì（开会）
dǎpò（打破）　　zǒulái（走来）
húshuō（胡说）　　dǎnxiǎo（胆小）
qiūhǎitáng（秋海棠）　　àiniǎozhōu（爱鸟周）
duìbuqǐ（对不起）　　chīdexiāo（吃得消）

0.3 완전한 하나의 개념을 나타내는 4음절 이상의 명칭은 단어(또는 어절)별로 띄어 쓰고, 단어(혹은 어절)을 구분할 수 없으면 전체를 이어 쓴다.

wúfèng gāngguǎn（无缝钢管）
huánjìng bǎohù guīhuà（环境保护规划）
jīngtǐguǎn gōnglǜ fàngdàqì（晶体管功率放大器）
Zhōnghuá Rénmín Gōnghéguó（中华人民共和国）
Zhōngguó Shèhuì Kēxuéyuàn（中国社会科学院）

다음은 단어별로 구분할 수 없는 경우이다.

yánjiūshēngyuàn（研究生院）
hóngshízìhuì（红十字会）
yúxīngcǎosù（鱼腥草素）
gǔshēngwùxuéjiā（古生物学家）

0.4 단음절 단어의 중첩형은 이어 쓰고, 쌍음절 단어의 중첩형은 띄어 쓴다.

rénrén（人人）	niánnián（年年）
kànkan（看看）	shuōshuo（说说）
dàdà（大大）	hónghóng de（红红的）
gègè（个个）	tiáotiáo（条条）

yánjiū yánjiū（研究研究）
chángshì chángshì（尝试尝试）
xuěbái xuěbái（雪白雪白）
tōnghóng tōnghóng（通红通红）

중첩형이 병렬된 AABB식 구조는 그 사이에 횡선을 사용한다.

láilai-wǎngwǎng（来来往往）
shuōshuo-xiàoxiào（说说笑笑）
qīngqīng-chǔchǔ（清清楚楚）
wānwān-qūqū（弯弯曲曲）
jiājiā-hùhù（家家户户）
qiānqiān-wànwàn（千千万万）

0.5 읽기에 쉽거나 이해를 돕기 위하여 횡선을 쓰는 경우도 있다.

huán-bǎo（环保－环境保护）
gōng-guān（公关－公共关系）
bā-jiǔ tiān（八九天）
shíqī-bā suì（十七八岁）
rén-jī duìhuà（人机对话）
zhōng-xiǎoxué（中小学）
lù-hǎi-kōngjūn（陆海空军）
biànzhèng-wéiwùzhǔyì（辩证唯物主义）

1. 명사(名词)

1.1 명사와 단음절 접두사(副, 总, 非, 反, 超, 老, 阿, 可, 无 등)는 이어 쓰며, 명사와 단음절 접미사(子, 儿, 头, 性, 者, 员, 家, 手, 化, 们 등)도 이어 쓴다.

단음절 접두사와 명사

fùbùzhǎng（副部长）
fēijīnshǔ（非金属）
chāoshēngbō（超声波）
zǒnggōngchéngshī（总工程师）
fǎndàndào dǎodàn（反弹道导弹）
fēiyèwù rényuán（非业务人员）

단음절 접미사와 명사

zhuōzi（桌子）
chéngwùyuán（乘务员）
kēxuéxìng（科学性）
háizimen（孩子们）
mùtou（木头）
yìshùjiā（艺术家）
xiàndàihuà（现代化）
tuōlājīshǒu（拖拉机手）

1.2 명사(名词)와 그 뒤에 오는 방위사(方位词)는 띄어 쓴다.

shān shàng（山上）
shù xià（树下）
mén wài（门外）
mén wàimian（门外面）
hé li（河里）
hé lǐmian（河里面）
huǒchē shàngmian（火车上面）
xuéxiào pángbiān（学校旁边）
Yǒngdìng Hé shàng（永定河上）
Huáng Hé yǐnán（黄河以南）

그러나 이미 하나의 단어로 쓰이는 것은 이어 쓴다.

tiānshang（天上）
dìxia（地下）

kōngzhōng (空中)　　　　hǎiwài (海外)

1.3 중국인의 성명은 성과 이름을 띄어 쓰며, 성과 이름의 첫 글자는 대문자로 쓴다. 필명과 별명 등은 성명을 표기하는 방법과 동일하게 처리한다.

Lǐ Huá (李华)　　　　Wáng Jiànguó (王建国)
Dōngfāng Shuò (东方朔)　　　　Zhūgě Kǒngmíng (诸葛孔明)
Lǔ Xùn (鲁迅)　　　　Méi Lánfāng (梅兰芳)
Zhāng Sān (张三)　　　　Wáng Mázi (王麻子)

성명과 직책, 호칭 등은 띄어 쓰며, 직책과 호칭 등의 첫 글자는 소문자로 쓴다.

Wáng bùzhǎng (王部长)　　　　Tián zhǔrèn (田主任)
Lǐ xiānsheng (李先生)　　　　Zhào tóngzhì (赵同志)

'老', '小', '大', '阿' 등의 호칭은 첫 자모를 대문자로 쓴다.

Xiǎo Liú (小刘)　　　　Lǎo Qián (老钱)
Dà Lǐ (大李)　　　　A Sān (阿三)
Wú Lǎo (吴老)

이미 고유명사화한 호칭은 이어 쓰고, 첫 글자는 대문자로 쓴다.

Kǒngzǐ (孔子)　　　　Bāogōng (包公)
Xīshī (西施)　　　　Mèngchángjūn (孟尝君)

1.4 중국어 지명은 중국지명위원회(中国地名委员会)의 <중국지명한어병음자모병서규칙[汉语地名部分]>의 규정에 의하여 표기한다.

중국어의 지명 가운데 고유명사와 일반 명칭은 띄어 쓰며, 띄어 쓰는 부분의 첫 글자는 대문자로 쓴다.

Běijīng Shì（北京市）
Héběi Shěng（河北省）
Yālǜ Jiāng（鸭绿江）
Tài Shān（泰山）
Dòngtíng Hú（洞庭湖）
Táiwān Hǎixiá（台湾海峡）

고유명사와 일반 명칭의 단음절 부가 성분은 연관성이 있는 부분과 이어 쓴다.

Xīliáo Hé（西辽河）
Jǐngshān Hòujiē（景山后街）
Cháoyángménnèi Nánxiǎojiē（朝阳门内南小街）

자연적으로 이루어진 마을 이름은 고유명사와 일반 명칭을 이어 쓰며, 그 밖에 고유명사와 일반 명칭의 구분이 필요 없는 고유명사와 일반 명칭도 이어 쓴다.

Wángcūn（王村）
Jiǔxiānqiáo（酒仙桥）
Zhōukǒudiàn（周口店）
Sāntányìnyuè（三潭印月）

1.5 외국의 인명이나 지명은 로마자로 표기한다. 로마자로 표기되어 있지 않은 인명이나 지명은 로마자로 바꾸어 표기한다. 읽기 편하게 하기 위하여 원문 뒤에 한자나 그 한자의 한어병음(汉语拼音)을 표기해도 되며, 특별한 경우에는 먼저 그 한자의 한어병음을 쓰거나 그 한자의 한어병음만 표기해도 된다.

Ulanhu（乌兰夫）
Seypidin（赛福鼎）
Marx（马克思）
Darwin（达尔文）
Newton（牛顿）
Einstein（爱因斯坦）
Akutagawa Ryunosuke（芥川龙之介）
Urümqi（乌鲁木齐）
Hohhot（呼和浩特）
Lhasa（拉萨）
London（伦敦）
Paris（巴黎）
Washington（华盛顿）
Tokyo（东京）

중국어로 음역된 명사는 한자음에 의거하여 표기한다.

Fēizhōu（非洲）　　Nánměi（南美）
Déguó（德国）　　Dōngnányà（东南亚）

2. 동사(动词)

2.1 동사(动词)와 '着', '了', '过'는 이어 쓴다.

kànzhe（看着）　　jìnxíngzhe（进行着）
kànle（看了）　　jìnxíngle（进行了）
kànguo（看过）　　jìnxíngguo（进行过）

문장의 끝에 오는 '了'는 띄어 쓴다.

Huǒchē dào le.（火车到了。）

2.2 동사(动词)와 빈어(宾语)는 띄어 쓴다.

kàn xìn（看信）　　chī yú（吃鱼）
kāi wánxiào（开玩笑）　　jiāoliú jīngyàn（交流经验）

동빈이합동사(动宾离合动词)의 중간에 다른 성분이 오면 띄어 쓴다.

jūle yī gè gōng（鞠了一个躬）
lǐguo sān cì fà（理过三次发）

2.3 동사(动词)(혹은 형용사)와 보어(补语)는 두 가지가 모두 단음절이면 이어 쓰고, 나머지 경우에는 띄어 쓴다.

gǎohuài（搞坏）　　dǎsǐ（打死）
shútòu（熟透）　　jiànchéng（建成[楼房]）
huàwéi（化为[蒸气]）　　dàngzuò（当做[笑话]）
zǒu jinlai（走进来）　　zhěnglǐ hǎo（整理好）
jiànshè chéng（建设成[公园]）　　gǎixiě wéi（改写为[剧本]）

3. 형용사(形容词)

3.1 단음절 형용사와 중첩된 접두 성분은 이어 쓰며, 단음절 형용사와 중첩된 접미 성분도 이어 쓴다.

mēngmēngliàng（蒙蒙亮）	liàngtāngtāng（亮堂堂）

3.2 형용사(形容词)와 그 뒤에 오는 '些', '一些', '点儿', '一点儿'은 띄어 쓴다.

dà xiē（大些）	dà yīxiē（大一些）
kuài diǎnr（快点儿）	kuài yīdiǎnr（快一点儿）

4. 대사(代词)

4.1 복수를 나타내는 '们'과 그 앞의 대사(代词)는 이어 쓴다.

wǒmen（我们）	tāmen（他们）

4.2 지시대사 '这', '那', 의문대사 '哪'와 명사(名词) 혹은 양사(量词)는 띄어 쓴다.

zhè rén（这人）	nà cì huìyì（那次会议）
zhè zhī chuán（这只船）	nǎ zhāng bàozhǐ（哪张报纸）

'这', '那', '哪'와 '些', '么', '样', '般', '里', '边', '会儿', '个'는 이어 쓴다.

zhèxiē（这些）	zhème（这么）
nàyàng（那样）	zhèbān（这般）
nàli（那里）	nǎli（哪里）
zhèbiān（这边）	zhèhuìr（这会儿）
zhège（这个）	zhèmeyàng（这么样）

4.3 '各', '每', '某', '本', '该', '我', '你' 등과 그 뒤에 오는 명사(名词)나 양사(量词)는

띄어 쓴다.

gè guó（各国） gè gè（各个）
gè rén（各人） gè xuékē（各学科）
měi nián（每年） měi cì（每次）
mǒu rén（某人） mǒu gōngchǎng（某工厂）
běn shì（本市） běn bùmén（本部门）
gāi kān（该刊） gāi gōngsī（该公司）
wǒ xiào（我校） nǐ dānwèi（你单位）

5. 수사(数词)와 양사(量词)

5.1 11에서 99까지의 정수는 이어 쓴다.

shíyī（十一） shíwǔ（十五）
sānshísān（三十三） jiǔshíjiǔ（九十九）

5.2 '百', '千', '万', '亿'와 그 앞에 오는 1의 자릿수는 이어 쓰고, '万', '亿'와 그 앞에 오는 10자리 이상의 수는 띄어 쓴다.

jiǔyì líng qīwàn èrqiān sānbǎi wǔshíliù（九亿零七万二千三百五十六）
liùshísān yì qīqiān èrbǎi liùshíbā wàn sìqiān líng jiǔshíwǔ（六十三亿七千二百六十八万四千零九十五）

5.3 서수를 나타내는 '第'와 그 뒤에 오는 수사(数词)는 횡선으로 연결한다.

dì-yī（第一）
dì-shísān（第十三）
dì-èrshíbā（第二十八）
dì-sānbǎi wǔshíliù（第三百五十六）

5.4 수사(数词)와 양사(量词)는 띄어 쓴다.

liǎng gè rén（两个人）
yī dà wǎn fàn（一大碗饭）
liǎng jiān bàn wūzi（两间半屋子）
wǔshísān réncì（五十三人次）

개략적인 수를 나타내는 '多', '来', '几'와 수사(数词) 및 양사(量词)는 띄어 쓴다.

yībǎi duō gè（一百多个）
jǐ jiā rén（几家人）
shí lái wàn rén（十来万人）
jǐ tiān gōngfu（几天工夫）

'十几', '几十'는 이어 쓴다.

shíjǐ gè rén（十几个人）
jǐshí gēn gāngguǎn（几十根钢管）

6. 허사(虚词)

허사(虚词)와 그 밖의 단어나 구는 띄어 쓴다.

6.1 상어(状语)

hěn hǎo（很好）
gèng měi（更美）
bù lái（不来）
gānggāng zǒu（刚刚走）
shífēn gǎndòng（十分感动）
dōu lái（都来）
zuì dà（最大）
yīng bù yīnggāi（应不应该）
fēicháng kuài（非常快）

6.2 개사(介词)

zài qiánmiàn（在前面）
xiàng dōngbiān qù（向东边去）
wèi rénmín fúwù（为人民服务）

cóng zuótiān qǐ（从昨天起）
shēng yú 1940 nián（生于1940年）
guānyú zhège wèntí（关于这个问题）

6.3 연사(连词)

gōngrén hé nóngmín（工人和农民）
guāngróng ér jiānjù（光荣而艰巨）
bùdàn kuài er2qiě hǎo（不但快而且好）
Nǐ lái háishi bù lái?（你来还是不来?）

6.4 구조조사 '的', '地', '得', '之'

dàdì de nǚ'ér（大地的女儿）
Zhè shì wǒ de shū.（这是我的书。）
Wǒmen guòzhe xìngfú de shēnghuó.（我们过着幸福的生活。）
Shāngdiàn li bǎimǎnle chī de, chuān de, yòng de.（商店里摆满了吃的, 穿的, 用的。）
mài qīngcài luóbo de（卖青菜萝卜的）
Tā zài dàjiē shàng mànman de zǒu.（他在大街上慢慢地走。）
Tǎnbái de gàosu nǐ ba.（坦白地告诉你吧。）
Tā yī bù yī gè jiǎoyìnr de gōngzuòzhe.（他一步一个脚印儿地工作着。）
dǎsǎo de gānjìng（打扫得干净）
xiě de bù hǎo（写得不好）
hòng de hěn（红得很）
lěng de fādǒu（冷得发抖）
shànnián zhī jiā（少年之家）
zuì fādá de guójiā zhī yī（最发达的国家之一）

附 : '的', '地'는 기술적인 처리면에서 필요에 따라 각각 'd', 'di', 'de'로 표기할 수도 있다.

6.5 어조조사

Nǐ zhīdao ma? (你知道吗?)
Zěnme hái bù lái a? (怎么还不来啊?)
Kuài qù ba! (快去吧!)
Tā shì bù huì lái de. (他是不会来的。)

6.6 감탄사(感叹词)

A! Zhēn měi! (啊! 真美!)
Ng, nǐ shuō shénme? (嗯, 你说什么?)
Hng, zǒuzhe qiáo ba! (哼, 走着瞧吧!)

6.7 의성사(拟声词)

pa! (啪!)
huahua (哗哗)
jiji—zhazha (叽叽喳喳)
'honglong' yī shēng ('轰隆'一声)
Dàgōngjī wo—wo—tí. (大公鸡喔喔啼。)
Dū—, qìdí xiǎng le. (嘟, 汽笛响了。)

7. 성어(成语)

7.1 사자성어 가운데 두 자씩 나누어 읽을 수 있는 것은 중간에 횡선을 긋는다.

céngchū-bùqióng (层出不穷)
fēngpíng-làngjìng (风平浪静)
àizēng-fēnmíng (爱憎分明)
shuǐdào-qúchéng (水到渠成)
yángyáng-dàguān (洋洋大观)
píngfēn-qiūsè (平分秋色)
guāngmíng-lěiluò (光明磊落)
diānsān-dǎosì (颠三倒四)

7.2 두 자씩 나누어서 읽을 수 없는 사자성어나 숙어 등은 모두 이어 쓴다.

bùyìlèhū (不亦乐乎)
àimònéngzhù (爱莫能助)
húlihútu (胡里胡途)
diào'erlángdāng (吊儿郎当)

zǒng'éryánzhī (总而言之)
yīyīdàishuǐ (一衣带水)
hēibuliūqiū (黑不溜秋)

8. 대문자 표기

8.1 문장의 첫 자모와 시가의 각 줄의 첫 자모는 대문자로 표기한다.
8.2 고유명사의 첫 글자는 대문자로 표기한다.

Běijīng (北京)
Chángchéng (长城)
Qīngmíngjié (清明节)

몇 개의 단어로 이루어진 고유명사는 각 단어의 첫 자모를 대문자로 표기한다.

Guójì Shūdiàn (国际书店)
Hépíng Bīnguǎn (和平宾馆)
Guāngmíng Rìbào (光明日报)

8.3 고유명사와 보통명사를 이어 쓰는 경우에는 첫 번째 글자를 대문자로 써야 한다.

Zhōngguórén (中国人)
Míngshǐ (明史)
Guǎngdōnghuà (广东话)

이미 보통명사로 변한 것은 첫 자모를 소문자로 쓴다.

guǎngān (广柑)
chuānxiōng (川芎)

zhōngshānfú (中山服)
zàngqīngguǒ (藏青果)

9. 줄바꾸기

9.1 줄을 바꿀 경우에는 음절에 근거하여 분리하며, 상단에 표기된 발음의 끝에 횡선을 표기한다.

……………………guāng-
míng (光明)

이를 'gu-āngmíng'으로 표기해서는 안 된다.

10. 성조 표기

10.1 성조는 일률적으로 원래 성조를 표기한다.

yī jià (一架)	yī tiān (一天)
yī tóu (一头)	yī wǎn (一碗)
qīwàn (七万)	qī běn (七本)
bā gè (八个)	qīshàng-bāxià (七上八下)
bù qù (不去)	bù duì (不对)
bùzhìyú (不至于)	

二. 표점 부호의 사용법

중국의 국가어언문자공작위원회는 1990년에 표점 부호의 사용을 규정한 <표점부호용법(标点符号用法)>을 발표하였다. 이 안에 의하면 중국어의 표점 부호 사용법은 다음과 같다.

1. 구호(句号) : (。)

구호(句号)는 진술문이 끝났음을 표시한다. 진술문은 사실을 설명하는 문장이다.

北京是中华人民共和国的首都。
虚心使人进步, 骄傲使人落后。

어조가 부드러운 명령문에는 구호를 사용한다.

请您稍等一下。

가운데가 까만 소원점(小圆点) '.'는 일반적으로 과학 기술의 문헌에 사용된다.

2. 문호(问号) : (?)

문호(问号)는 의문문에 사용된다.

你见过金先生吗?
你叫什么名子?
去好呢, 还是不去好?

반어문에도 문호가 사용된다.

难道你还不了解我吗?
你怎么能这么说呢?

문장의 일부가 의문문이라도 전체 문장이 의문문이 아니면 문호를 사용하지 않는다.

我也不知道该谁去。
请你问问他姓什么。

3. 탄호(叹号) : (!)

탄호(叹号)는 감탄문에 사용된다.

天气多么好啊!
他们多么热情啊!

탄호는 어조가 강한 명령문에 사용된다.

你给我出去!
停止射击!

탄호는 어조가 강한 반어문에도 사용된다.

我哪里比得上他呀!

4. 두호(逗号) : (,)

두호(逗号)는 문장 내부에서 일반적으로 띄어 읽어야 할 곳에 사용된다.

我们看得见的星星, 绝对多数是恒星。
对于这个城市, 他并不陌生。

5. 돈호(顿号) : (、)

돈호(顿号)는 문장 내부에서 병렬된 단어나 구의 사이에 사용된다.

'这么'、'那么'、'这样'、'那样', 都是指示词。
我们不能说'很错、非常错、错极了'。

6. 분호(分号) : (;)

분호(分号)는 복문 내부의 병렬 관계에 있는 분문 사이에 사용된다.

语言, 人们用来抒情达意; 文字, 人们用来记言记事。
'关于'只用在主语的前边; '对于'可以用在主语的前边或后边。

7. 모호(冒号) : (:)

모호(冒号)는 제시성이 강한 말 뒤에 사용되어 다음 말을 이끌어 주는 기능을 한다.

同志们, 朋友们 :
现在开会了。……
他十分惊讶地说 : "啊, 原来是你!"
这城市有四大门 : 东大门、西大门、南大门、北大门。
外文图书展销会
日期 : 2001年 9月 1日 - 2001年 11月 30日。
时间 : 上午 10:00-下午 7:00。
地点 : 北京大学
主办单位 : 中国图书公司

8. 인호(引号) : (" ")

인호(引号)는 직접 인용을 나타낸다.

他跟我说 : "我们好像见过面。"

9. 괄호(括号) : (( ))

괄호(括号)는 주석적인 성분을 나타낸다.

中国猿人 (全名为"中国猿人北京种")在我国的发现, 是对古人类学的一个重大贡献。

10. 파절호(破折号) : (—)

파절호(破折号)는 문장 가운데에서 해석 설명하는 부분을 나타낸다. 파절호와 괄호는 다르다. 파절호 다음의 성분은 문장의 일부분이지만 괄호 안의 성분은 주석이지 문장의 일부가 아니다.

迈进金黄色的大门, 就到了大会堂建筑的枢纽部分—中央大厅。

파절호는 화제의 갑작스러운 변화를 나타내기도 한다. 다음의 경우가 이에 해당한다.

"今天好热啊! —你什么时候去上海?" 小王对刚刚进门的小李说。

파절호는 소리가 연이어지는 것을 나타내기도 한다. 다음의 경우가 이에 해당한다.

"呜—" 火车开动了。

파절호는 사항의 열거를 나타내기도 한다. 다음의 경우가 이에 해당한다.

根据研究对象的不同, 环境物理学分为以下五个分支学科 :
—环境声学;
—环境光学;
—环境热学;
—环境电磁学;
—环境空气动力学。

11. 생략호(省略号) : (……)

생략호(省略号)는 인용문의 생략을 나타낸다. 다음이 이러한 경우이다.

她轻轻地哼起了《摇篮曲》：“月儿明，风儿静，树叶儿遮窗棂啊……。”

생략호는 열거된 사항의 생략을 나타내기도 한다. 다음이 이러한 경우이다.

在北京的花市上，牡丹、水仙、梅花、菊花…… 春秋冬三季的鲜花都挤在一起啦!

생략호는 화자가 말을 끊었다 이었다 하는 것을 나타내기도 한다. 다음이 이러한 경우이다.

“我……对不起……大家，我……没有……完成……任务。”

12. 착중호(着重号)：(.)

착중호(着重号)는 독자의 특별한 주의를 요하는 글자, 어휘, 문장에 사용된다.

事业是赶出来的，不是吹出来的。

13. 연접호(连接号)：(-)

연접호(连接号)는 의미가 밀접하게 관련되는 어휘를 연결하여 하나로 만드는 기능을 한다. 다음은 두 지역을 연결하여 하나의 지역으로 만드는 경우이다.

我国秦岭-淮河以北地区属于温带季风气候区。

연접호는 수량을 연결하여 수량의 범위를 나타내기도 한다.

梨圆乡种植的巨峰葡萄今年已经进入了丰产期，亩产1000-1500公斤。

연접호는 두 어휘를 연결하여 하나의 단위를 나타내기도 한다.

MD－82客机

"～"도 연접호(连接号)이다. 이 부호는 주로 숫자의 연결에 사용된다.

14. 간격호(间隔号) : (·)

간격호(间隔号)는 외국인이나 소수민족의 인명 가운데의 성과 이름을 구분하는 데에 사용된다.

列奥纳多·达·芬奇

간격호는 서명과 편장(编章)을 구분하는 데에 사용되기도 한다.

《三国志·蜀志·诸葛亮传》

15. 서명호(书名号) : (《 》)

서명호(书名号)는 서명, 편명, 신문명, 간행물명 등을 나타낸다.

《红楼梦》: 서명
《孔乙己》: 편명
《人民日报》: 신문명
《中国语文》: 간행물명

서명호 안에 다시 서명이 사용되는 경우에는 안에 있는 서명은 단선(单线)의 서명호를 사용한다.

《〈中国语文〉发刊词》

16. 전명호(专名号) : (__)

전명호(专名号)는 인명, 지명, 왕조명 등 밑에 사용되어 그들이 고유명사임을 나타낸다.

司马相如者, 汉蜀郡成都人也, 字长卿。

전명호는 고전 문헌 혹은 일부 역사 문학의 저작에서만 사용하고 있다. 이러한 전명호가 사용되는 문장에 서명호가 나오는 경우에는, 두 부호의 조화를 위하여 ‘~~~~’를 사용한다.

屈原放逐, 乃赋离骚; 左丘失明, 厥有国语。

현대 중국어 어법의 이해

지은이 | 허성도

1판 1쇄 인쇄 | 2005년 11월 25일
1판 1쇄 발행 | 2005년 11월 30일
1판 3쇄 발행 | 2010년 3월 19일
2판 1쇄 발행 | 2014년 11월 17일
2판 4쇄 발행 | 2023년 2월 17일

펴낸이 | 이보환
펴낸곳 | 사람과책
등록일자 | 1994년 4월 20일
등록번호 | 제16－878호

우편번호 06125 서울시 강남구 봉은사로 24길 13
(역삼1동 605－10) 세계빌딩 B1
전화 | (02)556－1612~4 팩스 | (02)556－6842
이메일 | man4book@nate.com
홈페이지 | http://www.mannbook.com

ISBN 978－89－8117－137－7 93720